20
24

COORDENADORES

Antonio **Herman**
de Vasconcellos e
Benjamin

Claudia Lima
Marques

Fernando Rodrigues
Martins

Ana Paula Atz
André Perin Schmidt Neto
Antonia Espíndola Longoni Klee
Caroline Visentini Ferreira Gonçalves
Claudia Lima Marques
Dennis Verbicaro
Diógenes Faria de Carvalho
Fabíola Meira de Almeida Breseghello
Fernando Rodrigues Martins
Flávia do Canto
Flávio Henrique Caetano de Paula Maimone
Guilherme Magalhães Martins
Guilherme Mucelin
Jonas Sales Fernandes da Silva
Káren Rick Danilevicz Bertoncello
Keila Pacheco Ferreira
Laís Bergstein
Luciane Klein Vieira
Luis Alberto Reichelt
Marcela Joelsons
Marcelo Gomes Sodré
Marcelo Junqueira Calixto
Marcus da Costa Ferreira
Maria Stella Gregori
Mariângela Sarrubbo Fragata
Oscar Ivan Prux
Rosângela Lunardelli Cavallazzi
Sandra Bauermann
Tatiana Cardoso Squeff
Vitor Hugo do Amaral Ferreira

COMÉRCIO ELETRÔNICO E PROTEÇÃO DIGITAL DO CONSUMIDOR

O **PL 3.514/2015** E OS **DESAFIOS** NA **ATUALIZAÇÃO** DO **CDC**

Dados Internacionais de Catalogação na Publicação (CIP) de acordo com ISBD

C732

Comércio Eletrônico e Proteção Digital do Consumidor: o PL 3.514/2015 e os Desafios na Atualização do CDC / Ana Paula Atz ... [et al.] ; coordenado por Antonio Herman de Vasconcellos e Benjamin, Claudia Lima Marques, Fernando Rodrigues Martins. - Indaiatuba, SP : Editora Foco, 2024.

312 p. ; 16cm x 23cm.

Inclui bibliografia e índice.

ISBN: 978-65-5515-914-1

1. Direito. 2. Direito do consumidor. 3. Comércio Eletrônico. 4. Proteção Digital do Consumidor. I. Atz, Ana Paula. II. Schmidt Neto, André Perin. III. Klee, Antonia Espíndola Longoni. IV. Gonçalves, Caroline Visentini Ferreira. V. Lima, Claudia. VI. Verbicaro, Dennis. VII. Carvalho, Diógenes Faria de. VIII. Breseghello, Fabíola Meira de Almeida. IX. Martins, Fernando Rodrigues. X. Canto, Flávia do. XI. Maimone, Flávio Henrique Caetano de Paula. XII. Martins, Guilherme Magalhães. XIII. Mucelin, Guilherme. XIV. Silva, Jonas Sales Fernandes da. XV. Bertoncello, Káren Rick Danilevicz. XVI. Ferreira, Keila Pacheco. XVII. Bergstein, Laís. XVIII. Vieira, Luciane Klein. XIX. Reichelt, Luis Alberto. XX. Joelsons, Marcela. XXI. Sodré, Marcelo Gomes. XXII. Calixto, Marcelo Junqueira. XXIII. Ferreira, Marcus da Costa. XXIV. Gregori, Maria Stella. XXV. Fragata, Mariângela Sarrubbo. XXVI. Prux, Oscar Ivan. XXVII. Cavallazzi, Rosângela Lunardelli. XXVIII. Bauermann, Sandra. XXIX. Squeff, Tatiana Cardoso. XXX. Ferreira, Vitor Hugo do Amaral. XXXI. Benjamin, Antonio Herman de Vasconcellos e. XXXII. Título.

2023-2397 | CDD 342.5 | CDU 347.451.031

Elaborado por Vagner Rodolfo da Silva - CRB-8/9410

Índices para Catálogo Sistemático:

1. Direito do consumidor 342.5

2. Direito do consumidor 347.451.031

COORDENADORES

Antonio **Herman** de Vasconcellos e Benjamin

Claudia Lima Marques

Fernando Rodrigues Martins

Ana Paula Atz
André Perin Schmidt Neto
Antonia Espíndola Longoni Klee
Caroline Visentini Ferreira Gonçalves
Claudia Lima Marques
Dennis Verbicaro
Diógenes Faria de Carvalho
Fabíola Meira de Almeida Breseghello
Fernando Rodrigues Martins
Flávia do Canto
Flávio Henrique Caetano de Paula Maimone
Guilherme Magalhães Martins
Guilherme Mucelin
Jonas Sales Fernandes da Silva
Káren Rick Danilevicz Bertoncello
Keila Pacheco Ferreira
Laís Bergstein
Luciane Klein Vieira
Luis Alberto Reichelt
Marcela Joelsons
Marcelo Gomes Sodré
Marcelo Junqueira Calixto
Marcus da Costa Ferreira
Maria Stella Gregori
Mariângela Sarrubbo Fragata
Oscar Ivan Prux
Rosângela Lunardelli Cavallazzi
Sandra Bauermann
Tatiana Cardoso Squeff
Vitor Hugo do Amaral Ferreira

COMÉRCIO ELETRÔNICO E PROTEÇÃO DIGITAL DO CONSUMIDOR

O **PL 3.514/2015** E OS **DESAFIOS** NA **ATUALIZAÇÃO** DO **CDC**

2024 © Editora Foco

Coordenadores:: Antonio Herman de Vasconcellos e Benjamin,
Claudia Lima Marques e Fernando Rodrigues Martins
Autores: Ana Paula Atz, André Perin Schmidt Neto, Antonia Espíndola Longoni Klee,
Caroline Visentini Ferreira Gonçalves, Claudia Lima Marques, Dennis Verbicaro,
Diógenes Faria de Carvalho, Fabíola Meira de Almeida Breseghello, Fernando Rodrigues Martins,
Flávia do Canto, Flávio Henrique Caetano de Paula Maimone, Guilherme Magalhães Martins,
Guilherme Mucelin, Jonas Sales Fernandes da Silva, Káren Rick Danilevicz Bertoncello,
Keila Pacheco Ferreira, Laís Bergstein, Luciane Klein Vieira, Luis Alberto Reichelt, Marcela Joelsons,
Marcelo Gomes Sodré, Marcelo Junqueira Calixto, Marcus da Costa Ferreira, Maria Stella Gregori,
Mariângela Sarrubbo Fragata, Oscar Ivan Prux, Rosângela Lunardelli Cavallazzi, Sandra Bauermann,
Tatiana Cardoso Squeff e Vitor Hugo do Amaral Ferreira
Diretor Acadêmico: Leonardo Pereira
Editor: Roberta Densa
Assistente Editorial: Paula Morishita
Revisora Sênior: Georgia Renata Dias
Capa Criação: Leonardo Hermano
Diagramação: Ladislau Lima e Aparecida Lima
Impressão miolo e capa: DOCUPRINT

DIREITOS AUTORAIS: É proibida a reprodução parcial ou total desta publicação, por qualquer forma ou meio, sem a prévia autorização da Editora FOCO, com exceção do teor das questões de concursos públicos que, por serem atos oficiais, não são protegidas como Direitos Autorais, na forma do Artigo 8º, IV, da Lei 9.610/1998. Referida vedação se estende às características gráficas da obra e sua editoração. A punição para a violação dos Direitos Autorais é crime previsto no Artigo 184 do Código Penal e as sanções civis às violações dos Direitos Autorais estão previstas nos Artigos 101 a 110 da Lei 9.610/1998. Os comentários das questões são de responsabilidade dos autores.

NOTAS DA EDITORA:

Atualizações e erratas: A presente obra é vendida como está, atualizada até a data do seu fechamento, informação que consta na página II do livro. Havendo a publicação de legislação de suma relevância, a editora, de forma discricionária, se empenhará em disponibilizar atualização futura.

Erratas: A Editora se compromete a disponibilizar no site www.editorafoco.com.br, na seção Atualizações, eventuais erratas por razões de erros técnicos ou de conteúdo. Solicitamos, outrossim, que o leitor faça a gentileza de colaborar com a perfeição da obra, comunicando eventual erro encontrado por meio de mensagem para contato@editorafoco.com.br. O acesso será disponibilizado durante a vigência da edição da obra.

Impresso no Brasil (09.2023) – Data de Fechamento (09.2023)

2024
Todos os direitos reservados à
Editora Foco Jurídico Ltda.
Avenida Itororó, 348 – Sala 05 – Cidade Nova
CEP 13334-050 – Indaiatuba – SP

E-mail: contato@editorafoco.com.br
www.editorafoco.com.br

PREFÁCIO

Promulgado em 1990, o Código de Defesa do Consumidor (CDC) colocou o Brasil na vanguarda dos países que trataram da matéria, permanecendo como marco normativo evolucionário, uma das maiores conquistas legislativas do povo brasileiro na segunda metade do Século XX. Amplamente conhecido da população, que o reconhece como instrumento de efetiva garantia, facilitou o acesso à Justiça e fortaleceu a cidadania econômica de todos – ricos e pobres, analfabetos e cultos, urbanos e rurais. Com seu microssistema de normas, o CDC preparou o mercado brasileiro para o século XXI e consolidou uma nova ética empresarial, apoiada na visão moderna de valorização do consumidor como técnica eficaz de se diferenciar da concorrência e de ampliar a fidelidade dos clientes.[1]

Agora, após a aprovação da Lei 14.181/2021 combatendo a exclusão social do superendividamento e impondo um crédito responsável, mister atualizar o CDC para o mundo digital!

Com este objetivo, o Senado Federal nomeou uma Comissão de Juristas para atualizar o CDC nestes dois temas materiais relevantíssimos e desafiadores, o comércio eletrônico e o superendividamento dos consumidores, bem como no acesso à Justiça.

A Comissão de Juristas do Senado Federal para a Atualização do CDC, que teve na presidência o Ministro Antônio Herman Benjamin, contou com a ajuda da Relatora-Geral, Dra. Claudia Lima Marques (UFRGS), da saudosa mestre e amiga, Presidente da Comissão de Elaboração do Anteprojeto de CDC, a Profa. Dra. Ada Pellegrini Grinover, assim como do Dr. Kazuo Watanabe, do Dr. Roberto Augusto Pfeiffer (todos da USP) e do Dr. Leonardo Roscoe Bessa (MPDF, agora TJDF), e como assessor especial, do Dr. Wellerson Pereira, que trabalhou um ano e meio até o dia 30 de março de 2012 (Ato 206/2011) com a competente ajuda da secretaria do Senado Federal.[2]

---

1. BENJAMIN, Antônio Herman, in Prefácio, MARQUES, Claudia Lima; CAVALLAZZI, Rosangela Lunardelli; LIMA, Clarissa Costa de. (Org.). *Direitos do consumidor endividado II: vulnerabilidade e inclusão.* São Paulo: Revista dos Tribunais, 2016, p. 9-12.
2. O Ato 312/2010 da Presidência do Senado Federal designou como assessores: "Designar o Consultor Legislativo **Humberto Lucena Pereira da Fonseca**... para assessorar a Comissão de Juristas incumbida de oferecer subsídios para o aperfeiçoamento do Código de Defesa do Consumidor, criada pelo Ato do Presidente nº 308, de 2010, e o servidor **Gláucio Ribeiro De Pinho**... para secretariar seus trabalhos." O consultor foi substituído em 2011 pelo Consultor Legislativo **Leonardo Garcia Barbosa (Ato 172, 2011)**.

VI COMÉRCIO ELETRÔNICO E PROTEÇÃO DIGITAL DO CONSUMIDOR

A Comissão de Juristas apresentou 3 anteprojetos que foram democraticamente discutidos na sociedade civil antes mesmo de serem apresentados ao Senado Federal para se tornarem os projetos: A Comissão coorganizou e realizou, com grande repercussão, 8 (oito) audiências públicas, nas cidades do Rio de Janeiro, Belo Horizonte, Cuiabá, Recife, duas em Porto Alegre, Belém e São Paulo, e ainda participou de audiência pública conjunta da Câmara de Deputados e Senado Federal em Brasília.

Também no mundo digital, em que hora se discute o impacto da inteligência artificial e da desinformação para consumir, o objeto do anteprojeto gestado na Comissão de Juristas foi o de evoluir (nunca retroceder) a defesa do consumidor e, respeitando a sua estrutura principiológica, tratar estes novos e essenciais temas no corpo do Código, a evitar guetos normativos dissociados do espírito protetivo do CDC (veja PLS 281, 2012, depois PL 3514/2015 na Câmara de Deputados, agora desentranhado). Assim sem prejuízo de aprovar estes outros projetos, é crucial aprovar o PL 3514/2015 e colocar a proteção do consumidor no Século XXI!

Aprovado por unanimidade no Senado, o então PLS 281/12, então enviado à Câmara dos Deputados e identificado atualmente como PL 3514/15 trata do 'comércio eletrônico' nacional e internacional, e ainda aguarda aprovação naquela instância deliberativa. O conteúdo principiológico ali proposto, muito embora de quase dez anos atrás, ainda está totalmente caracterizado pela ampla aplicabilidade ao mundo tecnológico atual e presente, isto porque marcadamente composto não só por regras, mas também princípios que comportam narratividade, plasticidade e farta densidade axiológica.

É necessário relembrar que a entrada em vigor do CDC em 1990 ressignificou o sistema jurídico nacional, modernizando institutos seculares (contratos, negócios jurídicos, responsabilidade civil,), inserindo novos regimes (oferta, publicidade, proteção de dados pessoais, práticas e condições abusivas) e marcadamente propiciando a utilização de princípios *enformadores* e informadores do ordenamento, com destaque à boa-fé e à vulnerabilidade.

O advento da Internet, contudo, disseminada em ambiente popular e mercadológico se deu em 1994, o que demonstra a necessidade de adaptações e harmonizações 'cirúrgicas' no CDC para a proteção integral e contemporânea dos direitos fundamentais dos consumidores.

No Brasil o *e-commerce* registrou em 2022 faturamento no equivalente a R$ 262 bilhões, o que representa uma alta de 1,6% em relação a 2021. Se há aspectos positivos como a redução de custos de transação, inserção de novos mercados (inclusive através da economia compartilhada), aumento da concorrência e o aproveitamento do tempo, há igualmente os aspectos negativos onde a fragilidade dos utentes (*cyberconsumidores*) é facilmente verificável: dados pessoais expostos;

PREFÁCIO **VII**

invasão da privacidade e intimidade; déficit informacional; assédios por consumo; publicidades invasivas e destorcidas; abusividades contratuais. Diz-se, por isso, '*vulnerabilidade digital*'.

O PL 3514/2015 busca garantir indeclinável *segurança jurídica* às transações eletrônicas, com o cuidado vinculativo de *promoção ao consumidor*, já que nos termos da Constituição Federal é direito fundamental do cidadão e ao mesmo tempo dever fundamental dos Poderes Públicos (CF, art. 5º, inciso XXXII).

A atualização do CDC, nesta proposta legislativa, está distribuída em quatro eixos temáticos de vital importância à dignidade dos consumidores e que reflete positivamente no mercado digital. Estão eles segmentados em inovações na parte geral; introdução de capítulo com dispositivos específicos ao comércio eletrônico; aprimoramento do processo judicial e administrativo, inclusive disposição penal; resolução de conflitos normativos espaciais.

Eis brevíssima referência, a seguir.

Na parte geral, de pronto se estabelece regra de hermenêutica inserindo a obrigatoriedade, nas relações de consumo, da adoção de "*interpretação mais favorável*" ao vulnerável, o que antes se circunscrevia apenas a preceitos contratuais. Introduz-se o princípio do '*consumo sustentável*' que dá sustentabilidade, entre outras finalidades, à ética intergeracional. Igualmente, nesta parte, novos direitos básicos são inscritos e elencados em consonância com os direitos humanos (privacidade e segurança quanto a dados pessoais; liberdade de escolha; e informação ambiental).

No capítulo referente a comércio eletrônico, com o objetivo de diminuir a assimetria informacional, assegurar a autodeterminação e proteção de dados pelos consumidores e segurança nas transações, a proposição legislativa reforça os princípios da confiança e da efetividade de direitos. Igualmente são estabelecidos dispositivos exigentes de informações específicas ao comércio eletrônico que possibilitem conhecer os fornecedores (*repersonalizar*), o contrato (*rematerializar*) e a localização (*reterritorializar*). Adensando em continuidade os acréscimos de deveres de conduta característicos ao mundo virtual: utilização de língua nacional, cópia do contrato, certificação de aceite da oferta; acesso a arrependimento. Assim como deveres de abstenção, com destaque à vedação de envio de mensagens não desejadas.

A implantação de novas sanções no âmbito da processualidade judicial está clara pela possibilidade de multa civil para inibição de condutas ilícitas reiteradas, inclusive levando-se em consideração a gravidade da conduta (esboço da função punitiva). Assim como a melhor capacidade de resolução de conflitos na esfera administrativa com a inserção de 'medidas corretivas', o que contribuirá para a satisfação de direitos do consumidor. Cria-se tipo penal concernente ao desvalor da veiculação ou compartilhamento indevido de dados pessoais, melhorando a esfera de tutela do consumidor.

Por fim, quanto aos conflitos normativos entre leis de diferentes Estados, circunstância comum no campo do comércio eletrônico, a proposição legislativa insere em nossa *Lex Legum* (LINDB) dispositivo sistêmico criando inédito elemento de conexão para resolução da divergência: *'a lei mais favorável'*.

Estamos diante de projeto legislativo significativamente propositivo e que se soma (e coordena-se em diálogo) com as demais legislações que regulam as intrincadas e complexas atividades digitais, como o Marco Civil da Internet (MCI), a Lei Geral de Proteção de Dados (LGPD) e, mesmo que em *lege ferenda*, o Marco Legal da Inteligência Artificial (PL 2338/2023), revelando-se conjunto normativo de extraordinária conquista aos *cyberconsumidores* no Brasil.

A obra coletiva que agora vai a público, em seus dezesseis artigos de autoria de renomados professores e professoras, abordando temas e problemas contemporâneos relativos ao mundo virtual (plataformas digitais, algoritmos, inteligência artificial, *e-marketplace*, *Smarts contracts*, Internet das Coisas, racismo digital etc.), busca demonstrar a ampla aplicabilidade das disposições contidas no PL 3514/15, reforçando a necessidade de aprovação da proposição.

Cabe ressaltar nosso extremo orgulho e honra em poder conduzir e coordenar esta obra coletiva que na base remonta à mobilização e emancipação dos movimentos consumeristas, entre nós, liderados pelo Instituto Brasileiro de Política e Direito do Consumidor – BRASILCON, berço acolhedor dos estudiosos do direito do consumidor, disciplina essencial ao desenvolvimento humano.

Brasília – DF, em junho de 2023.

Claudia Lima Marques

Professora titular da Universidade Federal do Rio Grande do Sul (UFRGS). Doutora pela Universidade de Heidelberg (Alemanha). Mestre em Direito (L.L.M.) pela Universidade de Tübingen (Alemanha). Ex-presidente do Brasilcon.

Fernando Rodrigues Martins

Professor da graduação e da pós-graduação da Universidade Federal de Uberlândia (UFU). Mestre e doutor em Direito pela Pontifícia Universidade Católica de São Paulo (PUC-SP). Membro do Ministério Público do Estado de Minas Gerais. Presidente do Brasilcon.

SUMÁRIO

PREFÁCIO

Claudia Lima Marques e Fernando Rodrigues Martins..................................... V

A 'VERTICALIDADE' DIGITAL E DIREITO DE EQUIPARAÇÃO: PELO FIM DA ESTAGNAÇÃO LEGISLATIVA NA PROTEÇÃO DOS CONSUMIDORES DIGITAIS

Claudia Lima Marques e Fernando Rodrigues Martins..................................... 1

COMÉRCIO ELETRÔNICO E MERCADO DIGITAL DE CRÉDITO: ENTRE RISCOS, FRAUDES E EXCLUSÃO SOCIAL

Rosângela Lunardelli Cavallazzi e Sandra Bauermann 37

NOVO *STATUS SUBJECTIONIS* E PRINCÍPIO DA ANTIDISCRIMINA-ÇÃO DIGITAL: UMA ABORDAGEM A PARTIR DO CONSTITUCIO-NALISMO DIGITAL E DA PROTEÇÃO DO CONSUMIDOR-CIDADÃO

Guilherme Magalhães Martins e Guilherme Mucelin.................................... 55

O PRINCÍPIO DO CONSUMO SUSTENTÁVEL NA PROMOÇÃO DA INCLUSÃO SOCIAL E DO DESENVOLVIMENTO ECONÔMICO

Ana Paula Atz... 89

O PROJETO DE LEI 3514/2015 SOB A ÓTICA DOS DIREITOS FUN-DAMENTAIS PROCESSUAIS: A POSSIBILIDADE DE DECRETAÇÃO *EX OFFICIO* DE NULIDADES DE CLÁUSULAS CONTRATUAIS NO DIREITO DO CONSUMIDOR E A SUPERAÇÃO DA SÚMULA 381 DO SUPERIOR TRIBUNAL DE JUSTIÇA E DA TESE FIRMADA NO RE-CURSO ESPECIAL REPETITIVO 1.060.530/RS

Luis Alberto Reichelt... 103

O ESTADO FORNECEDOR E AS CÂMARAS DE CONCILIAÇÃO DAS RELAÇÕES DE CONSUMO DE SERVIÇO PÚBLICO: UMA SOLUÇÃO?

Maria Stella Gregori, Mariângela Sarrubbo Fragata e Marcelo Gomes Sodré..... 117

VEDAÇÃO SISTÊMICA À OFENSA DO MÍNIMO EXISTENCIAL E O CONTROLE DOS *SMARTS CONTRACTS*: INTERFACE ENTRE A LEI 14.181/2021 E O PL 3.514/2015

Káren Rick Danilevicz Bertoncello e Vitor Hugo do Amaral Ferreira........... 133

O DIREITO FUNDAMENTAL DE ESCOLHA DO CONSUMIDOR NAS TRANSAÇÕES EM MEIOS DIGITAIS: A LEGISLAÇÃO E A PROTE-ÇÃO DA VONTADE COMO NÚCLEO DAS RELAÇÕES PRIVADAS

André Perin Schmidt Neto e Oscar Ivan Prux 157

INTELIGÊNCIA ARTIFICIAL, ASSIMETRIA DIGITAL E PREVENÇÃO DE DANOS NO COMÉRCIO ELETRÔNICO: O CÓDIGO DE DEFESA DO CONSUMIDOR E A SUA NECESSÁRIA ATUALIZAÇÃO PELO PROJETO DE LEI 3.514/2015

Antonia Espíndola Longoni Klee e Keila Pacheco Ferreira..................... 175

PREVENÇÃO E REPARAÇÃO DO DANO NAS PLATAFORMAS DIGI-TAIS E A POSSIBILIDADE DE REPARAÇÃO COM VIÉS PUNITIVO: BREVES APONTAMENTOS A PARTIR DO PROJETO DE LEI 3.514/2015

Marcelo Junqueira Calixto 201

E-COMMERCE E A PROTEÇÃO DA ESFERA DÍGITO-EXISTENCIAL DO CONSUMIDOR: AUTODETERMINAÇÃO INFORMACIONAL, PRIVACIDADE E DADOS PESSOAIS

Dennis Verbicaro e Flávio Henrique Caetano de Paula Maimone 209

O COMÉRCIO ELETRÔNICO NO BRASIL ENTRE A CONFIANÇA E ASSIMETRIA INFORMACIONAL: UMA VERIFICAÇÃO À LUZ DA ECONOMIA REPUTACIONAL E GOVERNANÇA

Fabíola Meira de Almeida Breseghello e Diógenes Faria de Carvalho 225

A FORÇA OBRIGATÓRIA NO CONTRATO ELETRÔNICO E O DI-REITO DE ARREPENDIMENTO PREVISTO NO PL 3.514/2015

Marcus da Costa Ferreira e Jonas Sales Fernandes da Silva.................... 241

A NECESSÁRIA INSERÇÃO DE UM CRITÉRIO MATERIAL DE PROTEÇÃO AO CONSUMIDOR TRANSFRONTEIRIÇO NO DIREITO INTERNACIONAL PRIVADO BRASILEIRO: AS CONTRIBUIÇÕES DO PL 3.514/2015

Luciane Klein Vieira e Tatiana Cardoso Squeff.. 255

ATUALIZAÇÃO DO CDC FRENTE AO COMÉRCIO ELETRÔNICO E AS INOVAÇÕES NO PROCESSO ADMINISTRATIVO SANCIONADOR PELO PL 3.514/2015

Flávia do Canto e Marcela Joelsons.. 273

DARK PATTERNS E PRÁTICAS COMERCIAIS DECEPTIVAS: OS RISCOS AOS CONSUMIDORES

Laís Bergstein e Caroline Visentini Ferreira Gonçalves.................................. 287

A 'VERTICALIDADE' DIGITAL E DIREITO DE EQUIPARAÇÃO: PELO FIM DA ESTAGNAÇÃO LEGISLATIVA NA PROTEÇÃO DOS CONSUMIDORES DIGITAIS

Claudia Lima Marques

Doutora e Pós-doutora pela Universidade de Heidelberg. Mestre em Direito pela Universidade de Tübingen. Diretora da Faculdade de Direito da UFRGS (2021 – 2024). Professora Titular da Universidade Federal do Rio Grande do Sul e Professora Permanente da Graduação e do Programa de Pós-Graduação em Direito da UFRGS. Professora na Academia de Direito Internacional de Haia em 2009. Relatora-Geral da Comissão de Juristas do Senado Federal para a atualização do Código de Defesa do Consumidor. Presidente do Comitê de Proteção Internacional do Consumidor da International Law Association, Londres. Membro da Sociedade Latino-americana de Direito Internacional. Diretora da Associação Luso-Alemã de Juristas (DBJV, Berlin) e da ILA-Branch Brazil. Ex-Presidente da Associação Americana de Direito Internacional Privado (ASADIP), Asunción e do Instituto Brasileiro de Política e Direito do Consumidor (Brasilcon). Coordenadora da Revista de Direito do Consumidor (Brasilcon/RT). Líder do Grupo de Pesquisa CNPq Mercosul, Direito do Consumidor e Globalização. Coordenadora brasileira da Rede Alemanha-Brasil de Pesquisas em Direito do Consumidor (DAAD-CAPES). Árbitra do Mercosul e jurista-colaboradora da SENACON-MJ na OEA e Conferência de Haia.

Fernando Rodrigues Martins

Doutor e Mestre pela Pontifícia Universidade Católica de São Paulo. Investigador científico no Max-Planck Hamburg. Professor de graduação e do programa de mestrado na Faculdade de Direito da Universidade Federal de Uberlândia. Membro do Grupo de Trabalho para aperfeiçoar os fluxos e procedimentos administrativos para facilitar o tramite dos processos de tratamento do superendividado do Conselho Nacional de Justiça – CNJ. Diretor-Presidente do Instituto Brasileiro de Política e Direito do Consumidor – BRASILCON. Coordenador Regional do PROCON/MG. Promotor de Justiça em Minas Gerais.

Sumário: 1. Introdução – 2. *Nubessistema*, novas verticalidades e plataformização: 2.1 Verticalidade paradigma do acesso e excluídos sociais; 2.2 Verticalidade (*pré*)conceitual: discriminação e 'algoritmos da opressão'; 2.3 Verticalidade comportamental: impulsionamentos e vontade induzida; 2.4 Verticalidade de arbítrio: analfabetos digitais e vontade irrelevante – 3. A estagnação legislativa na proteção dos consumidores e o princípio de equiparação de direitos *offline* e *online*; 3.1 A necessária equiparação dos direitos do consumidor digital e o fim da estagnação internacional: o papel do Mercosul e da ILA; 3.2 Pela urgente aprovação do PL 3514/2015: por um direito inclusivo na promoção dos vulneráveis – 4. Referências.

1. INTRODUÇÃO

O princípio de equiparação de direitos do consumidor, esteja no mundo digital ou no comércio normal presencial, é originário das Diretrizes da ONU de proteção dos consumidores (UNGCP, Revisadas em 2015) e está presente internacionalmente nas Resoluções 36/2019 e 37/2019 e no Acordo sobre Comércio Eletrônico do Mercosul, e nacionalmente, no Projeto de Lei 3514/2015 de atualização do Código de Defesa do Consumidor para o mundo digital, mas ainda não ganhou destaque no Brasil, motivo deste artigo, unindo pesquisas da UFU e UFRGS.

Vertical, de cima para baixo, o não horizontal, o não igual, o não transversal... Passados mais de trinta anos do advento do Código de Defesa do Consumidor, entre as inquietudes que merecem enfrentamento estão aquelas que respeitam ao futuro da promoção aos vulneráveis face às novas dimensões de 'verticalidades' afloradas na 'aldeia global'.[1] Aqui, e desde já, restam assim definidas, para além da posição jurídica do Estado, que anteriormente exercia 'monopólio exclusivo' quanto ao 'poder' imprimindo sujeição aos cidadãos, as recentes variantes do mercado, com destaque à 'virada digital'.[2]

Em nossa concepção, o mercado também exerce comandos, domínios e exclusões, explícita e implicitamente, na medida em que ocupa, no iter de evolução da sociedade, a função de 'provedor' de inúmeros interesses, substituindo o Estado outrora único responsável por essa e outras funções.[3] Aliás, tivemos uma onda de populismo (político-digital pós-moderno marcadamente visto em muitos

---

1. BENJAMIN. Antonio Herman V. A insurreição da aldeia global contra o processo civil clássico. Apontamentos sobre a opressão e a libertação judiciais do meio ambiente e do consumidor. In: MILARÉ, Édis. *Ação civil pública*. Lei 7.347/1985. Reminiscências e reflexões após dez anos de aplicação. São Paulo: Ed. RT, 1995. Internalizando, entre nós, a expressão *'aldeia global'* de Herbert Marshall McLuhan (*"A galáxia de Gutemberg: a formação do homem tipográfico"*. São Paulo: Editora Nacional, Editora da USP, 1972).
2. LORENZETTI, Ricardo Luis. *Comércio eletrônico*. Trad. Fabiano Menke. São Paulo: Ed. RT, 2004. Na indicação de nova linguagem, netcitizens e paradigmas digitais, tudo em espaço e em tempos diferentes.
3. Neste sentido PORTUGAL, Sílvia. As mulheres e a produção do bem-estar social em Portugal. *Oficina do CES*. Centro de Estudos Sociais. Coimbra, 2018, p. 1-40. Adverte: "O Estado incentiva o mercado como provedor de bem-estar, quer activamente, promovendo mecanismos privados de protecção social, quer passivamente, reduzindo a provisão estatal ao mínimo. Deste modo, o grau de desmercadorização resultante destas políticas é muito reduzido". Vide também: LAURELL, Asa Cristina. Avançando em direção ao passado: a política social do neoliberalismo. In: LAURELL, Asa Cristina (Org.). *Estado e políticas sociais no neoliberalismo*. São Paulo: Cortez, 1995. CANOTILHO, J.J. Gomes. *Constituição dirigente e vinculação do legislador*: contributo para a compreensão das normas constitucionais programáticas. Coimbra: Editora Coimbra, 2001.

países, inclusive Brasil) cuja tendência clara é a de o Estado omitir-se, atribuindo considerável parte da governança ao mercado.[4]

Como já frisamos, há uma 'estagnação legislativa'[5] em matéria de direito do consumidor internacionalmente, e, nacionalmente, as lições do direito comparado (veja as diretivas europeias de 2019 sobre conteúdos digitais e as novas propostas sobre um mercado de serviços digital) e dos fóruns internacionais da década passada não tem sido aproveitadas.

Desde 2015, a ONU através da revisão das Diretrizes de Proteção do Consumidor asseverou que a proteção do consumidor digital e à distância deve ter um nível semelhante e nunca inferior à proteção do consumidor de outras modalidades de comércio (Princípios Gerais, Guideline 5, letra 'j', UNGCP 2015).[6] O MERCOSUL repetiu o mandamento na sua lista de princípios de defesa do consumidor (Res. 36/2019 do Grupo Mercado Comum do Mercosul),[7] mas o Brasil – ao contrário dos demais parceiros – não internacionalizou esta lista de princípios. Também o Acordo sobre contratos internacionais de consumo de 2017, que traz a regra de lei mais favorável ao consumidor (digital, inclusive), não foi ainda internacionalizado no Brasil, forçando a jurisprudência a trabalhar com regras de 1942 em casos de Direito Internacional Privado.[8] Da mesma forma, mesmo com os projetos sobre plataformização e inteligência artificial andado, o PL 3514/2015 de atualização do Código de Defesa do Consumidor, apesar de já aprovado no Senado Federal por unanimidade desde 2015, ainda não foi votado na Câmara de Deputados.[9]

---

4. THORNHILL, Chris. *Crise democrática e direito constitucional global.* Trad. Diógenes Moura Breda e Glenda Vicenzi. São Paulo: Contracorrente, 2021, p. 319. Observa: "Um fenômeno notável nos governos populistas, por exemplo, é que as instituições públicas se tornam porosas à influência privada de atores de elite. Isso pode ser observado em muitos contextos, e há muitas razões para que isso ocorra. Primeiramente, o enfraquecimento de procedimentos legais robustos que acompanha o populismo, geralmente significa, necessariamente que as instituições públicas ficam expostas à influência de atores cujo acesso ao sistema político não está sujeito a um controle constitucional pleno".

5. MARQUES, Claudia; BAQUERO, Pablo. Global Governance Strategies for Transnational Consumer Protection. *Revista de Direito do Consumidor*, v. 143, p. 167-188, set.-out. 2022.

6. MARQUES, Claudia Lima. International Protection of Consumers as a Global or a Regional Policy. *Journal of Consumer Policy* (Dordrecht Online), v. 43, p. 57, 2020.

7. Veja detalhes em MARQUES, Claudia Lima; VIEIRA, L. K.; BAROCELLI, S. S. *Los 30 años del Mercosur*: avances, retrocesos y desafíos en materia de protección al consumidor. Ciudad Autónoma de Buenos Air: IJ Editores, 2021.

8. Veja MARQUES, Claudia Lima. "Lei Mais Favorável ao Consumidor" no Acordo do Mercosul e 2017 e suas Raízes Europeias. In: MONACO, Gustavo Ferraz de Campos; LOULA, Maria Rosa (Org.). *Direito Internacional e Comparado*: Trajetória e Perspectivas – Homenagem aos 70 Anos do Professor Catedrático Rui Manuel Moura Ramos. São Paulo: Quartier Latin, 2021, p. 137-156.

9. Veja MARQUES, Claudia Lima; MIRAGEM Bruno. Serviços simbióticos do consumo digital e o Pl 3514/2015 de atualização do CDC. *Revista de Direito do Consumidor*, v. 132, p. 91-118. nov.-dez. 2020.

A investigação que se põe, e une pesquisas dos PPGDs da UFU,[10] na primeira parte sobre verticalidade digital, e da UFRGS,[11] na segunda parte pelo fim da estagnação legislativa, abordando o princípio da equiparação de direitos do consumidor no mundo *online* e *offline* e a junção 'eficiente' entre *mercado*, *ciência* e *tecnologia* e, via de consequência, ao lado dos diversos benefícios, as incontáveis externalidades negativas provocadas ativamente por esse segmento do setor privado que alvejam '*perpendicularmente*' o consumidor de modo a restringir cada vez mais direitos e fundamentos outrora conquistados (diga-se: a duras penas).

Os desdobramentos proporcionados pelo capitalismo contemporâneo, inaugurado ao *final* do século XX, não levam em conta as estruturas anteriores para formatação da riqueza, como nos exemplos da propriedade, produção ou moeda. A prosperidade atual dos 'agentes econômicos virtuais' mensura-se pela monetização da informação, capilaridade do acervo de dados pessoais armazenados e controlados, capacidade de vigilância diária dos comportamentos e hábitos dos consumidores e na supervalorização da empresa e do empreendedorismo (visão *schumpeteriana*), que muito indicam os rumos do mercado e que reescrevem "*as regras do capitalismo e do mundo digital*".[12]

---

10. Veja MARTINS, Fernando R., Verticalidade digital e direitos transversais: positivismo inclusivo, in *Revista de Direito do Consumidor*, v. 146, 2023 (no prelo) e MARTINS, Fernando Rodrigues; LIMA, Thainá Gomes Lopes. Da vulnerabilidade digital à curiosa vulnerabilidade empresarial. Polarização da vida e responsabilidade civil do impulsionador de conteúdos falsos e odiosos na idade da liberdade econômica. *Revista de Direito do Consumidor*, v. 128. São Paulo: Ed. RT, 2020. E o clássico, MARTINS, Fernando R., Sociedade da informação e promoção à pessoa. *Revista de Direito do Consumidor*, v. 96, p. 225-257, nov.-dez. 2014. Veja neste mesmo sentido: MARQUES, Claudia Lima. Algumas observações sobre a pessoa no mercado e a proteção dos vulneráveis no Direito Privado In: GRUNDMAN, Stefan, MENDES, Gilmar, MARQUES, Claudia Lima, BALDUS, Christian e MALHEIROS, Manuel. *Direito Privado, Constituição e Fronteiras*. Encontros da Associação Luso-Alemã de Juristas no Brasil. 2. ed. São Paulo: Ed. RT, 2014. p. 287ss.

11. Veja MARQUES, Claudia Lima. A nova noção de fornecedor no consumo compartilhado: um estudo sobre as correlações do pluralismo contratual e o acesso ao consumo. *Revista de Direito do Consumidor*, São Paulo, v. 111, p. 247-268, maio/jun. 2017; MARQUES, Claudia Lima; MARCELLO BAQUERO, Pablo. Governança global e direito do consumidor. In: MARQUES, Claudia Lima; MARTINI, Sandra Regina; FINCO, Matteo (Org.). *Diálogos entre direitos humanos, direito do consumidor, compliance e combate à corrupção*. Belo Horizonte: YK Ed, 2021. p. 108 e s. MARQUES, Claudia Lima. "Lei Mais Favorável ao Consumidor" no Acordo do Mercosul e 2017 e suas Raízes Europeias. In: MONACO, Gustavo Ferraz de Campos; LOULA, Maria Rosa (Org.). *Direito Internacional e Comparado*: Trajetória e Perspectivas – Homenagem aos 70 Anos do Professor Catedrático Rui Manuel Moura Ramos. São Paulo: Quartier Latin, 2021, p. 137 e s. MARQUES, Claudia Lima; VIEIRA, Luciane K.; BAROCELLI, Sebastien S. *Los 30 años del MERCOSUR*: avances, retrocesos y desafíos en materia de protección al consumidor. Ciudad Autónoma de Buenos Air: IJ Editores, 2021. E no mesmo sentido, veja MARTINS, Fernando R. ; FERREIRA, Keila P. A vulnerabilidade como elemento de conexão e integração no Direito Internacional Privado – Desigualdade e Invisibilidade, uma perspectiva do sistema responsivo no Âmbito do Mercosul. *Revista de Direito do Consumidor*, v. 141, p. 151-170, maio-jun. 2022.

12. ZUBOFF, Shoshana. *A era do capitalismo de vigilância*: a luta por um futuro na nova fronteira do poder. Trad. George Schlesinger. Rio de Janeiro: Intrínseca, 2021, p. 53. Após explicitar a economia livre de mercado, valendo-se de Hayek e Milton Friedman e as versões atualizadas de Michael Jensen e Willian Meckling, avança sobre as condições do neoliberalismo atual: "E capitalismo de vigilância recrutava as

Sob essa análise trataremos de pontos específicos da verticalidade (*relação invencível de sujeição-subordinação entre mercado e consumidor*), mas não em todos os planos do setor privado, senão em contextos específicos das 'plataformas digitais', estrutura caraterizada pela '*presença espectral*' de um mundo sem fronteiras.

O CDC, que é legislação de 1990, conseguiu (e consegue) com bastante mérito e com o princípio da boa-fé objetiva, tutelar e promover com efetividade os direitos dos consumidores, individual e coletivamente considerados, em diversos temas respeitantes a essa nova e vivente etapa capitalista, muito embora sua base valorativa subjacente estivesse voltada com maior atenção à questão da massificação, que é própria do 'fordismo' do *início* do século XX.[13]

Porém, há uma mudança na economia do século XXI, e é importante que se anote quanto ao atual 'estágio institucional da economia' (economia da informação)[14] a inerente caracterização pela reiterada e automática 'reinvenção do conhecimento'[15] e 'diversidade tecnológica',[16] o que confirma que se trata de *arquétipo inconcluso*, acarretando sérias alterações não apenas no mercado em si, senão na política, na sociedade, na cultura, nas relações comportamentais humanas e, especialmente, na pessoa.[17]

A mudança na sociedade, com uma nova virtualidade e necessidade de restabelecer, dentro da *bona fides*, um paradigma mais visual, menos focado

---

maravilhas do mundo digital para atender às nossas necessidades referentes a levar uma vida efetiva, prometendo a mágica de informação ilimitada e milhares de maneiras de antecipar nossas necessidades e facilitar as complexidades de nossas perturbadas vidas. Nós o recebemos de braços abertos [...] Sob esse novo regime, o momento preciso em que nossas vidas são atendidas também é o momento preciso em que a nossa vida é saqueada em busca de dados comportamentais, e tudo isso para o lucro alheio".

13. Exemplifica Nelson Nery Júnior com o declínio das tratativas contratuais em face do contrato em massa. *Código Brasileiro de Defesa do Consumidor*: comentado pelos autores do anteprojeto. 8. ed. Rio de Janeiro: Forense Universitária, 2004, p. 512.

14. BENKLER, Yochai. *La riqueza de las redes*: cómo producción social transforma los mercados y la libertad. Barcelona: Icaria Editorial, 2015, p. 66. Explica: "A contrario, los emergentes modelos de producción informativa y cultural, radicalmente descentralizados y basados en pautas de cooperación y compartición, pero también de simple coexistência coordinada, están empezando a assumir un papel cada vez mayor en el modo en que producimos significado – información, conocimiento y cultura – en la economia de la información en red".

15. MCNEELY, Ian F.; WOLVERTON, Lisa. *A reinvenção do conhecimento*: de Alexandria à Internet. Trad. Maria Lúcia de Oliveira. Rio de Janeiro: Record, 2013.

16. HUI, Yuk. *Tecnodiversidade*. Trad. Humberto Amaral. São Paulo: Ubu Editora, 2020, p. 201. Explica: "Tecnodiversidade não significa apenas que países diferentes produzam o mesmo tipo de tecnologia (monotecnologia) sob marcas diferentes e com atributos ligeiramente diferentes. Na verdade, ela se refere a uma multiplicidade de cosmotécnicas que difiram umas das outras em seus valores, epistemologias e formas de existência".

17. NOVAIS, Jorge Reis. *A dignidade da pessoa humana. Dignidade e direitos fundamentais*. Coimbra: Almedina, 2018, p. 39. Em primorosa monografia desenvolve sobre a passagem no direito romano do conceito clássico de *dignitas* do cargo como *status* ou *privilégio* (o que é bem próprio na atualidade quanto ao modelo do mercado de criação de carências-obsolescência-persuasão) para a noção de *dignitas* da pessoa como presença da razão prática e da capacidade de escolha moral (estatuto universal).

na conduta e sim no resultado e na sua transversalidade do impacto, a *fides* ou o princípio da confiança e proteção das expectativas legítimas,[18] especialmente no mundo digital, como bem prevê o Projeto de Lei 3514/2015 de atualização do CDC ao mundo digital.

As imediatas transformações tecnológicas e inovações – que também são essenciais à humanidade, desde que não se distanciem da *ancoragem jurídica*[19] – desnudam escancaradamente a extrema 'falta de fôlego'[20] do sistema jurídico que necessita (re)pensar fontes, funções e modelos. Para tanto, é relevante perceber que aos poucos legislações transversais[21] ganham bastante 'efeito justo e útil'[22] na realizabilidade e proteção dos vulneráveis nestas circunstâncias.

2. *NUBESSISTEMA*, NOVAS VERTICALIDADES E PLATAFORMIZAÇÃO

Vivemos num ambiente de nuvens: lateral, abstrato, imaterial, mas perigoso e sem lapso de memória (esquecimento).[23]

As 'nuvens' (*des*)conceitualizam a noção do espaço (tamanho, limite, localização). De um lado, torna inútil a capacidade de guarda dos *hardwares* (produtos), e outro lado, valoriza a virtualidade e escalabilidade do acervo digital como *softwares* (serviço), com assento cosmopolita. Para o enorme benefício de volume de depósito e de aprovisionamento corresponde o potencial risco à privacidade em termos transfronteiriços. Enquanto as nuvens, no mundo físico, são aglomerações de partículas de água envolvidas na atmosfera, no mundo digital configuram vasta

---

18. Assim o livro de pós-doutorado, MARQUES, Claudia Lima. *Confiança no mercado eletrônico e a proteção do consumidor*. 4. ed. São Paulo: Ed. RT, 2004, p. 31 e s.
19. Novamente: LORENZETTI, Ricardo Luiz. *Comércio Eletrônico*. Trad. Fabiano Menke, com notas de Claudia Lima Marques. São Paulo: Ed. RT, 2004. p. 77-78.
20. CAMPOS, Diogo de Leite; ANDRIGHI, Fátima Nancy. *Pessoa, direitos e direito*: a pessoa, os seus direitos e a sua criação do Direito. São Paulo: Thomson Reuters, 2021, p. 25.
21. MARQUES, Claudia Lima. Superação das antinomias pelo diálogo de fontes: o modelo brasileiro de coexistência entre o Código de Defesa do Consumidor e o Código Civil de 2002. *Doutrinas Essenciais de Direito do Consumidor*. São Paulo: Ed. RT, 2011, p. 679-718. Referindo-se ao direito francês explica: "Em outras palavras, o tema "consumo" é transversal e transpassa várias disciplinas, direito civil, direito comercial, econômicos, administrativo, penal e processual. Em uma figura de linguagem, o sistema francês é composto de vários pilares (ou disciplinas, que continuam intactas) e um novo Código, tema ou disciplina, que transpassa a todos, como uma ponte sustentada por vários pilares de naturezas diferentes".
22. GHESTIN, Jacques; JAMIN, Christophe. *Le juste et l'utile dans les effets du contrat*. In: MONTEIRO, António Pinto (Coord.). *Contratos*: actualidade e evolução. Lisboa: Universidade Católica Portuguesa, 1997, p. 131.
23. MARTINS, Guilherme Magalhães. *Direito ao esquecimento na sociedade da informação*. São Paulo: Thomson Reuters, 2022, p. 173. Para uma intricada relação entre memória coletiva, memória individual e interesse público. Também num sentido voltado aos dados pessoais, conclui: "o direito ao esquecimento se apresenta como uma garantia fundamental que visa remediar os inconvenientes e os prejuízos gerados pela enorme multiplicação dedados pessoais que passam a alimentar bancos de armazenamento fora do controle dos cidadãos".

rede interligada de servidores que acumulam e armazenam dados.[24] Daí dizer sobre nuvens públicas, nuvens privadas e nuvens híbridas.

Enfim, a humanidade está a sujeita a deslocar do *ecossistema* (casa) rumo ao *nubessistema* (nuvem).

Inerente às em nuvens,[25] avança a economia digital, igualmente *(co)existente* à realidade física e materialmente experimentada, tiranizando a submissa e incauta civilização: em muitos pontos transumana; fragmentada pela ciência; heterogênea pelas diferenças; desconfiada com os discursos universais e totalizantes;[26] altamente capaz de pulverizar o coletivo na figura do *indivíduo*[27] e na própria representação ideológica, o *individualismo*.[28]

Substituído pela solidariedade – princípio funcional do constitucionalismo contemporâneo – o individualismo[29] retorna clandestinamente nas vestes do 'capitalismo digital', curiosamente agravado pela tecnologia. E, sob o pretexto da promessa de 'empoderamento' insular, conduz a mazelas excludentes, piores que aquelas desenhadas pelo '*État Gendarme*', já que tende a impedir adjudicações e intervenções jurídico-sociais para efetividade da igualdade substancial.[30]

Não há dúvidas quanto à fecundidade deste nicho contemporâneo em operar situações de 'controle absoluto' sobre as pessoas, dando mostras factíveis daquilo que já foi, outrora, chamado de *racionalidade da conduta*,[31] com uma característica própria: a incidência de reiteradas mudanças, sem demonstrar a causa, sem denunciar o protagonista, aliás, ao contrário, operando no imaginário humano

---

24. SVANTESSON, Dan; CLARKE, Roger. Privacy and consumer risks in cloud computing. *Computer law and security review*. Bond University, p. 391-397.
25. VAQUERO, Luis. M.; MERINO-RODERO, Luis; CACERES, Juan.; LINDNER, Maik. A Break in the Clouds: Towards a Cloud Definition. *ACM SIGCOMM Computer Communication Review*, 39(1): 50-55, jan. 2009.
26. HARVEY, David. *Condição pós-moderna*. Trad. Adail Ubirajara Sobral e Maria Stela Gonçalves. São Paulo: Loyola, 2014, p. 163.
27. ABBAGNANNO, Nicola. *Dicionario de filosofía*. Mexico: Fondo de cultura económica, 1961, p. 663. No verbete: "Individuo. En sentido físico: lo indivisible, o sea lo que no puede ser ulteriormente reducido mediante un procedimiento de análisis. En sentido lógico: lo impredicable, lo que no se puede predicar de pluralidad de cosas".
28. Ainda em ABBAGNANNO, Nicola. *Dicionario de filosofía*. Mexico: Fondo de cultura económica, 1961, p. 664. No verbete: "Individualismo. Toda doctrina moral a política que reconozca al individuo humano un valor predominante de finalidad respecto de las comunidades de que forma parte. El extremo de esta doctrina es, obviamente, la tesis que postula que el individuo tiene valor infinito y la comunidad valor nulo".
29. BOURDIEU, P. *Contrafogos*: táticas para enfrentar a invasão neoliberal. Zahar, 1998.
30. Ver o nosso MARTINS, Fernando Rodrigues; LIMA, Thainá Gomes Lopes. Da vulnerabilidade digital à curiosa vulnerabilidade empresarial. Polarização da vida e responsabilidade civil do impulsionador de conteúdos falsos e odiosos na idade da liberdade econômica. *RDC*. v. 128. São Paulo: Ed. RT, 2020, p. 119/161.
31. BERTEN, André. *Modernidade e desencantamento*: Nietzsche, Weber e Foucault. São Paulo: Saraiva, 2011, p. 95.

que os resultados efêmeros e felizes derivam da 'liberdade absoluta', somente possível (e que agora grassa) pelos 'novos' meios midiáticos. Ambiente de óbvia sujeição ou verticalidades.

Originalmente, a tutela contra as verticalidades adveio da necessidade de restringir o 'monopólio da força' dos Estados quando da expansão de domínios pelo confisco de propriedades dos cidadãos, pela adoção de decisões políticas tributárias injustas e, principalmente, quando da restrição da liberdade das pessoas. O Estado, reconhecidamente o 'Leviathan', até então era o único caudilho das agressões às liberdades públicas, às vidas e aos bens,[32] desencadeando o imperativo das constituições iluministas (e simbólicas)[33] como 'sistema de limites' às atuações estatais. Disposições embrionárias da 'função defesa' dos direitos fundamentais.[34]

Contudo, as verticalidades atualmente são constatáveis nas diversas relações desenvolvidas perante a sociedade (onde o próprio Estado também é consumidor)[35] tendo como *soberano* específico o mercado e como agentes responsáveis as instituições particulares qualificadamente tecnológicas, manipuladoras e estrategistas.

Algumas situações valem como exemplos não exaustivos: (i) abuso de posição dominante no âmbito autonomia privada; (ii) manejo e controle de informações estratégicas sobre riscos setoriais; (iii) predisposição exclusiva dos conteúdos negociais e contratuais; (iv) conhecimento único e não compartilhado de técnicas para produtos e prestação de serviços; (v) supremacia seletiva na análise do público consumidor; (vi) gerenciamento, armazenamento e compartilhamento de dados pessoais e dados pessoais sensíveis de inúmeras pessoas a partir da era 'Big Data'; (vii) padrões de persuasão que exploram (e anulam) cognitivamente a vontade dos consumidores, inclusive e mediante a utilização de inteligência artificial e algoritmos.

Não se trata, pois, de poder estatal. Claramente é 'poder paralelo' (poder social) que atua sobre as vidas, estado anímico e relações das pessoas, nomeadamente na titularidade de consumidores e que, *mesmo na fonte correspondendo ao âmbito privado*, traz consigo as mesmas consequências e efeitos da esfera pública: *obediência, coação; sanção e exclusão.*[36]

---

32. LUÑO, Antonio-Enrique Perez. *Los derechos fundamentales.* 6. ed. Madrid: Tecnos, 1995, p. 27.
33. LASSALE, Ferdinand. *O que é uma Constituição Política.* Trad. Manoel Soares. Global Editora: São Paulo, 1987. p. 19.
34. DALLARI, Dalmo de Abreu. *A Constituição na vida dos povos*: da idade média ao século XXI. São Paulo: Saraiva, 2013.
35. PARZIALE, Aniello dos Reis. As compras governamentais como instrumento para impulsionar a inovação no país. *RDAI.* São Paulo: Ed. RT, 2020, p. 159-184. Informa: "Diante do referido porcentual, não restam dúvidas de que o Estado comprador brasileiro, por meio da União federal, dos 23 Estados, Distrito Federal e dos 5.570 municípios, apresenta-se como um grande consumidor, adquirindo bens, que vão desde objetos comuns e simplórios até objetos complexos, de alto valor agregado, estratégicos etc.".
36. Peces-Barba, Gregorio. *Curso de derechos fundamentales.* R. de Asís, C. R. Fernández y A. Llamas (colab.). Madrid: Universidad Carlos III de Madrid y Boletín Oficial del Estado, 1999, p. 340-342.

É certo que a doutrina constitucional, mais propriamente voltada à compreensão e estudos sobre os direitos fundamentais, tem contribuição ímpar a respeito deste tema. As denominações são bastante exploradas: 'vinculação dos particulares aos direitos fundamentais'; 'relações jusfundamentais privadas'; 'eficácia externa dos direitos fundamentais' (*Drittwirkung*).[37]

Soa como inadequado, entretanto, valer-se da expressão 'eficácia horizontal' nestas relações particulares a depender do grau de intervenção de determinado particular sobre outro, isto porque os 'poderes privados', ao exemplo do poder público, claramente também estão sujeitos à carga de *justificação* e *legitimidade*, tanto formal como substancial.[38]

Por isso, a designação 'eficácia horizontal' encontra resistência, justamente porque "em se tratando de uma relação entre um particular e um detentor de poder social, isto é, uma relação caracterizada pela desigualdade, estar-se-ia em face de uma configuração similar que se estabelece entre os particulares e o Estado e, portanto, de natureza vertical, já que a existência de uma relação horizontal pressupõe tendencial igualdade".[39]

Muito embora não seja objetivo deste arrazoado explorar a doutrina constitucional amiúde, senão valer-se dela na medida tão especificada do problema no binômio 'capacidade de sujeição – irresistibilidade de subordinação' na órbita da transversalidade, cabe ao menos referir por imperativo de coerência que a natureza desta 'vinculação' dos particulares deriva da necessária *efetividade* dos direitos fundamentais, geradora de duas teses sobre a respectiva eficácia[40] e outra sobre alcance da atuação das instituições públicas quanto à violação pelos entes privados.[41]

---

37. ANDRADE, José Carlos Vieira. *Os direitos fundamentais na Constituição Portuguesa de 1976*. 6. ed. Coimbra: Almedina, 2021, p. 133. Explica: "Na realidade a eficácia externa dos direitos fundamentais foi inicialmente pensada como eficácia horizontal, para fundamentar uma obrigação geral de respeito nas relações entre indivíduos, supostamente iguais, contraposta à sua típica eficácia vertical, nas relações do indivíduo perante o poder público. Por outro lado, tendo em conta que os sujeitos da relação jusfundamental seriam o indivíduo e o Estado, a eficácia das normas relativas aos direitos fundamentais surgia então concebida como eficácia perante terceiros (Drittwirkung)".

38. FERRAJOLI, Luigi. *Derecho y razón*. Teoría del garantismo penal. Trad. de P. Andrés Ibáñez, A. Ruiz Miguel, J.C. Bayón y otros. Madrid: Trotta, 1995, pp. 935-936.

39. SARLET, Ingo Wolfgang. Direitos fundamentais e direito privado: algumas considerações em torno da vinculação dos particulares aos direitos fundamentais. *Doutrinas essenciais de direito do consumidor*. v. 2. São Paulo: Ed. RT, 2011, p. 227-285.

40. Ver por todos RODRIGUES JÚNIOR, Otavio Luiz. *Direito civil contemporâneo*: estatuto epistemológico, constituição e direitos fundamentais. Rio de Janeiro: forense Universitária, 2019, p. 341. É o caso da teoria imediata, teoria mediata e os deveres de proteção. Com muita prudência estabelece critérios importantes para adotar a teoria da eficácia indireta, mantendo-se a metódica do direito civil: "distinção sistemática', 'autonomia epistemológica do direito civil' e 'excessos de sobreconstitucionalização'.

41. CANOTILHO, J. J. Gomes. Jusfundamentabilidade e deverosidade protectiva. *Liber Amicorum Professor Doutor Fausto de Quadros*. Coimbra: Almedina, 2016, p. 853. A questão dos deveres de protecção como 'garantísticos' dos direitos fundamentais em certa medida pelas entidades privadas.

O que se revela em atenção é justamente o poder de intervenção que determinado particular detém e, geralmente, como ele opera reduzindo consideravelmente direitos básicos (das mais diversas categorias: fundamentais, humanos, de personalidade, subjetivos) de outra pessoa. Partindo-se da 'inocente' presunção de igualdade, objetivamente, se percebe nos planos da eficácia e fenomênico que o *equilíbrio* e *justiça* das posições restam comprometidos de forma a potencializar ofensa e lesão a direitos constitucional e legalmente atribuídos.[42]

E neste ponto, contribui a revisão da noção de '*autoridade*', porquanto se antes tratava-se de essência peculiar apenas dos 'entes estatais', *critério subjetivo* de pertencialidade do agente,[43] pode-se dizer que a autoridade no Estado Pós-Social mais se aproxima do *critério objetivo* considerando o conteúdo ditado, publicado, ordenado e induzido pelo contrato (que substitui a lei).[44] Numa palavra: na sociedade de mercado não há uma autoridade central, porque o 'mercado é a autoridade'.

Aqui é relevante abordar que a '*plataformização das relações*' é realidade convivida e posta; inovação estrutural e funcional sem precedentes na 'Internet' e que afetou diretamente a vida humana, tanto para benefícios quanto para riscos, perigos e nocividades.

Plataformização significa a inserção das pessoas no mundo digital para as mais variadas interações virtuais (desmaterializadas, desterritorializadas e despersonalizadas *fisicamente*) concorrendo para isso os dados (pessoais e sensíveis), a economia, a privacidade, a intimidade e autodeterminação informativa dos utentes (pessoa natural), através de comunicações instantâneas e simultâneas por textos, áudios e vídeos armazenáveis em nuvens.

Com a pandemia Sars-Covid-19 os protocolos gerais emitidos pelo poder público na área de saúde, contemplando todas as demais áreas, designaram para continuidade dos afazeres quotidianos das instituições, entidades e pessoas justamente as plataformas digitais como instância adequada à prevenção de contágios. Alimentação, compras, movimentações financeiras, aulas, audiências formais, sessões solenes, reuniões públicas e privadas, assembleias, conferências e até

---

42. Ver o nosso MARTINS, Fernando Rodrigues; MARQUES, Claudia Lima. Danos qualificados constitucionalmente e a formação da norma de proteção de direitos fundamentais no âmbito da responsabilidade civil. *Da estrutura à função da responsabilidade civil. Uma homenagem do Instituto Brasileiro de Responsabilidade Civil (IBERC) ao Professor Renan Lotufo*. Indaiatuba-SP: Editora Foco, 2021.
43. PEREIRA DA SILVA, Vasco Manuel Pascoal Dias. *Em busca do ato administrativo perdido*. Coimbra: Almedina, 1995, p . 130.
44. GALGANO, Francesco. *La globalización en el espejo del derecho*. Trad. Horacio Roitman y María de la Colina. Santa-Fé: Rubinzal-Culzoni, 2005, p. 111. Discorre: "A la autonomía contractual hoy se le abren fronteras impensables en el pasado. El contrato era, en su concepción clásica, el instrumento para componer intereses privados. Hoy el contrato entre particulares toma el lugar de la ley en muchos sectores de la vida social. Se lo empuja hasta substituir a los poderes públicos en la protección de intereses generales que pertecen a la colectividad entera".

consultas médicas tornaram-se remotas.[45] A pandemia devastou, mas também ensinou: destacando entre os legados de efeitos benéficos a provisão parcial de produtos e serviços, a praticidade e a redução de custos das transações. Mitigada a pandemia, atualmente a opção de outrora pelas plataformas ainda persiste: trata-se de experiência muito bem adaptada.

O acompanhamento, por exemplo, do estágio viral e ao mesmo tempo vacinal referente à pandemia se deu por redes sociais, inclusive pelos aplicativos de mensagens instantâneas (*Whattsapp*; *Telegram*; *Signal* etc.). Audiências, aulas, palestras, sessões e reuniões realizadas por *apps* de espaço de trabalho com '*design*' voltado para colaboração em equipes (*Teams*, *Zoom*, *Google Meet* etc.). O próprio 'poder público' (como dito: o maior consumidor) delas se valeu (e se vale, como no exemplo do '*gov.br*') reformulando o conceito de transparência, informação e assiduidade no serviço público e reforçando a ideia de *cidadania digital*.[46]

Problema que revela constante 'lacuna ética' (*non-droit*),[47] a que cabe ao direito enfrentar frente aos largos passos perfilhados pela sociedade atual em direção à 'racionalidade instrumental',[48] à 'objetivação do mundo' e à 'funcionalização da pessoa'.[49] Não sem razão, se remonta aquela advertência tão eloquente quanto às invenções que "aumentam a força dos fortes e a riqueza dos ricos".[50]

Neste estágio, pois, é pressuposto para avanço temático identificar alguns tipos de 'verticalidades digitais'.

2.1 Verticalidade *login/logout*: paradigma do acesso e excluídos sociais

Se a Internet era esfera de 'exceção' quando de seu marco inicial em 1994, tornou-se 'regra' para incontáveis interações a partir de 2020 com nítida influência no campo jurídico e na vastidão dos seguintes planos: i – *relacionais* (negociais, civis, familiares, profissionais, empresariais, consumeristas); ii – *sucessoriais* (herança; bens e acervos); iii – *procedimentais* (acesso à justiça, documentos e provas); iv – *ocupacionais* (mitigação, desaparecimento e surgimento de empregabilidades;[51]

---

45. Bons exemplos: a Lei 14.010/20 que disciplinou o regime transitório para as relações privadas durante a pandemia e a Lei 14.129/21 que instituiu o 'governo digital'.
46. LUÑO, Antonio-Enrique Pérez. *¿Ciberciudadaní@ o ciudadaní@.com?* Barcelona: Editorial Gedisa S.A., 2003.
47. CARBONIER, Jean. *L'hypothèse du non-droit*. Archives de philosophie du droit. Paris: Sirey, 1963 p. 25-47. Em rica lição aborda temas que o direito deveria enfrentar, mas que permanecem à margem da juridicidade.
48. LIRIA, Carlos Fernandez. *Sin vigilancia y sin castigo. Una discusión con Michel Foucault*. Madrid: Libertarias/Prodhufi, 1992, p. 17. Deduz: "La disciplina no se ejerce sobre los 'individuos': es ella, más bien, la que ha producido sus individuos".
49. MARCEL, Gabriel. *Os homens contra o homem*. Porto: Editora Educação Nacional, 1951.
50. DURANT, Will. *Breve história da civilização*. Lisboa: Clube do autor, 2001, p. 27.
51. Veja o 'ocaso' da representação comercial; portarias em condomínios; cobradores em transporte coletivo.

novos lazeres;[52] e até '*gaming disorder*');[53] v – *econômicos* (criptomoedas; economia compartilhada; e-*marketplaces*; etc.);[54] vi – *políticos* (engajamento discursivo; participação popular; e-vote etc.);[55] vii – *culturais* (*streamings* de filmes, músicas; *podcasts*; visitas virtuais artísticas etc.).

Nestas circunstâncias desencadeia-se pressuposto fundamental: o 'acesso' aos sistemas digitais para efetividade a direitos fundamentais (em outras palavras: '*conectividade*' no contexto cibernético).[56] As 'portas' das plataformas digitais estão providas de rígido código binário '*logar*' ou '*não logar*'. É o *paradigma do acesso* (que concorre com os demais: 'ter/não ter'; 'ser/não ser'[57]): quem não '*loga*' está 'fora' do mercado digital e em situação de '*subconsumo*' ou de '*infraconsumo*'[58] a inúmeros bens essenciais, tendo em vista a 'exclusão social' provocada.

Configurando hipótese de prestação de serviço (CDC, art. 3º, § 2º), o ingresso às plataformas digitais e, via de consequência, ao mercado eletrônico, é realizável mediante a contraprestação remuneratória, o que abre necessário espaço para políticas públicas de '*inclusão digital*' não só quantitativa, mas qualificativa,[59] porque nem todos têm condições de arcar com os custos do acesso ou de aparelhos.

No Brasil, a despeito da aprovação da recente Lei 14.533/23, se verifica que políticas públicas de 'conectividade' ainda são precárias e descontínuas sem que haja promoção efetiva e inclusiva das populações mais carentes, gerando com

---

52. Santos, Álvaro da Silva. Lazer virtual e a pessoa idosa na pandemia da COVID-19 no contexto da atenção primária à saúde: criatividades interventivas *Journal Health NPEPS*. 6. Recuperado de https://periodicos.unemat.br/index.php/jhnpeps/article/view/5465. Acesso em: 04 jan. 2023.

53. OMS. Ver CID-11. 6C51. Distúrbio de jogo. Aumento da prioridade dada ao jogo na medida em que o jogo tem precedência sobre outros interesses da vida e atividades diárias.

54. PASQUALOTTO, Adalberto de Souza; SCALETSKY, Carolina Litvin. Da responsabilidade civil da plataforma digital na economia compartilhada. *RDC*. v. 142. p. 77-99. São Paulo: Ed. RT, 2022.

55. CASTELLS, Manuel. *Comunicación y poder*. Trad. María Hernández. Madrid: Alianza, 2009.

56. RODOTÀ, Stefano. *El derecho a tener derechos*. Madrid: Editorial Trotta, 2014. Especialmente na crítica às licenças exigidas pela 'web'.

57. BALLELL, Teresa Rodriguez de las Heras. *El régimen jurídico de los mercados electrónicos cerrados (e-marketplaces)*. Madrid: Marcial Pons, 2006, p. 25. Conclui: "La metamorfosis tecnológica de la economía (y de la sociedad) supone mucho más que la globalización de los fenómenos, que, de hecho, parece quedar desmentida por un imparable proceso de balcanización; significa el desplazamiento de 'la era de la propriedad' a la 'era del aceso'; la transformación de los 'productos en servicios; la redefinición de los mercados bajo la fisonomia de las redes; la combinación, casi la integración, de la cooperación y la competencia; y un definitivo reajuste del mundo en dos estados, conectado o desconectado".

58. BAROCELLI, Sérgio Sebastián. Rumo à construção da categoria "consumidores hipervulneráveis". *RDC*. v. 113. São Paulo: Ed. RT, 2017, p. 67-80. Na lembrança: "entender os conceitos de subconsumidor e infraconsumidor associados a um dos tipos de hipervulnerabilidade, como pode ser a pobreza ou a exclusão social, mas não incluir todas as suposições".

59. LIMBERGER, Têmis; SALDANHA, Jânia; DEL RIO HORN, Luiz Fernando. Do dilema paradoxal tecnocívico: inclusão consumerista digital quantitativa versus qualitativa. *RDC*. v. 114. São Paulo: Ed. RT, 2017, p. 195-226.

isso os '*excluídos digitais*".[60] Última pesquisa do IBGE a respeito indica que quase 29 milhões de pessoas estão afastadas do mundo virtual, das quais 20% não têm condições financeiras para pagar o ingresso aos serviços ou aparelhos.[61] Tudo isso em detrimento ao CDC (art. 4º, inciso X), que veda a 'exclusão social'.

A verticalidade digital, capitaneada pela ampla capacidade de poder dos fornecedores de acesso, situa-se justamente na interposição de obstáculos econômicos à conexão dos hipervulneráveis que, desprovidos de políticas públicas assertivas de conectividade, permanecem excluídos do mercado de consumo virtual, âmbito esse fortemente responsável por suprimentos básicos (direitos fundamentais sociais).

São os 'desconectados' da igualdade digital e que fazem jus às necessárias promoções para ingresso no mundo digital, *em particular nas épocas de crise ou pandemias*. Se as comunicações oficiais do poder público (nos mais variados temas de interesse público), se a aquisição de produtos e serviços essenciais para subsistência pessoal ou dos núcleos familiares e se a continuidade dos afazeres quotidianos são realizáveis através das plataformas digitais, cumpre a colmatação desse hiato tão excludente, inclusive com a necessária intervenção dos 'provedores de acesso'.

Desenvolvemos aqui, como já muito bem assentado no direito privado, a utilização da 'função social' do contrato, com evidente fundamento no '*solidarismo*' derivado promoção da dignidade humana.[62] Teríamos assim a '*função social do acesso digital*' que, além das políticas públicas do Estado, devem contar com os inegáveis 'deveres de solidariedade' dos provedores de acesso, geralmente empresas privadas concessionárias de serviço público.

2.2 Verticalidade (*pré*)conceitual: discriminação e 'algoritmos da opressão'

Mas a verticalidade digital também diz respeito a milhões de consumidores que, *mesmo estando conectados*, se veem alijados do mercado e, portanto,

---

60. Tem por escopo potencializar os padrões e incrementar os resultados das políticas públicas relacionadas ao acesso da população brasileira a recursos, ferramentas e práticas digitais, com prioridade para as populações mais vulneráveis. Tal legislação contribuirá também não apenas para o acesso, mas também para mitigar o 'analfabetismo digital'.
61. Disponível em: https://olhardigital.com.br/2022/09/19/internet-e-redes-sociais/segundo-ibge-28-milhoes-de-pessoas-no-brasil-nao-usaram-a-internet-ano-passado/. Acesso em: 04 jan. 2023. A matéria que é de 09-2022 explica que: "De acordo com o Instituto Brasileiro de Geografia e Estatística (IBGE), 28,2 milhões de pessoas no Brasil não utilizaram a internet em 2021. Esse número representa 15,3% da população brasileira acima de 10 anos de idade. Já a população que utilizou o serviço digital foi de 155,7 milhões de pessoas, representando um total de 84,7%, também acima de 10 anos.
62. GODOY, Claudio Luiz Bueno. *Função social do contrato*. 3. ed. São Paulo: Saraiva, 2009.

em situação de constrangimento e preconceito sócio virtual (*digital biases*). A questão se dá porque as plataformas digitais estão providas de linguagem própria derivadas do uso de 'algoritmos', desencadeando a partir daí a produção de 'regras' virtuais.

Trata-se de espaço com 'fecunda' produção de 'ordem espontânea': *disruptiva* (sectária e fragmentária); *autônoma* (independente de outros sistemas); *privada* (derivada de arranjos negociais com controle de riscos e custos); e, por isso, *ilegítima* (dado o acentuado déficit democrático). No máximo, pode até ser aquinhoada com alguma regulação formal, contudo num '*tom-verniz*' (muitas leis e nenhum direito).[63]

A humanidade – muito além da linguagem usual e secular empreendida por signos – no campo das tecnologias vale-se de algoritmos, propiciando a comunicação digital processável por ferramentas eletrônicas e complementada em etapas individuais.[64] Os algoritmos possibilitam as 'tomadas de decisões' pelos *softwares*, contextualizando regras a serem seguidas pelas máquinas e, consequentemente, promovem o pleno atendimento de seu criador: o *poder econômico*.[65]

Daí é perceptível que os algoritmos, enquanto conjunto de regras e diretrizes para seletividade de decisões, pertencem ao mercado digital, aos fornecedores, aos empreendedores eletrônicos, obviamente para satisfação dos respectivos objetivos e interesses. Os algoritmos só não contêm interesses dos utentes e consumidores, os quais não conhecem seus 'enigmas'. Aqui a convicção não só de plena desigualdade entre o *sujeito real* e o *nicho virtual*, mas claramente os inevitáveis atentados à dignidade humana.

Isso se infere enfaticamente no '*abuso de controle*' quanto ao tratamento das informações entre as plataformas e os consumidores, eixo temático de total assimetria. Enquanto os utentes não têm domínio sobre o *conteúdo interno* de funcionamento das plataformas digitais (o que será possível apenas aos administradores dos empreendimentos digitais), as 'redes', ao seu tempo, exigem dos consumidores o compartilhamento da localização, privacidade, intimidade e dados pessoais para o manuseio do sistema.

---

63. NEVES, A. Castanheira. *O direito hoje e com que sentido? O problema atual da autonomia do direito*. 2. ed. Lisboa: Piaget, 2011, p. 11. Na advertência: "Já axiologicamente, quando se verifica a transmutação do direito como validade (validade normativamente autónoma e referida a uma axiologia material especificamente fundamentante) para o direito como simples regulador funcional de uma sociedade individualista e sem valores, só interessada quer politicamente quer estrategicamente em reivindicantes liberdades, tornadas direitos subjetivos sem deveres [...] muitas leis e pouco direito".
64. HOFFMANN-RIEM, Wolfgang. *Teoria geral do direito digital*: transformação digital: desafios para o direito. 2. ed. Trad. Italo Fuhrmann. Rio de Janeiro: Forense, 2022, p. 12. Ao lado das regras legais e sociais, convivemos com regras digitais derivadas de algoritmos.
65. REIS, Paulo Victor Alfeo. *Algoritmos e direito*. São Paulo: Almedina, 2020, p. 120.

Desequilíbrio intolerável de posições jurídicas que abre espaços para abusividades, singularmente através da linguagem e das decisões algorítmicas.[66]

Neste último ponto, há tempos são reconhecidas práticas discriminatórias e excludentes, *mesmo às pessoas conectadas*, demonstrando que o princípio *mater* das plataformas, que é o da *neutralidade* (MCI, art. 3º, inc. IV),[67] é desrespeitado abusivamente frente às situações existenciais e sociais do consumidor. Os manejos de informações pelas plataformas e os vieses utilizados para condução e produção das decisões não fica livrem dos preconceitos, prejulgamentos[68] e interesses, causando insuperável ignomínia.

As condutas de seletividade, filtragem e preferência a partir da localização do consumidor (*geoblocking*; *geopricing*) são adequadas demonstrações. Exemplos são vastos: bairros onde os aplicativos de transporte não atendem; consumidores que por pleitearem direitos em órgãos de proteção não são atendidos; práticas de preços diferenciadas conforme regionalização do público consumidor.[69]

Também ofensas e segregações desencadeadas pelas plataformas são plausíveis a partir de 'decisões digitais enviesadas' que colhendo dados sensíveis, como no exemplo de *biometria facial*, impede os aplicativos no atendimento de demandas solicitadas para diversas entabulações essenciais às mais diferentes etnias e orientações sexuais, o que traduz policiamento preditivo racista e preconceituoso (para evitar 'prejuízos' e 'mitigar riscos') por parte dos fornecedores.[70]

---

66. O'NEIL, Cathy. *Weapons of math destruction*: how big data increases inequality and threatens democracy. New York: Crown Publishers, 2016, p .14.

67. NEVES, Maria do Céu Patrão; CARVALHO, Maria da Graça. *Ética aplicada*: novas tecnologias. Lisboa: Edições 70, 2018, p. 9. O mito da neutralidade axiológica. Criticam: "A pretensa neutralidade da tecnologia, decretada intencionalmente para furtar a toda e qualquer classificação de sentido positivo ou negativo, soltando-as de quaisquer amarras e permitindo-lhe cavalgar livremente, corresponde também à rejeição de sua paternidade".

68. GADAMER. Hans-George. *Verdade e método*. Trad. Flávio Paulo Meurer. Petrópolis – RJ: Vozes, 1997, p. 76. As máquinas, que deveriam evoluir, continuam com os ranços da humanidade, orientadas desigualmente para interesses parciais e preocupações excludentes. Como são cria dos homens veem com os mesmos vícios (*praejudicium*).

69. MORASSUTTI, Bruno Schmitt. Responsabilidade civil, discriminação ilícita e algoritmos computacionais: breve estudo sobre as práticas de *geoblocking* e *geopricing*. RDC. v. 124, p. 213-234. São Paulo: Ed. RT, 2019.

70. Veja: SILVA, Fernanda Mateus Rosa. Vigiar e punir 4.0: efeitos das tecnologias de policiamento preditivo e reconhecimento facial e a perpetuação do racismo estrutural. *Revista de Direito e as Novas Tecnologias*. v. 16. São Paulo: Thomson Reuters, 2022. Pontua: "De mais a mais, o algoritmo, feito por humanos, que são falhos, também apresenta falhas em sua precisão. Em 2020, a ProPublica comparou as taxas de reincidência sugeridas pelo software com os crimes praticados (ou não) dentro de dois anos e concluiu que os algoritmos são enviesados e há disparidades raciais significativas: no item "risco de reincidência", os réus negros foram classificados como sendo 45% mais propensos a reincidir do que réus brancos, enquanto no "risco de reincidência violenta" o número foi de 77% mais propensos a praticar novos crimes violentos".

Safiya Noble assim explora o que alcunha de '*algoritmo da opressão*':[71]

Parte do desafio de entender a opressão algorítmica é compreender que as formulações matemáticas para conduzir decisões automatizadas são feitas por seres humanos. Embora muitas vezes pensemos em termos como "*big data*" e "algoritmos" como benignos, neutros ou objetivos, eles não são. As pessoas que tomam essas decisões possuem todos os tipos de valores, muitos dos quais promovem abertamente racismo, sexismo e falsas noções de meritocracia.

A 'verticalidade preconceitual' é inaceitável por parte do sistema jurídico, tendo em vista a ofensa direta a direitos fundamentais. A Constituição Federal repulsa a segregação e o racismo instando a vedação como base para as relações internacionais e criminalizando a prática (art. 4º, inc. VIII; art. 5º, XLII), assim como abomina as discriminações contrárias às liberdades fundamentais (art. 5º, XLI).

Da mesma forma, a legislação de proteção de dados pessoais (LGPD, art. 6º, inc. IX); o estatuto de acesso à Internet (MCI, art. 9º, § 2º, inc. IV); e o microssistema consumerista (CDC, art. 4º, *caput*) vedam a discriminação, provendo a intangibilidade da dignidade dos consumidores pessoas naturais, o que desde já propicia a '*teoria geral do direito digital*' (LGPD+MCI+CDC).[72]

2.3 Verticalidade comportamental: impulsionamentos e vontade induzida

A intricada interseção entre humanidade e ciência já mereceu diversas análises críticas. Aqui interessa aquela sintetizada em três posições: ensimesmamento, alteração e ação.[73] O *ensimesmamento* é o exercício interno intelectivo para busca de soluções. A *alteração* se dá quando o humano deixa de contemplar

---

71. NOBLE, Safiya Umoja Noble. *Algorithms of oppression*: how search engines reinforce racism. 1st edn. New York: NYU Press, 2018, p. 2. Do original: "Part of the challenge of understanding algorithmic oppression is to understand that mathematical formulations to drive automated decisions are made by human beings. While we often think of terms such as "big data" and "algorithms" as being benign, neutral, or objective, they are anything but. The people who make these decisions hold all types of values, many of which openly promote racism, sexism, and false notions of meritocracy".

72. Novamente: MARTINS, Fernando Rodrigues; LIMA, Thainá Gomes Lopes. Da vulnerabilidade digital à curiosa vulnerabilidade empresarial. Polarização da vida e responsabilidade civil do impulsionador de conteúdos falsos e odiosos na idade da liberdade econômica. *RDC*. v. 128, p. 119-161. São Paulo: Ed. RT, 2020. Anotamos na oportunidade: "o aproveitamento da técnica de diálogo de fontes, inclusive na construção de uma teoria geral do direito digital, composta do CDC, Marco Civil na Internet e LGPD, avança na proteção do consumidor, especialmente tendo em vista a finalidade incompatível verificada entre postagens de informações falsas e odiosas com "os direitos humanos, o livre desenvolvimento da personalidade, a dignidade e o exercício da cidadania pelas pessoas naturais" (LGPD, art. 2º inciso VII), bem como "a pluralidade e a diversidade e finalidade social da rede" (MCI, art. 2º, incs. III e VI)".

73. ORTEGA Y GASSET, José. *El hombre y la gente*. Madrid: Alianza Editorial-Revista de Occidente, 1983, v. VII. de la Obras Completas. P. 88. Avança: "no puede hablarse de acción sino um la medidumen que va a estar regida um una previa contemplacecessidadceversa, el ensimismamiento no eumsino un proyectar la acción futura".

perspectivas: não raciocina. Já a *ação* é a atuação da pessoa de acordo com o pensar interior. Na medida que a pessoa age sem ensimesmar-se ela se torna vítima apenas da alteração.

E justamente sob tais circunstâncias o mercado 'empreende' como universo propício à *alteração*, já que a grande massa de consumidores movimenta e age induzida por emotivismos, antecipações de carências e encorajamentos provocados pelas incontáveis, ininterruptas e eficientes formas e padrões de estímulo por parte dos fornecedores e muitos destacados agentes econômicos.[74]

Ao lado do clássico poder de persuasão inerente publicidade convencional,[75] a utilização pelo mercado da 'neurociência' possibilitou a criação do '*neuromarketing*', ramo da neuro economia cuja finalidade é incentivar o consumo excessivo, explorando o automatismo, as sensações e o inconsciente cerebral.[76] São abordagens científicas quanto ao 'comportamento' da pessoa frente a cores, marcas, olfato, gosto, embalagens dos produtos e serviços, a partir das quais serão anotadas as reações das atividades cerebrais.

As conclusões dessa '*ènquete*', conforme enunciados descritivos,[77] permitirão formulações de *standards* para indução de condutas e instigação dos consumidores pelo mercado: clara estratégia de '*manipulação das preferências*'.[78]

Com a *Internet* e propriamente pelas plataformas digitais, através de seus algoritmos, outras modalidades de induzimento ganham mais 'eficiência', atendendo as exigências de resultados positivos para o mercado com maiores chances de êxito aos fornecedores. Vale dizer: as máquinas desempenham nítido 'controle tecnológico digital' impondo a verticalização da 'irresistibilidade' dos meios utilizados pelos fornecedores sobre a 'vontade' dos consumidores.

A passagem do 'crédito tradicional' para o 'crédito digital' desnuda muito bem essa situação.[79] Para a imprescindível destrinça acerca do superendividamento,

---

74. BAUDRILLARD, Jean. *A sociedade de consumo*. Trad. de Artur Mourão. Lisboa: Edições 70, 1971, p. 134. Na advertência da publicidade como '*pseudoacontencimento*'.

75. STIGLITZ, Rubén S.; STIGLITZ, Gabriel A. *Contratos por adhesión, cláusulas abusivas y protección al consumidor*. Buenos Aires: Depalma, 1985, p. 3. Já muito expunham: "La creación artifecessidadescesidades massivas, popularizadas mediante fórmulas publicitarias de inmensa potencialidade para condicionar psicologicamente al consumidor hacia el acrecentamineto de su propensión a la adquisición".

76. DOOLEY, Roger. *Brainfluence*: 100 Ways to Persuade and Convince Consumers with Neuromarketing. Hoboken, US: Wiley, 2011.

77. GAZOTTO, Gustavo Martinelli Tanganelli; EFING, Antônio Carlos. Os limites toleráveis do neuromarketing nas relações jurídicas de consumo. *RDC*. v. 135, p. 375-396. São Paulo: Ed. RT, 2021.

78. RAMSAY, Ian. O controle da publicidade em um mundo pós-moderno. *RDC*. v. 4, p. 26-41. São Paulo: Ed RT, 1992. Com apoio em J. K. Galbraith (*Economics and the public purposes*) aborda com bastante profundidade a '*manipulação da preferência*'.

79. MARQUES, Claudia Lima; MARTINS, Fernando Rodrigues. *Sociedade digital de crédito e responsabilidade civil: novos direitos*. Como tivemos oportunidade em explorar: "Como há muito alerta a

adotando-se legislação brasileira do crédito responsável (Lei 14.181/21), foram criadas conceituações adequadas separando as figuras dos 'superendividados passivos' dos 'superendividados ativos'. Esses últimos, quando em boa-fé,[80] são justamente os sofrem ataques cognitivos e enviesados das plataformas digitais.

Vale mencionar, dentre tais técnicas, os conhecidos 'Nudges' ou 'arquitetura das escolhas', ajustados para influenciar a tomada de decisões ou comportamento dos 'netcitizens'. Consistindo em 'empurrões' ou 'cutucadas',[81] os *Nudges* atentam para os interesses previamente já autodeclarados pelos consumidores (mediante limites cognitivos, vieses, buscas em motores de busca e hábitos) e, via de consequência, atalham e facilitam as opções, induzindo preponderantemente a vontade do utente, pessoa natural. Não obrigam, mas operam sobre a 'decidibilidade' do comprador.

É relevante mencionar, ainda assim, que os *Nudges* podem ter uma 'porção positiva' na medida que auxiliam no fortalecimento de políticas públicas, como outrora já manifestado pela doutrina[82] e com reconhecimento na Corte Suprema brasileira. Na espécie, o julgamento sobre a constitucionalidade de legislação estadual referente a tema de direito fundamental à alimentação adequada.[83] Os

---

doutrina europeia, a mudança das modalidades de comercialização ao consumidor do crédito (agora a distância pela internet) e de pagamento (PIX, moedas eletrônicas, cartões de crédito digitais etc.), além da popularização do investimento (em bolsa, moedas digitais e *crownfunding*) exige atuação legislativa [...] A tecnologia pelas ferramentas eletrônicas colocadas à disposição geral (bens digitais, internet das coisas, inteligência artificial etc.). E a inovação pela aceleração dos padrões globais (criação de novos mercados, redução do tamanho do mundo e expansão do tamanho do 'eu'). Daí dizê-la 'sociedade digital de mercado' ou, especificamente para este texto, 'sociedade digital de crédito'. Disponível em: https://www.conjur.com.br/2022-fev-23/garantias-consumo-sociedade-digital-credito-responsabi-lidade-civil. Acesso em: 10 jan. 2023.

80. MARQUES, Claudia Lima. Algumas perguntas e respostas sobre prevenção e tratamento ao superendividamento dos consumidores pessoas físicas. *RDC*. v. 75. São Paulo: Ed. RT, 2010, p. 9-42. Na distinção conceitual importante: "A estes que sofrem um 'acidente da vida' (divórcio, separação, morte na família, doença, acidentes, desemprego, redução de carga horária ou de salário, nascimento de filhos, volta de filhos para a casa paterna etc.) chamamos de superendividados passivos, pois seu estado nada tem a ver com 'culpa', pobreza ou falta de capacidade de lidar com a sociedade de consumo e o crédito fácil. E existem aqueles poucos que abusam do crédito, consomem desenfreadamente, acima de suas condições econômicas ou de patrimônio. A estes que abusam do crédito chamamos de superendividados 'ativos', que podem ser conscientes ou 'inconscientes', de boa ou de má-fé subjetiva ao contratar, que podem ou não encontrar solução de seus problemas na lei".

81. HANSEN, P. G. The Definition of Nudge and Libertarian Paternalism: Does the Hand Fit the Glove? *European Journal of Risk Regulation*. v. 7, p. 155-184. mar. 2016.

82. THALER, Richard H.; SUNSTEIN, Cass R. *Nudge*: Improving Decisions About Health, Wealth, and Happiness. New York: Penguin Publishing Group. Edição do Kindle, 2009.

83. BRASIL. Supremo Tribunal Federal. ADIn 5.166 – Tribunal Pleno – j. 04.11.2020 – Rel. Gilmar Mendes – Área do Direito: Consumidor. Ação Direta de Inconstitucionalidade. 2. Lei estadual que dispõe sobre a exposição de produtos orgânicos em estabelecimentos comerciais. Repartição de competências. 3. Competência privativa da União para legislar sobre direito comercial versus competência concorrente para legislar sobre direito do consumidor. 4. Norma estadual que determina exposição de produtos orgânicos de modo a privilegiar o direito de informação do consumidor. Possibilidade. 5. Inexistência de violação à livre iniciativa. 6. Ação direta de inconstitucionalidade julgada improcedente. No voto condutor com a seguinte menção: "Ora, é próprio do Poder Legislativo adotar medidas que estimu-

Nudges, contudo, na hipótese da ADIn 5.166-SP, foram incorporados pelo 'legislador' e por isso estimulam '*legitimamente*' o consumo de produtos orgânicos.

Entretanto, não devemos distanciar da lembrança de que os 'empurrões' ou 'cutucadas', quando originados especificamente dos '*setores privados*', destoam da neutralidade e não levam em conta as 'circunstâncias subjetivas do consumidor', dentre elas a vulnerabilidade simples ou agravada, princípios medulares do direito consumerista nacional.

Os exemplos soltos nas janelas comerciais virtuais ('*frete grátis*', '*sem juros*' ou '*sem consulta ao SPC e SERASA*') são marcadamente induções tendenciosas com ampla probabilidade de efeitos negativos e carregadas de predições de interesse dos consumidores (*Predective Consumer Intentions/Interests*).

O CDC, como norma de ordem pública, tem intensa aplicação em todas as fases contratuais (pré-contratual, execução e pós-contratual), sendo que a boa--fé outrora já fortemente alçada a princípio em 1990, com a atualização pela Lei 14.181/21, 'qualificou-se' para instar 'novos deveres' aos fornecedores. É como consta no aprofundamento realizado pela doutrina ao se referir à '*boa-fé qualificada*', com soluções mais próprias e adequadas aos tempos atuais, inclusive quanto ao oferecimento de crédito pela forma digital.[84]

A Lei 14.181/21, em importantes dispositivos conjuminados, fixa 'deveres' e 'sanções' relativos aos impulsionamentos hiperbólicos e influenciadores da decidibilidade e da vontade do consumidor, tendo em vista os efeitos deletérios do crédito desprovido de função social. Os juristas autores do anteprojeto já dimensionavam à época de sua elaboração a eventual utilização de *Nudges* pelo mercado financeiro, o que facilitou outros caminhos para a promoção dos consumidores.

O art. 54-C ao versar sobre a oferta de crédito, publicitária '*ou não*' (e aqui estão absorvidos os *Nudges*) veda indicações de que '*a operação de crédito poderá*

---

lem ou desencorajem determinado comportamento. Lembro, de passagem, a ilustrativa doutrina de Thaler e Sunstein, em sua obra Nudge, quando afirmam que escolhas arquitetônicas como essa podem aprimorar a vida dos cidadãos e concretizar políticas públicas relacionadas à área da saúde. Sustentam os doutrinadores que pequenos detalhes, por vezes aparentemente irrelevantes, impactam a tomada de decisões das pessoas. Quando orientações como essa versam sobre produção e consumo, como é o caso, compete à União e aos Estados legislar concorrentemente a respeito".

84. BENJAMIN, Antonio Herman; MARQUES, Claudia Lima; LIMA, Clarissa Costa de; VIAL, Sophia Martini. *Comentários à Lei 14.181/2021*: a atualização do CDC em matéria de superendividamento. São Paulo: Thomson Reuters, 2021, p. 256. Explicam: "Vemos assim que, além do dever geral de conduta conforme a boa-fé já existente no CDC (arts. 4º, 6º, 30, 34, 35, 39, 46, 48, 51, 52, 54), há um novo dever, de 'conhecer seu consumidor' (que é conhecido *duty to know one' customer*), de avaliar o melhor crédito para aquele consumidor (duty to *ensure the suitability*) e garantir de forma responsável um esclarecimento, uma transparência na comunicação dos detalhes (*duty of disclosure*) e uma informação clara, adequada que não levará a erro (*duty to ensure clear, fair and non-misleading communication*) conforme situação concreta daquele consumidor (*duty to informe one's customer*)".

ser concluída sem consulta a serviços de proteção ao crédito ou sem avaliação da situação financeira do consumidor, atribuindo em correspondência, no parágrafo único do art. 54-D, a responsabilização do fornecedor de crédito, mediante: i – redução do montante contratual (juros, encargos, qualquer acréscimo ao principal); ii – dilação de prazo para pagamento; iii – indenização por perdas e danos, patrimoniais e morais, conforme gravidade da conduta do fornecedor e possibilidades financeiras do consumidor, sem prejuízo de outras sanções.

2.4   Verticalidade de arbítrio: analfabetos digitais e vontade irrelevante

Nos arranjos negociais, nomeadamente os de consumo, o fenômeno antes científico (e agora preponderantemente econômico) da plataformização expandiu tecnologicamente de forma acentuada sem que, em contrapartida, muitos usuários deste relevante meio comunicacional contivessem condições de '*digitabilidade consciente e independente*' nos respectivos sistemas interativos e informacionais, com destaque aos '*electronic devices*' (aparelhos) e '*apps*' (programas e aplicativos).

Em país com milhões de idosos, aposentados e pensionistas que têm base de conhecimento totalmente discrepante das evoluções de ponta, ainda voltados aos meandros físicos por conta da faixa etária e desenvolvimento pessoal, a exigência de acesso a sistemas virtuais enseja riscos desmesurados, danos significativos, insegurança jurídica e judicialização (esses dois últimos temas, digam-se, sempre *retoricamente* utilizados nos discursos do mercado).

A plataformização e seus 'modelos' e 'designs' digitais (*e-commerce; e-marketplace; infoprodutos; digital signature; social commerce; software as a service*) carece de pressuposto fundamental: *o necessário reconhecimento da 'disparidade' entre humanos e máquinas*. Nas questões que possam implicar danos extrapatrimoniais e patrimoniais oriundos de relações consumeristas plataformizadas, os cuidados dos fornecedores quanto aos utentes devem observar 'critérios' que não se confundem com a incapacidade ou hipossuficiência.[85]

Tais critérios, *não exaustivos*, podem ser assim designados: *referencialidade* (simetria ao conteúdo de informações produzidas pelos fornecedores); *sincronicidade* (aproveitamento de aprendizado conforme gerações ou idades); *disponibilidade* (tempo e ânimo para aprender e operar); *vitalidade* (saúde como bem-estar social para interagir nesse meio). Em conjunto, complementam-se perfeitamente no âmbito do CDC compondo e formando o conceito de vulnerabilidade.[86]

---

85. BENJAMIN, Antonio Herman de Vasconcellos e. *Código Brasileiro de Defesa do Consumidor*: comentado pelos autores do anteprojeto. 5. ed. Rio de Janeiro: Forense Universitária, 1998. p. 286.
86. Ver por todos: MARQUES, Claudia Lima; MIRAGEM, Bruno. *O novo direito privado e a proteção dos vulneráveis*. 2. ed. São Paulo: Ed. RT, 2014.

Frente ao fenômeno da '*bancarização*',[87] por exemplo, essa '*disparidade situacional*' é ainda mais complexa e delicada, confluindo em 'verticalidade duplicada': via setor financeiro e via mundo digital.

Se anteriormente a submissão ao sistema bancário voltava-se selecionadamente aos comerciantes, industriais e empresários, aos poucos foi ingressando nos núcleos familiares, inclusive através dos programas de 'transferência de renda', criando relação de necessariedade e dependência econômica entre vulneráveis, hipervulneráveis e instituições financeiras. Esse acontecimento setorial se agravou com as plataformas digitais, que agora avançam com serviços eletrônicos 'facilitando' projetos' de '*internet banking*' e acentuando riscos na oferta de crédito e outras prestações de serviços, inclusive sob auspícios de terceiros.[88]

Portanto, não fossem as 'induções' sobre os interesses e decisões no âmbito das plataformas digitais (*Nudges*), outra narrativa é bastante preocupante e que não se verifica na 'mera' circunstância de 'manipulação', senão o pior: desprezo, indiferença, abandono, quanto à vontade do consumidor, tornando-a indiferente. Nem mesmo se trata de busca de consentimento, porque nesta circunstância a celebração dar-se-á mediante a utilização desvirtuada de dados sensíveis dos vulneráveis, ferindo a '*ordem pública procedimental*' frontalmente.

Nos dois últimos anos estão sendo instaurados pelos Órgãos de Defesa do Consumidor seguidos expedientes administrativos e ajuizadas ações civis públicas tendo em vista número exacerbado de contratos de empréstimos consignados não celebrados por aposentados ou pensionistas e, no entanto, mantidos, executados e cobrados por instituições financeiras.[89]

---

87. Expressão introduzida no Brasil por Antonio Herman V. Benjamin, a partir do reconhecimento desse fenômeno nas sociedades de massa, especialmente a norte americana. Ver em SOUZA, James J. Marins. A proteção contratual do CDC a contratos interempresariais, inclusive bancários. *RDC*. v. 18, p. 94-104. São Paulo: Ed. RT, 1996. No destaque: "Antonio Herman nos ensina que se em algumas sociedades o nível de "bancarização" é muito elevado, no Brasil chega a ser quase absoluto se considerado que mesmo os cidadãos de mais baixo nível econômico veem-se implicados com o sistema bancário em virtude de contas vinculadas a benefícios sociais como o PIS – Programa de Integração Social ou o FGTS – Fundo de Garantia por Tempo de Serviço".

88. BRASIL. STJ. Súmula 466. "As instituições financeiras respondem objetivamente pelos danos gerados por fortuito interno relativo a fraudes e delitos praticados por terceiros no âmbito de operações bancárias". Também a doutrina: COVELLO, Sergio Carlos. Responsabilidade dos bancos pelo pagamento de cheques falsos e falsificados. In: CAHALI, Yussef Said (Coord.). *Responsabilidade civil*. 2. ed. São Paulo: Saraiva, 1988. p. 286. Sintetiza: "A tendência do direito na maioria dos povos cultos é apreciar com rigor a responsabilidade dos estabelecimentos bancários por serem empresas especializadas na prestação de serviços renumerados e, portanto, com o dever acentuado de bem desempenhar o seu mister".

89. Disponível em: https://gauchazh.clicrbs.com.br/grupo-de-investigacao/noticia/2021/07/idosos-sao--vitimas-da-fraude-do-emprestimo-consignado-ckrcujlh400bw0193nsu6yjdw.html. Acesso em: 11 jan. 2022. Observe: "dados do Sistema Nacional de Informações de Defesa do Consumidor (Sindec) mostram que as reclamações por crédito consignado irregular, em todo o sistema bancário, cresceram 12,78% de 2019 para 2020, passando de 29.551 para 33.329. Na base de dados do Portal do Consumidor,

São 'contratos de crédito consignado não consentidos', engendrados por fornecedores bancários, que conseguiram acesso aos 'dados pessoais' e 'dados pessoais sensíveis' de beneficiários da previdência social e que, mesmo a despeito da contestação administrativa e judicial por parte vítimas, ainda continuam a produzir efeitos indesejáveis, dentre eles o desconto dos estipêndios mensais e o risco do superendividamento.

Não há dúvidas que, independentemente da oferta indevida de empréstimo, há clara presença de 'dano de assédio'[90] (CDC, art. 54-C, inc. IV) e desvio de finalidade da 'biometria facial' (LGPD, art. 7º, § 3º), isto porque as tratativas não são físicas e nem presenciais: iniciado remotamente, por provocação prévia de agente bancário (*v.g.*, mediante ligação telefônica, *whattsapp* ou SMS), sem identificar o contrato de crédito ou cartão consignado, é, posteriormente, apresentado modelo de '*design contratual*', com programação 'passo a passo' pela qual a '*selfie*'[91] é considerada consentimento e assinatura digital, sem que o consumidor saiba disso.

Os contratos acima descritos são verticalizados sobre os chamados '*analfabetos digitais*',[92] assim compreendidas as pessoas naturais que não conseguem ter leitura e manejo da tecnologia digital e, via de efeito, caracterizam-se juridicamente como hipervulneráveis: na medida em que consumidores com reconhecimento

---

do governo federal, as reclamações mais do que dobraram, saltando de 39.688 para 89.688, no mesmo período – alta de 124,45%".

90. MARQUES, Claudia Lima; MARTINS, Fernando Rodrigues. Deveres e responsabilidade no tratamento e na promoção do consumidor superendividado. *Revista do Ministério Público Brasileiro* [recurso eletrônico]. v. 1, n. 1 (jun. 2022). Curitiba: C D E M P, 2022. Assim expusemos: "Destarte, tem-se novo tipo de dano, de natureza extrapatrimonial, que se liga à prática de conduta desagradável, incômoda e constrangedora, geralmente mediante comportamentos reiterados, pelo qual o fornecedor se vale dos meios tecnológicos do mercado (cookies, spams, algoritmos etc.) prevalecendo da posição econômica, inclusive com acesso a dados pessoais ou dados sensíveis dos consumidores". Ver http://revista.cdemp. org.br/index.php/revista/article/view/16/3. Acesso em: 11 jan. 2023.

91. BRASIL. TJSP. TJ-SP – AC: 10008990220218260145 SP. Relator: Luis Fernando Camargo de Barros Vidal. Apelação. Contratação eletrônica de empréstimo e cartão de crédito consignado por meio de biometria facial. Improcedência. Inconformismo da autora. Idoso. Aplicabilidade do CDC. Ausência de comprovação da efetiva manifestação da vontade e ciência inequívoca da contratação. Consumidor hipervulnerável. Validade da contratação não demonstrada. Fraude evidenciada. Precedentes da Corte. Cabimento de reparação por danos materiais e danos morais. Ação ora julgada parcialmente procedente. Recurso provido.

92. NUNES, Dierle; PAOLINELLI, Camilla Mattos. Novos designs tecnológicos no sistema de resolução de conflitos: ODR, e-acesso à justiça e seus paradoxos no Brasil. *Revista de Processo*. v. 314, p. 395-425. 2021. Concluem quanto à utilização das ODRs: "Pontuou-se, além disso, que o analfabetismo digital, as desigualdades regionais, econômicas e geracionais no tocante ao acesso à internet são fatores marcantes no cenário nacional que podem, e muito, comprometer a promessa de amplificação do acesso ofertada pelos tribunais on-line. Por tudo isso, conclui-se que a incorporação à agenda prioritária dos novos designs tecnológicos do dimensionamento de conflitos de diretrizes éticas que envolvam preocupações com o desequilíbrio de poder, com o fornecimento de informações e com a correção de condições econômico-materiais, pode evitar que se abra caminho à cooptação do sistema de justiça brasileiro por pautas do neoliberalismo processual".

legal de vulnerabilidade (CDC, art. 4º, inc. I) cumulados aos agravos da idade, saúde e óbvia ausência de informação tecnológica (CDC, art. 39, inc. IV).

Essas circunstâncias configuram abuso de fraqueza (*l'abus de faiblesse*), outrora definido pela doutrina francesa justamente pela 'violência econômica' imposta sobre o contratante extremamente fraco.[93] Desnecessária a chamada do 'dolo de aproveitamento' (de imputação subjetiva), primeiro porque se trata de abuso (figura desprovida de culpa ou dolo até mesmo no Código Civil, art. 187), segundo porque é tema estritamente do direito do consumidor (CDC, art. 39, inc. IV e art. 54-C, inc. III, onde também não há espaço para volições na imputação).

Como se ofende e aniquila a manifestação de vontade (elemento nuclear da relação jurídica de consumo) não se há falar em força vinculante do 'negócio digital' para o hipervulnerável, especialmente tendo em vista o descumprimento claro do art. 46 do CDC (que no dispositivo consigo traz a expressão 'não obrigarão'), afora a violação positiva do '*dever de oportunizar*' relativo à formação legítima do contrato de consumo que tem como fundamento a preservação da 'liberdade de escolha', tema atinente à vontade.[94]

Outro obstáculo jurídico nesta circunstância de crédito consignado não consentido oblitera a LGPD na medida em que a aplicação da biometria facial (dado pessoal sensível) é realizada contra o próprio titular, constrangendo-o na imagem, desviando a finalidade e ferindo a autodeterminação informativa, essa última verdadeira 'potestade' que o cidadão (no caso consumidor) detém na legalidade constitucional.[95]

---

93. A reforma do Livro de Obrigações do Código Civil Francês levou em consideração aspectos do direito do consumidor, especialmente a vulnerabilidade e os constantes abusos sobre ela. Ver o texto de PIGNARRE, Geniviève. Les rappoorts entre droit des contracts et droit de la consommation aprés la réforme du droit français des obligations. *RDC*. v. 134. São Paulo: Ed. RT, p. 111-134. Explica: "Le consommateur n'a pas le monopole de la vulnérabilité, de la faiblesse économique. L'on ne peut donc que se réjouir que le droit commun civil du XXI siècle ait su adapter la protection du contractant à sa vulnérabilité. Ainsi compris, le nouveau dispositif du droit des contrats prend de l'épaisseur; il gagne en réalisme ce qu'il perd en fiction. Au cœur de l'échange contractuel, l'humanité du contractant (re) trouve sa place".

94. MARQUES, Claudia Lima. Modificações trazidas pela decisão da ADIn 2.591 sobre a constitucionalidade (e imperatividade) da aplicação do CDC aos contratos bancários, financeiros, de crédito e securitários. *RDC*. v. 68. São Paulo: Ed. RT, 2008, p. 323-370. Explica: "Se estabelecemos acima que tanto o Código de Defesa do Consumidor, como o paradigma de boa-fé objetiva impõe o dever de informar (juros e outras informações obrigatórias em caso de contratos bancários, ex vi arts. 52 e 30 do CDC) e o dever de oportunizar cópia do contrato (arts. 46 e 54 do CDC) de forma prévia para preservar o direito de liberdade de escolha e de informação (art. 6º, II e III, do CDC), estes são complementados pelo dever de destaque das cláusulas limitativas de direitos no Código de Defesa do Consumidor (LGL\1990\40) em todos os contratos (de adesão) bancários diante de consumidores pessoas físicas (arts. 54 e 48 do CDC). Resta, pois, agora frisar o que isto tem em relação (ou em limite) ao procedimento de processos repetitivos".

95. MENDES, Laura Schertel; FONSECA, Gabriel Campos S. STF reconhece direito fundamental à proteção de dados. Comentários sobre o referendo da Medida Cautelar nas ADIs 6387, 6388, 6389,

Se as plataformas digitais, fortalecendo a sociedade de mercado, inauguram o 'paradigma do acesso' (logar/não logar), de alguma forma a transversalidade ou os 'direitos transversais' na esfera jurídica expressam e correspondem outro paradigma: o *paradigma inclusivo* e de todos.[96]

3. A ESTAGNAÇÃO LEGISLATIVA NA PROTEÇÃO DOS CONSUMIDORES E O PRINCÍPIO DE EQUIPARAÇÃO DE DIREITOS *OFFLINE* E *ONLINE*

Como já escrevemos, houve uma forte estagnação legislativa internacional e nacional em matéria de proteção dos consumidores.[97] A pandemia da COVID-19 talvez tenha destravado esta tendência, como a aprovação na UNWTO (Madri) do *International Code for the Protection of Tourists*,[98] as Guias na Conferência de Haia de proteção dos turistas consumidores[99] e a aprovação no Brasil da Lei 14.181,2021 de atualização do CDC para a prevenção e tratamento do superendividamento indicam.[100]

6390 e 6393. *RDC*. v. 130. São Paulo: Ed. RT, 2020, 471-478. Os autores abordam a decisão do Relator, Min. Gilmar Mendes, quanto à fundamentabilidade da proteção aos dados pessoais e da autodeterminação informativa. No excerto: "Segundo o Ministro, na dimensão subjetiva, o reconhecimento do direito fundamental à proteção de dados "impõe que o legislador assuma o ônus de apresentar uma justificativa constitucional para qualquer intervenção que de algum modo afete a autodeterminação informacional", a partir da "identificação da finalidade" e do "estabelecimento de limites ao tratamento de dados em padrão suficientemente específico, preciso e claro para cada área". Por sua vez, na dimensão objetiva, a afirmação desse direito fundamental "impõe ao legislador um verdadeiro dever de proteção (Schutzpflicht)", o qual deve ser materializado por meio da "previsão de mecanismos institucionais de salvaguarda traduzidos em normas de organização e procedimento (Recht auf Organisation und Verfahren) e normas de proteção (Recht auf Schutz)".

96. MARQUES, Claudia Lima. Superendividamento e as mudanças de paradigmas da Lei 14.181/21. In: BENJAMIN, Antonio Herman; MARQUES, Claudia Lima; LIMA, Clarissa Costa de; VIAL, Sophia Martini. *Comentários à Lei 14.181/2021*: a atualização do CDC em matéria de superendividamento. São Paulo: Thomson Reuters, 2021, p. 69 e segs. Anota justamente sobre baseando-se em 'dez' paradigmas: i - preservação do mínimo existencial; ii – crédito responsável; iii – sanção pelo descumprimento dos deveres de informação; iv – combate ao assédio de consumo; v – justiça e correção dos erros; vi – conexão de contratos de consumo e de crédito; vii – tratamento extrajudicial e judicial; viii – proteção especial ao consumidor pessoa natural; ix – boa-fé e repactuação de dívida; x – novação, educação e (re)educação financeira. Contudo, no mesmo texto é possível uni-los em um só paradigma superior e geral, observe: '*ordem pública de proteção para evitar a exclusão social*'.

97. MARQUES, C. L. International Protection of Consumers as a Global or a Regional Policy. *Journal of Consumer Policy* (Dordrecht Online), v. 43, p. 57-75, 2020, p. 58 e ss.

98. Veja International Code for the Protection of Tourists (unwto.org).

99. Veja MARQUES, C. L.; SQUEFF, T. A. F. R. C.. Global Governance and Cooperation on Tourist-Consumer Matters: Arguments in Favor of a Legal Instrument to Protect International Tourists at the HCCH. Macau Journal of Brazilian Studies, v. 3, p. 89-108, 2020.

100. Veja BENJAMIN, Antonio Herman, MARQUES, Claudia Lima; LIMA, Clarissa Costa de; VIAL, Sophia. *Comentários à Lei 14.181/2021*: a atualização do CDC em matéria de superendividamento. São Paulo: Ed. RT, 2021, mas também o retrocesso tentando neutralizar a lei. In: MARQUES, Claudia Lima. Decreto 11.150,2022: A inconstitucional tentativa de esvaziar a Lei 14.181/2021 e retroceder o dever do Estado de proteção do consumidor. *Revista de Direito do Consumidor*, v. 143, p. 393-401.2022.

Nas pesquisas da UFRGS, indica-se uma forte atividade legislativa em matéria de proteção ao consumidor no Mercosul também. O Brasil – ao contrário dos demais parceiros do Mercosul – não internacionalizou todas estas regras, muito menos a lista de princípios de proteção do consumidor do Mercosul. Também o Acordo sobre contratos internacionais de consumo de 2017, que traz a regra de lei mais favorável ao consumidor (digital, inclusive), não foi ainda internacionalizado no Brasil, forçando a jurisprudência a trabalhar com regras de 1942 em casos de Direito Internacional Privado.[101]

Neste sentido, queremos destacar a necessidade de superar qualquer estagnação e avançar para fazer frente aos desafios do mundo digital do consumo e da inteligência artificial. Como a sociedade da informação traz uma nova arquitetura das relações, mister o direito do consumidor atuar, balanceando novamente estes novos desequilíbrios e vulnerabilidades,[102] em especial, pondo fim a estagnação legislativa ora sentida. Como repetimos, o direito do consumidor é peça chave da chamada governança global.[103]

3.1 A necessária equiparação dos direitos do consumidor digital e o fim da estagnação internacional : o papel do Mercosul e da ILA

Desde a revisão de 2015 das Diretrizes da ONU, a equiparação de direitos offline e online dos consumidores é um fim a ser perseguido.[104] Aqui queremos destacar o papel do Mercosul na proteção dos consumjidores da região.[105]

Em 2017, o Mercosul aprovou um acordo sobre a aplicação da lei mais favorável ao consumidor nos contratos internacionais na região.[106] Infelizmente, o

---

101. Veja MARQUES, Claudia Lima. "Lei Mais Favorável ao Consumidor" no Acordo do Mercosul e 2017 e suas Raízes Europeias. In: MONACO, Gustavo Ferraz de Campos; LOULA, Maria Rosa (Org.). *Direito Internacional e Comparado*: Trajetória e Perspectivas – Homenagem aos 70 Anos do Professor Catedrático Rui Manuel Moura Ramos. São Paulo: Quartier Latin, 2021, p. 137-156.
102. Veja, por todos, MARTINS, Fernando R., Sociedade da Informação e promoção à pessoa. *Revista de Direito do Consumidor*, v. 96, p. 225-257, nov.-dez. 2014, que afirma ao final: "Para a sociedade virtualizada e sem maiores controles, o direito pode servir como sistema de promoção e proteção."
103. Veja, por todos, KLEIN VIEIRA, Luciane. Governança global e direito do consumidor: a multiplicidade de formas de regulação da proteção internacional da parte vulnerável. *Revista de Direito do Consumidor*, v. 134, p. 73-109, São Paulo, mar.-abr. 2021.
104. MARQUES, C. L. Lei mais favorável ao consumidor e o acordo do mercosul sobre direito aplicável em matéria de contratos internacionais de consumo de 2017. *Revista de Direito do Consumidor*, v. 121, p. 421 e ss., 2019.
105. Veja sobre a atuação do MERCOSUL, os avanços e os retrocessos que ocorreram nestes 30 anos, o meu texto: MARQUES, Claudia Lima. The Consumer Protection Policy in MERCOSUR. In: TOSCANO FRANCA FILHO, Marcílio; LIXINSKI, Lucas; OLMOS GIUPPONI, María Belén (Org.). *The Law of Mercosur*. Oxford: Hart Publishing, 2010.
106. Veja a evolução desta proposta: LIMA MARQUES, Claudia. A proteção da parte mais fraca em direito internacional privado e os esforços da CIDIP VII de proteção dos consumidores. *XXXIV Curso de Derecho Internacional*. 34 ed. Washington, DC: OEA, 2008, p. 261-308.

Acordo Mercosul de 2017 se encontra em vigor somente no Paraguai e Uruguai, mas não no Brasil. Esta falta de implementação de uma *hard law* é uma das dificuldades do bloco, com poucos instrumentos inovadores nesta área. Destaque-se que o acordo fixa a aplicação, em caso de contratos internacionais de consumo entre um consumidor domiciliado em qualquer país do MERCOSUL e um fornecedor de outro pais, a aplicação da conexão da 'lei mais favorável ao consumidor'. Tal conexão aberta, de inspiração no princípio de favor (*Güntigskeitprinzip*)[107] da regra europeia de 1980, no Art. 5 do Tratado de Roma,[108] apesar de já ter sido sugerida no PL 3514, 2015 de atualização do Código de Defesa do Consumidor para comércio eletrônico internacional de consumo,[109] ainda não tinha encontrado aprovação em um texto vinculante.[110] Esperamos que esta 'estagnação' da proteção internacional do consumidor no Brasil, seja em breve superada.

De 2019 a 2021, o MERCOSUL tem atuado muito com propostas sobre a proteção do consumidor. Em 29 de abril de 2021, o Mercosul aprovou um acordo quadro denominado 'Acordo sobre Comércio Eletrônico do MERCOSUL', quebrando assim definitivamente a estagnação legislativa internacional. Destaque-se também as excelentes resoluções do Grupo Mercado Comum, fomentadas pelo CT 7.

O Artigo 1º da Res. 36/2019 de 15 de julho de 2019, do Grupo Mercado Comum do Mercosul, denominada 'Defesa o Consumidor – Princípios Fundamentais', reconhece a vulnerabilidade estrutural dos consumidores e em traz o Princípio da equiparação de direitos, afirmando que na contratação online "reconhece-se e garante-se um grau de proteção não inferior ao outorgado em outras modalidades de comercialização." [111]

---

107. De acordo com Jayme, há uma materialização da regra de conflito, para que se aplique a lei mais favorável, logo, a lei 'material' mais favorável aos interesses do mais vulnerável, suplantado o jogo clássico do conflito de leis. JAYME, Erik. Identité culturelle et intégration: Le droit internationale privé postmoderne. *Recueil des Cours de l' Académie de Droit International de la Haye*, n. 2, p. 47, 1995.

108. Assim defendi em: LIMA MARQUES, Claudia. Las teorias que se encuentran detrás de la propuesta brasileña en la CIDIP VII. In: ARROYO, Diego Fernández (Org.). *Protección de los consumidores en América*: trabajos de la Cidip VII (OEA). Asunción: La Ley Paraguaya, 2007. p. 161-177.

109. Veja ARAÚJO, Nádia de. A proteção do consumidor nos contratos internacionais: necessidade de regulamentação específica se torna realidade no Brasil e demais países do MERCOSUL. LIMA MARQUES, Claudia; GSELL, Beate. *Novas Tendências do Direito do Consumidor*: Rede Alemanha-Brasil de Pesquisas em Direito do Consumidor. São Paulo: Ed. RT, 2015. p. 531-549. E comentários de DEL´OLMO, Florisbal de S.; JAEGER Júnior, Augusto. *Curso de Direito Internacional Privado*. 12. ed. São Paulo: GEN, 2017. p. 237.

110. Veja sobre a CIDIP VII: LIMA MARQUES, Claudia; DELALOYE, M. L. La Propuesta 'Buenos Aires' de Brasil, Argentina y Paraguay: el más reciente avance en el marco de la CIDIP VII de protección de los consumidores. *Revista de Direito do Consumidor*, v. 73, p. 224-265, 2010.

111. Veja sobre as origens desta declaração no Projeto argentino: KLEIN VIEIRA, Luciane. Análisis del anteproyecto de ley de defensa del consumidor de Argentina, del 2018, desde las normas del Mercosur. *Revista de Direito do Consumidor*, v. 124, p. 111-137, jul.-ago. 2019.

Em especial, o Artigo 1º da Res. 36/2019 de 15 de julho de 2019, do Grupo Mercado Comum do Mercosul, Defesa do Consumidor – Princípios Fundamentais, reconhece a vulnerabilidade estrutural dos consumidores.

São os seguintes princípios do Mercosul em matéria de proteção dos consumidores:

1. Princípios da progressividade e da não regressão. Os Estados Partes adotarão medidas apropriadas para alcançar progressivamente a plena efetividade dos direitos dos consumidores derivados das normas internacionais e nacionais, sem regredir nos padrões de proteção alcançados nos níveis normativos de proteção, tampouco na implementação da política de proteção do consumidor, considerando os custos e benefícios das medidas que se proponham;

2. Princípio da ordem pública de proteção. O sistema de proteção ao consumidor é de ordem pública;

3. Princípio de acesso ao consumo. O sistema de proteção ao consumidor busca garantir o acesso ao consumo de produtos e serviços de qualidade;

4. Princípio de transparência dos mercados. O sistema de proteção ao consumidor contribui para o alcance da transparência dos mercados. Cada Estado Parte controlará as distorções que a afetem, por meio de seus órgãos competentes;

5. Princípio do consumo sustentável. O sistema de proteção ao consumidor impulsiona o consumo e a produção sustentáveis, em função das necessidades das gerações presentes e futuras. Para isso, entre outras medidas, favorece a minimização do uso de matérias primas e energias não renováveis, bem como a geração de menor quantidade de resíduos e o aumento do uso de energias ou matérias primas renováveis ou produto de reciclagem;

6. Princípio de proteção especial para consumidores em situação vulnerável e de desvantagem. O sistema de proteção ao consumidor protege especialmente os grupos sociais afetados por uma vulnerabilidade agravada, derivada de circunstâncias especiais, particularmente crianças e adolescentes, pessoas idosas, pessoas com problemas de saúde ou com deficiência, entre outras;

7. Princípio de respeito à dignidade da pessoa humana. Os fornecedores, em sua atuação no mercado, devem reconhecer e respeitar a dignidade da pessoa humana, conforme os critérios gerais surgidos das Declarações e Tratados de Direitos Humanos. Também, no desenho e implementação de políticas públicas, os Estados Partes devem observar o mesmo princípio;

8. Princípio de prevenção de riscos. Os fornecedores atuarão preventivamente quando exista a probabilidade razoável de uma ameaça derivada de produtos ou serviços que afetem a saúde ou a segurança dos consumidores;

9. Princípio antidiscriminatório. O sistema de proteção ao consumidor implementa as ações conducentes a alcançar o objetivo de que no mercado não existam atos ou omissões discriminatórios, conforme o estabelecido nos ordenamentos jurídicos nacionais;

10. Princípio de boa-fé. O sistema de proteção ao consumidor baseia-se na boa-fé das partes que participam do contrato;

11. Princípio de Informação. Os fornecedores devem prestar aos consumidores informação clara, verídica e suficiente que lhes permita fazer escolhas adequadas aos seus desejos e necessidades;

12. Princípio de harmonização. É fundamental harmonizar os interesses dos participantes das relações de consumo, tornando compatível uma adequada proteção dos direitos dos

consumidores com o desenvolvimento econômico e tecnológico, sempre fundamentado na boa-fé e no equilíbrio nas relações entre consumidores e fornecedores;

13. Princípio de reparação integral. O sistema de proteção ao consumidor deve assegurar a este reparação integral em caso de danos derivados das relações de consumo, devendo prever-se a disponibilidade de meios efetivos de solução de controvérsias e de compensação;

14. Princípio de equiparação de direitos. Os Estados Partes devem esforçar-se para fomentar a confiança no comércio eletrônico, mediante a formulação de políticas transparentes e eficazes. No âmbito da contratação eletrônica, reconhece-se e garante-se um grau de proteção não inferior ao outorgado em outras modalidades de comercialização.

A importância destes princípios pode ser alcançada com dois exemplos. O princípio da 'equiparação' visa garantir aos consumidores do comércio eletrônico o mesmo nível de proteção que o dos consumidores do comércio tradicional também é princípio das Diretrizes da ONU atualizadas em 2015, mas sua declaração no MERCOSUL dá concretude ao mandamento. O princípio antidiscriminatório é foco de muitas investigações e constatações no mundo[112] e foi incorporado em nossa região,[113] mas sempre com muita dificuldade de controle e efetividade.[114] Em outras palavras, estes princípios podem servir de base sólida para uma atuação dos Estados em conjunto com as empresas, em especial, as do mundo digital que são muito concentradas em plataformas e *marketplaces*. Ainda temos a Resolução GMC 37/19, de 15 de julho de 2019, do Grupo Mercado Comum do MERCOSUL, que dispõe sobre a proteção dos consumidores nas operações de comércio *eletrônico*.

Como bem determina o princípio 14 da equiparação, o grau de proteção deve ser o mesmo online e offline, mas nem sempre os Estados conseguem protegê-lo de forma isolada. Assim, necessita apoio dos blocos econômicos, mas também o apoio da sociedade civil e das empresas.[115]

Também a ILA (*International Law Association*) tem tentado aumentar esta proteção propondo regras de *soft law* para uso mundial. Em Direito Internacional Privado, o Comitê de Proteção Internacional da ILA também já havia sugerido

---

112. Veja exame do Parlamento Europeu: "information on discrimination against consumers on grounds of place of residence or nationality in the Digital Single Market (DSM). Collected evidence indicates such practices as refusals to sell or discriminatory conditions depriving consumers of access to goods and services on DSM or obliging consumers to pay higher prices". SCHULTE-NÖLKE, Hans *et al. Discrimination of consumers in the digital single market*: study. [IP/A/IMCO/ST/2013-03]. [Brussels]: European Union, 2013. Disponível em: http://www.europarl.europa.eu/meetdocs/2014_2019/documents/imco/dv/discrim_consumers_/discrim_consumers_en.pdf. Acesso em: 1 out. 2021.

113. Assim ensinam STIGLIZ, Gabriel; SAHIÁN, José. El principio antidiscriminatório em el Derecho del Consumidor. *Revista de Direito do Consumidor*, v. 136, p. 142, São Paulo, jul.-ago. 2021.

114. Veja os exemplos trazidos de recusa de dano moral: SZAFIR, Dora; CARNELLI, Santiago. Daño Moral. *Cuadernos del Anuario de Derecho Civil Uruguayo*. Montevidéo: FCU, 2014.

115. Assim BENVENISTI, Eyal. The Law of Global Governance. *Hague Academy of International Law*. [S.l.]: AIL-Pocket, 2014. p. 37.

vários princípios, inclusive o da lei mais favorável, afirmando no Princípio 2 de Sofia: "It is desirable to develop standards and to apply rules of private international law that entitle consumers to take advantage of the most favourable consumer protection."[116]

Neste sentido, destaque-se que, no final da pandemia, a ILA, em sua reunião de 2022, em Lisboa propôs um pacto global para a proteção dos consumidores que inspirou pacto semelhante no Mercosul, ainda em negociação. A Resolução 7/2022 do Comitê Internacional de Proteção dos Consumidores objetiva criar um *soft law* semelhante ao *Global Compact* da ONU. Realmente a *soft law* pode incentivar e propor pactos para e com os agentes da sociedade, inclusive as empresas, na adoção de normas de condutas consensuais, que possam melhorar a vida dos cidadãos. A ILA sugere que se aproveite da grande concentração de 'big techs' e 'big players' do mundo digital em nossa região para propor um Pacto Global visando a proteção do consumidor no meio digital. Propõe-se uma utilização positiva dos *standards* empresariais para que se encontre uma declaração pública de comprometimento destes grandes 'players' com a proteção dos consumidores.

A Resolução traz três tipos de atuações: 1. no direito do consumidor, 2. em matéria de proteção de dados e do novo marketing e 3. em matéria de ressarcimento e efetividade dos direitos dos consumidores no cenário global. Em resumo, propõe que as empresas de tecnologia mundiais a: apoiar e respeitar os direitos dos consumidores, especialmente em consonância com as Diretrizes da Nações Unidas para a Proteção do Consumidor, revistas em 2015; defender a liberdade de escolha e fornecer informação útil e eficiente aos consumidores; eliminar a discriminação de consumidores e o recurso a 'double standards'; não compactuar com fraudes ou violações de direitos humanos e ambientais no mercado e nas cadeias de valor; controlar a atuação de intermediários, empregados, influenciadores e a equipe de marketing; assegurar, desde a concepção, a devida proteção de dados e o uso ético da inteligência artificial nas plataformas digitais; promover iniciativas para a maior proteção de dados e da privacidade ao consumidor; considerar a condição de hipervulnerabilidade de crianças e adolescentes nas relações de consumo digitais; trabalhar em conjunto com agências nacionais de fiscalização na busca por resoluções de disputas com consumidores em termos amigáveis e consensuais; e Encorajar o fortalecimento e a diversificação de plataformas de resolução de conflitos online e outros canais para reparação de danos, que sejam acessíveis aos consumidores, inclusive no caso de disputas transnacionais.[117]

---

116. LIMA MARQUES, Claudia; DELALOYE, M. L. La Propuesta 'Buenos Aires' de Brasil, Argentina y Paraguay: el más reciente avance en el marco de la CIDIP VII de protección de los consumidores. *Revista de Direito do Consumidor*, v. 73, p. 224-265, 2010.

117. Veja o texto completo em: ccpb_IGECON_Resolution_Lisbon_ILA_en.pdf (unctad.org) (15.05.23).

Assim, seja através de inovadora *soft law*[118] ou de Acordos regionais,[119] a estagnação internacional perde força e novas sugestões legislativas passam a surgir para fazer frente ao mundo digital, como o *Digital Services Act* (Regulation 2022/2065), na Europa, e como o Marco Legal da Inteligência Artificial (PL 2338/23), no Brasil. A pergunta agora é como esta nova atividade não reverterá na aprovação do Projeto de Lei 3514/2015 de atualização do CDC ao mundo digital.

3.2 Pela urgente aprovação do PL 3514/2015: por um direito inclusivo na promoção dos vulneráveis

As vulnerabilidades no mundo digital são muitas e constituem desafios importantes para a proteção dos consumidores.[120] Sendo assim que nossas considerações finais – mais do que uma conclusão – sejam pela aprovação imediata do PL 3514/2015 como uma base mínima e sólida para a entrada do CDC no mundo digital. Como vimos, o direito do consumidor deve combater esta verticalidade e a arquitetura digital. A atualização do CDC pela Lei 14.181/21 foi o primeiro passo para o combate à exclusão social, melhorando a disciplina do crédito responsável (prevenção) e da reinserção do superendividado (tratamento) é conducente a todas as pessoas naturais, aos credores e à economia (macro e micro). Mister agora completar a atualização e aprovar o PL 3514/2015 adaptando o CDC ao mundo (vertical) digital.

No Brasil, o direito do consumidor revelou verdadeira conquista, mesmo ante o 'constitucionalismo tardio', escapando e distanciando de dicotomias redutoras como: 'direito público/direito privado'; 'direito econômico/direito político'; 'direito individual/direito coletivo', para elevar-se como 'microssistema' de reconhecida contribuição à efetividade de múltiplos direitos fundamentais (até mesmo aqueles não relacionados com o consumo).

Alçou conquista diferenciada: ser direito fundamental (CF, art. 5º, inc. XXXII). No ápice da escala de valores da ordem hierarquizada, o direito do consumidor impõe diretamente deveres fundamentais em contrapartida ao Estado e ao mercado. E nestas circunstâncias é dotado dos seguintes critérios: *naturalidade* (derivado dos direitos humanos); *universalidade* (todos são consumidores, indistintamente); *positividade* e *negatividade* (requer intervenção estatal e abstenção, especialmente do mercado); *determinabilidade* (ecoa preludialmente à pessoa

---

118. MARQUES, C. L. Perspectives for Consumer Protection in the XXI Century. *Macau Journal of Brazilian Studies*, v. 4, p. 73-86, 2021.
119. MARQUES, C. L. International Protection of Consumers as a Global or a Regional Policy. *Journal of Consumer Policy* (Dordrecht Online), v. 43, p. 57-75, 2020.
120. Veja MARQUES, Claudia Lima; LORENZETTI, Ricardo Luis; FARIA DE CARVALHO, Diógenes; MIRAGEM, Bruno. *Contratos de serviços em tempos digitais*: contribuição para uma nova teoria geral dos serviços e princípios de proteção dos consumidores. São Paulo: Ed. RT, 2021. p. 11.

natural); *preceptividade* (se aplicam diretamente); *vinculatividade* (impõe deveres comportamentais ao Estado); *incondicionalidade* (são direitos em cláusula pétrea); e *justiciabilidade* (passíveis de sancionamento).[121]

E em tais condições traz consigo não apenas a segurança jurídica própria do positivismo, mas também a inclusão, inerente ao racionalismo material proveniente da justiça. É esse mesmo chamado 'positivismo inclusivo', que deve regular, tratar, limitar e melhorar o mundo digital, retirando as verticalidades, as notórias relações de sujeição-subordinação, apagando ódios e promovendo a pessoa humana. A Internet permite o condicionamento de máquinas, mas não deve condicionar as pessoas.[122]

Neste sentido, mister completar a atualização do CDC com a aprovação do PL 3514/2015 e o marco legal da inteligência artificial, assim como uma melhor internacionalização das fontes e princípios internacionais e do Mercosul. Só assim acabaremos com a estagnação de fontes de proteção para o consumidor no mundo digital. Neste mundo rápido e estruturalmente desequilibrado do digital, o consumidor não pode ser o ator sem proteção ou o 'protagonista esquecido'.[123] Urge melhorar este quadro!

4. REFERÊNCIAS

ABBAGNANNO, Nicola. *Dicionario de filosofía*. Mexico: Fondo de cultura económica, 1961.

ANDRADE, José Carlos Vieira. *Os direitos fundamentais na Constituição Portuguesa de 1976*. 6. ed. Coimbra: Almedina, 2021.

BALLELL, Teresa Rodriguez de las Heras. *El régimen jurídico de los mercados electrónicos cerrados* (e-marketplaces). Madrid: Marcial Pons, 2006.

BAROCELLI, Sérgio Sebastián. Rumo à construção da categoria "consumidores hipervulneráveis". *RDC*. v. 113. São Paulo: Ed. RT, 2017.

BAUDRILLARD, Jean. *A sociedade de consumo*. Trad. de Artur Mourão. Lisboa: Edições 70, 1971.

BENJAMIN, Antonio Herman de Vasconcellos e. A insurreição da aldeia global contra o processo civil clássico. Apontamentos sobre a opressão e a libertação judiciais do meio ambiente e do consumidor. In: MILARÉ, Édis. *Ação civil pública*. Lei 7.347/1985. Reminiscências e reflexões após dez anos de aplicação. São Paulo: Ed. RT, 1995.

BENJAMIN, Antonio Herman de Vasconcellos e. *Código Brasileiro de Defesa do Consumidor*: comentado pelos autores do anteprojeto. 5. ed. Rio de Janeiro: Forense Universitária, 1998.

---

121. RODRIGUES, Barbosa L. *Manual de direitos fundamentais e de direitos humanos*. Lisboa: Quid Iuris, 2021, p. 242-257.
122. DUNKER, Christian. *O sujeito na era digital*: ensaios sobre psicanálise, pandemia e história. Leonardo Goldberg e Claudio Akimoto. São Paulo: Edições 70, 2021, p. 14.
123. Expressão clássica de ARRIGHI, Jean Michel, La Protección de los Consumidores y el Mercosul. *Revista Direito do Consumidor*, n. 2, p. 26. São Paulo, 1992.

BENJAMIN, Antonio Herman de Vasconcellos e. O meio ambiente na Constituição Federal de 1988. *Informativo Jurídico da Biblioteca Ministro Oscar Saraiva*. v. 19, n. 1 Brasília: Superior Tribunal de Justiça, jan.-jun. 2008). 2006.

BENJAMIN, Antonio Herman de Vasconcellos e. O direito do consumidor. *RT*. v. 670. São Paulo: Ed. RT, 1991

BENJAMIN, Antonio Herman; MARQUES, Claudia Lima; LIMA, Clarissa Costa de; VIAL, Sophia Martini. *Comentários à Lei 14.181/2021*: a atualização do CDC em matéria de superendividamento. São Paulo: Thomson Reuters, 2021

BENKLER, Yochai. *La riqueza de las redes*: cómo producción social transforma los mercados y la libertad. Barcelona: Icaria Editorial, 2015.

BERTEN, André. *Modernidade e desencantamento*: Nietzsche, Weber e Foucault. São Paulo: Saraiva, 2011.

BIRHANE, A., KASIRZADEH, A., LESLIE, D. et al. Science in the age of large language models. *Nat Rev Phys* (2023). Disponível em: https://doi.org/10.1038/s42254-023-00581-4. Acesso em: 29 abr. 2023.

BOURDIEU, P. *Contrafogos*: táticas para enfrentar a invasão neoliberal. Zahar, 1998.

CAMPOS, Diogo de Leite; ANDRIGHI, Fátima Nancy. *Pessoa, direitos e direito*: a pessoa, os seus direitos e a sua criação do Direito. São Paulo: Thomson Reuters, 2021.

CANOTILHO, J.J. Gomes. *Constituição dirigente e vinculação do legislador*: contributo para a compreensão das normas constitucionais programáticas. Coimbra: Editora Coimbra, 2001.

CANOTILHO, J.J. Gomes. *Direito constitucional e teoria da Constituição*. 7. ed. 14. reimp. Coimbra: Almedina. s.d.

CANOTILHO, J.J. Gomes. Jusfundamentabilidade e deverosidade protectiva. *Liber Amicorum Professor Doutor Fausto de Quadros*. Coimbra: Almedina, 2016

CANOTILHO, J.J. Gomes. Tomemos a sério os direitos económicos, sociais e culturais. Estudos em homenagem ao Professor Doutor António de Arruda Ferrer Correio. *Boletim da Faculdade de Direito da Universidade de Coimbra*, n. especial, Coimbra. 1991.

CARBONIER, Jean. L'hypothèse du non-droit. *Archives de philosophie du droit*. Paris: Sirey, 1963.

CASTELLS, Manuel. *Comunicación y poder*. Trad. María Hernández. Madrid: Alianza, 2009.

COVELLO, Sergio Carlos. Responsabilidade dos bancos pelo pagamento de cheques falsos e falsificados. In: CAHALI, Yussef Said (Coord.). *Responsabilidade civil*. 2. ed. São Paulo: Saraiva, 1988.

DALLARI, Dalmo de Abreu. *A constituição na vida dos povos*: da idade média ao século XXI. São Paulo: Saraiva, 2013.

DOOLEY, Roger. Brainfluence: *100 Ways to Persuade and Convince Consumers with Neuromarketing*. Hoboken, US: Wiley, 2011.

DURANT, Will. *Breve história da civilização*. Lisboa: Clube do autor, 2001.

FERRAJOLI, Luigi. *Derecho y razón*. Teoría del garantismo penal. Trad. de P. Andrés Ibáñez, A. Ruiz Miguel, J.C. Bayón y otros. Madrid: Trotta, 1995.

GADAMER. Hans-George. *Verdade e método*. Trad. Flávio Paulo Meurer. Petrópolis – RJ: Vozes, 1997.

GALGANO, Francesco. *La globalización en el espejo del derecho*. Trad. Horacio Roitman y María de la Colina. Santa-Fé: Rubinzal-Culzoni, 2005.

GAZOTTO, Gustavo Martinelli Tanganelli; EFING, Antônio Carlos. Os limites toleráveis do neuromarketing nas relações jurídicas de consumo. *RDC*. v. 135. São Paulo: Ed. RT, 2021.

GHESTIN, Jacques; JAMIN, Christophe. Le juste et l'utile dans les effets du contrat. In: MONTEIRO, António Pinto (Coord.). *Contratos*: actualidade e evolução. Lisboa: Universidade Católica Portuguesa, 1997.

GODOY, Claudio Luiz Bueno. *Função social do contrato*. 3. ed. São Paulo: Saraiva, 2009.

HANSEN, P. G. The Definition of Nudge and Libertarian Paternalism: Does the Hand Fit the Glove? *European Journal of Risk Regulation*. v. 7. Março de 2016.

HARVEY, David. *Condição pós-moderna*. Trad. Adail Ubirajara Sobral e Maria Stela Gonçalves. São Paulo: Loyola, 2014.

HOFFMANN-RIEM, Wolfgang. *Teoria geral do direito digital*: transformação digital: desafios para o direito. 2. ed. Trad. Italo Fuhrmann. Rio de Janeiro: Forense, 2022.

HUI, Yuk. *Tecnodiversidade*. Trad. Humberto Amaral. São Paulo: Ubu Editora, 2020.

IRTI, Natalino. L'età della decodificazione. *Doutrinas essenciais de obrigações e contratos*. São Paulo: Ed. RT, 2011, v. 1.

LASSALE, Ferdinand. *O que é uma Constituição Política*. Trad. Manoel Soares. Global Editora: São Paulo, 1987.

LAURELL, Asa Cristina. Avançando em direção ao passado: a política social do neoliberalismo. In: LAURELL, Asa Cristina (Org.). *Estado e políticas sociais no neoliberalismo*. São Paulo: Cortez, 1995.

LIMBERGER, Têmis; SALDANHA, Jânia; DEL RIO HORN, Luiz Fernando. Do dilema paradoxal tecnocívico: inclusão consumerista digital quantitativa versus qualitativa. *RDC*. v. 114. São Paulo: Ed. RT, 2017.

LIRIA, Carlos Fernandez. *Sin vigilancia y sin castigo*. Una discusión con Michel Foucault. Madrid: Libertarias/Prodhufi, 1992.

LORENZETTI, Ricardo Luis. *Comércio eletrônico*. Trad. Fabiano Menke. São Paulo: Ed. RT, 2004.

LUÑO, Antonio-Enrique Pérez. *¿Ciberciudadaní@ o ciudadaní@.com?* Barcelona: Editorial Gedisa S.A., 2003.

LUÑO, Antonio-Enrique Pérez. *Los derechos fundamentales*. 6. ed. Madrid: Tecnos, 1995.

MARCEL, Gabriel. *Os homens contra o homem*. Porto: Editora Educação Nacional, 1951.

MARQUES, Claudia Lima. Algumas perguntas e respostas sobre prevenção e tratamento ao superendividamento dos consumidores pessoas físicas. *RDC*. v. 75. São Paulo: Ed. RT, 2010

MARQUES, Claudia Lima. Modificações trazidas pela decisão da ADIn 2.591 sobre a constitucionalidade (e imperatividade) da aplicação do CDC aos contratos bancários, financeiros, de crédito e securitários. *RDC*. v. 68. São Paulo: Ed. RT, 2008.

MARQUES, Claudia Lima. Superação das antinomias pelo diálogo de fontes: o modelo brasileiro de coexistência entre o Código de Defesa do Consumidor e o Código Civil de 2002. *Doutrinas Essenciais de Direito do Consumidor*. São Paulo: Ed. RT, 2011.

MARQUES, Claudia Lima. Superendividamento e as mudanças de paradigmas da Lei 14.181/21. In: BENJAMIN, Antonio Herman; MARQUES, Claudia Lima; LIMA, Clarissa Costa de; VIAL, Sophia Martini. *Comentários à Lei 14.181/2021*: a atualização do CDC em matéria de superendividamento. São Paulo: Thomson Reuters, 2021

MARQUES, Claudia Lima; MARTINS, Fernando Rodrigues. Deveres e responsabilidade no tratamento e na promoção do consumidor superendividado. *Revista do Ministério Público Brasileiro* [recurso eletrônico]. v. 1, n. 1. Curitiba: C D E M P, jun. 2022. Disponível em: http://revista.cdemp.org.br/index.php/revista/article/view/16/3. Acesso em: 11 jan. 2023.

MARQUES, Claudia Lima. *Sociedade digital de crédito e responsabilidade civil*: novos direitos. Disponível em: https://www.conjur.com.br/2022-fev-23/garantias-consumo-sociedade-digital-credito-responsabilidade-civil. Acesso em: 10 jan. 2023.

MARQUES, Claudia Lima; MIRAGEM, Bruno. *O novo direito privado e a proteção dos vulneráveis*. 2. ed. São Paulo: Ed. RT, 2014.

MARTINS, Fernando Rodrigues. In: NANNI, Giovanni Ettore (Coord.). *Comentários ao Código Civil*: direito privado contemporâneo. São Paulo: Saraiva, 2019.

MARTINS, Fernando Rodrigues; LIMA, Thainá Gomes Lopes. Da vulnerabilidade digital à curiosa vulnerabilidade empresarial. Polarização da vida e responsabilidade civil do impulsionador de conteúdos falsos e odiosos na idade da liberdade econômica. *RDC*. v. 128. São Paulo: Ed. RT, 2020.

MARTINS, Fernando Rodrigues; MARQUES, Claudia Lima. Danos qualificados constitucionalmente e a formação da norma de proteção de direitos fundamentais no âmbito da responsabilidade civil. *Da estrutura à função da responsabilidade civil*. Uma homenagem do Instituto Brasileiro de Responsabilidade Civil (IBERC) ao Professor Renan Lotufo. Indaiatuba-SP: Editora Foco, 2021.

MARTINS, Guilherme Magalhães. *Direito ao esquecimento na sociedade da informação*. São Paulo: Thomson Reuters, 2022.

MCNEELY, Ian F.; WOLVERTON, Lisa. *A reinvenção do conhecimento*: de Alexandria à Internet. Trad. Maria Lúcia de Oliveira. Rio de Janeiro: Record, 2013.

MELLER-HANNICH, Caroline; KRAUSBECK, Elisabeth. Sustentabilidade, a economia circular e o direito do consumidor na Alemanha. *RDC*. v. 137. São Paulo: 2021.

MENDES, Laura Schertel; FONSECA, Gabriel Campos S. STF reconhece direito fundamental à proteção de dados. Comentários sobre o referendo da Medida Cautelar nas ADIs 6387, 6388, 6389, 6390 e 6393. *RDC*. v. 130. São Paulo: Ed. RT, 2020

MORASSUTTI, Bruno Schmitt. Responsabilidade civil, discriminação ilícita e algoritmos computacionais: breve estudo sobre as práticas de *geoblocking* e *geopricing*. *RDC*. v. 124. São Paulo: Ed. RT, 2019.

Morin, Edgar. *Os sete saberes necessários à educação do futuro*. São Paulo: Cortez, 2004.

NEVES, A. Castanheira. *O direito hoje e com que sentido?* O problema atual da autonomia do direito. 2. ed. Lisboa: Piaget, 2011

NEVES, Maria do Céu Patrão; CARVALHO, Maria da Graça. *Ética aplicada*: novas tecnologias. Lisboa: Edições 70, 2018.

NOBLE, Safiya Umoja Noble. *Algorithms of oppression*: how search engines reinforce racism. 1st edn. New York: NYU Press, 2018

NOVAIS, Jorge Reis. *A dignidade da pessoa humana*. Dignidade e direitos fundamentais. Coimbra: Almedina, 2018

NOVAIS, Jorge Reis. *Direitos fundamentais*: trunfos contra a maioria. Coimbra: Coimbra Editora, 2006.

NUNES, Dierle; PAOLINELLI, Camilla Mattos. Novos designs tecnológicos no sistema de resolução de conflitos: ODR, e-acesso à justiça e seus paradoxos no Brasil. *Revista de Processo*. v. 314, 2021

O'NEIL, Cathy. *Weapons of math destruction*: how big data increases inequality and threatens democracy. New York: Crown Publishers, 2016.

ORTEGA Y GASSET, José. *El hombre y la gente*. Madrid: Alianza Editorial-Revista de Occidente, 1983. v. VII. de la Obras Completas.

PARZIALE, Aniello dos Reis. As compras governamentais como instrumento para impulsionar a inovação no país. *RDAI*. São Paulo: Ed. RT, 2020.

PASQUALOTTO, Adalberto de Souza; SCALETSKY, Carolina Litvin. Da responsabilidade civil da plataforma digital na economia compartilhada. *RDC*. v. 142. São Paulo: Ed. RT, 2022.

Peces–Barba, Gregorio. *Curso de derechos fundamentales*. R. de Asís, C. R. Fernández y A. Llamas (colab.). Madrid: Universidad Carlos III de Madrid y Boletín Oficial del Estado, 1999.

PEREIRA DA SILVA, Vasco Manuel Pascoal Dias. *Em busca do ato administrativo perdido*. Coimbra: Almedina, 1995.

PIGNARRE, Geniviève. Les rappoorts entre droit des contracts et droit de la consommation aprés la réforme du droit français des obligations. *RDC*. v. 134. São Paulo: Ed. RT, ano.

PORTUGAL, Sílvia. As mulheres e a produção do bem-estar social em Portugal. *Oficina do CES. Centro de Estudos Sociais*. Coimbra, 2018.

RAMSAY, Ian. O controle da publicidade em um mundo pós-moderno. *RDC*. v. 4. São Paulo: Ed. RT, 1992.

REIS, Paulo Victor Alfeo. *Algoritmos e direito*. São Paulo: Almedina, 2020.

RODOTÀ, Stefano. *El derecho a tener derechos*. Madrid: Editorial Trotta, 2014.

RODRIGUES JÚNIOR, Otavio Luiz. *Direito civil contemporâneo*: estatuto epistemológico, Constituição e direitos fundamentais. Rio de Janeiro: Forense Universitária, 2019.

RODRIGUES, Barbosa L. *Manual de direitos fundamentais e de direitos humanos*. Lisboa: Quid Iuris, 2021.

ROSA, Fabiano Machado da.; Luana Pereira da Costa. *Compliance Antidiscriminatório*. São Paulo: Ed. RT, 2022.

SANTOS, Álvaro da Silva. Lazer virtual e a pessoa idosa na pandemia da COVID-19 no contexto da atenção primária à saúde: criatividades interventivas *Journal Health NPEPS*. 6. Recuperado de https://periodicos.unemat.br/index.php/jhnpeps/article/view/5465. Acesso em: 04 jan. 2023.

SARLET, Ingo Wolfgang. Direitos fundamentais e direito privado: algumas considerações em torno da vinculação dos particulares aos direitos fundamentais. *Doutrinas essenciais de direito do consumidor*. v. 2. São Paulo: Ed. RT, 2011.

SCHWARZ, Fabio. *A economia compartilhada e o novo fornecedor fiduciário nas relações de consumo*. Rio de Janeiro: Editora Processo, 2020.

SILVA, Fernanda Mateus Rosa. Vigiar e punir 4.0: efeitos das tecnologias de policiamento preditivo e reconhecimento facial e a perpetuação do racismo estrutural. *Revista de Direito e as Novas Tecnologias*. v. 16. São Paulo: Thomson Reuters, 2022

SILVA, Jorge Pereira da. *Deveres do Estado de protecção de direitos fundamentais*: fundamentação e estrutura das relações jusfundamentais triangulares. Lisboa: Universidade Católica Editora, 2015

SOUZA, James J. Marins. A proteção contratual do CDC a contratos interempresariais, inclusive bancários. *RDC*. v. 18. São Paulo: Ed. RT, 1996.

STIGLITZ, Rubén S.; STIGLITZ, Gabriel A. *Contratos por adhesión, cláusulas abusivas y protección al consumidor*. Buenos Aires: Depalma, 1985.

SVANTESSON, Dan; CLARKE, Roger. Privacy and consumer risks in cloud computing. *Computer law and security review*. Bond University.

THALER, Richard H.; SUNSTEIN, Cass R. *Nudge*: Improving Decisions About Health, Wealth, and Happiness. New York: Penguin Publishing Group. Edição do Kindle, 2009.

THORNHILL, Chris. *Crise democrática e direito constitucional global*. Trad. Diógenes Moura Breda e Glenda Vicenzi. São Paulo: Contracorrente, 2021.

VAQUERO, Luis. M.; MERINO-RODERO, Luis; CACERES, Juan.; LINDNER, Maik. A Break in the Clouds: Towards a Cloud Definition. *ACM SIGCOMM Computer Communication Review*, 39(1): 50-55, jan. 2009.

ZUBOFF, Shoshana. *A era do capitalismo de vigilância*: a luta por um futuro na nova fronteira do poder. Trad. George Schlesinger. Rio de Janeiro: Intrínseca, 2021.

COMÉRCIO ELETRÔNICO E MERCADO DIGITAL DE CRÉDITO: ENTRE RISCOS, FRAUDES E EXCLUSÃO SOCIAL

Rosângela Lunardelli Cavallazzi

Doutora e Mestre em Direito (UFRJ e UFSC). Bolsista Produtividade do CNPq. Cientista do Estado FAPERJ. Professora e Pesquisadora do Programa de Pós-Graduação em Direito da PUC-Rio e do Programa de Pós-Graduação em Urbanismo da UFRJ. Diretora do BRASILCON.

Sandra Bauermann

Pós-graduada pela Universidade de Coimbra-PT. Idealizadora do Projeto de Tratamento do Superendividamento do Consumidor no TJPR. Diretora do BRASILCON. Desembargadora Substituta do Tribunal de Justiça do Paraná.

Sumário: 1. Introdução – 2. Tecnologia, vulnerabilidade e endividamento; 2.1 Comércio eletrônico e mercado de crédito digital: plano dos riscos – 3. Fraudes no mercado de crédito digital e fortuito interno – 4. Fraudes e exclusão social – 5. PL 3.514/15 – Relevância no enfrentamento das fraudes – 6. Notas finais – 7. Referências.

1. INTRODUÇÃO

As relações contratuais contemporâneas são capturadas segundo a lógica do mercado digital, que amplia o processo de codificação cujo efeito mais competente é a uniformização de sentidos. Essa forma de controle que ganha uma dimensão mais potente no jogo virtual se pauta na criação e no acirramento de vulnerabilidades, que, por sua vez, são alimentadas pela produção de insegurança.

Essas condições de vulnerabilidades estão inseridas na conjuntura de políticas neoliberais,[1] que com suas medidas de austeridade agravam o sistemático retrocesso dos direitos sociais.

Conforme tivemos oportunidade de observar em nossos recentes estudos,[2] o quadro de retrocessos dos direitos sociais agravado pelos três últimos anos de pandemia imanente da Covid-19,[3] nas metrópoles estandardizadas, revela a face mais tenebrosa da vida urbana: famílias socialmente vulnerabilizadas por um

---

1. BLYTH, 2017; GRILLO & CAVALLAZZI, 2019.
2. CAVALLAZZI, 2022.
3. CAMARANO, 2020.

modelo econômico que produz, entre tantos efeitos negativos, superendividamento, desemprego, desalento, despejo e fome. A respeito da fome que assola o país, de acordo com dados da Rede Brasileira de Pesquisa em Soberania e Segurança Alimentar e Nutricional (REDE PENSSAN), o país entrou em 2022 com cerca de 33,1 milhões de pessoas vivenciando essa situação limite. Ainda segundo levantamentos realizados pela referida Instituição, em pouco mais de um ano houve um acréscimo de cerca de 14 milhões de pessoas nessa situação, e mais da metade da população brasileira, cerca de 58,7%, vivencia, em diferentes níveis de gravidade, situações de insegurança alimentar.[4]

A conjuntura de políticas neoliberais que alcança na sociedade as relações sociais e as instituições, embora não constitua a regra exclusiva na sociedade sob a lógica da financeirização da vida cotidiana, exerce um caráter hegemônico. Nesse sentido, as medidas de austeridade neoliberais flagrantemente estão conectadas com o retrocesso de direitos sociais em uma sociedade cuja sociabilidade é cada vez mais intermediada por ferramentas do ambiente digital, com a incidência de relações jurídicas que não garantem os deveres anexos do princípio da boa-fé objetiva.[5]

Refletir sobre vulnerabilidade como processo implica, no campo do microssistema do Direito do Consumidor, considerar a gigante assimetria entre fornecedor e consumidor e, também, situar a hipossuficiência em uma sociedade marcada pela pobreza e pela desigualdade.

O presente estudo reconhece o agravamento das vulnerabilidades de relações, espaços e sujeitos no mercado digital de crédito e prioriza a força da dimensão simbólica dos microssistemas, que contém uma matriz principiológica a ser observada preferencialmente em relação às demais fontes do Direito.

2. TECNOLOGIA, VULNERABILIDADE E ENDIVIDAMENTO

A compreensão da realidade do mercado digital de crédito implica o reconhecimento da articulação entre o processo de endividamento de vulneráveis e a incidência da tecnologia. Em outras palavras, é imprescindível a observação do papel da tecnologia no processo de endividamento das famílias e do consequente risco na preservação do mínimo existencial.

---

4. REDE PENSSAN, 2022.
5. "Boa-fé objetiva significa, portanto, uma atuação 'refletida' [...] agindo com lealdade, sem abuso, sem obstrução, sem causar lesão ou desvantagem excessiva, cooperando para atingir o bom fim das obrigações: o cumprimento do objetivo contratual e a realização dos interesses das partes." (MARQUES, 2005, p. 216).

A relação desses artifícios tecnológicos com o poder público tem sido objeto de estudo[6] na perspectiva de análise de contratos de Prestação de Serviços de Plataforma.[7]

No âmbito do comércio eletrônico, o contrato sinalagmático, com a reciprocidade das prestações, ficou no passado; o contrato de adesão estandardizado[8] toma conta do universo do comércio eletrônico e do subjacente mercado de crédito digital.

Importante reconhecer que a vulnerabilidade digital torna os riscos do consumidor iminentes.

Os instrumentos adotados no campo digital, a princípio, como toda técnica, em si não são nocivos, contudo, seria uma ficção considerar neutras as práticas jurídicas e econômicas presentes nos contratos fundados no crédito digital sob a forma da tecnologia imbricada com decisões algorítmicas e plataformas digitais.

As ferramentas tecnológicas não explicitam suas dinâmicas, seus processos aparentando dessa forma uma neutralidade que de fato constitui uma pseudo-neutralidade.

É importante compreender a dimensão da invisibilidade dos processos tecnológicos no mundo virtual.

O mundo virtual, como toda expressão descolada da realidade, parece prescindir da distinção entre similitude e semelhança como aprendemos com Magritte (1966). Contudo, o estudo sobre as dinâmicas virtuais implica reconhecer a realidade como uma dimensão distinta da representação.

Segundo as palavras de Magritte (1966): "[...] Só ao pensamento é dado ser semelhante. Ele se assemelha sendo o que vê, ouve ou conhece, ele torna-se o que o mundo lhe oferece". Na perspectiva da análise das ferramentas tecnológicas, é importantíssima a inspiração nas reflexões de Magritte. Explicando a relevante distinção entre o "invisível" e o "visível", continua o referido autor.

> Existe, há algum tempo, uma curiosa primazia conferida ao "invisível" através de uma literatura confusa, cujo interesse desaparece se se observa que o visível pode ser escondido, mas que o invisível não esconde nada: pode ser conhecido ou ignorado, sem mais. Não cabe conferir ao invisível mais importância do que ao visível, ou inversamente.[9]

---

6. CAVALLAZZI, 2022.
7. Ver OLIVEIRA, CARELLI & GRILLO (2020). O Projeto de Lei 1016/21 (publicado em 3 de novembro de 2021) da Câmara dos Deputados constitui um exemplo significativo (Agência Câmara de Notícias. Disponível em: https://www.camara.leg.br/noticias/805334-proposta-cria-plataforma-digital-para--concentrar-fornecedores-e-clientes/. Acesso em: 21 fev. 2023).
8. Ver cidade *standard*, o processo hegemônico de influência e determinação da produção e reprodução do espaço urbano e da vida social, marcado pela consensualidade de estratégias privatistas e de mercado caracterizadas pela padronização, repetição, homogeneização de políticas, estratégias, ações e mecanismos voltados para a gestão urbana (CAVALLAZZI & BERTOLDO, 2018).
9. MAGRITTE, 1966.

O mercado digital de crédito, exageradamente "visível", nos leva a considerar, de forma errônea, que todo o seu conteúdo é conhecido.

A incidência da tecnologia e a ampla adesão aos artifícios de inteligência artificial aos bancos de dados constituem um desafio gigante para a concretude do princípio da confiança e a garantia do mínimo existencial no bojo de contratos de crédito norteados pelo mercado digital.

Os desafios são inúmeros e situados em diversas escalas no processo de interpretação e de eficácia social da norma.

No plano conceitual, o lugar do princípio da boa-fé objetiva denota a necessária transparência nas relações contratuais em contexto dos artifícios tecnológicos, com ampla repercussão sobre os processos de contratação de crédito, exigindo a presença do fornecedor de crédito responsável.[10]

No plano dos casos concretos, a realidade das famílias endividadas de mãos dadas com a fome dos brasileiros[11] indica apenas uma janela para o futuro da efetividade da Lei 14.181/2021, que combate a exclusão social do consumidor[12] com a prevenção e o tratamento do consumidor superendividado.

No plano do conteúdo do mínimo existencial e da eficácia social da norma, o percurso exige atenção durante todo o processo implícito no mercado digital do crédito, em razão da definição do conceito de mínimo existencial. Conforme a Lei 14.181/2021, desde o momento da concessão do crédito, passando pelo plano de pagamento até a repactuação. A definição prévia do *quantum a priori* do mínimo existencial é incompatível com a compreensão de que o seu conteúdo está diretamente vinculado ao feixe de direitos sociais fundamentais, portanto de acordo com cada família, conforme veremos adiante com a tese de Karen Bertoncello.[13]

O início do processo, sem dúvida, é fundamental, pois definirá as bases do contrato e seus efeitos, uma vez consumada a fase pré-contratual, de "cooptação do consumidor", de sedução, portanto, a fase das promessas, momento de alta fragilidade para o consumidor.

---

10. LIMA, 2014.
11. "Em 2022, o Brasil, uma das maiores potências agrícolas do mundo, atingiu níveis vergonhosos de insegurança alimentar grave: 33 milhões de pessoas passando fome, de acordo com os dados recentemente publicados pela Rede Penssan. Uma das principais causas da volta desse flagelo social – em 2014 o país havia saído do Mapa da Fome das Nações Unidas – foi o desmonte de políticas públicas de promoção do direito humano à alimentação adequada que haviam sido progressivamente estruturadas no país desde os anos de 1990, com maior ênfase a partir de 2003." (BEGHIN, 2022)
12. Lei 14.181, de 1º de julho de 2021. Disponível em: https://www.planalto.gov.br/ccivil_03/_ato2019-2022/2021/lei/l14181.htm. Acesso em: 21 fev. 2023.
13. Ver nota 38.

O coração do processo está vinculado ao paradigma da confiança.[14] Segundo Guilherme Magalhães Martins, "na contratação eletrônica via Internet, a confiança dos contratantes, que integra parte do conteúdo substancial da boa-fé, deve ser tutelada em face da especificidade do meio, garantindo uma expectativa legítima da parte sob o ponto de vista da segurança e informação".[15]

Qualquer que seja o caso, o Princípio da Boa Fé Objetiva como novo paradigma no campo do Direito do Consumidor, deve sempre conduzir o processo de interpretação das normas.

Além das vulnerabilidades tradicionais dos consumidores (técnica, jurídica/científica, fática, informacional) nas relações de consumo, com o avanço tecnológico a doutrina identifica claramente uma nova forma que amplia a vulnerabilidade do consumidor, qual seja, a vulnerabilidade digital. Conforme Mucelin:[16]

> Para Micklitz e colaboradores, vulnerabilidade digital descreve um universal de impotência e suscetibilidade a (exploração de) desequilíbrios de poder que são o resultado da crescente automação do comércio, das relações consumidor-vendedor informadas e da própria arquitetura dos mercados-digitais.

2.1 Comércio eletrônico e mercado de crédito digital: plano dos riscos

A expansão do comércio eletrônico no Brasil é visível. Segundo relatório da Unctad - Conferência da ONU sobre Comércio e Desenvolvimento, em 2016 o Brasil já estava na lista dos 10 principais mercados *e-commerce* do mundo.[17] Com a Pandemia Covid-19, especialmente no período de maior restrição, as ferramentas digitais foram praticamente o único meio para as pessoas terem acesso a bens e serviços. E, assim, o isolamento social obrigou-as a incluir os dados pessoais em mais plataformas digitais.

Fato é que o comércio eletrônico disparou durante a pandemia no mundo e seguiu em alta posteriormente, apesar de muitos países terem reduzido ou

---

14. [...] "se bem usarmos o paradigma da confiança poderemos inclusive redefinir o que é dano na internet. Assim, a confiança ajudaria a revisitar todos os elementos da responsabilidade civil na internet: imputação do dano a um ator, a antijuridicidade da ação ou do dano, o próprio dano desmaterializado (dano *in re ipsa*), para poder comprovar o nexo causal entre dano, o fato ou ato que violou a confiança e o dever de segurança ou de boa-fé violado" (MARQUES, 2020, p. 18).
15. "A confiança, dessa forma, deve funcionar como o parâmetro para a distribuição dos novos riscos trazidos pela comodidade e facilidade decorrentes da evolução da tecnologia [...] O princípio da confiança incide sobre cada uma das fases dos contratos eletrônicos de consumo, desde o momento pré-contratual, passando pela formação e execução do ajuste, e chegando até a etapa pós-contratual, posterior ao cumprimento da obrigação principal por ambas as partes" (MARTINS, 2020, p. 114-115).
16. Mucelin, 2022, p. 286-287.
17. "Relatório diz que Brasil está entre os top-1 do comércio eletrônico". Disponível em: https://news.un.org/pt/audio/2016/07/1179091. Acesso em: 14 jan. 2023.

eliminado as restrições impostas por ela, segundo a Conferência da ONU sobre Comércio e Desenvolvimento – Unctad.[18]

O comércio eletrônico está entre as diretrizes da ONU, e uma das metas da Agenda 2030 da ONU é inclusive utilizar as tecnologias da informação para facilitar o alcance dos Objetivos de Desenvolvimento Sustentável.

Atualmente estar conectado é estar incluído, e quem não tem acesso à *internet* está, portanto, excluído socialmente. Observa Mucelin[19] que, no caso do IBGE, o Supremo Tribunal Federal lembrou que "estar *online* é condição para a completa fruição da vida em sociedade e para o gozo de direitos fundamentais".

Ao mesmo tempo que é necessária a inclusão tecnológica digital na atual sociedade digital, é necessária a redução dos riscos da tecnologia da informação, como o avanço da desinformação e a exploração de dados pessoais, logo, o combate às fraudes e aos golpes *online* e a criação de mecanismos para evitá-los.

Aliás, é pauta na imprensa nacional[20] o aumento de golpes e fraudes pela *internet* no Brasil realizados por meio de vazamentos de dados pessoais praticados por criminosos que realizam transações financeiras, empréstimos e financiamentos fraudulentos, lesionando inúmeros consumidores e afetando o mercado de crédito. A (in)segurança dos *sites* e dos canais de relacionamento também impactam na atuação dos *cibercriminosos*. Uma dessas reportagens informa que, em pesquisa realizada pela Transunion, empresa global de informações e soluções, as tentativas de fraude digital no país cresceram 20% no segundo trimestre de 2022 em comparação ao mesmo período de 2021 e que 27% das pessoas entrevistadas na pesquisa indicaram que já foram alvo de fraude *online* nos últimos três meses.[21] Percentual muito preocupante e indicativo de que a resposta estatal para combater e evitar tais fraudes e golpes *online* tem sido insuficiente.

O mercado de crédito, por sua vez, está cada vez mais tecnológico e digital. Tanto na celebração como na execução dos contratos bancários e de crédito. Mesmo para contratos formados por instrumento físico (cada vez mais escassos), os relacionamentos entre cliente e instituição financeira ou de crédito são realizados por novos meios de comunicação, tais como centrais de atendimento telefônico, terminais de autoatendimento, *internet banking* pelos canais digitais de relacionamento e pagamento.

---

18. Unctad diz que comércio eletrônico segue em alta mesmo após pandemia. Disponível em: https://news.un.org/pt/story/2022/04/1787112. Acesso em: 14 jan. 2023.
19. Mucelin, 2022, p. 283.
20. Disponível em: https://www.correiobraziliense.com.br/economia/2022/09/5039434-fique-esperto--especialistas-alertam-para-o-aumento-de-golpes-nas-redes.html. Acesso em: 14 jan. 2023.
21. Disponível em: https://g1.globo.com/tecnologia/noticia/2022/10/11/tentativas-de-golpes-por-meios--digitais-cresceram-20percent-no-segundo-trimestre-deste-ano-no-brasil.ghtml. Acesso em: 14 jan. 2023.

Evidencia-se claramente uma "dança das modalidades de comercialização ao consumidor de crédito (agora à distância e pela internet) e de pagamento (PIX, moedas eletrônicas, cartões de crédito digitais etc.), além da popularização do investimento (em bolsa, moedas digitais e *crowdfunding*)".[22]

A especificidade do mercado de crédito digital tem os riscos existentes ampliados e agravados. Os riscos de funcionamento dos sistemas são de quem o oferece como modo específico de prestação de serviço.[23] Inclusive porque a mudança trazida pelas novas tecnologias traz vantagens para os fornecedores de crédito, em que se destacam a redução do trabalho de caixa, uma vez que há diminuição da força de trabalho presencial, a redução de agências físicas, a redução do custo operacional das instituições financeiras e de crédito, e a ampliação das oportunidades de oferta do crédito.

3. FRAUDES NO MERCADO DE CRÉDITO DIGITAL E FORTUITO INTERNO

Como retrato da realidade social, os casos de golpes e fraudes na seara do mercado de crédito digital têm chegado ao Judiciário brasileiro por meio de ações movidas pelos consumidores/vítimas, que buscam o reconhecimento da responsabilidade das instituições financeiras ou de crédito. Destacam-se aqui, como referência, casos de fraudes/golpes denominados "golpe do boleto".

As narrativas em torno da dinâmica do "golpe do boleto" são assemelhadas. Durante a execução do contrato de financiamento de veículo ou concessão de crédito, para obter o boleto para pagamento para liquidação antecipada do contrato ou para pagamento de parcela, o(a) consumidor(a) necessita contatar o credor pelos meios virtuais disponibilizados pela Instituição credora, seja pela central de relacionamento seja pelo *site* da Instituição credora. Não se sabe quando se inicia a atuação dos fraudadores, se a partir de sítios falsos ou de redirecionamento dos sítios verdadeiros, sendo certo que enviam ao(à) consumidor(a) boleto falso com aparência de verdadeiro por aplicativo de mensagem *whatsapp*. O(A) consumidor(a) paga o boleto e depois descobre que é falso, já que o destinatário final é outro, e não o seu credor.

O(A) consumidor(a) em alguns dos casos informa apenas seu CPF, e, de posse dele, o fraudador obtém os demais dados (número do contrato, endereço, valor necessário para quitação etc.), indicando que o estelionatário tem acesso aos dados da operação e que há falha na proteção dos dados da operação contratada, os quais deveriam ser protegidos.

---

22. MARQUES & MARTINS, 2022, p. 347.
23. MIRAGEM, 2013, p. 295.

Exemplos desses casos-referência[24] encontramos em recentíssimos precedentes do Tribunal de Justiça do Rio Grande do Sul e do Tribunal de Justiça do Paraná, dos quais assinalamos os que se seguem.

Dentre outros casos assemelhados,[25] destacamos e transcrevemos o do Tribunal de Justiça do Rio Grande do Sul, a Apelação Cível 50059221920218210008, da 6ª Câmara Cível, de Relatoria do Desembargador Niwton Carpes da Silva, julgado em 29.09.2022, cuja ementa é muito elucidativa, inclusive quanto à dinâmica dos fatos:

> Apelação cível. Responsabilidade civil. Ação indenizatória. Fraude na quitação de financiamento. Boleto falso. Sistema de proteção falho. Violação ao dever de segurança. Fortuito interno. Responsabilidade objetiva do fornecedor. Inexistência de prova de culpa exclusiva do consumidor. Danos materiais configurados. Termo inicial da correção monetária e dos juros moratórios. Sentença mantida. 1) Trata-se de ação através da qual a parte autora alega ter sido vítima de fraude quando da solicitação de boleto para pagamento de saldo de contrato de financiamento de veículo e quando do pagamento do mesmo, circunstâncias que lhe causaram danos materiais e morais, julgada parcialmente procedente na origem. 2) A relação existente entre as partes é de consumo e, portanto, submetida ao regramento do CDC, incidindo, no caso em apreço, o artigo 14, *caput*, que trata da responsabilidade objetiva dos prestadores de serviços, dispondo a respeito dos danos causados aos consumidores e, ainda, o parágrafo 1º, que trata do serviço prestado sem a devida segurança. 3) No caso dos autos, não há como se afastar a responsabilidade dos demandados pelo prejuízo material sofrido pelo autor ao ter sido vítima de estelionatários que disponibilizaram boleto de pagamento falsificado. Isso porque, pelo que se verifica dos autos, o autor entrou em contato com o telefone informado no próprio carnê de pagamento - 40049090 – seguindo a orientações que lhe foram repassadas (entrar no site do banco e tratar o assunto da quitação pelo whatsapp do n. 011 937774519). 4) Da análise das conversas mantidas através do aplicativo é possível constatar que o autor informou apenas o CPF e o número do contrato (evento 01 doc 09), enquanto que o boleto emitido constava todos os demais dados, como endereço do pagador e o valor necessário para quitação (evento 01 doc 12), o que leva a crer que o estelionatário teve acesso aos dados a respeito da operação contratada, os quais deveriam ser protegidos pelos demandados, o que configura o fortuito interno, atraindo a incidência da Súmula 479 do STJ. 5) A Pagseguro S/A não logrou comprovar ter agido como mera intermediadora, o que se conclui dos autos estreme de dúvidas é que o valor desembolsado pelo autor ingressou na receita da referida empresa. 6) Relativamente aos danos materiais, estes restaram devidamente comprovados, pois o valor que o autor dispunha para quitação do contrato de financiamento do veículo acabou se perdendo quando o demandante efetuou o pagamento do boleto falsificado, sendo

---

24. Os casos-referência são exemplos concretos que constituem um suporte fático dos estudos realizados para o enfrentamento dos desafios epistemológicos O método de casos-referência consiste na adoção de um objeto real como caso exemplar, base fática para a pesquisa teórica a ser desenvolvida, constituindo, portanto, referência para a construção do objeto do conhecimento (CAVALLAZZI, 1993).

25. TJRS, Apelação Cível 50039925720218210010, Décima Quarta Câmara Cível, Tribunal de Justiça do RS, Relator: Miriam A. Fernandes, Julgado em: 07.12.2022; *Reclamação* 70085350783, Câmara da Função Delegada dos Tribunais Superiores, Tribunal de Justiça do RS, Relator: Ney Wiedemann Neto, Julgado em: 07.12.2021; Apelação Cível 50098564020218210022, Décima Câmara Cível, Tribunal de Justiça do RS, Relator: Túlio de Oliveira Martins, Julgado em: 28.11.2022.

devida a reparação da quantia dispendida. 7) Quanto à correção monetária, consabido que não se trata de um plus que se acresce, mas um minus que se evita, razão pela qual o termo inicial da correção monetária deve ser a data em que o autor restou desapossada da quantia ao efetuar o pagamento indevido por culpa dos demandados. Por fim, correta a sentença que estabeleceu a citação como termo inicial dos juros moratórios, tendo em vista se tratar de responsabilidade civil contratual. Dupla apelação. Apelações desprovidas. (Apelação Cível 50059221920218210008, Sexta Câmara Cível, Tribunal de Justiça do RS, Relator: Niwton Carpes da Silva, Julgado em: 29.09.2022).

Caso similar é retratado no precedente do TJPR – Apelação Cível 408-96.2021.8.16.0110, julgado em 02.12.2022 pela 6ª Câmara Cível, de relatoria da Desembargadora Lilian Romero, em que se confirmou a sentença reconhecendo a responsabilidade da Instituição de crédito. Relata-se dinâmica muito parecida com o precedente do TJRS, ou seja, o(a) consumidor(a), visando antecipar a quitação do contrato de financiamento de veículo com garantia de alienação fiduciária, contata a Instituição credora pelo telefone indicado como de relacionamento com a Instituição, que o(a) direciona a aplicativo de mensagens – *whatsapp* – para obter o boleto, por onde efetivamente o recebe; depois de pagá-lo, ao buscar a carta de quitação, é alertado(a) pela Instituição Financeira que o boleto é falso, já que não foi a destinatária final do crédito.

Como consequência da fraude, além de perder o valor pago através do boleto falso, o(a) consumidor(a) permanece devedor(a) em relação ao contrato de financiamento. O credor, por sua vez, ainda permanece com o crédito e sua garantia. A manter esse estado de coisas, o(a) consumidor(a) acaba arcando sozinho com os prejuízos decorrentes da fraude/golpe, caso não seja reconhecida a responsabilidade da instituição financeira ou de crédito.

A discussão, portanto, gira em torno da responsabilidade da instituição financeira ou de crédito (credora) nesses tipos de fraudes e golpes. Observa-se que a jurisprudência supracitada tem aplicado o artigo 14 do CDC,[26] reconhecendo a responsabilidade da instituição financeira ou de crédito, com base na responsabilidade por fato do serviço. E, portanto, responsabilidade objetiva, independentemente de demonstração de culpa. Reconhecendo-se a existência de fortuito interno, com a aplicação da súmula 479 do STJ, que dispõe: "As instituições financeiras respondem objetivamente pelos danos gerados por fortuito interno relativo a fraudes e delitos praticados por terceiros no âmbito de operações bancárias."

A tese defensiva das instituições de crédito ou financeiras tem sido a do afastamento da responsabilidade com base no rompimento/ausência do nexo causal pela culpa exclusiva da vítima/consumidor(a). Ocorre que, como alerta a

---

26. CDC, art. 14. "O fornecedor de serviços responde, independentemente da existência de culpa, pela reparação dos danos causados aos consumidores por defeitos relativos à prestação dos serviços, bem como por informações insuficientes ou inadequadas sobre sua fruição e riscos".

doutrina, a aplicação da excludente da culpa exclusiva da vítima prevista no artigo 14, § 3º, II, do CDC, encontra ressalva

> em relação ao fortuito interno (considera-se que o risco da falha é inerente ao serviço bancário, sobretudo quando oferecido por meio eletrônico) e ao fato de terceiro, cuja interpretação atual informa, igualmente, a consideração de que se trata de risco inerente à atividade, não afastando, por isso, a imputação da responsabilidade (Súmula 479 do STJ).[27]

Sobre a configuração do fortuito interno a incidir a referida Súmula, pondera-se que o fortuito interno não ocorre apenas através dos canais virtuais das instituições, mas também pela utilização de dados das operações de clientes, cuja guarda é de responsabilidade das instituições e seu vazamento evidencia a negligência com cuidados básicos e configura o fortuito interno, atraindo a incidência da Súmula 479 do STJ.[28]

> Nessa linha, também é o seguinte o precedente do TJRS, em sede de Reclamação em face de acórdão oriundo das Turmas Recursais, que analisou mais especificamente a ofensa à Súmula 479 do STJ ao se excluir – no acórdão reclamado – a responsabilidade da instituição financeira: Reclamação. Alienação fiduciária. *Alegação de afronta à súmula 479 do STJ. Fraude na quitação de financiamento. Caso concreto onde a decisão reclamada reconheceu que o consumidor foi vítima de fraude quando da quitação de financiamento de veículo, mas imputou a responsabilidade ao próprio consumidor por considerar que foi negligente ao não checar a veracidade do boleto, embora contivesse todas as informações relativas ao contrato. Nos termos da súmula 479 do STJ as instituições financeiras respondem objetivamente pelos danos gerados por fortuito interno relativo a fraudes e delitos praticados por terceiros no âmbito de operações bancárias. Cabe à instituição assegurar a segurança das operações, assim como a guarda das informações e dados concernentes aos consumidores e seus contratos como meio de evitar que terceiros tenham conhecimento das operações de seus clientes. Fraude evidentemente realizada por terceiro em posse dos dados contratados.* Reclamação julgada procedente. (Reclamação 70085350783, Câmara da Função Delegada dos Tribunais Superiores, Tribunal de Justiça do RS, Relator: Ney Wiedemann Neto, Julgado em: 07.12.2021). (Grifos nossos)

Mas a matéria não é pacífica na jurisprudência dos referidos tribunais, outros precedentes[29] reconhecem a existência de fortuito externo e aplicam a excludente

---

27. MIRAGEM, 2013, p. 296.
28. Fundamento utilizado nos seguintes acórdãos: TJRS, AC 50059221920218210008, Sexta Câmara Cível, Relator: Niwton Carpes da Silva, Julgado em: 29.09.2022; TJRS Reclamação 70085350783, Câmara da Função Delegada dos Tribunais Superiores, Relator: Ney Wiedemann Neto, Julgado em: 07.12.2021.
29. TJPR – 15ª Câmara Cível – 0003415-30.2021.8.16.0035 – São José dos Pinhais – Rel.: Desembargador Shiroshi Yendo – J. 12.11.2022; TJPR – 8ª Câmara Cível – 0069892-98.2021.8.16.0014 – Londrina – Rel.: Desembargador Marco Antonio Antoniassi – J. 24.10.2022; (TJPR – 8ª Câmara Cível – 0003581-80.2020.8.16.0105 – Loanda – Rel.: Desembargador Helio Henrique Lopes Fernandes Lima – J. 04.07.2022. TJRS, Apelação Cível 50367398720218210001, Décima Oitava Câmara Cível, Tribunal de Justiça do RS, Relator: Pedro Celso Dal Pra, Julgado em: 12.12.2022; Apelação Cível 50016033920208210009, Décima Nona Câmara Cível, Tribunal de Justiça do RS, Relator: Marco Antonio Angelo, Julgado em: 09.12.2022.

de culpa exclusiva da vítima. Ocorre que tal entendimento acaba por relativizar a Súmula 479 do STJ, pois transfere ao consumidor exclusivamente o ônus de evitar a fraude, sem atentar para a vulnerabilidade legal do consumidor (CDC, art. 4º, I), ampliada pelos meios digitais, gerando ao consumidor sensação de verdadeira impotência.

Outro questionamento que surge relacionado a fraudes em serviços financeiros é que o destinatário real dos créditos (fraudadores) necessita ter uma conta para receber os créditos (conta receptora). Sucede que em muitos casos descobre-se que as contas são laranjas ou intermediárias, criadas a partir de outra fraude, e, uma vez creditados, os valores são levantados. Donde a discussão sobre a responsabilidade dos bancos, que se tornam "hospedeiros" dessas contas laranjas.[30]

A virtualização das relações de consumo, em especial dos serviços financeiros, potencializa a vulnerabilidade e gera desconfiança. O reconhecimento legal da vulnerabilidade do consumidor (CDC, art. 4º, I) constitui óbice prático e jurídico de exigir do consumidor o ônus (dever) de evitar as fraudes e os golpes na *internet*.

4. FRAUDES E EXCLUSÃO SOCIAL

Se a exclusão social na atual sociedade digital ocorre pela não inclusão digital, também pode ocorrer pela ausência de proteção dos consumidores nos serviços financeiros digitais, que uma vez vítimas de fraudes e golpes podem ser induzidos ao endividamento excessivo (superendividamento). Em outras palavras, a proteção dos consumidores nessa seara serve também como instrumento para prevenir o endividamento excessivo.

A fraude é viabilizada pelo acesso aos dados do consumidor, que são da exclusiva responsabilidade das instituições financeiras; portanto, o vazamento de dados, mesmo por "acidente", implica na infração do dever de sigilo, dever anexo do Princípio da Boa Fe Objetivo.

A interpretação do microssistema, especialmente com a alteração do CDC com a Lei do Superendividamento a partir de 2021, requer a leitura inspirada no Diálogo das Fontes,[31] sobretudo no diálogo da complementaridade, com a aplicação coordenada de normas (Código de Proteção e Defesa do Consumidor e Código Civil, por exemplo) que se complementam na direção da maior proteção do consumidor.

---

30. Disponível em: https://exame.com/invest/minhas-financas/bc-quer-responsabilizar-bancos-por-fraudes-envolvendo-o-pix/. Acesso em: 18 jan. 2023.
31. MARQUES, 2012; JAYME, 2003.

O método do Diálogo das Fontes permite um maior espectro de processos de equacionamento passíveis de serem adotados no campo da interpretação jurídica e das práticas sociais.

Novos paradigmas foram introduzidos no CDC pela Lei 14.181/21 (Lei do Superendividamento), alguns deles trazendo regras para melhorar a lealdade e a boa-fé na concessão e na cobrança de dívidas, dentre as quais a facilitação do bloqueio, a realização da correção em caso de erro e a não cobrança em caso de utilização fraudulenta dos cartões de crédito, com introdução do direito ao "charge back" (Art. 54-G), que serve como prevenção ao superendividamento. A esse respeito, alerta Marques[32] que

> a lealdade no mercado de crédito exige instrumentos para rápida correção dos erros, combate às fraudes e possibilidades do consumidor pessoa natural identificar o uso indevido de seus dados para uma contratação, assim como corrigir esses erros e receber de volta os valores que lhe sejam eventualmente devidos. E, ainda que muitos superendividamentos derivam ou têm em sua origem fraudes ou mesmo erros e falhas de informação por parte do fornecedor e intermediários, assim, a Lei 14.181/21 estabelece um novo paradigma da correção de erros.

O crédito digital amplia os caminhos para o endividamento e agrava as situações de superendividamento, em virtude da vulnerabilidade do consumidor, seja em razão da relação contratual, seja em razão de oportunas fraudes.

Nessa perspectiva, é relevante a reflexão sobre os riscos do contrato e a inerente exclusão social, que constituem não um fantasma que ronda o mercado digital de crédito, mas sim uma concreta consequência para o consumidor. Afinal, a produção de insegurança alimenta o acirramento das vulnerabilidades.

Em processos de alta fragilidade e adversidade econômica e social, a situação do agravamento da vulnerabilidade está na razão direta de uma pré-relação de subordinação.[33]

Enfatizando mais do que o mínimo existencial[34] como categoria analítica, a dimensão da vulnerabilidade está presente na vida dos consumidores endividados.

As construções normativas que desmontam os direitos sociais fundamentais, como, por exemplo, a Lei de Liberdade Econômica, lei 13.874/2019, fragmentam os direitos conquistados com o Código de Proteção e Defesa do Consumidor.

As famílias endividadas precisam preservar o mínimo existencial na perspectiva da redução da exclusão social e das desigualdades.[35] A mercantilização da

---

32. MARQUES, 2022, p. 74.
33. ACSELRAD, 2015.
34. BERTONCELLO, 2015b.
35. Importante registrar que o superendividamento, fenômeno social complexo que inclui a inadimplência no Brasil está prioritariamente vinculado ao setor bancário, pois o consumidor nas compras parceladas

vida, especialmente pela via do crédito consignado, que resulta em endividamento, sobretudo no caso brasileiro, é uma característica essencial do próprio sistema econômico em que a contratação do crédito é parte, muitas vezes, inevitável da estratégia de consumo das famílias, como observa Cláudia Lima Marques:

> efetivamente, o endividamento é um fato inerente à vida em sociedade, ainda mais comum na atual sociedade de consumo. Para consumir produtos e serviços, essenciais ou não, os consumidores estão – quase todos – constantemente se endividando. A nossa economia de mercado seria, pois, por natureza, uma economia do endividamento. Consumo e crédito são duas faces de uma mesma moeda, vinculados que estão no sistema econômico e jurídico de países desenvolvidos e de países emergentes, como o Brasil.[36]

A manutenção sistêmica desse modelo econômico tem impactado em diferentes aspectos a vida social das famílias brasileiras. Um dos aspectos mais preocupantes é a servidão financeira provocada pela aquisição de dívidas mediadas por condições assimétricas, inegociáveis e draconianas de pagamento pelo crédito contratado. Assim, a remuneração pela concessão do empréstimo, por meio da adoção de juros que tornam o pagamento do empréstimo contratado impagável, produz sistemicamente, em larga escala, o fenômeno social que chamamos de superendividamento.[37]

A consequência desse processo é o impacto direto no mínimo existencial,[38] segundo Karen Bertoncello. O importante, a partir do conceito da autora, é compreender que o mínimo existencial, embora pressuponha conteúdos essenciais, por exemplo, a garantia da moradia, das despesas necessárias para a saúde, a educação, o lazer, o transporte e a alimentação (enfim, o feixe de direitos sociais fundamentais), não permite uma definição do *quantum a priori*, pois somente o caso concreto poderá revelar os limites para a garantia da vida digna.[39]

As famílias endividadas precisam preservar o mínimo existencial na perspectiva da redução da exclusão social e das desigualdades a que estão submetidas.

---

e o superendividado, para buscar saldar suas dívidas, quaisquer que sejam as suas origens no processo de endividamento (lojas de varejo, setores de *utilities* e outros), deverá trilhar um único caminho, ao longo do processo de superendividamento, na direção das instituições financeiras.

36. MARQUES, 2005, p. 1236.
37. "O superendividamento pode ser definido como a impossibilidade global do devedor-pessoa física, consumidor, leigo e de boa-fé, de pagar todas as suas dívidas atuais e futuras de consumo (excluídas as dívidas com o Fisco, as oriundas de delitos e as de alimentos)" (MARQUES, 2005).
38. "A complexidade na individualização do mínimo existencial e a adequação ao caso concreto advêm do próprio conceito de mínimo, como enfatiza Luiz Edson Fachin (2006, p. 218): 'o mínimo até pode ser a menor quantidade que preserva as características de algo'. E continua lecionando: 'O mínimo não é menos nem ínfimo. É um conceito apto à construção do razoável e do justo ao caso concreto, aberto, plural e poroso ao mundo contemporâneo'. E a metodização da busca do mínimo existencial do devedor-superendividado não é diversa, porque dependente da ponderação dos valores incidentes na relação creditícia pretérita" (BERTONCELLO, 2015b, p. 55).
39. Ver a Constituição brasileira de 1988, art. 3º, III; e a Declaração Universal dos Direitos do Homem de 1948, art.

5. PL 3.514/15 – RELEVÂNCIA NO ENFRENTAMENTO DAS FRAUDES

No nosso ordenamento jurídico, o Código de Defesa do Consumidor não contemplou diretamente o comércio eletrônico, até porque, quando do seu advento (1990), a *internet* ainda não era realidade no Brasil. Em 2010, foi designada pelo Presidente do Senado Federal, Senador José Sarney, uma comissão de juristas[40] para atualizar o CDC em matéria de comércio eletrônico, superendividamento e ação coletiva, cujo trabalho originou os PLS 281/12, PLS 283/12 e PLS 282/12, respectivamente.

O PLS 282/12 restou arquivado, mas os demais foram aprovados no Senado Federal e remetidos para a Câmara dos Deputados no ano de 2015, em que receberam a designação de PL 3515/15 (Superendividamento) e PL 3514/15 (Comércio Eletrônico). O primeiro resultou na Lei 14.181/21, que atualizou o CDC em matéria de prevenção e tratamento do Superendividamento. Continua em discussão na Câmara dos Deputados o segundo (PL 3.514/15). Se em 2010 já era uma necessidade disciplinar a matéria sobre proteção do consumidor, com o avanço da tecnologia digital e do comércio eletrônico, discipliná-la torna-se agora urgente.

O PL 3.514/2015 traz claramente seu objetivo em matéria de comércio eletrônico na proteção do consumidor, ou seja, "visa a fortalecer sua confiança e assegurar sua tutela efetiva, mediante a diminuição da assimetria de informações, a preservação da segurança nas transações e a proteção da autodeterminação e da privacidade dos dados pessoais (art. 45-A)".

Dentro desses objetivos, o PL 3.514/2015 atualiza o CDC para aprofundar direitos básicos do consumidor do art. 6º do CDC, incluindo em sua lista:

> [...] XI – a privacidade e a segurança das informações e dados pessoais prestados ou coletados, por qualquer meio, inclusive o eletrônico, assim como o acesso gratuito do consumidor a estes e a suas fontes; XII – a liberdade de escolha, em especial frente a novas tecnologias e redes de dados, vedada qualquer forma de discriminação e assédio de consumo.

Deve-se lembrar que "os direitos básicos também se aplicados como 'direitos objetivos', modal 'dever-ser', importam em deveres".[41] E, por isso, quando o fornecedor de crédito não observa esses direitos básicos do consumidor (deveres) comete ato ilícito, gerador do dever indenizatório (CDC, art. 14).

E, ainda, dentre os deveres do fornecedor que utiliza o meio eletrônico ou similar (art. 45-B) está o de: "VII – informar sobre vazamento de dados ou comprometimento, ainda que parcial, da segurança do sistema".

---

40. Membros da comissão de juristas: Antonio Hermann V. Benjamin, Claudia Lima Marques (relatora--geral), Ada Pellegrini Grinover, Leonardo Roscoe Bessa, Roberto Pfeiffer e Kazuo Watanabe.
41. MARQUES & MARTINS, 2022. p. 350.

Também, segundo o artigo 45-B, as informações devem estar disponibilizadas aos consumidores, em local de destaque e de fácil visualização nos sítios e demais meios eletrônicos, bem como as comunicações remetidas ao consumidor utilizadas para oferta ou conclusão de contrato de consumo, dentre as quais destacamos "(II) os endereços físico e eletrônico e demais informações necessárias para sua localização e contato".

Observa-se, de acordo com a análise dos casos-referência supracitados, pelo relato das vítimas de fraudes ou golpes, que pelo menos parte deles são perpetrados justamente pela falta de clareza ao consumidor dos meios de comunicação entre ele e o fornecedor de crédito ou vice-versa e pela insegurança desses meios, bem como pelo vazamento ou comprometimento de dados pessoais e das operações financeiras.

Assim, pode-se concluir que as normas de proteção ao consumidor a ser inseridas no CDC pelo PL 3514-15 acabam por fortalecer a confiança, contribuindo para dificultar a ação de fraudadores e golpistas, que se aproveitam da falta de segurança dos meios digitais e da vulnerabilidade digital dos consumidores para praticarem fraudes no mercado de crédito digital. Aliás, sobre crédito ao consumidor, é recomendação da OECD aos países membros, dentre os quais o Brasil, a proteção do consumidor contra fraudes e a identificação de erros.[42]

6. NOTAS FINAIS

Promover a inclusão digital do(a) consumidor(a) é garantir cidadania, com pleno gozo da vida na atual sociedade, mas, por outro lado, os riscos e perigos trazidos com as novas tecnologias digitais necessitam ser conhecidos e excluídos, proporcionando mais segurança às transações e às comunicações eletrônicas, com observância da proteção do consumidor *online*, proteção esta que é direito fundamental do cidadão (CF, art. 5º, XXXII).

A esse direito se soma outro direito fundamental, o direito de proteção de dados (CF, art. 5º LXXIX), recentemente erigido a esse *status* pela Emenda Constitucional 115, de 10.02.22. Os dados do consumidor estão protegidos em razão do Princípio da Boa Fé Objetiva, exigindo não só o crédito responsável como a consequente preservação do mínimo existencial inerente à vida digna.

A melhor doutrina (Claudia Lima Marques) considera o PL 3514, de 2015, um instrumento hermenêutico do Princípio da Boa Fé, portanto é importante reconhecer a norma com sua imediata aplicação em razão do Diálogo das Fontes.

---

42. Ver: https://www.oecd.org/finance/financial-education/Recommendation-FCP-Consumer_Credit. pdf, em que consta a Recomendação nos seguintes termos: "VII. RECOMMENDS that Adherents take appropriate measures to protect consumers' assets against fraud, misappropriation and other types of misuse." Acesso em: 26 mar. 2023.

A aprovação do PL 3514, de 2015, se já era necessária, agora é *urgente*, diante do avanço das novas tecnologias e, na mesma medida, infelizmente, do avanço das fraudes e golpes realizados pelos meios digitais, que afetam diretamente o mercado de crédito digital e os(as) consumidores(as) brasileiros(as), gerando insegurança jurídica e violando direitos fundamentais do(a) cidadão(ã), contribuindo também para o endividamento excessivo que gera exclusão social.

Não por outra razão que a aprovação do PL 3514/15 foi objeto de moção do Instituto Brasileiro de Política e Direito do Consumidor (Brasilcon) por ocasião do seu XVI Congresso Brasileiro de Direito do Consumidor,[43] que retrata a importância debitada a esse tema pela comunidade jurídica.

7. REFERÊNCIAS

ACSELRAD, Henri. Vulnerabilidade social, conflitos ambientais e regulação urbana. *O Social em Questão*. ano XVIII, n. 33, p. 57-68, Rio de Janeiro: PUC-Rio, Departamento de Serviço Social, 2015. Disponível em: http://osocialemquestao.ser.puc- rio.br/media/OSQ_33_1_Acserald. pdf. Acesso em: 24 maio 2020.

BEGHIN, Nathalie. *O Brasil sabe como debelar a fome, é só fazer!*. 2022. Disponível em: https:// ibase.br/2022/10/20/o-brasil-sabe-como-debelar-a-fome-e-so-fazer/opiniao/. Acesso em: 21 fev. 2023.

BERTONCELLO, Karen Rick Danilevicz. *Superendividamento do consumidor* – mínimo existencial – casos concretos. São Paulo: Ed. RT, 2015a.

BERTONCELLO, Karen Rick. *Identificando o mínimo existencial*: proposições de concreção em casos de superendividamento do consumidor. Porto Alegre, 2015. Tese (Doutorado) – UFRGS, Porto Alegre, 2015b.

BLYTH, Mark. *Austeridade*: a história de uma ideia perigosa. Trad. Freitas e Silva. São Paulo: Autonomia Literária, 2017.

BRASIL. Ministério da Justiça. Departamento de Proteção e Defesa do Consumidor. Prevenção e tratamento do superendividamento / elaboração de Claudia Lima Marques; Clarissa Costa Lima e Káren Bertoncello. Brasília: DPDC/SDE, 2010.

CAMARANO, Ana Amélia. Os dependentes da renda dos idosos e o coronavírus: órfãos ou novos pobres? *Nota Técnica*, IPEA – Instituto de Pesquisa Econômica Aplicada, DISOC: Diretoria de Estudos e Políticas Sociais, n. 81, p. 12, jul. 2020. Disponível em: https://www.ipea.gov.br/ portal/index.php?option=com_content&view=article&id=36188. Acesso em: 18 ago. 2022.

CAVALLAZZI, Rosangela Lunardelli. *O Plano da Plasticidade na Teoria Contratual*. Rio de Janeiro, 1993. Tese (Doutorado) – Universidade Federal do Rio de Janeiro, Rio de Janeiro, 1993.

CAVALLAZZI, Rosangela Lunardelli. *Projeto de Pesquisa Cientista do Nosso Estado*. Mínimo existencial, paisagem urbana e tecnologia na cidade standard. Rio de Janeiro: FAPERJ, 2022.

---

43. Moção votada pela assembleia do Instituto Brasileiro de Política e Direito do Consumidor (BRASIL-CON), no XVI Congresso Brasileiro de Direito do Consumidor, em São Paulo, entre os dias 2 e 4 de novembro de 2022. *Revista de Direito do Consumidor*, v. 145. São Paulo: Ed. RT, 2023. (E-book).

CAVALLAZZI, Rosangela Lunardelli; BERTOLDO, Flavio. Desafios da Cidade Standard. In: CAVALLAZZI, Rosangela Lunardelli; FAUTH, Gabriela. *Cidade standard e novas vulnerabilidades.* Rio de Janeiro: PROURB, 2018. v. 4.

CAVALLAZZI, Rosangela Lunardelli et al. In: SALES, Jonas (Org.); MARQUES, Claudia Lima; MARTINS, Fernando Rodrigues; MAGALHÃES, Guilherme; CAVALLAZZI, Rosangela Lunardelli (Coord.). *Direito do Consumidor Aplicado (recurso eletrônico):* Garantias de consumo. Indaiatuba, São Paulo: Foco, 2023. PUB ISBN 978-65-5515-648-5. (E-book). Disponível em: https://www.google.com.br/books/edition/Direito_do_consumidor_aplicado/_1ibEAAAQBAJ?hl=pt-BR&gbpv=1. Acesso em: 4 mar. 2023.

CAVALLAZZI, Rosangela Lunardelli, POMBO, Daniela Suarez, SILVA, Ivan Cavallazzi. A Paisagem Standard e a Parceria Público-Privada: o caso-referência da iluminação pública da cidade do Rio de Janeiro. *XXIX Congresso Nacional do Conpedi Balneário Camboriu-SC.* Florianópolis, CONPEDI. 2022. Disponível em: http://site.conpedi.org.br/publicações/906terzx/r75gh52m. Acesso em: 09 mar. 2023.

FACHIN, Luiz Edson. *Estatuto jurídico do patrimônio mínimo.* 2. ed. Rio de Janeiro: Renovar, 2006.

GRILLO, Sayonara; CAVALLAZZI, Rosangela Lunardelli. Políticas de Austeridade no Brasil contemporâneo: retrocessos laborais e consumeristas (2017-2019). *Revista de Direito do Consumidor,* ano 28, v. 126, p. 17-50. São Paulo: Ed. RT, nov./dez. 2019.

JAYME, Erick. Direito internacional privado e cultura pós-moderna. *Cadernos do PPGD/UFRGS 1,* n. 1, p. 59-68, mar. 2003.

LIMA, Clarissa Costa de. *O tratamento do superendividamento e o direito de recomeçar dos consumidores.* São Paulo: Ed. RT, 2014.

MAGRITTE, René. *Duas cartas de René Magritte a Michel Foucault.* Carta de 23 maio 1966. Disponível em: https://revistacaliban.net/duas-cartas-de-ren%C3%A9-magritte-a-michel-foucault-7e2d7c209e4e. Acesso em: 21 fev. 2023.

MARQUES, Claudia Lima. *Contratos no Código de Defesa do Consumidor:* o novo regime das relações contratuais. 5. ed. rev. atual. ampl. São Paulo: Ed. RT, 2005.

MARQUES, Claudia Lima. *Diálogo das Fontes:* do conflito à coordenação de normas do direito brasileiro. São Paulo: Revista dos Tribunais, 2012.

MARQUES, Claudia Lima. Apresentação. In: MARTINS, Guilherme Magalhães. *Responsabilidade Civil Por Acidente de Consumo na Internet.* 3. ed. rev. ampl. São Paulo: Thomson Reuters, 2020. p. 18.

MARQUES, Claudia Lima. Breve Introdução à Lei 14.181/2021 e a Nova Noção de Superendidamento do Consumidor. In: MARQUES, Claudia Lima et al. *Comentários à Lei 14.181/2021:* atualização do CDC em Matéria de Superendividamento. São Paulo: Ed. RT, 2022. p. 27-82.

MARQUES, Claudia Lima; HERMANN BENJAMIN, Antonio; LIMA, Clarissa Costa; VIAL, Sophia Martini. *Comentários à Lei 14.181/2021:* a atualização do CDC em matéria de Superendividamento. São Paulo: Ed. RT, 2022.

MARQUES, Claudia Lima; MARTINS, Fernando Rodrigues. Sociedade Digital de Crédito e Reponsabilidade Civil: Novos Direitos Básicos. *Consultor Jurídico,* fev. 2022. Disponível em: https://www.conjur.com.br/2022-fev-23/garantias-consumo-sociedade-digital-credito-responsabilidade-civil. Acesso em: 4 mar. 2023.

MARTINS, Guilherme Magalhães. *Responsabilidade Civil Por Acidente de Consumo na Internet.* 3. ed. rev. ampl. São Paulo: Thomson Reuters, 2020.

MIRAGEM, Bruno. *Direito Bancário*. São Paulo: Ed. RT, 2013.

MUCELIN, Guilherme. Metaverso e vulnerabilidade digital. *Direito do Consumidor Aplicado*: Garantias de Consumo. São Paulo: Foco, 2022.

OLIVEIRA, Murilo Carvalho Sampaio; CARELLI, Rodrigo de Lacerda; GRILLO, Sayonara. Conceito e crítica das plataformas digitais de trabalho. *Rev. Direito e Práxis*, v. 11, n. 4, p. 2609-2634, Rio de Janeiro, 2020.

REDE PENSSAN. *II Inquérito Nacional sobre Insegurança Alimentar no Contexto da Pandemia da COVID-19 no Brasil*. São Paulo: Fundação Friedrich Ebert; Rede PENSSAN, 2022.

NOVO *STATUS SUBJECTIONIS* E PRINCÍPIO DA ANTIDISCRIMINAÇÃO DIGITAL: UMA ABORDAGEM A PARTIR DO CONSTITUCIONALISMO DIGITAL E DA PROTEÇÃO DO CONSUMIDOR-CIDADÃO

Guilherme Magalhães Martins

Doutor e Mestre pela Universidade do Estado do Rio de Janeiro. Pós-doutor em Direito Comercial pela Faculdade de Direito da Universidade de São Paulo. Doutor e Mestre pela Universidade do Estado do Rio de Janeiro. Professor associado de Direito Civil da Universidade Federal do Rio de Janeiro. Professor do Programa de Pós-Graduação da Universidade Federal Fluminense. Segundo vice-presidente do BRASILCON. Procurador de Justiça-RJ. E-mail: gui_mart@terra.com.br.

Guilherme Mucelin

Pós-doutorando em Direito na Universidade Federal Fluminense (UFF). Doutor, com período na Universidade Nova de Lisboa, e Mestre em Direito pela Universidade Federal do Rio Grande do Sul (UFRGS). Especialista em Direito do Consumidor e Direitos Fundamentais pela UFRGS, em *Droit comparé et européen des contrats et de la consommation* pela Université de Savoie Mont-Blanc e em Direito do Consumidor pela Universidade de Coimbra. Diretor de e-commerce e plataformização das relações humanas do BRASILCON. Professor e advogado.

Sumário: Introdução – 1. Novo *status subjectionis* e o resgate do dever de proteção do estado no constitucionalismo digital multinível; 1.1 Verticalidade e vulnerabilidade digital: um novo *status subjectionis;* 1.2 Constitucionalismo digital multinível e o reforço do dever de proteção do Estado – 2. Princípio da antidiscriminação digital: igualdade e otimização da proteção do consumidor-cidadão digital; 2.1 Igualdade e discriminação digital: diversidade e diferença na era da plataformização; 2.2 Princípio da antidiscriminação digital e a sua otimização com a aprovação do PL 3514/15 – Considerações finais – Referências.

INTRODUÇÃO

A busca pela justificação do exercício do poder, a fim de encontrar-lhe fonte de legitimação e formas de limitação, é tão anciã quanto a natureza social da humanidade. Poder é sinônimo de alguma espécie de sujeição, de desequilíbrio levado a cabo por ação ou omissão, cujo caráter – se bom ou mau, de acordo com os valores regentes de uma sociedade historicamente situada – variará conforme a percepção daqueles que a ele se submetem e aos fatores sociais relevantes em determinado domínio. O Direito, historicamente, é marcado justamente pela luta de equilíbrio de forças, na medida em que estabelece regras que restringem formas de poder: do soberano, do Estado, do mercado.

Atualmente, a temática tem ganhado novos relevos. Os rápidos desenvolvimento e espraiamento da internet, das tecnologias de informação e comunicação e da Inteligência Artificial (IA), bem como a aposição de uma lógica incontroversamente mercadológica na rede, desvinculando-se de seu prospecto libertário originário, se constituiu em um paradoxo político e jurídico persistente até os dias de hoje. De um lado, surgiu a questão de como proteger os usuários e seus direitos fundamentais *online* enquanto se promove o progresso e, de outro, devido ao regime privado de coordenação das tecnologias por agentes econômicos em um contexto transnacional, como impor-lhes, em relações tipicamente privatísticas, valores constitucionais que são tradicionalmente elaborados para as relações Estado-indivíduo.[1]

Reascende-se, deste modo, o debate acerca de qual objetivo deve ser perseguido por aqueles que gerenciam a dimensão digital em nível global, para que não apenas se promova a inovação, mas especialmente que garanta que os ditames da iniciativa privada não substitua preceitos democrático-constitucionais[2] e a própria noção de interesse público, dado que a governança digital representa um complexo (des)equilíbrio regido por *Big Techs* que atuam como legisladores, árbitros e juízes digitais de interações sociais, da atividade econômica e de processos políticos[3] – um novo *status subjectionis*, um estado passivo em que a autodeterminação do sujeit(ad)o é restringida e sua esfera de liberdade diminuída, oportunizando práticas escusas que dão suporte à base da governabilidade dos ambientes digitais.

Dentre tais práticas, interessa-nos neste estudo a discriminação digital, especialmente a algorítmica, do consumidor-cidadão.[4] Considerando que o tratamento de dados pessoais, perfilização e a utilização da IA tornaram-se atividades não

---

1. PADOVANI, Claudia; SANTANIELLO, Mauro. Digital constitutionalism – Fundamental rights and power limitation in the Internet eco-system. *International Communication Gazette*, v. 0, n. 0, p. 1-7, 2018.

2. DE GREGORIO, Giovanni. The Transnational Dimension of Data Protection: Comparative Perspectives from Digital Constitutionalism. *The Italian Review of International and Comparative Law*, v. 1, p. 337, 2021.

3. GURUMURTHY, Anita; CHAMI, Nandini. Towards a Global Digital Constitutionalism: A Radical New Agenda for UN75. *Society for International Development*, v. 64, p. 34. 2021.

4. Prefere-se consumidor-cidadão porque, na sociedade digital, como afirmam Micklitz et al., as diferenças entre consumidores, trabalhadores e cidadãos é erodida: "[o]s dados que existem sobre nós, como consumidores, podem ser usados para tomar decisões (automatizadas) que nos afetam em diferentes áreas de nossa vida, incluindo política e trabalho", de modo que se extrapola o consumo, já que " dados relacionados ao consumo são (...) combinados de maneiras sem precedentes para serem usados também fora do âmbito comercial, para influenciar eleições, selecionar funcionários, e decidir sobre seguros e benefícios sociais". (HELBERGER, N.; SAX, M.; STRYCHARZ, J.; MICKLITZ, H.-W. Choice Architectures in the Digital Economy: Towards a New Understanding of Digital Vulnerability. *Journal of Consumer Policy*, p. 24, nov. 2021).

acessórias, mas constitutivas de modelos de negócios digitais que incrementam a condução social e individual e o acesso a oportunidades de vida, surge o seguinte questionamento: existe o princípio da antidiscriminação digital e, se sim, quais os seus contornos jurídicos?

Para respondermos à indagação, com o emprego do método dedutivo, o capítulo estrutura-se em dois tópicos, cada um subdividido em dois itens. No primeiro tópico, será analisado o que identificamos como (1.1) o novo *status subjectionis* do consumidor, um contexto contemporâneo permissível de práticas discriminatórias, e (1.2) a emergência da reação do Direito para compor forças no mercado de consumo digitalizado, embasada nos elementos teóricos do constitucionalismo digital. O tópico subsequente abordará o princípio da antidiscriminação digital, a partir da (2.1) análise da igualdade e da discriminação nas dinâmicas *online* e (2.2) a sua configuração multifacetada e dialógica, cuja efetividade depende do reforço ao direito fundamental de proteção ao consumidor, sobretudo com a aprovação do Projeto de Lei 3514/15. Vejamos.

1. NOVO *STATUS SUBJECTIONIS* E O RESGATE DO DEVER DE PROTEÇÃO DO ESTADO NO CONSTITUCIONALISMO DIGITAL MULTINÍVEL

Tem-se presenciado, nos últimos anos, uma crescente transformação no modo como a tecnologia é utilizada na sociedade, o que tem gerado impactos significativos na vida das pessoas. Em especial, o fenômeno da plataformização das relações humanas e o desenvolvimento e o uso da Inteligência Artificial traz à tona reflexões, traduzidas em desafios, sobre como o Direito deve responder e lidar com questões decorrentes da inserção da nova dimensão – a digital – na realidade social, dimensão esta controlada e gerenciada do início ao fim por agentes econômicos, o que lhes outorga poderes (formas de verticalidade nas relações entre plataformas e ecossistemas e indivíduos) que transbordam os limites da iniciativa privada e sua função social.

Neste contexto, ganha importância o constitucionalismo digital, que procura dar respostas jurídicas adequadas e articuladas em diferentes níveis para a governança da internet, como será analisado adiante.

1.1 Verticalidade e vulnerabilidade digital: um novo *status subjectionis*

O paradigma da modernidade do Direito, centrado no Estado e na sua relação de poder vertical com o cidadão, tem perdido forças, apesar de não ter sofrido abalos em termos de inegável importância e de necessidade para a condução de um povo em um dado território. Porém, é de se atentar, como constata Jayme, que, na pós-modernidade, com as tecnologias digitais e com a globalização, deslocam-se os centros de poder de entes estatais para os mercados, o que oportuniza a criação de um "vazio legal" que deixa em aberto a questão da proteção do indivíduo, cuja vulnerabilidade, por isso, é aumentada.[5]

Este é o novo paradigma, de matriz liberal e global, que, a seu turno, tem como núcleo o próprio mercado – apesar de ser um paradigma acêntrico, com macro-nós que determinam uma geometria variável e dinâmica –, onde os agentes econômicos transnacionais, especialmente aqueles comandantes da dimensão digital, são protagonistas e competem com os poderes públicos, inclusive na normatividade jurídica e na composição do Direito Privado,[6] por permissão deste e por escolhas políticas.

É, pois, o mercado contemporâneo digital, não mais somente o Estado, que se caracteriza pela dominação e conformação da sociedade por intermédio de inúmeras estratégias, novas e velhas, dentre as quais se destacam, de um lado, as práticas que se utilizam de Big Data, algoritmos e IA,[7] e, de outro, a liberdade da iniciativa privada em estabelecer estipulações contratuais sem que se observe fielmente os ditames de sua função social em um ambiente de celebração da liberdade econômica.

A origem disto pode ser encontrada desde a segunda metade do século passado, quando a internet e as tecnologias de informação e de comunicação deixam de ser restritas aos círculos militares e acadêmicos para serem compreendidas como um meio de oferecimento de produtos e serviços e de estabelecimento de relações sociais pretensamente de forma descentralizada e democrática, sem a intromissão do Estado,[8] traduzindo-se, inicialmente, na concepção de não intervenção regulatória nestes domínios.[9] Somam-se a isto a novidade própria da rede e a opacidade do meio digital, as quais contribuíram para que a lógica "*laisser-faire numérique*" fosse facilmente incorporada sem o escrutínio eficaz do Legislativo.

Não é surpresa, portanto, que a promessa da internet livre e plural tenha sido subtraída e substituída por intermediários de ponta a ponta como condição para

---

5. JAYME, Erik. O Direito Internacional Privado do Novo Milênio: A Proteção da Pessoa Humana Face à Globalização. *Revista Cadernos do Programa de Pós-Graduação em Direito/UFRGS*, v. 1, n. 1, p. 134. 2003.

6. PADUA, Felipe Bizinoto Soares de. Uma revisão necessária da eficácia dos direitos fundamentais nas relações privadas: o constitucionalismo digital e a jurisdição constitucional. *Revista de Direito e as Novas Tecnologias*, v. 14, n. 1, p. 110-129, jan.-mar. 2022. (p. 5 e 6 da versão *online*).

7. MARTINS, Fernando; MAGALHÃES, Simone; MARQUES, Claudia Lima. Manifestação do Brasilcon no Tema 1085, Recursos Especiais 1.863.973/SP 1.877.113/SP e 1.872.441/SP. *Revista de Direito do Consumidor*, v. 140, p. 417-443, São Paulo, mar./abr. 2022.

8. MARTINS, Guilherme Magalhães. *Contratos eletrônicos de consumo*. 3. ed. São Paulo: Atlas, 2016. p. 25-26.

9. BARLOW, John Perry. *A Declaration of the Independence of Cyberspace*. Davos, 08 fev. 1996. Disponível em: https://www.eff.org/pt-br/cyberspace-independence. Acesso em: 11 fev. 2023.

a conexão *online* que, na ausência de parâmetros condizentes com o interesse público, cindiu-se em espaços privados, regulados privadamente de acordo com interesses comerciais em detrimento do interesse dos consumidores. Em rigor, as relações entre usuários de serviços digitais e seus fornecedores, as plataformas, são categorizadas como de consumo, cujo contrato (de adesão) se dá na forma de termos e condições de uso e congêneres, os quais determinam, unilateralmente, a governança dos ambientes *online* e a automatização de práticas por vezes abusivas ou mesmo ilícitas.[10]

Em outros termos, a rede das redes transformou-se na rede das plataformas[11] e os contratos (de longa duração, oportunizando a extração de mais dados pessoais) se configuram como "constituições" que, concomitantemente, legitimam e justificam os poderes de tais aplicações de internet sem que haja freios e contrapesos ou mesmo salvaguardas adequadas aos usuários. Este fenômeno pode ser adequadamente apreendido como uma maneira de "contratualização" da Constituição, não mais só da lei, caracterizando a atual matiz do "contrato social".

De fato, estes contratos são "documentos constitucionais" na governabilidade do cotidiano, porque são os instrumentos que regulam a forma como os espaços (digitais) são compartilhados, constituídos e administrados – o que aloca poderes relevantes aos operadores das plataformas e dos ecossistemas das *Big Techs* que transbordam poderes meramente econômicos, pois passam a influir na estruturação social e em diversos sistemas e subsistemas, dentre eles o do Direito. Em contrapartida, se autoproclamam como meros intermediários neutros, que apenas fornecem um espaço para relações/transações e a tecnologia que o estrutura – porém, isto se aproveita de um fetichismo tecnológico socialmente embutido, cujo objetivo parece ser buscar evitar implicações em termos de responsabilidades, seja na forma como seus consumidores se comportam, seja como seus sistemas são projetados e implantados.[12]

É consequência também da essencialidade (catividade digital, em termos contratuais pós-modernos) dos serviços prestados pelas plataformas-fornecedoras para a plena vivência no século XXI. De igual modo é reflexo da confusão entre a noção de autonomia privada e liberdade econômica com a noção de autoridade e de poder sem justificação política e democrática, e entre o cruzamento de valores públicos e privados para fins de vigilância, majorando o

---

10. SAAVEDRA, Giovani Agostini; BORGES, Gabriel Oliveira de Aguiar. Constitucionalismo Digital Brasileiro. *Revista da AJURIS*, Porto Alegre, v. 49, n. 152, . p. 162-163, jun. 2022.

11. COHEN, Julie E. *Between truth and power*: The Legal Constructions of Informational Capitalism. Oxford: Oxford University Press, 2019. p. 41.

12. SUZOR, Nicolas. Digital Constitutionalism: Using the Rule of Law to Evaluate the Legitimacy of Governance by Platforms. *Social Media + Society*, v. 4, Issue 3, July-September 2018. Disponível em: https://journals.sagepub.com/doi/epub/10.1177/2056305118787812. Acesso em: 02 mar. 2023.

potencial de dominação das plataformas sobre as pessoas.[13] O resultado desta conjuntura é a privatização da interpretação, da proteção e da promoção de direitos e liberdades fundamentais.[14]

As tecnologias e os serviços digitais não só permitem a troca e a transmissão de informação com maior rapidez e eficiência, senão também autorizam o bloqueio ou limitação de tal transmissão, a supressão de conteúdos, o monitoramento do conteúdo da mensagem transmitida e o registro de outras informações a respeito dos interlocutores da comunicação, tenha ela conteúdo econômico ou não. Nestes casos, a liberdade de expressão, os direitos à informação e à associação, confidencialidade, proteção de dados pessoais, igualdade pelo prisma da não discriminação, proteção do consumidor, privacidade e respeito à vida privada – cada qual articulado de maneira particular em cada ordem jurídica – são alguns dos direitos fundamentais ameaçados.[15]

Esta é uma das várias nuanças da verticalidade digital. A tutela contra a verticalidade, ensinam Marques e Martins, adveio originalmente justamente para restringir o monopólio da força dos Estados no que tange às agressões às liberdades públicas, às vidas e aos bens, o que desencadeou o imperativo das constituições iluministas como "sistemas de limites" às atuações estatais. Atualmente, como referido, o poder estatal está ora alinhado, ora concorrente a um poder paralelo que atua sobre as pessoas às vezes de maneira mais efetiva. Mesmo que estas ponderações sejam correspondentes ao âmbito privado, demonstram uma simetria de consequências e efeitos outrora observados: obediência, coação, sanção e exclusão.[16]

Hoje, em vez de autoridades públicas democraticamente investidas para a consecução do interesse coletivo na governança em prol de uma sociedade justa, livre e igualitária, são as plataformas que definem o grau de obediência, a coação/manipulação velada por comandos algorítmicos, a sanção em caso de descumprimento de cláusula contratual ou "regras de convivência" sem que se garanta um devido processo (informacional), bem como a exclusão de todo um amplo complexo de oportunidades. Em síntese, subvertem os valores máximos constitucionais ao manejarem a extensão e mesmo a substância dos direitos fundamentais e sociais, como se observa nos casos de moderação de conteúdo

---

13. TAYLOR, Linnet. Public Actors Without Public Values: Legitimacy, Domination and the Regulation of the Technology Sector. *Philosophy & Technology*, v. 34, p. 897-922, 2021.

14. DE GREGORIO, Giovanni. *Digital Constitucionalism in Europe*. Reframing Rights and Powers in the Algorithmic Society. Cambridge: Cambridge University Press, 2022. p. 18-19.

15. CELESTE, Edoardo. Digital constitutionalism: a new systematic theorisation. *International Review of Law, Computers & Technology*, v. 33, n. 1, p. 4, 2019.

16. MARQUES, Claudia Lima; MARTINS, Fernando Rodrigues. *Verticalidade digital e direitos transversais*: positivismo inclusivo na promoção dos vulneráveis. (no prelo).

em confronto com a liberdade de expressão, o que pode ser delineado perante a institucionalização de "tribunais privados" como o *Oversight Board* do Facebook.

Não são, frise-se, meros atores econômicos que participam das dinâmicas ditadas segundo as regras do mercado oferecendo produtos e serviços comuns; consubstanciam-se, outrossim, em agentes de transformação social que ditam elas próprias as regras dos mercados que organizam e oferecem produtos e serviços de caráter existencial e de importância social e coletiva, autorregulando-se sem balizas jurídicas específicas ou, caso existam, com difícil aplicação e fiscalização por conta de segredos comerciais e industriais e da falta de transparência, seja espontânea ou propositalmente criada.

A "Constituição das Plataformas", inserida em códigos de *software* e em termos e condições de uso, semelhantes à Constituição do espaço dos lugares, cria ordens "a-legais" que substituem, derrogam ou incrementam o direito positivo como fonte primária de regulação comportamental por meio de perfis e dados pessoais, determinando ao consumidor acessos ou exclusões em contextos públicos (eleições, benefícios previdenciários, justiça) e privados (mercado de consumo, trabalho e emprego) – sem, contudo, a sujeição aos padrões procedimentais e formais legitimadores de elaboração de regras que existem em democracias constitucionais.[17] Aumenta-se, assim, a possibilidade de que suas atuações sejam ilegítimas, ilícitas ou abusivas por não contarem com formas de supervisão, participação ou debate pluralístico.

Os contratos, assim, deixaram de ter como aspecto central na sociedade de consumo digital a mera prestação de serviços ou a aquisição de produtos de maneira pontual, revelando, mais uma vez, que o acessório – o funcionamento e a modalidade pela qual produtos e serviços são ofertados e fornecidos, o tratamento de dados pessoais, a perfilização etc. – se transforma em um poder de fazer "constituições" e regulamentos privados que, legitimados pela economia e reconhecidos pelo Direito, acabam por desequilibrar ainda mais a sociedade, dividindo-a entre aqueles que detêm posição negocial privilegiada, impositiva de condições, e os que a elas se submetem com pouca ou nenhuma possibilidade real de discordância – os consumidores.[18]

Isto traduz-se em vulnerabilidade. Seu conceito já é bem conhecido: situação, possibilidade ou *status* daquele que tem uma fraqueza/característica suscetível de ser explorada, de confronto excessivo no mercado e que, por isso, perde ou nunca teve a possibilidade de se defender, tornando-se mais propenso a sofrer

---

17. DIVER, Laurence. Digisprudence: the design of legitimate code. *Law, Innovation & Technology*, v. 13, n. 2, *forthcoming*. p. 5.
18. MARQUES, Claudia Lima. *Contratos no Código de Defesa do Consumidor*. São Paulo: Ed. RT, 2016. p.73.

danos, necessitando, logo, de proteção.[19] No cenário da plataformização, uma nova espécie complexa de vulnerabilidade, que aglutina as tradicionalmente conhecidas e agrega outras novas, toma forma e é especialmente importante neste estudo – a digital.

Conforme Micklitz et al., a vulnerabilidade digital denota "um estado universal de indefesa e suscetibilidade à exploração de desequilíbrios de poder que são resultado da crescente automação do comércio, relações consumidor-fornecedor baseadas em dados e da própria arquitetura dos mercados digitais",[20] descrevendo a capacidade de atores comerciais afetarem decisões, oportunidades e comportamentos por meio de arquiteturas, processamentos de dados e perfilização, dependência, uso de padrões obscuros (*dark patterns*) e extrema valorização temporal do vínculo contratual – tudo de forma bastante intolerável, porém não passível de impedimento pelo consumidor.[21]

É, sem dúvidas, uma novel situação de *status subjectionis*,[22] uma "nova condição de sujeição digital do consumidor, decorrente da customização absoluta no mercado, sempre em busca da construção de perfis de consumo",[23] possibilitada ao serem definidas as "regras do jogo" por meio de uma série de códigos e contratos conexos e complexos entre diferentes atores privados, às vezes em parcerias com os públicos,[24] executados por algoritmos e IA de modo onisciente (pois tudo sabe)

---

19. MARQUES, Claudia Lima; MIRAGEM, Bruno. O *novo direito privado e a proteção dos vulneráveis*. 2. ed. São Paulo: Ed. RT, 2014.
20. MICKLITZ, Hans-W.; LYNSKEY, Orla; HELBERGER, Natali; ROTT, Peter; SAX, Marijn; STRYCHARZ, Joanna. EU Consumer Protection 2.0: Structural asymmetries in digital consumer markets. *The European Consumer Organization*, p. 7. mar. 2021.
21. Uma análise no direito brasileiro mais aprofundada pode ser encontrada em: MARQUES, Claudia Lima; MUCELIN, Guilherme. Vulnerabilidade na era digital: um estudo sobre os fatores de vulnerabilidade da pessoa natural nas plataformas, a partir da dogmática do Direito do Consumidor. *civilistica.com*, v. 11, n. 3, p. 1-30, 25 dez. 2022.
22. Termo cunhado por Georg Jellink, o *status subjectionis* refere que a submissão do indivíduo perante o Estado forma a base da eficácia governamental, de modo que se encontra em um estado passivo, de submissão, onde autodeterminação e a personalidade são excluídas. No original: "Durch die der Basis aller staatlichen Wirksamkeit zugrunde bildende Unterwerfung unter den Staat befindet sich der Einzelne in einem passiven Status, im Status der Subjektion, in dem die Selbstbestimmung und daher die Persönlichkeit ausgeschlossen ist". (JELLINEK, Georg. *System der subjektiven öffentlichen Rechte*. Freiburg: Akademische Verlagsbuchhandlung von J.C.B. Mühe – Paul Siebeck, 1892. p. 81).
23. LIMBERGER, Têmis; HORN, Luiz Fernando Del Rio. Sociedade de consumo de plena conectividade: o novo padrão de vulnerabilidade complexa do consumidor a partir dos tecnodados. *Revista de Direito do Consumidor*, v. 30, n. 135, p. 3, São Paulo, maio/jun. 2021.
24. O que é relevante, pelas lentes da vulnerabilidade, é saber, no tema, como a dimensão digital, a inteligência artificial, perfis afetam os sujeitos das decisões automatizadas e a sociedade, ao invés de perquirir se riscos e danos nasceram na sua relação com o Estado ou com atores privados: "*The drawing of a distinction between the relationships individuals have with each other and with the institutions for the purpose of assessing the impact of AI decision-making processes is undesirable*". (KRUPIY, Tetyana. A vulnerability analysis: Theorising the impact of artificial intelligence decision-making processes on individuals, society and human diversity from a social justice perspective. *Computer Law and Security Review*, v. 38, p. 1-25, set. 2020. [105429]. DOI: https://doi.org/10.1016/j.clsr.2020.105429. p. 9).

e onipresente (pois em tudo está), já que quaisquer tipos de comunicação (para fins de transação econômica ou outras, *online* e, em certo grau, as *offline* também) passarão pelas plataformas e serão utilizados como dados para incrementar a atividade econômica e o seu próprio poder.

Daí que é necessário encontrar formas de contenção e legitimação destes poderes, especialmente com apreciação dos valores constitucionais tidos como fundantes e dos direitos fundamentais e sociais – o que tem encontrado eco na vertente teórica do constitucionalismo digital, a seguir examinado.

1.2 Constitucionalismo digital multinível e o reforço do dever de proteção do Estado

Classicamente, Constituições têm um papel de definição de regras e processos vitais de uma comunidade política que delimitam o poder do Estado e definem os direitos fundamentais, entre outros programas. Outra característica é a sua função de empoderamento e proteção, no sentido de estabelecer instituições que permitem a coordenação, a ação coletiva e participação direta ou indireta dos cidadãos na condução da vida social e nas decisões consideradas como relevantes para a consecução dos objetivos fundamentais de uma nação, notadamente, no caso brasileiro, a construção de uma sociedade livre, justa e igualitária, com a promoção do bem de todos e da erradicação de preconceitos e quaisquer formas de discriminação.

Teubner se questiona a respeito de como a teoria constitucional – e, adicionamos, sua confluência no direito privado – vai responder aos desafios atuais impostos pela digitalização, privatização e globalização para a problemática inclusão/exclusão que medeia todos os sistemas sociais[25] (inclusive analógicos ou simbióticos[26]), em que inexoravelmente se encontra o problema da discriminação digital. Para o autor, haveria um processo de constitucionalização em nível mundial que prescinde do Estado, uma espécie de constitucionalismo societal, onde a tecnologia integra-se na estruturação da sociedade e das relações entre os sujeitos.

---

25. TEUBNER, Günther. Societal Constitutionalism: Alternatives to State-Centered Constitutional Theory? In: JOERGES, Christian; SAND, Inge-Johanne; TEUBNER, Gunther (Ed.). *Constitutionalism and transnational governance*. Oxford Press, 2004. p. 4.

26. "Identificamos o consumo simbiótico pelas interrelações entre os agentes econômicos –consumidores e fornecedores –e entre eles e os objetos circundantes que captam a 'realidade' e a transformam em atributos virtuais na forma de dados. Em outros termos, é a interação constante entre o digital e o analógico, do consumidor pessoa natural com o consumidor-perfil-titular de dados, de serviços/produtos inteligentes e dos modos ominichannelde contratação" (MARQUES, Claudia Lima; MUCELIN, Guilherme. Novo mercado de consumo 'simbiótico' e a necessidade de proteção de dados dos consumidores. In: SARLET, Gabrielle Bezerra Sales; TRINDADE, Manoel Gustavo Neubarth; MELGARÉ, Plínio. *Proteção de dados*: temas controvertidos. Indaiatuba: Foco, 2021. p. 67-94, p. 72).

O constitucionalismo digital surge, então, para adequar os valores fundacionais do constitucionalismo contemporâneo (democracia, proteção dos direitos humanos, dignidade da pessoa humana, *rule of law* etc.) ao *online* e pretende intensificar o empoderamento e a proteção do sujeito na sociedade da informação. A diferença está na sua releitura: esses valores são diferentemente redefinidos nos meios digitais, a entender este momento constitucional como uma ideologia – conjunto de valores e ideais – que tem como objetivo garantir a existência de parâmetros legais para a promoção de direitos fundamentais e para o equilíbrio de poderes nas atividades conectadas à rede ou que, de alguma maneira, sejam a ela interligadas.

Neste cenário, o constitucionalismo digital "impõe a necessidade de gerar contramedidas normativas às alterações do equilíbrio constitucional produzidas pelo advento da tecnologia digital e, ao mesmo tempo, fornece os ideais, valores e princípios que orientam tais contramedidas".[27] Trata-se de um conceito guarda-chuva, o qual abrange variadas iniciativas jurídicas e políticas, estatais e não estatais, cujo ponto de confluência é, entretanto, a asseveração dos direitos fundamentais na internet, normas de governança e limitação de poderes. Ou seja, é "uma corrente teórica do Direito Constitucional contemporâneo que se organiza a partir de prescrições normativas comuns de reconhecimento, afirmação e proteção de direitos fundamentais no ciberespaço".[28]

Não se postula, desta maneira, a formação de uma nova constituição, até porque, pela natureza transnacional das atividades das plataformas, para tanto lhe faltaria as principais condições de legitimidade que dão suporte a um constituinte central que, na ordem da globalização, poderia facilmente descambar em novas formas de colonialismo, especialmente ao hemisfério sul. Se compreende, de outro modo, a característica substantiva da constituição como categorizadora: "o reconhecimento dos direitos e liberdades fundamentais, e um arranjo institucional que permite a ação coletiva e limita o exercício do poder", isto é, iniciativas neste campo "são intervenções políticas para o estabelecimento de direitos, princípios de governança e limitações de poder".[29]

Constitucionalização é um *processo* (sempre em andamento e aperfeiçoamento) de produção de normas jurídicas e sociais (ainda não institucionalizadas). Seus valores compartilhados têm como objetivo assegurar a proteção da pessoa

---

27. CELESTE, Edoardo. Digital constitutionalism: a new systematic theorisation. *International Review of Law, Computers & Technology*, v. 33, n. 1, p. 7 e 13, 2019.
28. MENDES, Gilmar Ferreira; FERNANDES, Victor Oliveira. Constitucionalismo digital e jurisdição constitucional: uma agenda de pesquisa para o caso brasileiro. *Revista Brasileira de Direito*, v. 16, n. 1, p. 4 e 5, Passo Fundo, jan./abr. 2020.
29. PADOVANI, Claudia; SANTANIELLO, Mauro. Digital constitutionalism – Fundamental rights and power limitation in the Internet eco-system. *International Communication Gazette*, v. 0, n. 0, p. 3, 2018.

humana e a sua centralidade na transformação digital a partir de um reequilíbrio de poderes ou diminuição de assimetrias, tendo por base a noção de que a dimensão digital não é um bem comum, tampouco um domínio completamente doméstico, mas sim um conjunto misto de recursos digitais[30] em que interesses – privados e coletivos/públicos – devem se harmonizar – aliás, desde a década de 1990, o Código de Defesa do Consumidor tem esta noção como princípio.[31]

Este processo relativo ao ambiente digital não é restrito às fronteiras dos Estados, senão global e multinível. A razão é bastante simples: companhias de tecnologia que desenvolvem a fornecem serviços digitais não têm atuação apenas em um dado território, mas na maioria dos países do mundo, o que lhes empresta uma natureza global no que tange a suas atividades e aos impactos nos indivíduos de modo geral. Disto se extrai que é pouco produtivo ou eficaz refletir sobre a constitucionalização digital ligada *somente* à criação jurígena estatalmente confinada, sendo necessário avaliar contramedidas em diferentes níveis e diversificados *stakeholders* para que o pluralismo de pensamentos, ideias, normas, culturas *etc.* seja, de fato, preservado e promovido.

Enfatize-se que a internet é o meio que comporta – tecnicamente e idealmente – esta pluralidade de manifestações, pois suas capacidades, se bem utilizadas, caracterizam-se pela natureza participatória das infraestruturas digitais no estilo "*many-to-many*", atributo este que permeia, inclusive, modelos de negócios disruptivos na rede. Conforme apontam Gurumurthy e Chami, desde o início do século a abordagem *multi-stakeholder* foi tida como apropriada para a governança democrática da internet, considerando-se os papeis e as responsabilidades de governos, do setor privado e da sociedade civil para endereçar questões tanto técnicas quanto de políticas públicas relativas ao tema[32] – o que não obteve, como regra, sucesso.

Em decorrência disto, levando-se em conta a ausência de mecanismos consensuais e vinculativos para a governança digital, a criação de normas progressivamente transmutou para espaços afeitos ao mercado, como a OCDE, o Fórum

---

30. GURUMURTHY, Anita; CHAMI, Nandini. Towards a Global Digital Constitutionalism: A Radical New Agenda for UN75. *Society for International Development*, v. 64, p. 29-38. p. 35-36. 2021.

31. CDC. Art. 4º A Política Nacional das Relações de Consumo tem por objetivo o atendimento das necessidades dos consumidores, o respeito à sua dignidade, saúde e segurança, a proteção de seus interesses econômicos, a melhoria da sua qualidade de vida, bem como a transparência e harmonia das relações de consumo, atendidos os seguintes princípios: (...) III – harmonização dos interesses dos participantes das relações de consumo e compatibilização da proteção do consumidor com a necessidade de desenvolvimento econômico e tecnológico, de modo a viabilizar os princípios nos quais se funda a ordem econômica (art. 170, da Constituição Federal), sempre com base na boa-fé e equilíbrio nas relações entre consumidores e fornecedores.

32. GURUMURTHY, Anita; CHAMI, Nandini. Towards a Global Digital Constitutionalism: A Radical New Agenda for UN75. *Society for International Development*, v. 64, p. 29-38. p. 30-31. 2021.

Econômico Mundial e as próprias companhias de tecnologia,[33] cujos interesses se transformam em "constituições *de fato*", as quais contam com pouca limitação dada a ausência de regulação de Direito Privado e de direito contratual em específico, inclusive em termos de acordos de entendimento em nível global.

Isso não significa que não tenha havido e que não haja tentativas de melhorias neste âmbito. Nos últimos anos, Estados, blocos, organizações internacionais, entidades privadas e a sociedade civil têm envidado esforços para restaurar o equilíbrio de tom constitucional nos espaços digitais ao (tentar) consagrar conjuntos abrangentes – por vezes díspares – de direitos fundamentais, que vão desde leis formais e declarações oficiais a cartas abertas.[34] Percebe-se, portanto, que o constitucionalismo digital comporta uma atuação global multinível, que pode ser esquematizada não exaustivamente da seguinte maneira:

(a) *Nível internacional*: existe uma série de documentos de órgãos de alcance internacional que postulam direitos, deveres e cooperação na estruturação da dimensão digital. Para fins de exemplo, destaque-se a iniciativa da Organização das Nações Unidas (ONU) para a criação do *Global Digital Compact*, originada da Declaração sobre a comemoração do 75º aniversário das Nações Unidas, que pretende unir governos, o setor privado e a sociedade civil para esboçar princípios compartilhados para um futuro digital aberto, livre e seguro, prestando-se também para promover a regulamentação da IA em alinhamento com os valores globais compartilhados.[35]

(b) *Nível regional*: da mesma forma, propostas de cunho semelhante são empreendidas em nível regional, como se pode observar na União Europeia. Como exemplos, citem-se o Digital Markets Act, que regula o poder dos Gatekeepers e pretende assegurar o respeito pelos direitos fundamentais *online*;[36] o Digital Services Act, apto a promover o comportamento responsável por parte de provedores de internet, "permitindo que os cidadãos da União e outras pessoas exerçam seus direitos fundamentais garantidos na Carta dos Direitos Fundamentais da União Europeia",[37] bem como a Proposta de Regulamento do Artificial Intelligence Act,

---

33. GURUMURTHY, Anita; CHAMI, Nandini. Towards a Global Digital Constitutionalism: A Radical New Agenda for UN75. *Society for International Development*, v. 64, p. 29-38. p. 32. 2021.
34. MENDES, Gilmar Ferreira; FERNANDES, Victor Oliveira. Constitucionalismo digital e jurisdição constitucional: uma agenda de pesquisa para o caso brasileiro. *Revista Brasileira de Direito*, v. 16, n. 1, p. 7, Passo Fundo, jan./abr. 2020.
35. ONU. *Global Digital Compact*: Background Note. Jan. 2023. Disponível em: https://bit.ly/3KTxsq7. Acesso em: 4 mar. 2023.
36. COMISSÃO EUROPEIA. *Proposta de Regulamento do Parlamento Europeu e do Conselho relativo à disputabilidade e equidade dos mercados no setor digital (Regulamento Mercados Digitais)*. Bruxelas, 15 dez. 2020.
37. COMISSÃO EUROPEIA. *Proposta de Regulamento do Parlamento Europeu e do Conselho relativo a um mercado único de serviços digitais (Regulamento Serviços Digitais) e que altera a Diretiva 2000/31/ CE*. Bruxelas, 15 dez. 2020.

que demonstra o comprometimento da UE para "garantir que os europeus possam se beneficiar das novas tecnologias desenvolvidas e funcionando de acordo com os valores, direitos fundamentais e princípios da União".[38]

(c) *Nível nacional*: é possível identificar uma série de medidas desenvolvidas em nível doméstico que pretendem constitucionalizar o ambiente digital, mesmo que por intermédio de normas infraconstitucionais. Elas objetivam integrar ou modificar textos de lei ou mesmo de Constituições, portanto inserindo valores considerados pela ordem jurídica como fundamentais à dimensão digital à luz de valores correspondentes a arquétipos constitucionais, servindo, mesmo leis e demais atos normativos, como blocos de construção intelectual neste processo de constitucionalização digital. No Brasil é exemplo a Emenda Constitucional 115 de 2022, que inclui entre os direitos fundamentais a proteção de dados pessoais, bem como o Marco Civil da Internet, considerado por Mendes e Fernandes como uma evidência do crescente fenômeno do constitucionalismo digital, pois tem uma natureza pré ou proto-constitucional, abarcando valores como a liberdade de expressão, privacidade e preservação da natureza participativa da rede.[39] Também cabe ressaltar neste nível o papel das Cortes Constitucionais no julgamento de casos que servem de baliza para outros e para a interpretação futura de normas correlatas, como o caso do IBGE.[40] Isso se dá por conta da velocidade com que os avanços tecnológicos se desenvolvem e das consequentes mudanças no cenário social, alcançando certa inadequação legislativa no que tange ao ambiente digital, o que amplifica o papel criativo e substitutivo dos tribunais.[41]

(d) *Nível societal e dos atores comerciais*: entidades civis têm um papel relevante no que toca ao constitucionalismo digital. Também se percebe diversas iniciativas neste campo, como propostas e cartas que clamam pela preservação e promoção dos direitos fundamentais *online* e pela sua valiosa participação em importantes questões levadas ao Poder Judiciário. No Brasil, podemos destacar

---

38. COMISSÃO EUROPEIA. *Proposta de Regulamento do Parlamento Europeu e do Conselho que estabelece regras harmonizadas em matéria de inteligência artificial (Regulamento Inteligência Artificial) e altera determinados atos legislativos da União*. COM(2021) 206 final. Bruxelas, 21 abr. 2021.
39. MENDES, Gilmar Ferreira; FERNANDES, Victor Oliveira. Constitucionalismo digital e jurisdição constitucional: uma agenda de pesquisa para o caso brasileiro. *Revista Brasileira de Direito*, v. 16, n. 1, p. 8, Passo Fundo, jan./abr. 2020.
40. Veja: BIONI, Bruno; ZANATTA, Rafael A.; RIELLI, Mariana. Caso: IBGE vs. CFOAB e outros (ADIs 6.387, 6.388, 6.389, 6.390 e 6.393) (Parecer). *Revista de Direito Civil Contemporâneo*, v. 26, p. 363-391, São Paulo, jan./mar. 2021; MENDES, Laura Schertel Ferreira; FONSECA, Gabriel Campos Soares da. STF reconhece direito fundamental à proteção de dados. Comentários sobre o referendo da Medida Cautelar nas ADIs 6287, 6388, 6389, 6390 e 6393. *Revista de Direito do Consumidor*, v. 29, n. 130, p. 471-478, São Paulo, jul./ago. 2020.
41. MENDES, Gilmar Ferreira; FERNANDES, Victor Oliveira. Constitucionalismo digital e jurisdição constitucional: uma agenda de pesquisa para o caso brasileiro. *Revista Brasileira de Direito*, v. 16, n. 1, p. 11, Passo Fundo, jan./abr. 2020.

o Instituto Brasileiro de Política e Direito do Consumidor (Brasilcon) e o Data Privacy Brasil,[42] dentre outros. Por fim, no que tange aos atores comerciais, já foi afirmado que seus termos e condições de uso são "documentos constitucionais", os quais poderiam servir não como dominação e sujeição, mas voluntariamente como relevantes instrumentos de inserção de valores constitucionais e de realização de direitos fundamentais, harmonizando-se com o objetivo de lucro.

Mas a vinculação de atores privados aos direitos fundamentais, de maneira espontânea, ainda está por ser vista. Apesar de o constitucionalismo digital ser um fenômeno global e representar por si uma busca de proteção multinível de direitos fundamentais, muitas destas tentativas fogem do âmbito estatal e, dada ausência regulatória e predisposição para tanto, ainda se encontra maior respaldo quando o Legislativo atua no sentido de incorporar algumas das aclamações protetórias à ordem jurídica interna mediante edição novas leis, em uma intersecção entre Constituição e Direito Privado de conteúdo jusfundamental. Logo, mesmo que atenuado nos últimos anos, o dever de proteção do Estado deve ser resgatado na sua integralidade, especialmente quando em xeque valores, liberdades e direitos fundamentais, como a igualdade.

2. PRINCÍPIO DA ANTIDISCRIMINAÇÃO DIGITAL: IGUALDADE E OTIMIZAÇÃO DA PROTEÇÃO DO CONSUMIDOR-CIDADÃO DIGITAL

Discriminação não é um termo de origem jurídica. Advém da linguagem comum e tem como conceito, em princípio, uma conotação neutra, de diferenciação, separação, distinção, rotulação ou individualização.[43] O uso da língua a torna viva, e as palavras, com o tempo, adquirem outros significados: ao longo do século XX, ao termo foi adicionado um sentido pejorativo, remetendo-se à depreciação, ao tratamento desigual ou a uma desvantagem injustamente imposta por conta de

---

42. DATA PRIVACY BRASIL. *Contribuições do Data Privacy Brasil ao Projeto de Lei 21, de 04 de fevereiro de 2020.* Disponível em: https://www.dataprivacybr.org/wp-content/uploads/2021/09/dpbr_notatecnica_pl21.pdf. Acesso em: 12 fev. 2023.

43. Roger Raupp Rios conceitua a discriminação como "qualquer distinção, exclusão, restrição ou preferência que tenha o propósito ou o efeito de anular ou prejudicar o reconhecimento, gozo ou exercício em pé de igualdade de direitos humanos e liberdades fundamentais nos campos econômico, social, cultural ou em qualquer campo da vida pública". RIOS, Roger Raupp. *Direito da antidiscriminação;* discriminação direta, indireta e ações afirmativas. Porto Alegre: Livraria do Advogado, 2008 . p. 20. Para o mesmo autor, "o elemento distintivo entre a discriminação direta (*disparate treatment*) e a discriminação indireta (*disparate impact*)é a intencionalidade. Enquanto a discriminação direta atua mediante o *estabelecimento de uma diferenciação com o propósito de prejudicar,* a discriminação indireta produz tal prejuízo por meio de práticas, requerimentos ou medidas neutras e não intencionais diante dos aludidos critérios constitucionais proibitivos de discriminação. RIOS, Roger Raupp. *Direito da antidiscriminação,* op. cit., p. 89.

alguma característica ou situação socialmente localizada como desqualificadora ou desabonadora.[44]

Com o incremento da dimensão digital, privatizada por excelência e opaca por tecnicalidade, novas e velhas práticas discriminatórias se aglutinam e dificultam ou mesmo barram que titulares de dados pessoais, em especial os consumidores, acessem produtos e serviços e, em um espectro macro, oportunidades de vida, considerando que os dados do consumidor se fundem aos de outros papéis sociais exercidos pela mesma pessoa, com efeitos primários na sua esfera jurídica. Daí a importância de se analisar a existência de um princípio antidiscriminatório em atenção ao *online*, em particular na confluência dialógica entre microssistemas que tutelam e protegem os indivíduos e suas representações digitais, como se passa a verificar.

2.1 Igualdade e discriminação digital: diversidade e diferença na era da plataformização

Buscar a igualdade nada mais é que valorizar e promover as diferenças que dão cores e formas distintas e plurais ao mundo. Cores e formas que, por vezes, foram e são pré-concebidas pela sociedade ou por setores sociais como inferiores ou como não merecedoras de dignidade, o que encontrou historicamente certo respaldo no Direito Privado, como se percebe pela herança de seus antigos dogmas (liberdade contratual, autonomia da vontade, consensualismo, força obrigatória e a relatividade dos efeitos do vínculo,[45] para citar alguns) na contemporaneidade, mesmo que relativizados em certas situações e contextos especificados.

Igualdade não se trata de enxergar o outro *exatamente* como igual, mas de vê-lo *essencialmente* como igual. Esse contraste é crucial. A essência de que falamos – a humanidade de si refletida nos demais – permite que se encontrem diferenças existenciais para tratá-las de forma correspondente, protegendo-as nas hipóteses em que outros exerçam algum tipo de poder que as tornem suscetível de exploração: a igualdade só encontra razão de ser na sua substancialidade (que pressupõe, necessariamente, a diferença).

Para Jayme, quando analisa o direito internacional privado pós-moderno, o direito à diferença surge em um contexto da civilização que sinaliza uma transformação radical na percepção da humanidade. Em contraste com a legalidade e

---

44. SILVA, Jorge Cesa Ferreira da. *Antidiscriminação e contrato*: a integração entre proteção e autonomia. São Paulo: Ed. Ed. RT, 2020. RB-1.2.
45. SILVA, Joseane Suzart Lopes da. A proteção do consumidor e as "crises contratuais": em busca da imprescindível efetividade das normas contidas na Lei 8.078/90. In: SILVA, Joseane Suzart Lopes da; TEIXEIRA, Rafael Carneiro d'Ávila; SOUZA, Bruno Moitinho Andrade de. *Crises contratuais de consumo*. Salvador: Paginae, 2016. p. 19-171. p. 30.

a igualdade perante a lei, não observa o autor contradições, senão um reforço ao tratamento diferenciado a quem é diferente.[46] É o que discutem Marques e Miragem: "no pluralismo (de agentes, de sujeitos de direito, de fontes, de vínculos e de métodos de proteção) do direito privado atual, a tendência atual e de futuro é identificar a diferença e respeitá-la (sejam crianças, adolescente, idosos, pessoas portadoras de necessidades especiais, consumidores)", ou seja, "identificar os grupos em que há uma "unidade diferencial" coletiva e mantê-la sem suprimi-la, sem querer transformar a diferença em "igualdade" ou "normalidade"".[47]

A igualdade é gênero do qual a antidiscriminação é espécie, pois serve "como meio de prevenção e repressão a diferenciações que tenham propósitos e/ou efeitos socialmente intoleráveis. Eis o verdadeiro campo operativo da tutela antidiscriminatória".[48] Isso traduz-se como combate à discriminação injusta, sendo o paradigma adequado a proteção, pois "(...) a igualdade no Direito Privado será atingida pela proteção especial ou qualificada" em relação às diferenças, a promover paridade de tratamento e de chances (*égalité de traitement, égalité des chances*).[49]

No Direito brasileiro, é possível observar, em diversas normas, este compromisso sociojurídico. A Constituição Federal no preâmbulo já destaca como valor supremo a igualdade e, no seu art. 5º, como direito fundamental, firmando-se, inclusive, no inciso XLI, que "a lei punirá qualquer discriminação atentatória dos direitos e liberdades fundamentais". O art. 3º, da CF, dá o tom programático, determinando como objetivo fundamental da República a promoção do bem de todos, sem preconceitos de origem, raça, cor, sexo, idade e *quaisquer* outras formas de discriminação.[50] Subjacente a este programa constitucional estão as ações efetivas, entendidas de modo amplo, para alcançar o fundamento básico de todo o ordenamento jurídico – a dignidade da pessoa humana –, afastando-se, em função disso, "as práticas discriminatórias arbitrárias, absurdas e injustas, fundadas em perseguições e favoritismos",[51] onde se amolda a discriminação digital.

---

46. JAYME, Erik. Identité culturelle et intégration: le droit international privé postmoderne: cours général de droit international privé. *Recueil des cours*: collected courses of The Hague Academy of International Law. v. 251. p. 9-268. The Hague: Kluwer Law International, 1995. p. 251 e 252.

47. MARQUES, Claudia Lima; MIRAGEM, Bruno. *O novo direito privado e a proteção dos vulneráveis*. 2. ed. São Paulo: Ed. RT, 2014.

48. JUNQUEIRA, Thiago. *Tratamento de Dados Pessoais e Discriminação Algorítmica nos Seguros*. São Paulo: Ed. RT, 2020. p. RB-1.5.

49. MARQUES, Claudia Lima; MIRAGEM, Bruno. *O novo direito privado e a proteção dos vulneráveis*. 2. ed. São Paulo: Ed. RT, 2014. (Capítulo 2, versão *online*).

50. Constituição Federal. Art. 3º Constituem objetivos fundamentais da República Federativa do Brasil: I – construir uma sociedade livre, justa e solidária; II – garantir o desenvolvimento nacional; III – erradicar a pobreza e a marginalização e reduzir as desigualdades sociais e regionais; IV – promover o bem de todos, sem preconceitos de origem, raça, sexo, cor, idade e quaisquer outras formas de discriminação.

51. CARLOS, Vera Lúcia; MELO, Orlando de. Discriminação no direito moderno. *Revista de Direito do Trabalho*, v. 101, p. 135-150, São Paulo, jan./mar. 2001. (versão *online*).

Quanto ao alcance, cabe esclarecer a escolha dos termos. Embora tratemos com maior ênfase a discriminação algorítmica, preferimos destacar a "discriminação digital" por compreendermos que esta se refere à amplitude das formas pelas quais a discriminação pode ocorrer e que estão no centro do debate nas regulações e políticas públicas que envolvem tecnologia. Contempla, deste modo, especialmente dois aspectos:

(i) *Discriminação tecnológica*: resultante do *digital divide*,[52] uma forma de exclusão social que ocorre em função da iliteracia digital, quando uma pessoa ou grupo é incapaz de acessar ou utilizar tecnologias digitais por falta de habilidades técnicas, como ocorre normalmente com idosos ou analfabetos, ou quando há falta de recursos financeiros e/ou acesso precário/inexistente à infraestrutura adequada de tecnologia, intensificando-se ainda quando o acesso a determinado serviço ou produto se dá exclusivamente por meios digitais.[53] Trata-se de promover, através do combate à discriminação tecnológica, o princípio da neutralidade, consagrado no artigo 9º do Marco Civil da Internet, no sentido de que se trata de uma rede *fim a fim,* onde "os pacotes de dados, iniciados num ponto da borda da rede e destinados a outro ponto, não devem sofrer nenhuma interferência indevida.[54]

(ii) *Discriminação algorítmica*: resulta de uma diversidade de cenários[55] – englobam aqueles que envolvem afirmações sobre os titulares de dados que são

---

52. O conceito da expressão evoluiu desde a sua popularização na década de 1990: "A definição mais comum é a seguinte: uma divisão entre as pessoas que têm acesso e utilizam as mídias digitais e aquelas que não têm. O termo "acesso" foi enfatizado nos primeiros anos do discurso, embora mais tarde a palavra "uso" tenha sido destacada" (trad. livre), portanto envolve, além de suportes materiais e de conexão à internet, também – ou principalmente a depender se a primeira barreira é transposta – na literacia digital (saber utilizar hardwares, softwares e aplicações). Van Djik, nesse sentido, afirma que o termo se trata de uma metáfora inadequada, porque dá, ao problema, o foco em questões mais afeitas aos softwares, hardwares e na aptidão de utilizá-los, em vez de, propriamente, ser caracterizado como um problema social. (VAN DJIK, Jan. *The digital divide*. Cambridge: Polity, 2019. p. 16;22).

53. Veja, nesse sentido, a questão do acesso ao auxílio emergencial no período pandêmico: GONZALEZ, Lauro; ARAUJO, Marcelo. *Efeitos da exclusão digital no acesso ao auxílio emergencial*. FGV, 2021. Disponível em: https://bit.ly/3mUMfXG. Acesso em: 12 fev. 2023.

54. GETSCHCKO, Demi. As origens do Marco Civil da Internet. In: LEITE, George Salomão; LEMOS, Ronaldo(Coord.) *Marco Civil da Internet*. São Paulo: Atlas, 2014. p. 13. WU, Tim. Network Neutrality, Broadband Discrimination. *Journal of Telecommunications and High Technology Law*, v. 2, p. 141, 2003. De acordo com o princípio da neutralidade, "os operadores de acesso à rede não podem tratar de forma discriminatória os dados que trafegam em suas estruturas, não importando seu conteúdo, origem ou destino. A ideia é simples: impedir a criação de um poder central capaz de colocar em risco a autonomia do usuário na escolha do que será acessado e de ameaçar a oferta de serviços e aplicativos em igualdade de condições". FORGIONI, Paula; MIURA, Maira Yuriko. O princípio da neutralidade e o Marco Civil da Internet no Brasil. In: DE LUCCA, Newton; SIMÃO FILHO, Adalberto; LIMA, Cíntia Rosa Pereira de (Coord.) *Direito & Internet*. São Paulo: Quartier Latin, 2015. v. III: Marco Civil da Internet, t. II, p. 113.

55. MENDES, Laura Schertel; MATTIUZZO, Marcela; FUJIMOTO, Mônica Tiemy. A LGPD e o princípio da não discriminação. *Revista de Direito do Consumidor*, v. 138, p. 175-199, São Paulo, nov./dez. 2021. p. 2, versão *online*.

estatisticamente inconsistentes, decorrentes de alguma etapa do tratamento e processamento de dados, da conformação de *datasets* ou da formação de modelos computacionais; os cenários que envolvem afirmações estatisticamente consistentes, porém não refletem com acurácia a realidade observável em relação a determinado titular de dados; os cenários em que, embora estatisticamente consistentes e confiáveis, as informações decorrentes do processamento são utilizadas, intencionalmente ou não, de maneira a prejudicar ou colocar em desvantagem pessoa ou grupo em função de determinada característica ou atributo, cujo resultado prático é a restrição indevida ou o barramento injustificável de acesso a serviços, oportunidades e direitos.

Em realidade, a discriminação algorítmica pode surgir desde a concepção do modelo algorítmico, passando pela destinação dada aos dados inferidos para fins de decisão automatizada e culminando no próprio resultado da decisão. Por exemplo, a base de dados pode não ser representativa de todos os setores da sociedade e podem, por isso, "aprender" a discriminar a partir de discriminações historicamente determinadas (com fundamento na raça, no gênero e na orientação sexual, por exemplo); na fase de programação e treinamento do modelo poderá haver critérios discriminatórios, em decorrência da falta de diversidade no setor da tecnologia (prevalência de homens, héteros, brancos, cis, com boa renda) ou da falta de correção da intensificação de preconceitos preexistentes refletidos nos dados (vieses); ou mesmo na fase de aplicação de um perfil, quando utilizado para decidir automatizadamente algo sobre o titular de dados em que um dado pessoal pode servir de parâmetro para a medição da rentabilidade do estabelecimento de relações de consumo no comércio eletrônico, como a discriminação geográfica[56] e precificatória.[57]

Quanto aos tipos, Mendes *et al.* sistematizaram quatro espécies de discriminação por algoritmos: por erro estatístico; pelo uso de dados sensíveis; por generalização injusta e por limitação do exercício de direitos.

A primeira se refere a todo e qualquer erro que seja efetivamente de estatística, abrangendo questões problemáticas na coleta de dados até o próprio código do algoritmo, dando causa a falhas na contabilização global dos dados disponíveis ou à incorreção em tal tarefa; a segunda trata da utilização de informações sensíveis, seja pela própria natureza sensível de um ou mais dados pessoais, seja pela inferência de atributos legalmente protegidos a partir de dados aparentemente neutros

---

56. Veja uma análise sobre o tema: Mucelin, Guilherme; Bergstein, Laís; Martini, Sandra Regina. Precificação discriminatória no novo paradigma tecnológico do mercado de consumo: a tutela do consumidor e a defesa da concorrência contra práticas abusivas com o uso de dados pessoais. *Revista de Direito Mackenzie*, v. 14, n. 3, p. 1-20, 2020.

57. TOMMASI, Sara. Algoritmi e nuove forme di discriminazione: uno sguardo al diritto europeo. *Revista de Direito Brasileira*, v. 27, n. 10, p. 120, Florianópolis, SC, set./dez. 2020.

(*proxies*); a terceira diz respeito a situações em que indivíduos são erroneamente classificados e tratados como pertencentes a certos grupos sem que, de fato, o sejam; a última, a seu turno, advém da relação entre o emprego de uma informação e a realização de um direito: "se há uma conexão estrita entre ambos e se o direito em questão é demasiadamente afetado, provável que o uso seja discriminatório".[58]

Quanto ao modo, a tendência da regulação da IA no Brasil é de incorporar as definições da Convenção Interamericana contra o Racismo internalizada pelo Decreto 10.932/2022[59] (com *status* de Emenda Constitucional) no que tange à discriminação direta e indireta. A primeira é qualquer forma de distinção, exclusão, restrição ou preferência, seja na esfera pública ou privada, que tenha como objetivo ou efeito negar ou limitar o reconhecimento, usufruto ou exercício em condições igualitárias de um ou mais direitos ou liberdades previstas no ordenamento jurídico, cuja base sejam características pessoais como origem geográfica, raça, cor ou etnia, gênero, orientação sexual, classe socioeconômica, idade, deficiência, religião ou opiniões políticas.

Já a indireta ocorre quando uma normativa, prática ou critério aparentemente neutro tem o potencial de prejudicar ou acarretar desvantagens a um grupo específico ou seus componentes, a menos que encontrem respaldo em objetivo ou justificativa razoável e legítima à luz da igualdade e dos direitos fundamentais.[60] Denota, portanto, um catálogo aberto de situações em que o efeito prático é a discriminação – o que é louvável do ponto de vista das capacidades tecnológicas de encontrarem parâmetros que coloquem, injustamente, pessoas em desvantagem. Contudo, devido à opacidade e aspectos operacionais, a discriminação indireta destinada exclusivamente a "grupos específicos" pode ser ineficaz.

Wachter, acrescendo uma camada de complexidade, elucida bem a questão quando divide os "grupos algorítmicos" em dois: grupos não protegidos de acordo com critérios definidos legalmente, mas compreensíveis por seres humanos e que, embora não representem *prima facie* um aspecto discriminatório, poderão vir a ser ou resultar dependendo do contexto (ex. donos de cachorro, adolescentes tristes, *vídeo gamers*, pais solteiros, viciados em jogos, pobres, obesos); e grupos não compreensíveis por seres humanos, definidos a partir de características inin-

---

58. MENDES, Laura Schertel; MATTIUZZO, Marcela; FUJIMOTO, Mônica Tiemy. A LGPD e o princípio da não discriminação. *Revista de Direito do Consumidor*, v. 138, p. 175-199, São Paulo, nov./dez. 2021. p. 3, versão *online*.

59. BRASIL. *Decreto 10.932, de 10 de janeiro de 2022*. Promulga a Convenção Interamericana contra o Racismo, a Discriminação Racial e Formas Correlatas de Intolerância, firmado pela República Federativa do Brasil, na Guatemala, em 5 de junho de 2013. Disponível em: https://www.planalto.gov.br/ccivil_03/_Ato2019-2022/2022/Decreto/D10932.htm. Acesso em: 10 mar. 2023.

60. BRASIL. Senado Federal. Comissão de Juristas responsável por subsidiar elaboração de substitutivo sobre inteligência artificial no Brasil. *Relatório final*. Disponível em: https://legis.senado.leg.br/comissoes/mnas?codcol=2504&tp=4. Acesso em: 10 mar. 2023.

teligíveis ou conhecidos somente pelos sistemas de IA utilizados (ex. movimento do *mouse* em *websites*, histórico de navegação, *pixels* de fotos e outros sinais eletrônicos)[61] que são usados para fins de tratamento diferenciado. Em ambos os casos, o efeito será a dificuldade da percepção do aspecto discriminatório a ser combatido/corrigido/eliminado e a perpetuação de desigualdade caso não haja ferramental jurídico atualizado para tanto.

O que torna, afinal, estes grupos *específicos* a ponto de desengatilhar a norma? E, mais: quando esta especificidade (característica ou atributo compartilhado) torna-se uma questão de discriminação injusta? Não é todo e qualquer tratamento desigual, mesmo que arbitrário, que ensejará discriminação juridicamente relevante. Segundo Junqueira, o fator distintivo, especialmente nas relações entre privados, é a proteção dada a esse fator pelo ordenamento ou, na sua falta, um juízo segundo a boa-fé objetiva, os fins econômicos ou sociais e os bons costumes, dada a significância social do fator utilizado,[62] o que enseja uma outra divisão, relativa à configuração jurídica da discriminação.

Quanto à configuração jurídica, a Lei Geral de Proteção de Dados elenca dois tipos de discriminação no seu art. 6º, IX, embora não as conceitue explicitamente: ilícita e abusiva. No que tange à primeira, a ilicitude provém de vedações expressas a tratamentos discriminatórios sem que seja possível relativizações, independendo de ponderações acerca de correção, relevância ou confiabilidade de estatística ou de sistemas de IA. Trata-se de situações em que, tendo em vista o histórico social, alguns grupos são negativamente mais afetados que outros, sendo esta a razão para que o legislador já tenha conferido proteção especial, a exemplo do racismo, procedência nacional ou religião.

Porque existem no Direito normas materiais que se prestam à proibição de condutas discriminatórias em determinados setores (homofobia, p. ex.), a LGPD foi cirúrgica ao conectar "o elemento material que constitui o crime em si com o dado que leva à prática preconceituosa", de modo que "a lei impede que o dado seja processado para aquela finalidade antes mesmo que o tratamento diferenciado ocorra".[63] São hipóteses temáticas mais especificadas e expressas no ordenamento, notadamente correspondentes à definição de dados pessoais sensíveis ou a eles equiparados devido ao contexto[64] – origem racial ou étnica, convicção religiosa, opinião política, filiação a

---

61. WACHTER, Sandra. *The theory of artificial immutability: protecting algorithmic groups under anti-discrimination law*. Disponível em: https://arxiv.org/pdf/2205.01166. Acesso em: 13 mar. 2023.

62. JUNQUEIRA, Thiago. *Tratamento de Dados Pessoais e Discriminação Algorítmica nos Seguros*. São Paulo: Ed. RT, 2020. p. RB-1.5.

63. MENDES, Laura Schertel; MATTIUZZO, Marcela; FUJIMOTO, Mônica Tiemy. A LGPD e o princípio da não discriminação. *Revista de Direito do Consumidor*, v. 138, p. 175-199, São Paulo, nov./dez. 2021. p. 5, versão *online*.

64. Neste sentido, Doneda: "Em verdade, é necessário ter em conta que a diferenciação conceitual dos dados sensíveis atende a uma necessidade de estabelecer uma área na qual a probabilidade de utilização

sindicato ou a organização de caráter religioso, filosófico ou político, dado referente à saúde ou à vida sexual, dado genético ou biométrico (art. 5º, II, LGPD).

A discriminação abusiva, a seu turno, é um conceito elástico e não depende de uma hipótese legal expressa, mas de alguns critérios que poderão firmar ou não a abusividade de uma prática tecnológica que diferencie consumidores-titulares de dados pessoais. Em outros termos, esta configuração jurídica da discriminação não é trivial e demanda uma análise criteriosa para saber se um tratamento de dados, em princípio lícito, deixa de sê-lo. Bruno Miragem, em um estudo sobre as práticas abusivas no mercado de consumo segundo o CDC,[65] elenca elementos que podem ser úteis nesta avaliação a partir de sua adaptação, os quais devem ser aliados aos mandamentos da LGPD.

O primeiro é anormalidade e excesso no exercício da liberdade negocial dos operadores de plataformas e ecossistemas digitais, isto é, identifica-se uma atuação que não segue o curso razoavelmente expectável ou que se pudesse presumir em razão da natureza da atividade ou da prestação do serviço, bem como das características usuais do mercado onde inserido; o segundo diz respeito ao alcance coletivo das práticas abusivas; outro critério é a violação do dever de lealdade, colaboração e respeito às expectativas legítimas que decorrem da boa-fé objetiva, no sentido de aproveitamento da posição e do poder dos fornecedores-plataformas para fins de exploração comercial de vulnerabilidades.

Estes são aspectos gerais que auxiliam na visualização panorâmica de eventual abusividade; todavia, no que tange à proteção de dados, também se buscam concomitantemente critérios específicos, que podem ser encontrados nos princípios da LGPD. Correlacionando-se com os tipos de discriminação acima destacados, é possível estabelecer como conduta abusiva o tratamento de dados que resultem em tratamento diferenciado e desvantajoso por erro estatístico ou de código computacional, intencional ou não, conforme uma interpretação expansiva do princípio da qualidade (art. 6º, V, LGPD), que prega como garantia do titular a exatidão, clareza, relevância e atualização, pois dados inferidos relacionados a uma pessoa identificada ou identificável não perde a qualidade de dado pessoal.

Outro caso se dará no uso de dados pessoais sensíveis quando a natureza informacional do dado não for expressamente enquadrada como discriminação

---

discriminatória da informação é potencialmente maior – sem deixarmos de reconhecer que há situações nas quais a discriminação pode advir sem que sejam utilizados dados sensíveis, ou então que a utilização destes dados se preste a fins legítimos e lícitos". (DONEDA, Danilo. *Da privacidade à proteção de dados pessoais*. São Paulo: Ed. RT, 2021. RB-2.3).

65. MIRAGEM, Bruno. O ilícito e o abusivo: propostas para uma interpretação sistemática das práticas abusivas nos 25 anos do Código de Defesa do Consumidor. In: MIRAGEM, Bruno; MARQUES, Claudia Lima; OLIVEIRA, Amanda Flávio de (Coord.). *25 anos do Código de Defesa do Consumidor*: trajetória e perspectivas. São Paulo: Ed. RT, 2016. [e-book]

ilícita. Aqui, além dos critérios gerais, em especial deve-se ter em conta o princípio da finalidade, da adequação e da necessidade (art. 6º, I, II e III, LGPD) como elementos norteadores do enquadramento da abusividade em diferenciações inaceitáveis do ponto de vista social e jurídico (sobretudo dos valores constitucionais e dos direitos fundamentais e das normas materiais correlacionadas, incluindo abrangentemente a noção de preconceito). Já a discriminação por generalização injusta tem como base a ausência de causalidade entre *inputs* e *outputs* relativos a um indivíduo em concreto, pois não se consideram as suas características singulares para fins de determinação de decisões algorítmicas, bastando a suficiência de uma provável correlação.[66] Daqui novamente se fazem importantes as balizas dos princípios da qualidade e da finalidade, bem como a possibilidade de o tratamento resultar em limitação do exercício de direitos.[67]

Obviamente, novas circunstâncias que não as destacadas ocorrerão. É preciso, nesse sentido, ter em mente que situações diferenciadas poderão surgir no futuro e que é necessário manter a presunção de discriminação abusiva em caso de violação dos princípios da LGPD e das disciplinas específicas que regulam a relação jurídica em questão (de consumo, de trabalho, paritária etc.). Novas ideias podem surgir a partir da reflexão sobre como os princípios da LGPD podem ser aplicados em contextos específicos, relacionais e situacionais, bem como sobre a necessidade de atualização constante da legislação para lidar com as novas tecnologias e desafios que surgem na era *online*.

Portanto, além de o combate à discriminação representar uma renovada promessa no que tange à dimensão digital, suas tecnologias, práticas e agentes econômicos, também deverá ser cânone de interpretação, de aplicação e de criação do Direito e de políticas públicas, pois é objetivo e direito fundamental de todos os consumidores-cidadãos. Abre-se, assim, espaço para, juridicamente, reconhecer a existência do princípio da antidiscriminação digital por força do compromisso constitucional de renovação da força normativa da Constituição em função da tecnologia, como já referiu o Ministro do Supremo Tribunal Federal (STF) Gilmar Mendes.[68]

---

66. Conforme Miragem, "(...) registre-se que correlação é a medida da relação entre duas variáveis, que pode ser demonstrada em termos estatísticos e não implica necessariamente em uma relação de causa e efeito (p.ex. a frequência de aquisição de determinados produtos pelos consumidores se dá em determinado horário ou em determinado dia da semana), como ocorre no juízo de causalidade, no qual a relação entre duas variáveis pressupõe que uma é consequência da outra". (MIRAGEM, Bruno. A Lei Geral de Proteção de Dados (Lei 13.709/2018) e o direito do consumidor. *Revista dos Tribunais*, v. 1009, p. 183, São Paulo, nov. 2019).

67. MENDES, Laura Schertel; MATTIUZZO, Marcela; FUJIMOTO, Mônica Tiemy. A LGPD e o princípio da não discriminação. *Revista de Direito do Consumidor*, v. 138, p. 175-199, São Paulo, nov./dez. 2021. p. 9-10, versão *online*.

68. BRASIL. Supremo Tribunal Federal. Referendo na Medida Cautelar na Ação Direta de Inconstitucionalidade 6.387. Requerente: Conselho Federal da Ordem dos Advogados do Brasil. Relatora: Ministra Rosa Weber. Brasília, 07 maio 2020. DJe 12 nov. 2020.

2.2 Princípio da antidiscriminação digital e a sua otimização com a aprovação do PL 3514/15

Princípios são, para Alexy, normas que orientam a uma máxima realização possível, dentro de limites jurídicos e factuais existentes. Caracterizam-se, por conseguinte, como mandamentos de otimização, os quais podem ser cumpridos em graus diversos e cuja adequada satisfação não depende apenas de possibilidades fáticas, mas igualmente de possibilidades jurídicas.[69]

Por princípio da antidiscriminação digital entendemos um princípio geral em que a base reside no direito à diferença e no respeito à diversidade e que busca otimizar o valor supremo da igualdade de forma ampla, compreendendo a igualdade de oportunidades e o tratamento igualitário, sem classificações, distinções ou outras práticas injustas que se fundamentem por raça, gênero, origem étnica, orientação sexual, religião, posição política ou provenientes de outras formas de preconceitos ou outros fatores de vulnerabilidade se utilizados para fins de diferenciação depreciativa ou que oportunize exploração ou desvantagens ao sujeito sem que exista uma justificação legítima e acordância com os preceitos constitucionais.

Em outros termos, o princípio envolve a garantia de que as tecnologias, algoritmos e IA não sejam utilizadas para perpetuar, amplificar ou criar discriminações na sociedade. Isso significa que sistemas tecnológicos devem ser desenvolvidos de forma a evitar que as características pessoais sejam utilizadas como critérios de discriminação ou que resultem em práticas discriminatórias, sejam elas diretas ou indiretas, ilícitas ou abusivas, intencionais ou acidentais. Visa, portanto, a criar e a promover, por meio das possibilidades fáticas e de Direito, condições existenciais equitativas (bem como seus eventuais reflexos patrimoniais) para que todas as pessoas (inclusive por meio de suas representações virtuais) possam exercer seus direitos e buscar oportunidades de forma plena, igualitária e autodeterminada, sem que, lado outro, suas vulnerabilidades sejam exploradas para fins de segregação e diferenciação injusta.

Neste espeque, de acordo com Hasnas,[70] o princípio comporta três sentidos, a seguir sinalizados e contextualizados ao ambiente digital:

(i) Antidiferenciação – identifica-se um tratamento desigual com base em características irrelevantes, as quais serão assim definidas conforme o contexto no qual o princípio é aplicado. Deste modo, se um atributo é irrelevante ao exercício

---

69. ALEXY, Robert. *Teoria dos direitos fundamentais*. São Paulo: Malheiros, 2015. p. 90.

70. HASNAS, John. Equal Opportunity, Affirmative Action, and the Anti-Discrimination Principle: The Philosophical Basis for the Legal Prohibition of Discrimination. *Fordham Law Review*, v. 71, n. 2, p. 423-542, nov. 2002.

de alguma função e é levado em consideração, poderá ser considerado como discriminatório. Será o caso, por exemplo, da seleção de consumidores em *sites* e *apps* para o estabelecimento de relações de consumo ou suas condições de modo diferenciado a partir de critérios que se baseiam diretamente ou indiretamente em geolocalização sem que essa informação seja imprescindível. Trata-se da diferenciação injustificável pelo uso de parâmetros que fogem da situação contextual para a qual o indivíduo é avaliado.

(ii) Antiopressão – identifica-se um tratamento desigual opressivo dirigido contra indivíduos pelo motivo de pertencerem a um grupo minoritário ou historicamente oprimido. Destina-se, desse modo, a proibir classificações e distinções dedicadas a oprimir ou a impor desvantagens a tais grupos, a fim de evitar que sejam considerados como consumidores-cidadãos de segunda classe ou sejam explorados para o benefício de outros grupos politicamente, socialmente ou economicamente prevalentes e dominantes. Assim, por exemplo, decisões automatizadas de moderação de conteúdo que, sem motivo justificável (como poderia ser o argumento da disseminação de *fake news*), realize a retirada de *posts* de pessoas de uma determinada ideologia política.

(iii) Antissubordinação – identificam-se condutas cujo efeito é a subordinação ou o agravamento da subordinação de um grupo de pessoas, de maneira a oportunizar ou preservar que os socialmente desavantajados assim permaneçam. Será o caso das avaliações de *score* de crédito que se utilizem de dados pessoais que reforçam o *status* de mal pagador sem que haja necessariamente uma causalidade, do estudante que tenha agravado a sua posição de insuficiência ou da utilização de dados étnicos e raciais para a contratação de um produto ou serviço, hipóteses estas que determinam uma subordinação estrutural do titular de dados aos responsáveis pelo tratamento e, do consumidor-titular, aos fornecedores.

Estas três acepções do termo são relevantes e podem ter seus contornos observados em algumas normas do direito brasileiro. Destacam-se, exemplificativamente, quatro frentes jurídicas dialógicas[71] que são essenciais para a efetivação da antidiscriminação digital, até mesmo pela sua natureza interseccional:[72] a

---

71. Veja a relevância do diálogo das fontes para a centralização da pessoa humana na transformação digital: MUCELIN, Guilherme. Transformação digital e diálogo das fontes: a interface jurídica de proteção das pessoas entre o virtual e o analógico. In: MARQUES, Claudia Lima; MIRAGEM, Bruno. *Diálogo das Fontes*: novos estudos sobre a coordenação e aplicação das normas no direito brasileiro. São Paulo: Ed. RT, 2020.

72. Para Mann e Matzner, "A teoria interseccional destaca a especificidade da discriminação: ela pode ser mais específica do que um único fator protegido. Com a promessa de personalização por meio de algoritmos que incorporam muitas mais características do que o julgamento humano faz, os resultados se tornam muito mais específicos do que apenas a interseção de dois ou três marcadores proeminentes. O mesmo é verdade para a discriminação emergente: ela pode ser muito mais específica do que a interseção de duas ou mais identidades. (...) Significativamente, o perfil algorítmico que facilita a inclusão

proteção de dados pessoais, a proteção face à inteligência artificial,[73] a proteção do trabalhador e a proteção do consumidor.

A Lei Geral de Proteção de Dados Pessoais estatuiu como princípio expresso a não discriminação, conceituando-o como a "impossibilidade de realização do tratamento para fins discriminatórios ilícitos ou abusivos" (art. 6º, IX, LGPD), um claro limite à livre iniciativa na manipulação de dados pessoais e na sua utilização e destinação. Tal decorre de seus próprios fundamentos (art. 2º, LGPD), como a autodeterminação informativa, o respeito à privacidade, à liberdade de expressão, de informação, de comunicação e de opinião, à inviolabilidade da intimidade, da honra e da imagem, a defesa do consumidor, e, sobretudo, os direitos humanos, o livre desenvolvimento da personalidade, a dignidade e o exercício da cidadania.

No que tange à IA, o Substitutivo do Marco Regulatório da Inteligência Artificial no Brasil, apresentado no final de 2022, elenca a não discriminação como princípio (art. 3º, IV), além de fundamento do desenvolvimento, da implementação e do uso de sistemas de IA no país, ao lado da igualdade, da pluralidade, do respeito aos direitos trabalhistas e da defesa do consumidor (art. 3º, V e VII).

Estabelece em seu art. 12 que as "pessoas afetadas por (...) sistemas de inteligência artificial têm direito a tratamento justo e isonômico, sendo vedadas a implementação e o uso de sistemas de inteligência artificial que possam acarretar discriminação direta, indireta, ilegal ou abusiva", seja pela utilização de dados sensíveis ou de impactos desproporcionais em razão de atributos ou características pessoais, seja ainda pelo estabelecimento de desvantagens ou o agravamento de situações de vulnerabilidade de pessoas pertencentes a um grupo em específico.[74] É importante destacar que o Projeto de Lei não prevê vedação irrestrita à adoção de critérios diferenciadores entre indivíduos: vedam-se, outrossim, aqueles critérios que não possam ser objetivamente justificados e demonstrados, que sejam irrazoáveis ou ilegítimos à luz do direito à igualdade e a outros direitos fundamentais.

Apesar da inegável importância do direito do trabalho e da sua proteção conferida para fazer frente à tecnologia, neste estudo focaremos no mercado

---

de diferentes fontes e tipos de dados provavelmente contribuirá para aumentar os envolvimentos de identidades protegidas, criando assim novas categorias e grupos de pessoas que experimentam formas de discriminação interseccional" (tradução nossa). (MANN, Monique; MATZNER, Tobias. Challenging algorithmic profiling: The limits of data protection and anti-discrimination in responding to emergent discrimination. *Big Data & Society*, v. 6, n. 2, p. 4 e 5, jul./dez. 2019).

73. REQUIÃO, Maurício; COSTA, Diego Carneiro. Discriminação algorítmica: ações afirmativas como estratégia de combate. *Civilistica.com*, v. 11, n. 3, p. 7, 2022.

74. BRASIL. Senado Federal. Comissão de Juristas responsável por subsidiar elaboração de substitutivo sobre inteligência artificial no Brasil. *Relatório final*. Disponível em: https://legis.senado.leg.br/comissoes/mnas?codcol=2504&tp=4. Acesso em: 10 mar. 2023.

de consumo e na proteção do consumidor no que tange a práticas e resultados discriminatórios no meio *online*.

Muito embora não haja previsões específicas ao comércio eletrônico e à plataformização das relações humanas, é necessário destacar que o Código de Defesa do Consumidor (CDC) trata de maneira expressa sobre discriminação apenas uma única vez no art. 37, § 2º, que versa sobre publicidade: "é abusiva, dentre outras, a publicidade discriminatória de qualquer natureza (...)". Sobre esse dispositivo, Silva pondera que o CDC remete ao significado contido na linguagem comum de sentido negativo, objetivando evitar distinções injustas fundadas em processos históricos ou em preconceitos questionáveis. Todavia, igualmente esclarece que a exata delimitação conceitual de discriminação, neste caso, é de menor relevância, posto que a proteção antidiscriminatória é complementar e não o principal da intenção normativa.[75]

Não que a lei protetiva dos consumidores esteja despida de outras disposições que possam combater a discriminação. Além da publicidade abusiva, dentre as situações possíveis de assim serem enquadradas, exemplificativamente estão:[76] a abusividade de prática comercial que impinge produtos ou serviços aos consumidores de modo a se prevalecer da fraqueza ou ignorância do consumidor, tendo em vista a idade, saúde, conhecimento ou condição social (art. 39, IV, CDC); a abusividade nas condições contratuais que estabelecem obrigações que colocam o consumidor em desvantagem exagerada, sejam incompatíveis com a boa-fé e a equidade (art. 51, IV, CDC) ou, ainda, que estejam em desacordo com o sistema de proteção do consumidor (art. 51, XV, CDC).

Outro dispositivo digno de destaque é o recente inciso X, do art. 4º, do CDC, incluído por meio da Lei 14.181/21: "prevenção e tratamento do superendividamento como forma de evitar a exclusão social do consumidor" –, que orienta esforços para o combate à discriminação e à segregação do consumidor, sobretudo aquelas de fundo econômico. Também se observa tal intenção na configuração da abusividade da prática de criação "listas proibidas" ou quando o fornecedor recusa o atendimento às demandas dos consumidores (art. 39, II, CDC).[77] Neste sentido, entendeu o Superior Tribunal de Justiça (STJ) que existe vedação da "discrimina-

---

75. SILVA, Jorge Cesa Ferreira da. *Antidiscriminação e contrato*: a integração entre proteção e autonomia. São Paulo: RT, 2020. RB-1.2.

76. Veja, sobre o tema, um estudo sobre a opacidade da IA e os seus desafios ao Direito do Consumidor, dentre os quais a discriminação: MARQUES, Claudia Lima; MUCELIN, Guilherme. Inteligência Artificial e "opacidade" no consumo: a necessária revalorização da transparência para a proteção do consumidor. In: GUIA, Rodrigo da; TEPEDINO, Gustavo (Org.). *O Direito Civil na Era da Inteligência Artificial*. São Paulo: Ed. RT, 2020. p. 411-440.

77. MARQUES, Claudia Lima; BENJAMIN, Antonio Herman V.; MIRAGEM, Bruno. *Comentários ao Código de Defesa do Consumidor*. 4. ed. São Paulo: Ed. RT, 2021.

ção de consumidores em relação a produtos e serviços que já são oferecidos no mercado de consumo por determinado fornecedor (...)".[78]

Relevante é, também, o art. 6º, que elenca os direitos básicos do consumidor, em seu inciso II. Por seu intermédio, traz-se um importante comando legal que inicia um verdadeiro tratamento antidiscriminatório no CDC: a liberdade de escolha e igualdade nas contratações. Considerando que, em razão de práticas discriminatórias, a liberdade do consumidor na sua autonomia é diminuída, ambos os temas se entrelaçam.

Conforme destacam Marques, Miragem e Benjamin, a igualdade contratual de que trata o comando legal não deve ser limitada em sua visualização em relação ao equilíbrio apenas econômico, pois "o que se quer é o reequilíbrio total da relação, inclusive de seu nível de tratamento leal e digno, única forma de manter e proteger as expectativas legítimas das partes, que são a base funcional que origina a troca econômica",[79] considerando-se, deste modo, como uma verdadeira proibição de diferenciações injustificadas no tratamento dos consumidores e nos negócios jurídicos por eles firmados com os fornecedores.[80]

Percebe-se uma preocupação mais *indireta* do CDC com a discriminação dos consumidores, como bem apontou Silva, até mesmo porque este dispositivo encontrou pouco debate em sede judicial. Contudo, pelo natural desequilíbrio existente e pelo artificial reforço a este desequilíbrio nas dinâmicas digitais (o novo *status subjectionis*), para que se alcance a igualdade no mercado de consumo digital, preservando a diversidade e as diferenças e se eliminem formas de discriminação, é preciso a elaboração de um *standard* mais rigoroso e explícito, que não deixe margens para relativizações. Conforme Stiglitz e Sahían, "no contexto das relações de consumo, é tão importante prevenir a discriminação negativa quanto buscar a positiva".[81]

Posto de outra maneira, é enfatizar: as normas de proteção do consumidor *devem* ter como desígnio, não mais como pano de fundo ou finalidade reflexa, no que concerne à dimensão digital (também a analógica[82]), a discriminação dos consumidores.

---

78. STJ – EDcl no AgInt no REsp: 1941254 RJ 2019/0377176-5, Relator: Ministro Luis Felipe Salomão, Data de Julgamento: 29.11.2021, T4 – Quarta Turma, Data de Publicação: DJe 1º.12.2021.
79. MARQUES, Claudia Lima; BENJAMIN, Antonio Herman V.; MIRAGEM, Bruno. *Comentários ao Código de Defesa do Consumidor*. 4. ed. São Paulo: Ed. RT, 2021.
80. SILVA NETO, Orlando Celso da. *Comentários ao Código de Defesa do Consumidor*. Rio de Janeiro: Forense, 2013. p. 89.
81. STIGLITZ, Gabriel; SAHIÁN, José. El principio antidiscriminatório en el derecho del consumidor. *Revista de Direito do Consumidor*, v. 136, p. 121-143, São Paulo, jul./ago. 2021. (p. 9, versão *online*).
82. Lembre-se do caso do João Alberto, consumidor negro morto em um supermercado em Porto Alegre. Sobre o tema: "A morte de João Alberto é o somatório dos racismos individual, institucional e estrutural. Um homem branco não seria tratado daquela forma, a brutalidade da violência a que foi ostensivamente

O fundamento da possibilidade material desta assertiva está no próprio CDC e em sua principiologia, mais precisamente no art. 4º, que trata da Política Nacional das Relações de Consumo. Os princípios ali estatuídos que sedimentam esta necessidade são: o reconhecimento da vulnerabilidade do consumidor no mercado de consumo (inciso I), como a digital; a harmonização de interesses entre os participantes da relação de consumo, a compatibilizar o desenvolvimento econômico e tecnológico com base no equilíbrio e na boa-fé (inciso III), portanto evitando excessos advindos da inerente verticalidade digital do ambiente *online*; e a coibição e repressão de todos os abusos praticados no mercado de consumo que possam causar prejuízos aos consumidores (inciso VI), a exemplo de práticas e resultados discriminatórios.

Porém não basta sinalizar a existência de elementos teóricos e dogmáticos do direito do consumidor aptos a embasar o combate à discriminação digital. É preciso demonstrar a necessidade de novas medidas, o que é realizado mediante a análise dialógica de outros princípios elencados no mesmo art. 4º, do CDC. Nesse sentido, é a partir da articulação do reconhecimento da vulnerabilidade digital com o estudo constante das modificações do mercado de consumo (inciso VIII) que se condiciona os deveres de proteção efetiva do Estado, ensejando a proposição de novas leis e a renovação da jurisprudência,[83] garantindo-se a ação governamental no sentido de efetivamente proteger o consumidor (inciso II).

Daí exsurge a importância e a imprescindível necessidade do Projeto de Lei 3514/15. O referido projeto pretende aperfeiçoar as disposições do CDC na matéria de comércio eletrônico, além de emanar outras providências essenciais ao enfrentamento dos desafios contemporâneos derivados nem só da digitalização das relações, como também aqueles referentes às mudanças climáticas e à sustentabilidade. Interessa-nos, entretanto, o que se pretende constar no art. 6º como novo direito básico dos consumidores: vedação de quaisquer formas de discriminação.[84]

Como já defendemos, esta nova disposição legal configura uma norma principiológica, consagrando a técnica legislativa adotada pelo CDC e que representa vantagens justamente por conta de uma elasticidade e abertura que permitirá

---

submetido bem indica uma autorização vigente há séculos quanto ao castigo público de corpos negros. (...) O negro não reconhecido como consumidor é controlado pelas câmeras de vigilância e sente na pele os olhares estigmatizantes dos seguranças privados (...)". (MELO, Andrey Régis de; COSTA, Domingos Barroso da; MUNIZ, Veyzon Campos. Por que João Alberto morreu?, *Revista da Defensoria Pública do Estado do Rio Grande do Sul*, v. 1, n. Edição especial, p. 28, Porto Alegre, 2021).

83. FERREIRA, Vitor Hugo do Amaral. *Tutela de efetividade no direito do consumidor brasileiro*: a tríade prevenção-proteção-tratamento revelada nas relações de crédito e consumo digital. São Paulo: Ed. RT, 2022.

84. PL 3514. Art. 6º. (...) XII – a liberdade de escolha, em especial frente a novas tecnologias e redes de dados, vedada qualquer forma de discriminação e assédio de consumo.

enquadrar situações específicas em função da rapidez da evolução tecnológica ao comando normativo,[85] levando-se em conta a criatividade negocial que desafia elementos e institutos jurídicos estaticamente delineados, bem como o próprio descompasso tempo-regulatório na temática.

Por este modo, pode-se melhor avaliar a nova vinculação temporal do Direito frente à tecnologia e a consequente criação, por empresas, organizações e fornecedores, da governança e da normatividade[86] inserida em códigos e executadas por algoritmos e IAs, cujo efeito é a coprodução e a definição de estruturas sociais. Sem que haja atualização do CDC neste sentido, não há a otimização do princípio da antidiscriminação digital. O que haverá são sérios riscos de tais estruturas serem contaminadas por discriminação, minando a diversidade e a pluralidade – predicados estes que caracterizam a cultura e o povo brasileiro.

CONSIDERAÇÕES FINAIS

Na sociedade contemporânea, perfilizada e padronizada via dados pessoais, retoma-se a importância da diversidade e do respeito às diferenças na ordem jurídica, em um paradigma renovado de *proteção*. A igualdade, no constitucionalismo digital, passa por uma ressignificação, uma releitura adequada ao contexto atual, sendo esta essencial para a prevenção e repressão de discriminações e preconceitos socialmente intoleráveis, ilegítimos e injustificáveis – no mercado de consumo e além dele.

O princípio da antidiscriminação digital busca justamente promover e garantir a igualdade de oportunidades e o tratamento igualitário, sem distinções baseadas em raça, gênero, orientação sexual, religião ou outras formas de preconceitos. Isso significa, para o Direito, que tecnologias, algoritmos e inteligência artificial não devem ser usados para criar, perpetuar ou amplificar discriminações na sociedade. Tal base principiológica, além de adequada para comportar as incertezas do porvir, é relevante em quatro frentes jurídicas essenciais para sua efetivação: proteção de dados pessoais, proteção contra a inteligência artificial, proteção do trabalhador e proteção do consumidor.

REFERÊNCIAS

ALEXY, Robert. *Teoria dos direitos fundamentais*. São Paulo: Malheiros, 2015.

BARLOW, John Perry. *A Declaration of the Independence of Cyberspace*. Davos, 08 fev. 1996. Disponível em: https://www.eff.org/pt-br/cyberspace-independence. Acesso em: 11 fev. 2023.

---

85. MARTINS, Guilherme Magalhães. *Contratos eletrônicos de consumo*. São Paulo: Atlas, 2016. p. 233.
86. CAMPOS, Ricardo. *Metamorfoses do Direito Global*: sobre a interação entre direito, tempo e tecnologia. São Paulo: Contracorrente, 2022. p. 132, 280, 316 e ss.

BIONI, Bruno; ZANATTA, Rafael A.; RIELLI, Mariana. Caso: IBGE vs. CFOAB e outros (ADIs 6.387, 6.388, 6.389, 6.390 e 6.393) (Parecer). *Revista de Direito Civil Contemporâneo*, São Paulo, v. 26, p. 363-391, jan./mar. 202.

CAMPOS, Ricardo. *Metamorfoses do Direito Global*: sobre a interação entre direito, tempo e tecnologia. São Paulo: Contracorrente, 2022.

CARLOS, Vera Lúcia; MELO, Orlando de. Discriminação no direito moderno. *Revista de Direito do Trabalho*, São Paulo, v. 101, p. 135-150, jan./mar. 2001.

CELESTE, Edoardo. Digital constitutionalism: a new systematic theorisation. *International Review of Law, Computers & Technology*, v. 33, n. 1, p. 1-24, 2019.

COHEN, Julie E. *Between truth and power*: The Legal Constructions of Informational Capitalism. Oxford: Oxford University Press, 2019.

COMISSÃO EUROPEIA. *Proposta de Regulamento do Parlamento Europeu e do Conselho relativo à disputabilidade e equidade dos mercados no setor digital (Regulamento Mercados Digitais)*. Bruxelas, 15 dez. 2020.

COMISSÃO EUROPEIA. *Proposta de Regulamento do Parlamento Europeu e do Conselho relativo a um mercado único de serviços digitais (Regulamento Serviços Digitais) e que altera a Diretiva 2000/31/CE*. Bruxelas, 15 dez. 2020.

COMISSÃO EUROPEIA. *Proposta de Regulamento do Parlamento Europeu e do Conselho que estabelece regras harmonizadas em matéria de inteligência artificial (Regulamento Inteligência Artificial) e altera determinados atos legislativos da União*. COM(2021) 206 final. Bruxelas, 21 abr. 2021.

DATA PRIVACY BRASIL. *Contribuições do Data Privacy Brasil ao Projeto de Lei 21, de 04 de fevereiro de 2020*. Disponível em: https://www.dataprivacybr.org/wp-content/uploads/2021/09/dpbr_notatecnica_pl21.pdf. Acesso em: 12 fev. 2023.

DE GREGORIO, Giovanni. *Digital Constitucionalism in Europe*. Reframing Rights and Powers in the Algorithmic Society. Cambridge: Cambridge University Press, 2022.

DE GREGORIO, Giovanni. The Transnational Dimension of Data Protection: Comparative Perspectives from Digital Constitutionalism. *The Italian Review of International and Comparative Law*, v. 1, p. 335-359, 2021.

DIVER, Laurence. Digisprudence: the design of legitimate code. *Law, Innovation & Technology*, v. 13, n. 2, *forthcoming*.

DONEDA, Danilo. *Da privacidade à proteção de dados pessoais*. 2. ed. São Paulo: Ed. RT, 2021.

FERREIRA, Vitor Hugo do Amaral. *Tutela de efetividade no direito do consumidor brasileiro*: a tríade prevenção-proteção-tratamento revelada nas relações de crédito e consumo digital. São Paulo: Ed. RT, 2022.

FORGIONI, Paula; MIURA, Maira Yuriko. O princípio da neutralidade e o Marco Civil da Internet no Brasil. In: DE LUCCA, Newton; SIMÃO FILHO, Adalberto; LIMA, Cíntia Rosa Pereira de. *Direito & Internet*. São Paulo: Quartier Latin, 2015. v. III: Marco Civil da Internet, t. II.

GETSCHCKO, Demi. As origens do Marco Civil da Internet. In: LEITE, George Salomão; LEMOS, Ronaldo (Coord.) *Marco Civil da Internet*. São Paulo: Atlas, 2014.

GONZALEZ, Lauro; ARAUJO, Marcelo. *Efeitos da exclusão digital no acesso ao auxílio emergencial*. FGV, 2021. Disponível em: https://bit.ly/3mUMfXG. Acesso em: 12 fev. 2023.

GURUMURTHY, Anita; CHAMI, Nandini. Towards a Global Digital Constitutionalism: A Radical New Agenda for UN75. *Society for International Development*, v. 64, p. 29-38. 2021.

HASNAS, John. Equal Opportunity, Affirmative Action, and the Anti-Discrimination Principle: The Philosophical Basis for the Legal Prohibition of Discrimination. *Fordham Law Review*, v. 71, n. 2, nov. 2002.

HELBERGER, N.; SAX, M.; STRYCHARZ, J.; MICKLITZ, H.-W. Choice Architectures in the Digital Economy: Towards a New Understanding of Digital Vulnerability. *Journal of Consumer Policy*, nov. 2021.

JAYME, Erik. Identité culturelle et intégration: le droit international privé postmoderne: cours général de droit international privé. *Recueil des cours*: collected courses of The Hague Academy of International Law. v. 251. p. 9-268. The Hague: Kluwer Law International, 1995.

JAYME, Erik. O Direito Internacional Privado do Novo Milênio: A Proteção da Pessoa Humana Face à Globalização. *Revista Cadernos do Programa de Pós-Graduação em Direito/UFRGS*, v. 1, n. 1, p. 133-146. 2003.

JELLINEK, Georg. *System der subjektiven öffentlichen Rechte*. Freiburg: Akademische Verlagsbuchhandlung von J.C.B. Mühe – Paul Siebeck, 1892.

JUNQUEIRA, Thiago. *Tratamento de Dados Pessoais e Discriminação Algorítmica nos Seguros*. São Paulo: RT, 2020.

KRUPIY, Tetyana. A vulnerability analysis: Theorising the impact of artificial intelligence decision-making processes on individuals, society and human diversity from a social justice perspective. *Computer Law and Security Review*, v. 38, p. 1-25, set. 2020.

LIMBERGER, Têmis; HORN, Luiz Fernando Del Rio. Sociedade de consumo de plena conectividade: o novo padrão de vulnerabilidade complexa do consumidor a partir dos tecnodados. *Revista de Direito do Consumidor*, v. 30, n. 135, p. 151-178, São Paulo, maio/jun. 2021.

MANN, Monique; MATZNER, Tobias. Challenging algorithmic profiling: The limits of data protection and anti-discrimination in responding to emergent discrimination. *Big Data & Society*, v. 6, n. 2, p. 1-11, jul./dez. 2019.

MARQUES, Claudia Lima; BENJAMIN, Antonio Herman V.; MIRAGEM, Bruno. *Comentários ao Código de Defesa do Consumidor*. 4. ed. São Paulo: Ed. RT, 2021.

MARQUES, Claudia Lima; MARTINS, Fernando Rodrigues. *Verticalidade digital e direitos transversais*: positivismo inclusivo na promoção dos vulneráveis. (no prelo).

MARQUES, Claudia Lima; MIRAGEM, Bruno. *O novo direito privado e a proteção dos vulneráveis*. 2. ed. São Paulo: Ed. RT, 2014.

MARQUES, Claudia Lima; MUCELIN, Guilherme. Inteligência Artificial e "opacidade" no consumo: a necessária revalorização da transparência para a proteção do consumidor. In: GUIA, Rodrigo da; TEPEDINO, Gustavo (Org.). *O Direito Civil na Era da Inteligência Artificial*. São Paulo: Ed. RT, 2020.

MARQUES, Claudia Lima; MUCELIN, Guilherme. Novo mercado de consumo 'simbiótico' e a necessidade de proteção de dados dos consumidores. In: SARLET, Gabrielle Bezerra Sales; TRINDADE, Manoel Gustavo Neubarth; MELGARÉ, Plínio. *Proteção de dados*: temas controvertidos. Indaiatuba: Foco, 2021.

MARQUES, Claudia Lima; MUCELIN, Guilherme. Vulnerabilidade na era digital: um estudo sobre os fatores de vulnerabilidade da pessoa natural nas plataformas, a partir da dogmática do Direito do Consumidor. *civilistica.com*, v. 11, n. 3, p. 1-30, 25 dez. 2022.

MARQUES, Claudia Lima. *Contratos no Código de Defesa do Consumidor*. São Paulo: RT, 2016.

MARTINS, Fernando; MAGALHÃES, Simone; MARQUES, Claudia Lima. Manifestação do Brasilcon no Tema 1085, Recursos Especiais 1.863.973/SP, 1.877.113/SP e 1.872.441/SP. *Revista de Direito do Consumidor*, v. 140, p. 417-443, São Paulo, mar./abr. 2022.

MARTINS, Guilherme Magalhães. *Contratos eletrônicos de consumo*. 3. ed. São Paulo: Atlas, 2016.

MELO, Andrey Régis de; COSTA, Domingos Barroso da; MUNIZ, Veyzon Campos. Por que João Alberto morreu? *Revista da Defensoria Pública do Estado do Rio Grande do Sul*, v. 1, n. Edição especial, p. 21-31, Porto Alegre, 2021.

MENDES, Gilmar Ferreira; FERNANDES, Victor Oliveira. Constitucionalismo digital e jurisdição constitucional: uma agenda de pesquisa para o caso brasileiro. *Revista Brasileira de Direito*, v. 16, n. 1, p. 1-33, Passo Fundo, jan./abr. 2020.

MENDES, Laura Schertel Ferreira; FONSECA, Gabriel Campos Soares da. STF reconhece direito fundamental à proteção de dados. Comentários sobre o referendo da Medida Cautelar nas ADIs 6287, 6388, 6389, 6390 e 6393. *Revista de Direito do Consumidor*, v. 29, n. 130, p. 471-478, São Paulo, jul./ago. 2020.

MENDES, Laura Schertel; MATTIUZZO, Marcela; FUJIMOTO, Mônica Tiemy. A LGPD e o princípio da não discriminação. *Revista de Direito do Consumidor*, v. 138, p. 175-199, São Paulo, nov./dez. 2021.

MICKLITZ, Hans-W.; LYNSKEY, Orla; HELBERGER, Natali; ROTT, Peter; SAX, Marijn; STRYCHARZ, Joanna. EU Consumer Protection 2.0: Structural asymmetries in digital consumer markets. *The European Consumer Organization*, mar. 2021.

MIRAGEM, Bruno. A Lei Geral de Proteção de Dados (Lei 13.709/2018) e o direito do consumidor. *Revista dos Tribunais*, v. 1009, p. 173-222, São Paulo, nov. 2019.

MIRAGEM, Bruno. O ilícito e o abusivo: propostas para uma interpretação sistemática das práticas abusivas nos 25 anos do Código de Defesa do Consumidor. In: MIRAGEM, Bruno; MARQUES, Claudia Lima; OLIVEIRA, Amanda Flávio de (Coord.). *25 anos do Código de Defesa do Consumidor*: trajetória e perspectivas. São Paulo: Ed. RT, 2016.

MUCELIN, Guilherme; BERGSTEIN, Laís; MARTINI, Sandra Regina. Precificação discriminatória no novo paradigma tecnológico do mercado de consumo: a tutela do consumidor e a defesa da concorrência contra práticas abusivas com o uso de dados pessoais. *Revista de Direito Mackenzie*, v. 14, n. 3, p. 1-20, 2020.

MUCELIN, Guilherme. Transformação digital e diálogo das fontes: a interface jurídica de proteção das pessoas entre o virtual e o analógico. In: MARQUES, Claudia Lima; MIRAGEM, Bruno. *Diálogo das Fontes*: novos estudos sobre a coordenação e aplicação das normas no direito brasileiro. São Paulo: Ed. RT, 2020.

ONU. *Global Digital Compact*: Background Note. Jan. 2023. Disponível em: https://bit.ly/3KTxsq7. Acesso em: 4 mar. 2023.

PADOVANI, Claudia; SANTANIELLO, Mauro. Digital constitutionalism – Fundamental rights and power limitation in the Internet eco-system. *International Communication Gazette*, v. 0, n. 0, p. 1-7, 2018.

PADUA, Felipe Bizinoto Soares de. Uma revisão necessária da eficácia dos direitos fundamentais nas relações privadas: o constitucionalismo digital e a jurisdição constitucional. *Revista de Direito e as Novas Tecnologias*, v. 14, n. 1, p. 110-129, jan.-mar. 2022.

REQUIÃO, Maurício; COSTA, Diego Carneiro. Discriminação algorítmica: ações afirmativas como estratégia de combate. *Civilistica.com*, v. 11, n. 3, p. 1-14, 2022.

RIOS, Roger Raupp. *Direito da antidiscriminação*: discriminação direta, indireta e ações afirmativas. Porto Alegre: Livraria do Advogado, 2008

SAAVEDRA, Giovani Agostini; BORGES, Gabriel Oliveira de Aguiar. Constitucionalismo Digital Brasileiro. *Revista da AJURIS*, v. 49, n. 152, p. 157-180, Porto Alegre, jun. 2022.

SILVA NETO, Orlando Celso da. *Comentários ao Código de Defesa do Consumidor*. Rio de Janeiro: Forense, 2013.

SILVA, Jorge Cesa Ferreira da. *Antidiscriminação e contrato*: a integração entre proteção e autonomia. São Paulo: Ed. RT, 2020.

SILVA, Joseane Suzart Lopes da. A proteção do consumidor e as "crises contratuais": em busca da imprescindível efetividade das normas contidas na Lei 8.078/90. In SILVA, Joseane Suzart Lopes da; TEIXEIRA, Rafael Carneiro d'Ávila; SOUZA, Bruno Moitinho Andrade de. *Crises contratuais de consumo*. Salvador: Paginae, 2016.

STIGLITZ, Gabriel; SAHIÁN, José. El principio antidiscriminatório en el derecho del consumidor. *Revista de Direito do Consumidor*, v. 136, p. 121-143, São Paulo, jul./ago. 2021.

SUZOR, Nicolas. Digital Constitutionalism: Using the Rule of Law to Evaluate the Legitimacy of Governance by Platforms. *Social Media + Society*, Volume 4, Issue 3, July-September 2018. Disponível em: https://journals.sagepub.com/doi/epub/10.1177/2056305118787812. Acesso em: 02 mar. 2023.

TAYLOR, Linnet. Public Actors Without Public Values: Legitimacy, Domination and the Regulation of the Technology Sector. *Philosophy & Technology*, v. 34, p. 897-922, 2021.

TEUBNER, Günther. Societal Constitutionalism: Alternatives to State-Centered Constitutional Theory? In: JOERGES, Christian; SAND, Inge-Johanne; TEUBNER, Gunther (Ed.). *Constitutionalism and transnational governance*. Oxford Press, 2004.

TOMMASI, Sara. Algoritmi e nuove forme di discriminazione: uno sguardo al diritto europeo. *Revista de Direito Brasileira*, Florianópolis, SC, v. 27, n. 10, p. 112-129, set./dez. 2020.

VAN DJIK, Jan. *The digital divide*. Cambridge: Polity, 2019.

WACHTER, Sandra. *The theory of artificial immutability*: protecting algorithmic groups under anti-discrimination law. Disponível em: https://arxiv.org/pdf/2205.01166. Acesso em: 13 mar. 2023.

WU, Tim. Network Neutrality, Broadband Discrimination. *Journal of Telecommunications and High Technology Law*, v. 2, p. 141-179, 2003.

O PRINCÍPIO DO CONSUMO SUSTENTÁVEL NA PROMOÇÃO DA INCLUSÃO SOCIAL E DO DESENVOLVIMENTO ECONÔMICO

Ana Paula Atz

Pós-Doutoranda em Direito pela Universidade Federal do Rio Grande do Sul – UFRGS, com bolsa PDJ do CNPq. Doutora e Mestre em Direito pela Universidade do Vale do Rio dos Sinos – UNISINOS/RS. *Visiting Scholar* pela Fordham University School of Law – Nova York/EUA. Membro da Comissão de Direito Ambiental da OAB/RS. Advogada e Professora de Ensino Superior. E-mail: atzanapaula@gmail.com.

Sumário: 1. Introdução – 2. A transição para um consumo sustentável – 3. O princípio do consumo sustentável: a inclusão social e o desenvolvimento econômico – 4. Pela aprovação do PL 3.514/2015 para um consumo sustentável – 5. Conclusão – 6. Referências.

1. INTRODUÇÃO

O direito do consumidor está inserido na pauta atual sobre sustentabilidade, a fim de promover um consumo mais sustentável e a consequente proteção ambiental. O conceito de consumo sustentável foi desenvolvido pela Comissão de Desenvolvimento Sustentável da Organização das Nações Unidas e se refere ao uso de serviços e produtos que respondam às necessidades básicas de toda população e tragam "a melhoria na qualidade de vida, ao mesmo tempo em que reduzem o uso dos recursos naturais e de materiais tóxicos, a produção de lixo e as emissões de poluição em todo ciclo de vida, sem comprometer as necessidades das gerações futuras".[1]

O consumo sustentável se insere como um dos pilares do desenvolvimento sustentável[2] e pode ser considerado uma das aplicações do princípio da sustentabilidade, que demonstra ser o mais fundamental de toda a principiologia ambiental, muito embora a devida fundamentalidade deva ser reconhecida pelo Direito e a

---

1. UNITED NATIONS ENVIRONMENT PROGRAMME. Global outlook on Sustainable Consumption and Producton Policies: taking action together. Paris: UNEP, 2012 apud BRASIL. Secretaria Nacional do Consumidor. Consumo Sustentável. *Caderno de Investigações Científicas*, v. 3, Brasília, 2013.

2. Em 1987, a Comissão Brundtland, publicou o relatório "Nosso Futuro Comum" que inaugurou o conceito de desenvolvimento sustentável para o grande público. Conforme o relatório, "desenvolvimento sustentável é o desenvolvimento que encontra as necessidades atuais sem comprometer a habilidade das futuras gerações de atender suas próprias necessidades". COMISSÃO MUNDIAL SOBRE MEIO AMBIENTE E DESENVOLVIMENTO. *Nosso futuro comum*. 2 ed. Rio de Janeiro: FGV, 1991, p. 46.

governança.[3] Ingo Sarlet defende que existem princípios gerais estruturantes ao Estado Democrático de Direito Brasileiro, que formam o núcleo material essencial da ordem jurídico-constitucional, dentre eles está o "princípio (e dever) da sustentabilidade nas suas dimensões ecológica, social e econômica".[4] A sustentabilidade em sentido amplo, por sua vez, se relaciona aos três pilares da sustentabilidade: ecológica, econômica e social, que define condições e pressupostos jurídicos para um crescimento sustentável.[5]

O princípio do consumo sustentável, portanto, se insere na dimensão da saúde, econômica e social do consumidor. Por certo, o direito do consumidor e o direito ambiental tem uma dimensão de proteção à vida e a dignidade humana, o que remete a um diálogo de suas fontes no sentido de cooperação em sua aplicação.[6] Na Constituição de 1988, ambos os direitos foram previstos como fundamentais, o direito do consumidor no Art. 5º, inciso XXXII e o direito ambiental no art. 225, no capítulo sobre meio ambiente.

Em razão de um modelo de produção e consumo insustentáveis, após a promulgação do CDC, muitos documentos nacionais e internacionais sobre linhas de proteção ao consumidor e meio ambiente por meio do consumo sustentável tem se destacado. Contudo, a legislação brasileira precisa se adequar e promover a transição de um consumo massificado e altamente dependente de recursos naturais para o consumo sustentável, sendo que a aprovação do PL 3514/2015 é um passo a ser dado nesta direção.

Com esta preocupação, o capítulo aborda o princípio do consumo sustentável na promoção da inclusão social e do desenvolvimento econômico. O problema que se pretende responder é de que forma o consumo sustentável pode promover a inclusão social e o desenvolvimento econômico? Para tanto, inicialmente, se abordará o consumo sustentável e suas fontes jurídicas. Após, verificar-se-á a previsão do princípio do consumo sustentável no PL 3514/2015 e alguns dados empíricos sobre o desempenho do Brasil nas metas relacionados ao ODS 12 – Produção e Consumo Sustentáveis da Agenda 2030. A partir do exposto, o texto propõe, fazendo-se uso do método dedutivo e de pesquisa bibliográfica e docu-

---

3. BOSSELMANN, Klaus. *O Princípio da Sustentabilidade*: Transformando Direito e Governança. São Paulo: Ed. RT, 2015, p. 77-78.
4. SARLET, Ingo Wolfgang; FENSTERSEIFER, Tiago. *Direito Constitucional Ecológico*: Constituição, direitos fundamentais e proteção da natureza. 7 ed. rev., atual. ampl. São Paulo: Thomson Reuters Brasil, 2021, p. 74-76.
5. CANOTILHO, José Joaquim Gomes. O princípio da sustentabilidade como princípio estruturante do direito constitucional. *Revista de Estudos Politécnicos*, v. VIII, n. 13, p. 08, 2010.
6. MARQUES, Claudia Lima. Atualização do Código de Defesa do Consumidor e o diálogo entre o direito do consumidor e o direito ambiental: estudo em homenagem à Eládio Lecey, *Anais do 20º Congresso Brasileiro de Direito Ambiental*: "Ambiente, Sociedade e Consumo Sustentável".

mental, analisar de forma crítica os reflexos de um consumo (in)sustentável ao consumidor e as principais inovações previstas no PL 3514/2015.

2. A TRANSIÇÃO PARA UM CONSUMO SUSTENTÁVEL

O consumo humano é responsável por grande quantidade de uso de energia e recursos naturais. O consumo das famílias[7] representa uma média de 54% do total de emissões de gases de efeito estufa (GEE),[8] sendo que estes dados não se sustentam em um mundo em estado de emergência climática global, conforme o último relatório do IPCC.[9] A transição para um consumo sustentável requer sustentabilidade energética de consumo, incentivos de mercado e uma infraestrutura sustentável, o que poderá trazer melhorias para o bem estar e felicidade individual, independentemente de suas contribuições para reduzir as mudanças climáticas e outros problemas ambientais, conforme apontam as pesquisas. Neste sentido, é um erro apostar no bem-estar somente em termos de aumento de consumo.[10]

A degradação do meio ambiente tem relação direta com o comportamento do consumidor e o modo de produção. A água um bem essencial a sadia qualidade de vida, é utilizada para o consumo individual, cultivo de alimentos e regar

---

7. "Em todo o mundo, as famílias com renda no topo da pirâmide (os 10% mais ricos, o que inclui grande parte das famílias nos países desenvolvidos) são responsáveis por entre 36% e 45% do total de emissões de GEE. Enquanto isso, as famílias cuja renda se posiciona nos degraus inferiores (50%) respondem por apenas 13% a 15% das emissões. Por outro lado, mudar os padrões de consumo, particularmente entre os mais ricos, poderia reduzir as emissões de GEE de 40% a 70% até 2050 em comparação às políticas climáticas atuais". WORLD RESOURCES INSTITUTE – WRI. *Programa de Clima*. 6 conclusões do relatório do IPCC de 2022 sobre mitigação das mudanças climáticas. 4 abr. 2022. Disponível em: 6 conclusões do relatório do IPCC de 2022 sobre mitigação das mudanças climáticas | WRI Brasil. Acesso em: 20 mar. 2023.

8. "O efeito estufa é um mecanismo natural do planeta para a manutenção da temperatura média equilibrada para a Terra. Entretanto, o efeito estufa potencializado pela ação humana tem colaborado para o aumento da temperatura do planeta. A emissão de gases de efeito estufa ocorre em diversas atividades humanas, como exemplos: na agricultura, por meio da preparação da terra para plantio e uso de fertilizantes; no transporte, pela queima de combustíveis fósseis; no tratamento de resíduos sólidos, pelo desmatamento; e nos processos de produção industrial de cimento, alumínio, entre outros. As mudanças na concentração de gases de efeito estufa na atmosfera contribuem para o aquecimento global, causando o derretimento das calotas polares, a elevação do nível das águas, a aceleração do processo de desertificação em algumas regiões do planeta, alterações climáticas que multiplicam os períodos de seca e a ocorrência de inundações, furacões". FRANÇA, Flaviano Gomes de; ROLIM, Dorinethe dos Santos Bentes. O Acordo de Paris: um novo arcabouço jurídico no enfrentamento das mudanças climáticas. *Revista de Direito Ambiental*, v. 86, p. 491-513, abr.-jun. 2017.

9. INTERGOVERNMENTAL PANEL ON CLIMATE CHANGE – IPCC. Impacts, Adaptation and Vulnerability. Climate Change 2022. *Working Group II contribution to the Sixth Assessment Report*. 27 February 2022. Disponível em: https://report.ipcc.ch/ar6wg2/pdf/IPCC_AR6_WGII_FinalDraft_FullReport.pdf. Acesso em: 05 mar. 2023.

10. Conforme Farber "Em uma sociedade livre, é preferível mudar o estilo de vida dos indivíduos ao criar infraestrutura sustentável, informação aos indivíduos e fornecer incentivos e não em coagir indivíduos a tomar decisões que a sociedade prefere que eles os façam". FARBER, Daniel A. Sustainable Consumption, Energy Policy and Individual Well-Being. *Vanderbilt Law Review*, v. 65, p. 1482, 2012.

gramados. A biodiversidade está ameaçada pela modificação do uso solo para habitação, agricultura e pecuária e a maior fonte de poluição da água e do ar vem dos meios de transporte, geradores de energia e das fábricas que fornecem bens, serviços e energia aos consumidores.[11]

É necessário reduzir a pegada ecológica[12] do consumo humano e contribuir com um conjunto de metas de promoção do desenvolvimento sustentável. Para tanto, é imperioso que os consumidores desempenhem um papel ativo neste processo, tendo em vista que o consumo das famílias representa uma grande parte do PIB dos países.[13] A mudança de estilo de vida e de um consumo mais sustentável é a chave para que possa haver mudanças na pegada ambiental do consumo humano e contribuir com a mitigação do aquecimento global. Atitudes como reduzir o consumo de carne e de derivados do leite, evitar o desperdício de alimentos, investimento em meio de transporte sustentáveis e o engajamento do uso de bicicletas são práticas a serem adotadas, de acordo com o estudo científico, pois reduzem as emissões de GEE e promovem um consumo mais sustentável.[14]

A preocupação com o consumo sustentável tem sua origem na Conferência das Nações Unidas sobre o Meio Ambiente e o Desenvolvimento, realizada na cidade brasileira do Rio de Janeiro, em 1992.[15] A Agenda 21, documento que resultou da Rio-92, em seu capítulo IV, ressalta que a pobreza é uma condição de algumas tensões ambientais, mas que "*a* maior causa da deterioração contínua do ambiente global é o padrão insustentável de consumo e produção, particularmente em países industrializados, que é motivo de grande preocupação, agravando a pobreza e os desequilíbrios".[16]

---

11. FARBER, Daniel A. Sustainable Consumption, Energy Policy and Individual Well-Being. *Vanderbilt Law Review*, cit., p. 1488.
12. A pegada ecológica refere-se ao impacto e a "marca" do consumo humano no Planeta Terra. Trata-se de uma "metodologia de contabilidade ambiental que avalia a pressão do consumo das populações humanas sobre os recursos naturais. Expressada em hectares globais (gha), permite comparar diferentes padrões de consumo e verificar se estão dentro da capacidade ecológica do planeta" (WWF. Fundo Mundial pela Natureza. *Pegada Ecológica?* O que é isso? 8 abr. 2011. Disponível em: https://bit.ly/3L9E0hi. Acesso em: 14 mar. 2023).
13. Na União Europeia, as despesas dos consumidores representam 54% do PIB. (COMISSÃO EUROPEIA. *Nova Agenda do Consumidor 2020-2025*. Ações destinadas a proteger os consumidores europeus). No Brasil, em 2022, o consumo das famílias responde por 60% do PIB. (PIB: Consumo das famílias sobe 4,3% em 2022, diz IBGE. Disponível em: PIB: consumo das famílias sobe 4,3% em 2022, diz IBGE - 02/03/2023 – Mercado – Folha (uol.com.br) Acesso em: mar. 2023.
14. WORLD RESOURCES INSTITUTE – WRI. *Programa de Clima*, cit.
15. COHEN, Maurie. The emergent environmental policy discourse on sustainable consumption. In: COHEN, Maurie; MURPHY, Joseph. *Exploring Sustainable Consumption*: Environmental Policy and the Social Sciences. Oxford: Elsevier, 2001, p. 21-37.
16. UNITED NATIONS. *Agenda 21*, New York: United Nations, 1992. Disponível em: https://sustainab-ledevelopment.un.org/content/documents/Agenda21.pdf. Acesso em: 02 mar. 2023.

A Comissão de Desenvolvimento Sustentável da Organização das Nações Unidas em 1995, após as discussões iniciadas na Rio/92, definiu o consumo sustentável como "o uso de serviços e produtos que respondam às necessidades básicas de toda população e trazem a melhoria na qualidade de vida, ao mesmo tempo em que reduzem o uso dos recursos naturais e de materiais tóxicos, a produção de lixo e as emissões de poluição em todo ciclo de vida, sem comprometer as necessidades das gerações futuras".[17]

Desta forma, a transição para um consumo mais sustentável, se insere em um momento bastante propício e desafiador para o direito do consumidor brasileiro, uma vez que todos os esforços de organizações internacionais se voltam a promoção do consumo sustentável como forma de proteção do consumidor e do meio ambiente saudável,[18] o que torna a aprovação do PL 3.514/2015 uma condição necessária para avançarmos nesta temática,[19] vejamos a seguir.

O consumo sustentável é um dos objetivos específicos do Acordo de Paris, em que o Brasil é signatário, da Agenda 2030 e das Diretrizes sobre Proteção do Consumidor das Nações Unidas, três fontes jurídicas internacionais importantes, as quais o Estado brasileiro deve se alinhar. O Acordo Climático de Paris reconheceu a correspondência entre práticas de consumo e emissões de gases do efeito estufa, e estabeleceu que os "padrões sustentáveis de consumo e produção (...) desempenham um papel importante no tratamento da mudança climática".[20] Na Agenda 2030,[21] documento que descreve os objetivos do desenvolvimento sustentável (ODS) perseguidos pela Organização das Nações Unidas (ONU) e pelos Estados que o assinaram, a neutralidade climática e o almejado consumo e produção sustentáveis estão diretamente relacionados aos ODS 12 e 13.[22]

No âmbito da ONU, as Diretrizes sobre Proteção do Consumidor das Nações Unidas foram atualizadas em 2015 pela Assembleia Geral (res. 70/186),[23] com

---

17. UNITED NATIONS ENVIRONMENT PROGRAMME. *Global outlook on Sustainable Consumption and Production Policies*: taking action together. Paris: UNEP, 2012.

18. Veja-se nosso artigo neste sentido: Marques, Claudia Lima; Atz, Ana Paula; Rocha, Leonel Severo. A comunicação de risco da Covid-19 e o consumo sustentável como adaptação humana à mudança climática: homenagem a Eládio Lecey. *Revista de Direito Ambiental*. v. 105. ano 27. p. 213-245, jan./mar. 2022.

19. NAÇÕES UNIDAS BRASIL. Meio Ambiente saudável é declarado direito humano por Conselho da ONU, 08 out. 2021. Disponível em: https://brasil.un.org/pt-br/150667-meio-ambiente-saudavel-e-declarado-direito-humano-por-conselho-da-onu. Acesso em: 05 mar. 2023.

20. UNITED NATIONS. *Paris Agreement*. New York: UM, 2015. Disponível em: https://unfccc.int/process-and-meetings/the-paris-agreement/the-paris-agreement. Acesso em: 15 mar. 2023.

21. UNITED NATIONS. Transforming our world: the 2030 agenda for sustainable development. 2015. Disponível em: https://www.un.org/ga/search/view_doc.asp?symbol=A/RES/70/1&Lang=E. Acesso em: 05 mar. 2023.

22. ODS 12 "Consumo e Produção Responsáveis", ODS 13: 'Tomar medidas urgentes para combater a mudança do clima'. Idem.

23. A proteção do consumidor, teve o seu direito reconhecido internacionalmente a partir das Diretrizes de Proteção do Consumidor das Nações Unidas de 1985, revisadas em 1999 e 2015. Veja MARQUES,

o objetivo de criar um marco internacional de orientação aos Estados. O texto trouxe desafios ao Direito em proteger os consumidores e incentivar um consumo mais sustentável,[24] já incluído este tema na revisão de 1999. No texto aprovado, destacou-se que os padrões insustentáveis de consumo e produção são as maiores causas da contínua deterioração do ambiente global.

A proteção do consumidor na transição para o consumo sustentável resultou na criação, em 2016, do Grupo Intergovernamental de Experts em Direito do Consumidor quando da realização da Conferência das Nações Unidas em Comércio e Desenvolvimento (UNCTAD). Foi a primeira vez que a proteção do consumidor ganhou destaque com um fórum específico, o que foi entendido como um esforço da ONU em conferir a devida proteção do consumidor, um dos agentes do mercado, juntamente com a política concorrencial para promoção de um mercado sadio que tem como meta o desenvolvimento sustentável.[25]

Para estimular uma economia mais dinâmica e com fornecedores imbuídos nas metas de redução de gases de efeito estufa, é necessária uma proteção do consumidor ampla e sem retroceder, conectada com os desafios atuais ligados ao mercado digital e sustentável. Isso afirma os direitos dos consumidores individuais e coletivos, levando uma sociedade mais justa e equilibrada, na qual o Brasil deve se inserir com a provação do PL 3.514/2015.

3. O PRINCÍPIO DO CONSUMO SUSTENTÁVEL: A INCLUSÃO SOCIAL E O DESENVOLVIMENTO ECONÔMICO

Segundo as Diretrizes das Nações Unidas de Proteção do Consumidor, as ideias incorporadas dentro do conceito de consumo sustentável são: "acesso aos requisitos básicos necessários para melhorar a qualidade de vida; melhorar a eficiência no uso de recursos; minimizar as emissões de resíduos levando em consideração a capacidade de carga da Terra para assimilá-los; adotar padrões de

---

Claudia Lima. 25 anos de Código de Defesa do Consumidor e as sugestões traçadas pela Revisão de 2015 das Diretrizes da ONU de proteção dos consumidores para a atualização. *Revista de Direito do Consumidor*, v. 103, p. 82 e s. São Paulo, jan.-fev. 2016.

24. Incluiu-se nas Diretrizes a letra 'G' sobre "Promoção de modalidades sustentáveis de consumo" que assim o caracteriza "Consumo sustentável compreende satisfazer as necessidades de bens e serviços das gerações presentes e futuras para que sejam satisfeitas de modo tal que possam sustentar-se desde o ponto de vista econômico, social e ambiental". UNITED NATIONS. Department of Economic and Social Affairs. *United Nations Guidelines for Consumer Protection*. New York, *2003*. Disponível em: https://unctad.org/system/files/official-document/UN-DESA_GCP1999_en.pdf. Acesso em: 04 fev. 2023; MARQUES, Claudia Lima. Texto das diretrizes de proteção do consumidor, revisão de 2015 pela Assembleia Geral da ONU, em inglês e espanhol. *Revista de Direito do Consumidor*, v. 104, p. 507-554, mar.-abr. 2016.

25. MARQUES, Claudia Lima; OLIVEIRA, Amanda Flávio de; CIPRIANO, Ana Cândida Muniz. ONU acompanha evolução das relações de consumo em nível transnacional. *Conjur*, 26 out. 2016. Disponível em: https://www.conjur.com.br/2016-out-26/garantias-consumo-onu-acompanha-evolucao-relaco-es-consumo-nivel-transnacional. Acesso em: 02 mar. 2023.

consumo equitativos que não prejudiquem as necessidades das gerações atuais e futuras; garantir a equidade no consumo dentro dos países e entre os países".[26]

Para incluir os consumidores na transição de um consumo sustentável é necessário um crescimento sustentável que diminua as desigualdades e combata a pobreza. A pobreza é considerada pela ONU como o principal obstáculo ao desenvolvimento sustentável.[27] De acordo com Sen, a pobreza é a privação de capacidades, sendo que a renda é apenas um indicativo de avaliação. Dados sobre o acesso à saúde eficiente e de qualidade, educação, emprego, previdência social, cultura e o meio ambiente sadio e de qualidade precisam ser examinados para que a sociedade possa ser estudada de maneira global.[28]

Existe uma série de fatores que restringem as capacidades dos consumidores e contribui para a pobreza como o acesso restrito a bens e serviços essenciais,[29] levando a um ciclo de pobreza e degradação do meio ambiente.[30] Soma-se a isso, a inadequação das políticas federais e o crescimento econômico ancorado em atividades ambientalmente poluidoras pioram ainda mais este quadro.[31]

O quadro é ainda mais preocupante no Brasil em razão de sua baixa adesão aos Objetivos do Desenvolvimento Sustentável (ODS) da Organização das Nações Unidas, o que inclui o consumo sustentável. Segundo o Relatório da ONU de 2020, existe uma regressão dos países na concreção dos 17 ODS previstos na Agenda 2030, em áreas importantes como insegurança alimentar, deterioração do meio ambiente natural e desigualdades generalizadas, os índices foram crescentes, demonstrando um movimento em retrocesso.[32] O Brasil encontra-se em retrocesso

---

26. UNITED NATIONS CONFERENCE ON TRADE AND DEVELOPMENT – UNCTAD. *Sustainable Development Goals through Consumer Protection*. United Nations: New York, Geneva, 2017, p. 10.
27. ODS 1: Erradicação da Pobreza: erradicar a pobreza em todas as formas e em todos os lugares. Tradução livre. UNITED NATIONS. *Transforming our world*, cit.
28. SEN, Amartya. *Development as Freedom*. New York: Random House, 1999, p. 139.
29. Sobre o acesso aos bens essenciais durante a pandemia: SILVA. Joseane Suzart Lopes da. Os reflexos da pandemia (COVID-19) nas relações de consumo: a proteção dos destinatários finais nos serviços públicos essenciais e em contratos referentes a relevantes bens jurídicos. *Revista de Direito do Consumidor*, v. 130, p. 27-61, jul.-ago. 2020.
30. UNITED NATIONS CONFERENCE ON TRADE AND DEVELOPMENT – UNCTAD. *Sustainable Development Goals through Consumer Protection*, cit., p. 4.
31. "Após leve queda da participação do agronegócio industrial no PIB de 2021 (-0,2%) e apesar do superávit recorde da balança comercial do setor após dois anos de pandemia, o governo federal anunciou a liberação de até RS 4 bilhões em programas de apoio à agroindústria até o fim da gestão, o que não foi feito para a agricultura familiar, evidenciando a política econômica reprimarizante e ambientalmente agressiva do governo em curso". GRUPO DE TRABALHO DA SOCIEDADE CIVIL PARA A AGENDA 2030 DO DESENVOLVIMENTO SUSTENTÁVEL (GT AGENDA 2030). *VI Relatório Luz da Sociedade Civil Agenda 2030 de Desenvolvimento Sustentável Brasil*. 2022, p. 17. Disponível em: pt_rl_2022_final_web-1.pdf (wordpress.com). Acesso em: 03 mar. 2023.
32. UNITED NATIONS. Department of Economic and Social Affairs. *Sustainable Development Goals Report 2020*. Disponível em: Sustainable Development Goals Report 2020 | Multimedia Library – United Nations Department of Economic and Social Affairs Acesso em: 05 abr. 2023.

quanto ao alcance dos 17 ODS. Segundo o Relatório de 2022 da Agenda 2030, elaborado pelo Grupo de Trabalho da Sociedade Civil, das 168 metas originalmente aplicáveis ao país, apenas uma (a 15.8) teve progresso satisfatório, sendo que 110 (65,47%) estão em retrocesso, 24 estão em progresso insuficiente (14,28%), 11 estão em processo de estagnação (6,54%) e 14 estão ameaçadas (8,33%).[33]

Especificamente quanto ao ODS 12, a maioria das metas estão em retrocesso ou estagnadas, seja por falta de dados e informações ou inadequações de políticas públicas para promoção dos indicadores.[34] De acordo com o Relatório Luz 2022,[35] as recomendações para assegurar padrões de produção e de consumo sustentáveis e avançar nas metade relacionadas ao ODS 12, são: i) reconstruir o Plano de Ação para Produção e Consumo Sustentáveis (PPCS); ii) reunir em relatório nacional as informações sobre a reciclagem no Brasil e ampliar prazos para acordo setoriais de logística reversa; iii) fazer constar nos Planos de Gestão Integrada de Resíduos Sólido implantados pelos municípios, disposição adequada de rejeitos em aterros sanitários, coletas seletivas, logística reversa, responsabilidade estendida dos Produtores/Fabricantes.

As práticas de consumo sustentáveis precisam ser promovidas no Brasil, seja por mecanismo de comando e controle, por políticas públicas federais, estaduais e municipais, pela atuação dos órgãos que compõem o Sistema Nacional de Defesa do Consumidor e pela aprovação do PL 3514/2015 que traz algumas inovações na matéria.[36]

No campo da sustentabilidade econômica dos consumidores, a atualização do CDC ocorrida em 2021, foi uma vitória importante. A publicação da Lei 14.181/2021 no tema da sustentabilidade é demonstrada por meio do novo princípio orientador da Política Nacional das Relações de Consumo (PNRC) "a prevenção e tratamento do superendividamento como forma de evitar a exclusão

---

33. GRUPO DE TRABALHO DA SOCIEDADE CIVIL PARA A AGENDA 2030 DO DESENVOLVIMENTO SUSTENTÁVEL (GT AGENDA 2030). *VI Relatório Luz da Sociedade Civil Agenda 2030 de Desenvolvimento Sustentável Brasil*, cit. Refere-se que o Grupo de Trabalho passou dificuldades para produzir o relatório devido à falta de informações do próprio governo, conforme é descrito: "O apagão informativo em curso, que por si só burla os compromissos com a Agenda 20303 , fica evidente no próprio Painel dos Indicadores Brasileiros para os ODS , que informa não haver dados oficiais sobre 140 dos 245 indicadores aplicáveis ao contexto nacional e no qual apenas sete estão atualizados até 2020 – os demais remontam, em sua maioria, a 2017". Idem, cit., p. 4.

34. Segundo o Relatório não foi implementado o "segundo ciclo do Plano de Ação para Produção e Consumo Sustentáveis (PPCS), nem da Estratégia PPCS 20302 (conjunto de medidas para alinhar o PPCS à Agenda de Desenvolvimento Sustentável, como consta na meta global3, construído em seminário realizado em 2018 pelo Ministério do Meio Ambiente)" Idem, cit., p. 67-70.

35. Idem, cit., p. 70.

36. MARQUES, Claudia Lima; ATZ, Ana Paula. A efetivação das metas do Objetivo de Desenvolvimento Sustentável – ODS 12 no Brasil: pela aprovação do PL 3514/2015 de um consumo digital e sustentável. *Revista de Direito Ambiental*. v. 107. ano 27. p. 195-233. São Paulo: Ed. RT, jul./set. 2022.

social do consumidor" (art. 4º, X)[37] que conecta a vulnerabilidade econômica e social dos consumidores com a promoção dos seus direitos. A legislação acrescentou novos princípios e direitos ao CDC. No que se refere a PNRC prevista no art. 4º, é introduzido dois novos princípios, correspondentes aos incisos IX e X, sendo que o IX se refere especificamente à educação ambiental dos consumidores: "Art. 4º (*omissis*) IX – fomento de ações direcionadas à educação financeira e ambiental dos consumidores; X – prevenção e tratamento do superendividamento como forma de evitar a exclusão social do consumidor".

Percebe-se que o legislador fez repercutir no texto da norma a educação ambiental dos consumidores no inciso IX, o que se conecta com as Diretrizes da ONU de proteção ao consumidor revisadas em 1999 e 2015. Conforme Claudia Lima Marques, o inciso apresentou também correlação direta com os Objetivos do Desenvolvimento Sustentável da Agenda 2030 e inaugurou a positivação do tema do consumo sustentável na legislação consumerista.[38] Vários diálogos possíveis já existem entre o CDC e o direito ambiental como a noção de abuso do fornecedor o desrespeito a valores e normas ambientais. Como mencionamos,[39] o diálogo das fontes como método hermenêutico, se aplica na construção de uma resposta do Direito à casos envolvendo normas de defesa do consumidor e normas ambientais, e defende-se que a aprovação do PL 3.514/2015 representa a promoção mais efetiva do consumo sustentável no Brasil.

4. PELA APROVAÇÃO DO PL 3.514/2015 PARA UM CONSUMO SUSTENTÁVEL

O Projeto de Lei 3514/2015 fornece meios para que o consumo sustentável figure na pauta das políticas públicas brasileiras e se alinhe com o ODS 12, ao

---

37. Para Claudia Lima Marques "a beleza dessa frase é profunda, pois combate à discriminação e à segregação, orienta os esforços dos novos capítulos sobre prevenção e tratamento e sobre conciliação no superendividamento do consumidor ao combate de uma mazela social e econômica, que é a exclusão de milhões de consumidores no Brasil do mercado de consumo". MARQUES, Claudia Lima. Comentários às novas regras da Lei 14.181/2021 introduzidas no CDC. In: BENJAMIN, Antonio Herman; MARQUES, Claudia Lima; LIMA, Clarissa Costa de; VIAL, Sophia Martini. *Comentários à Lei 14.181/2021*: a atualização do CDC em matéria de superendividamento. São Paulo: Ed. RT, 2022.

38. Como escrevemos: "Trata-se de salutar regra, pois a informação ambiental tem ajudado muito os consumidores a manter sua liberdade de escolha, assim mais educação ambiental poderá fazer evoluir nosso mercado de consumo na direção correta e de um futuro mais sustentável. (...) Valorizar a educação ambiental é o caminho correto a seguir". MARQUES, Claudia Lima. Comentários às novas regras da Lei 14.181/2021 introduzidas no CDC. In: BENJAMIN, Antonio Herman; MARQUES, Claudia Lima; LIMA, Clarissa Costa de; VIAL, Sophia Martini. *Comentários à Lei 14.181/2021*, cit., p. 185.

39. MARQUES, Claudia Lima. Comentários às novas regras da Lei 14.181/2021 introduzidas no CDC. In: BENJAMIN, Antonio Herman; MARQUES, Claudia Lima; LIMA, Clarissa Costa de; VIAL, Sophia Martini. *Comentários à Lei 14.181/2021*, p. 186. Segundo Marques, "O CDC considera, no art. 37, parágrafo segundo, como abusiva a publicidade que desrespeite "valores ambientais" e, no art. 51, XVI, são abusivas as cláusulas que "infrinjam ou possibilitem a violação de normas ambientais".

prever a relação entre a proteção ambiental e um novo estilo de consumo. No art. 4º, *caput*, prevê a "proteção do meio ambiente" entre os objetivos da Política Nacional das Relações de Consumo (PNRC) e princípio norteador, da seguinte forma: "II – e) pelo incentivo a padrões de produção e consumo sustentáveis; IX: promoção de padrões de produção e consumo sustentáveis, de forma a atender às necessidades das atuais gerações, permitindo melhores condições de vida e promovendo o desenvolvimento econômico e a inclusão social, sem comprometer a qualidade ambiental e o atendimento das necessidades das gerações futuras."

Conforme se depreende da leitura do Projeto, existe a imposição normativa ao Estado do dever de promover "padrões de produção e consumo sustentáveis". Aqui há evidente espaço para criação de legislações e políticas públicas mais progressistas por parte do Estado em várias frentes para assegurar e viabilizar o consumo sustentável. Tais ações podem servir para coibir a prática da obsolescência programada[40] e *greenwashing*,[41] bem como promover maior transparência das informações dos produtos por meio da rotulagem e investimentos em infraestrutura verde.

O PL 3.514/2015 também inclui a sustentabilidade no art. 6º, inciso XIII do CDC e institui como direito básico "a informação ambiental veraz e útil, observados os requisitos da Política Nacional de Resíduos Sólidos, instituída pela Lei 12.305, de 2 de agosto de 2010". No texto atual do Projeto também consta o acréscimo do art. 10-A ao CDC que tem como objetivo melhorar o sistema de qualidade e segurança de produtos e serviços ao ampliar o cuidado dos fornecedores no que tange aos riscos ambientais, conforme segue: "Art. 10-A. As regras preventivas e precautórias dos arts. 8º, 9º e 10 deste Código aplicam-se aos riscos provenientes de impactos ambientais decorrentes de produtos e serviços colocados no mercado de consumo." O texto também contempla no rol de práticas abusivas previstas no art. 39 do CDC "oferecer produto ou serviço com potencial de impacto ambiental negativo, sem tomar as devidas medidas preventivas e precautórias", gerando impacto em circunstância agravante dos crimes contra as relações de consumo gerar "graves danos ao meio ambiente".

---

40. Conforme a doutrina "O consumo globalizado de bilhões de pessoas na sociedade de consumo criou uma cultura da efemeridade que mantém cativos os consumidores via obsolescência dos produtos, quer em razão da moda, do design, da redução da vida útil ou do desenvolvimento de novas tecnologias, com graves consequências para o meio ambiente". SCHMIDT NETO, André Perin; CHEVTCHIK, Mellany. Obsolescência programada nas relações de consumo. *Revista de Direito do Consumidor*, v. 30, n. 134, p. 227-249, mar./abr. 2021.

41. O termo *greenwashing* (lavagem verde) se refere ao "ato de enganar os consumidores sobre as práticas ambientais de uma empresa (greenwashing em nível de empresa) ou os benefícios ambientais de um produto ou serviço (greenwashing em nível do produto)". [Tradução livre]. (DELMAS, Magali A; BURBANO, Vanessa Cuerel. The Drivers of Greenwashing, *California Management Review*, v. 54. n. 1, p. 64-87, 2011. Disponível em: https://ssrn.com/abstract=1966721. Acesso em: 15 mar. 2023).

O Projeto de Lei 3.514/2015 segue aguardando pauta para votação na Câmara dos Deputados do Congresso Nacional e, tendo em vista o atual cenário, é recomendado urgentemente a sua aprovação, na mesma esteira positiva da pauta verde que inaugura o Supremo Tribunal Federal.[42]

Para Claudia Lima Marques,[43] "o direito do consumidor e o direito ambiental tem uma vocação de cooperação e diálogo seja por suas origens comuns, seja por seus fins". No CDC podemos identificar este diálogo em várias normas, como o art. 37, parágrafo segundo que identifica como abusiva a publicidade que desrespeite os valores ambientais, como também a previsão do art. 51, inciso XVI que considera abusivas as cláusulas que infrinjam ou possibilitem a violação de normas ambientais". Pode-se dizer que o consumo sustentável conecta a proteção do consumidor e do meio ambiente e das futuras gerações, sendo que a aprovação do PL 3514/2015 é um passo importante para esta concretização.

5. CONCLUSÃO

A presente pesquisa concluiu que, em face das paralizações de ações do Estado brasileiro para concretização do ODS 12, a aprovação do PL 3.514/2015 para atualização do Código de Defesa do Consumidor para um consumo digital e sustentável torna-se necessária e conecta o direito do consumidor com a Agenda ambiental e pode ajudar na concretização dos objetivos do milênio. De um retrocesso no alcance do desenvolvimento sustentável que garante uma sadia qualidade de vida e um meio ambiente saudável, o Brasil pode se alinhar ao cumprimento dos acordos firmados internacionalmente e não há dúvidas que o papel do consumo sustentável desempenha um papel importante.

---

42. No dia 30 de março de 2022, o Supremo Tribunal Federal iniciou, o julgamento da chamada "pauta verde". Referida pauta ecológica englobou a ADPF 760 (Plano de Ação para Prevenção e Controle do Desmatamento na Amazônia – PPCDAm); a ADPF 735 (Operação Verde Brasil 2); a ADPF 651 (Fundo Nacional do Meio Ambiente); a ADO 54 (omissão do governo federal no combate ao desmatamento); a ADO 59 (Fundo Amazônia); a ADI 6.148 (Resolução Conama 491/2018 sobre padrões de qualidade do ar); e, finalmente, a ADI 6.808 (MP 1.040/2021, convertida na Lei 14.195/2021, sobre a concessão automática de licença ambiental). Segundo Wedy, Sarlet e Fensterseifer "O STF possui à disposição, portanto, além de seus próprios precedentes, por si só, progressistas e paradigmáticos em matéria de Direito Ambiental, *leading cases* importantes provenientes de outros sistemas constitucionais que podem, juntamente com a qualificada doutrina, brasileira e estrangeira, contribuir decisivamente para decisões históricas que talvez declarem, de modo revolucionário, a existência de um direito constitucional fundamental ao clima estável em nosso país". (WEDY, Gabriel; SARLET, Ingo Wolfgang; FENSTERSEIFER, Tiago. STF: pauta verde e precedentes internacionais. *Conjur*, 2 abr. 2022. Disponível em: ConJur – Supremo: pauta verde e precedentes internacionais. Acesso em: 20 mar. 2023).

43. MARQUES, Claudia Lima. Atualização do Código de Defesa do Consumidor e o diálogo entre o direito do consumidor e o direito ambiental: estudo em homenagem à Eládio Lecey, *Anais do 20° Congresso Brasileiro de Direito Ambiental*: "Ambiente, Sociedade e Consumo Sustentável".

O PL 3.415/2015 deve ser colocado em pauta este ano, depois de um longo período de espera por não ser considerado urgente durante a pandemia. A atualização do CDC representa o alinhamento do Estado brasileiro com o ODS 12 e seu esforço para cumprir suas metas. A ideia é pensar em uma proteção do consumidor de forma mais ampla, para incluir além da qualidade dos produtos e serviços no mercado de consumo, uma mudança em seu estilo de vida e em suas escolhas, conectada com a efetivação do princípio do consumo sustentável.

6. REFERÊNCIAS

BOSSELMANN, Klaus. *O Princípio da Sustentabilidade*: Transformando Direito e Governança. São Paulo: Ed. RT, 2015.

CANOTILHO, José Joaquim Gomes. O princípio da sustentabilidade como princípio estruturante do direito constitucional. *Revista de Estudos Politécnicos*, v. VIII, n. 13, p. 7-18, 2010.

COHEN, Maurie. The emergent environmental policy discourse on sustainable consumption. In: COHEN, Maurie; MURPHY, Joseph. *Exploring Sustainable Consumption*: Environmental Policy and the Social Sciences. Oxford: Elsevier, 2001.

COMISSÃO EUROPEIA. *Nova Agenda do Consumidor 2020-2025*. Ações destinadas a proteger os consumidores europeus.

COMISSÃO MUNDIAL SOBRE MEIO AMBIENTE E DESENVOLVIMENTO. *Nosso futuro comum*. 2. ed. Rio de Janeiro: FGV, 1991.

DELMAS, Magali A; BURBANO, Vanessa Cuerel. The Drivers of Greenwashing, *California Management Review*, [s.l.], v. 54. n. 1, p. 64-87, 2011. Disponível em: [https://ssrn.com/abstract=1966721]. Acesso em: 15 mar. 2023.

FARBER, Daniel A. Sustainable Consumption, Energy Policy and Individual Well-Being. *Vanderbilt Law Review*, v. 65, p. 1482, 2012.

FRANÇA, Flaviano Gomes de; ROLIM, Dorinethe dos Santos Bentes. O Acordo de Paris: um novo arcabouço jurídico no enfrentamento das mudanças climáticas. *Revista de Direito Ambiental*, v. 86, p. 491-513, abr.-jun. 2017.

GRUPO DE TRABALHO DA SOCIEDADE CIVIL PARA A AGENDA 2030 DO DESENVOLVIMENTO SUSTENTÁVEL (GT AGENDA 2030). *VI Relatório Luz da Sociedade Civil Agenda 2030 de Desenvolvimento Sustentável Brasil*. 2022, p. 17. Disponível em: pt_rl_2022_final_web-1.pdf (wordpress.com). Acesso em: 03 mar. 2023.

INTERGOVERNMENTAL PANEL ON CLIMATE CHANGE - IPCC. Impacts, Adaptation and Vulnerability. Climate Change 2022. *Working Group II contribution to the Sixth Assessment Report*. 27 February 2022. Disponível em: https://report.ipcc.ch/ar6wg2/pdf/IPCC_AR6_WGII_FinalDraft_FullReport.pdf. Acesso em: 05 mar. 2023.

MARQUES, Claudia Lima. 25 anos de Código de Defesa do Consumidor e as sugestões traçadas pela Revisão de 2015 das Diretrizes da ONU de proteção dos consumidores para a atualização. *Revista de Direito do Consumidor*, v. 103, São Paulo, jan.-fev. 2016.

MARQUES, Claudia Lima. Texto das diretrizes de proteção do consumidor, revisão de 2015 pela Assembleia Geral da ONU, em inglês e espanhol. *Revista de Direito do Consumidor*, vol. 104, p. 507-554, mar.-abr. 2016.

MARQUES, Claudia Lima; ATZ, Ana Paula. A efetivação das metas do Objetivo de Desenvolvimento Sustentável – ODS 12 no Brasil: pela aprovação do PL 3.514/2015 de um consumo digital e sustentável. *Revista de Direito Ambiental*. v. 107. ano 27. p. 195-233. São Paulo: Ed. RT, jul./ set. 2022.

MARQUES, Claudia Lima. Comentários às novas regras da Lei 14.181/2021 introduzidas no CDC. In: BENJAMIN, Antonio Herman; MARQUES, Claudia Lima; LIMA, Clarissa Costa de; VIAL, Sophia Martini. *Comentários à Lei 14.181/2021*: a atualização do CDC em matéria de superendividamento. São Paulo: Ed. RT, 2022.

LIMA, Clarissa Costa de; Atz, Ana Paula; Rocha, Leonel Severo. A comunicação de risco da Covid-19 e o consumo sustentável como adaptação humana à mudança climática: homenagem a Eládio Lecey. *Revista de Direito Ambiental*. v. 105. ano 27. p. 213-245, jan./mar. 2022.

LIMA, Clarissa Costa de; OLIVEIRA, Amanda Flávio de; CIPRIANO, Ana Cândida Muniz. ONU acompanha evolução das relações de consumo em nível transnacional. *Conjur*, 26 out. 2016. Disponível em: https://www.conjur.com.br/2016-out-26/garantias-consumo-onu-acompanha-evolucao-relacoes-consumo-nivel-transnacional. Acesso em: 02 mar. 2023.

NAÇÕES UNIDAS BRASIL. Meio Ambiente saudável é declarado direito humano por Conselho da ONU, 08 out. 2021. Disponível em: https://brasil.un.org/pt-br/150667-meio-ambiente-saudavel-e-declarado-direito-humano-por-conselho-da-onu. Acesso em: 05 mar. 2023.

PIB: Consumo das famílias sobe 4,3% em 2022, diz IBGE. Disponível em: PIB: consumo das famílias sobe 4,3% em 2022, diz IBGE - 02/03/2023 – Mercado – Folha (uol.com.br) Acesso em: mar. 2023.

SARLET, Ingo Wolfgang; FENSTERSEIFER, Tiago. *Direito Constitucional Ecológico*: Constituição, direitos fundamentais e proteção da natureza. 7. ed. rev., atual. ampl. São Paulo: Thomson Reuters Brasil, 2021.

SCHMIDT NETO, André Perin; CHEVTCHIK, Mellany. Obsolescência programada nas relações de consumo. *Revista de Direito do Consumidor*, v. 30, n. 134, p. 227-249, mar./abr. 2021.

SEN, Amartya. *Development as Freedom*. New York: Random House, 1999.

SILVA. Joseane Suzart Lopes da. Os reflexos da pandemia (COVID-19) nas relações de consumo: a proteção dos destinatários finais nos serviços públicos essenciais e em contratos referentes a relevantes bens jurídicos. *Revista de Direito do Consumidor*, v. 130, p. 27-61, jul.-ago. 2020.

UNITED NATIONS CONFERENCE ON TRADE AND DEVELOPMENT – UNCTAD. *Sustainable Development Goals through Consumer Protection*. United Nations: New York, Geneva, 2017.

UNITED NATIONS ENVIRONMENT PROGRAMME. Global outlook on Sustainable Consumption and Producton Policies: taking action together. Paris: UNEP, 2012 apud BRASIL. Secretaria Nacional do Consumidor. Consumo Sustentável. *Caderno de Investigações Científicas*, Brasília, v. 3, 2013.

UNITED NATIONS ENVIRONMENT PROGRAMME. *Global outlook on Sustainable Consumption and Production Policies*: taking action together. Paris: UNEP, 2012.

UNITED NATIONS. *Agenda 21*, New York: United Nations, 1992. Disponível em: https://sustainabledevelopment.un.org/content/documents/Agenda21.pdf. Acesso em: 02 mar. 2023.

UNITED NATIONS. Departament of Economic and Social Affairs. *United Nations Guidelines for Consumer Protection. New York, 2003*. Disponível em: https://unctad.org/system/files/official-document/UN-DESA_GCP1999_en.pdf. Acesso em: 04 fev. 2023.

UNITED NATIONS. Department of Economic and Social Affairs. *Goal 12*. Disponível em: Goal 12 | Department of Economic and Social Affairs (un.org) Acesso em: 15 mar. 2023.

UNITED NATIONS. *Paris Agreement*. New York: UM, 2015. Disponível em: https://unfccc.int/process-and-meetings/the-paris-agreement/the-paris-agreement. Acesso em: 15 mar. 2023.

UNITED NATIONS. *Transforming our world*: the 2030 agenda for sustainable development. 2015. Disponível em: https://www.un.org/ga/search/view_doc.asp?symbol=A/RES/70/1&Lang=E. Acesso em: 05 mar. 2023.

WEDY, Gabriel; SARLET, Ingo Wolfgang; FENSTERSEIFER, Tiago. STF: pauta verde e precedentes internacionais. *Conjur,* 2 abr. 2022. Disponível em: ConJur – Supremo: pauta verde e precedentes internacionais Acesso em: 20 mar. 2023.

WORLD RESOURCES INSTITUTE – WRI. *Programa de Clima*. 6 conclusões do relatório do IPCC de 2022 sobre mitigação das mudanças climáticas. 4 abr. 2022. Disponível em: 6 conclusões do relatório do IPCC de 2022 sobre mitigação das mudanças climáticas | WRI Brasil Acesso em: 20 mar. 2023.

WWF. Fundo Mundial pela Natureza. *Pegada Ecológica?* O que é isso? 8 abr. 2011. Disponível em: https://bit.ly/3L9E0hi. Acesso em: 14 mar. 2023.

O PROJETO DE LEI 3514/2015 SOB A ÓTICA DOS DIREITOS FUNDAMENTAIS PROCESSUAIS: A POSSIBILIDADE DE DECRETAÇÃO *EX OFFICIO* DE NULIDADES DE CLÁUSULAS CONTRATUAIS NO DIREITO DO CONSUMIDOR E A SUPERAÇÃO DA SÚMULA 381 DO SUPERIOR TRIBUNAL DE JUSTIÇA E DA TESE FIRMADA NO RECURSO ESPECIAL REPETITIVO 1.060.530/RS

Luis Alberto Reichelt

Doutor e Mestre em Direito pela UFRGS. Professor nos cursos de Graduação, Especialização, Mestrado e Doutorado em Direito da PUCRS. Procurador da Fazenda Nacional em Porto Alegre (RS). E-mail: Luis.reichelt@pucrs.br.

Sumário: 1. Introdução – 2. Um ponto de partida para uma leitura crítica: o desencontro das razões de decidir subjacentes à tese firmada no julgamento do Recurso Especial Repetitivo 1.060.530/RS – 3. Indo além: colocando em discussão a alteração da força vinculante da Súmula 381 do Superior Tribunal de Justiça – 4. O art. 5º, VI do Projeto de Lei 3.514/2015 e os direitos fundamentais à tutela do consumidor em juízo e à tutela jurisdicional eficiente – 5. Considerações finais – 6. Referências.

1. INTRODUÇÃO

Dentre as inúmeras propostas que tramitam no Poder Legislativo com vistas ao aperfeiçoamento do sistema jurídico, destaque especial deve ser dado ao constante do art. 5º, VI do Projeto de Lei 3.514/2015, que produz impactos tanto na tutela do consumidor no que diz respeito à forma de equacionamento dos poderes do juiz e da liberdade das partes no que se refere ao enfrentamento de nulidades decorrentes do desrespeito às normas consumeristas.

A questão objeto do comando em questão está longe de ser considerada de fácil solução, sendo o debate a seu respeito de primeira grandeza.[1] Nesse sentido,

---

1. Sintoma disso pode ser visto na quantidade de estudos interessantes dedicados ao ponto. Nesse sentido, exemplificativamente, ver CABRAL, Hildeliza Lacerda Tinoco Boechat. Contratos consumeristas – As

impõe-se registrar, desde logo, que o tema já foi levado ao Superior Tribunal de Justiça, e sua relevância pode ser vista na circunstância de sobre o tema haver dois pronunciamentos expressos, quais sejam a tese a esse respeito no julgamento do recurso especial repetitivo 1.060.530/RS e a Súmula 381.

Presentes tais premissas, o presente estudo propõe, em primeiro lugar, o cotejo crítico do texto do projeto de lei em questão no contraste com o entendimento estampado no julgamento do recurso especial repetitivo 1.060.530/ RS, bem como com a Súmula 381 do Superior Tribunal de Justiça. Superada essa etapa, investigar-se-á, ainda, as relações entre o art. 5º, VI do Projeto de Lei 3.514/2015 e os direitos fundamentais à tutela do consumidor em juízo e à tutela jurisdicional eficiente.

2. UM PONTO DE PARTIDA PARA UMA LEITURA CRÍTICA: O DESENCONTRO DAS RAZÕES DE DECIDIR SUBJACENTES À TESE FIRMADA NO JULGAMENTO DO RECURSO ESPECIAL REPETITIVO 1.060.530/RS

A Súmula 381 do Superior Tribunal de Justiça tem sua origem na decisão proferida no recurso especial repetitivo 1.060.530/RS, julgado pela Segunda Seção do Superior Tribunal de Justiça em 22.10.2008. Nesse julgado foram firmadas

---

cláusulas abusivas, seu reconhecimento de ofício e o Enunciado 381 da súmula do STJ. *Revista Magister de Direito Empresarial, Concorrencial e do Consumidor*, v. 36, p. 41-61, dez. 2010; CALGARO, Gerson Amauri. Sobre a sistemática dos princípios e a proteção e defesa do consumidor: a Súmula 381 do Superior Tribunal de Justiça. Revista de Direito Privado, v. 47, p. 477-504, jul./set. 2011; EFING, Antônio Carlos; BAUER, Fernanda Mara Gibran; BLAUTH, Flávia Noemberg Lazzari. A proteção jurídica do consumidor enquanto direito fundamental e sua efetividade diante de empecilhos jurisprudenciais: o enunciado 381 do STJ. *Direitos Fundamentais & Justiça*, v. 5, n. 17, p. 207-226, out. /dez. 2011; GAGLIANO, Pablo Stolze; VIANA, Salomão. É sempre vedado ao julgador conhecer, de ofício, da abusividade de cláusulas em contrato bancário? Reflexões sobre a Súmula 381 do STJ. *Revista Forense*, v. 408, p. 569-576, mar. /abr. 2010; MIRAGEM, Bruno Nubens Barbosa. Nulidade das cláusulas abusivas nos contratos de consumo: entre o passado e o futuro do direito do consumidor brasileiro. *Revista de Direito do Consumidor*, v. 72, p. 41-77, out./dez. 2009; NERY JÚNIOR, Nelson. Questões de ordem pública e seu julgamento *ex officio*: considerações sobre o verbete 'STJ 381' da Súmula da jurisprudência predominante no STJ. *Revista de Direito Privado*, v. 60, p. 237-254, out./dez. 2014; NERY JÚNIOR, Nelson. Declaração de ofício da abusividade de cláusula em contrato de consumo: revisão da Súmula 381 do STJ. *Revista do Advogado*, v. 130, p. 78-88, ago. 2016; OLIVEIRA, Andressa Jarletti Gonçalves de. A necessária revisão da Súmula 381/STJ. *Revista de Direito do Consumidor*, São Paulo , v. 110, p. 423-458, mar./abr. 2017; PAULA, Flávio Henrique Caetano de. A violação do CDC pelo STJ nas Súmulas 381, 385 e 404 e a necessidade de cancelamento destas. *Revista de Direito do Consumidor*, v. 91, p. 397-404, jan./fev. 2014; PETRY, Alexandre Torres. A súmula 381 do STJ como afronta ao sistema dos direitos fundamentais. Direito e Justiça: *Revista da Faculdade de Direito da Pontifícia Universidade Católica do Rio Grande do Sul*, v. 38, n. 2, p. 106-119, jul./dez. 2012; RANGEL, Rafael Calmon. A técnica da distinção de precedentes e a súmula 381 do STJ. *Revista de Direito do Consumidor*, v. 105, p. 321-342, maio/jun. 2016; SCHWARTZ, Fábio. A Súmula 381 do STJ e o riso da mulher Trácia. *Revista de Direito do Consumidor*, v. 108, p. 17-35, nov./dez. 2016; TRAJANO, Fábio de Souza. A inconstitucionalidade da Súmula 381 do Superior Tribunal de Justiça. *Revista de Direito do Consumidor*, v. 73, p. 51-77, jan./mar. 2010.

cinco orientações, sendo uma delas a de que "é vedado aos juízes de primeiro e segundo graus de jurisdição julgar, com fundamento no art. 51 do CDC, sem pedido expresso, a abusividade de cláusulas nos contratos bancários".

A compreensão dessa origem, por sua vez, reclama atenção para uma série de fatores. Nesse sentido, uma importante premissa a ser considerada nesse contexto histórico é o fato de que à época do referido julgamento era vigente o art. 543-C do Código de Processo Civil de 1973, segundo o qual a orientação firmada pelo Superior Tribunal de Justiça em tais casos possuía natureza *persuasiva*. Prova disso pode ser vista na sistemática projetada para a aplicação do referido paradigma. A esse respeito, previa o art. 543-C, § 1º que os demais recursos especiais que tratassem de matéria análoga teriam sua tramitação suspensa até que houvesse o julgamento dos recursos remetidos ao Superior Tribunal de Justiça como representativos da controvérsia a ser dirimida. Da mesma forma, o art. 543-C, § 7º, I dispunha no sentido de que julgado o recurso representativo e publicado o acórdão do Superior Tribunal de Justiça, os recursos especiais sobrestados na origem teriam seguimento denegado na hipótese de o acórdão recorrido coincidir com a orientação firmada no julgado a ser tomado como paradigmático. O art. 543-C, § 7º, II, por sua vez, previa que os recursos especiais deveriam ser novamente examinados pelo tribunal de origem na hipótese de o acórdão recorrido divergir da orientação do Superior Tribunal de Justiça, e, sendo mantida a decisão divergente pelo tribunal de origem, far-se-á o exame de admissibilidade do recurso especial interposto no caso concreto, nos termos do parágrafo oitavo subsequente.

Não era diferente a orientação em outros pontos do mesmo Código de Processo Civil de 1973. O art. 285-A dispunha no sentido de que nos casos em que a matéria controvertida fosse unicamente de direito e no juízo já houvesse sido proferida sentença de total improcedência em outros casos idênticos, poderia ser dispensada a citação e proferida sentença, reproduzindo-se o teor da anteriormente prolatada. Da mesma forma, constava do art. 557 comando a estabelecer que o relator negará seguimento a recurso que se apresentasse em confronto com súmula ou com jurisprudência dominante do respectivo tribunal, do Supremo Tribunal Federal, ou de Tribunal Superior, e, no parágrafo 1º-A do mesmo dispositivo legal, previsão no sentido de que o relator poderia dar provimento ao recurso nos casos em que a decisão recorrida estivesse em manifesto confronto com súmula ou com jurisprudência dominante do Supremo Tribunal Federal, ou de Tribunal Superior. Como se vê, não havia, em tais textos legais, previsão de vinculação expressa de juízes e tribunais aos parâmetros estipulados em paradigma firmado pelo Superior Tribunal de Justiça, mas apenas a força persuasiva exercida por tais decisões em prol da unidade da jurisprudência. Nota-se, no ponto, uma enorme diferença em relação ao sistema do Código de Processo Civil de 2015, no qual a decisão oriunda de julgamento de recurso especial repetitivo é vista como um padrão decisório de observância obrigatória por juízes e tribunais, na forma do art. 927, III do Código de Processo Civil, sendo a sua inobservância no caso concreto causa de nulidade da decisão que vier a ser proferida, a teor dos arts. 11 e 489, § 1º, V e VI, também do Código de Processo Civil.

O ponto em questão é relevante na medida em que, após o advento do Código de Processo Civil de 2015, a decisão proferida no julgamento do recurso especial repetitivo 1.060.530/RS passa a ganhar status diferenciado na sua condição de fonte do Direito a informar o conteúdo a ser associado ao texto da lei vigente ao tempo em que proferida. Isso porque, nos termos do já citado art. 489, § 1º, V a sua utilização como razão de decidir reclama atenção para a necessidade de identificação dos seus fundamentos determinantes, bem como do ajuste do caso concreto a esses mesmos fundamentos. E aqui sobressai o fato de que a tese do Superior Tribunal de Justiça em relação à proibição de decretação *ex officio* de abusividade de cláusulas em contratos bancários foi firmada por maioria, havendo sido vencidos a Min. Nancy Andrighi e o Min. Luiz Felipe Salomão.

A esse respeito, cumpre sublinhar que as teses subjacentes à conclusão majoritária que legitimou a tese firmada no julgamento caminham em direções bastante distintas. O Min. Aldir Passarinho Júnior manifestou sua divergência pontual em relação do voto da Min. Nancy Andrighi, fazendo-o de maneira sumária ao afirmar que entendia "*não ser possível*" o conhecimento, de ofício, de cláusula contratual. Diferentemente, o Min. João Otávio de Noronha expressou haver entre ele e a relatora "uma profunda divergência de cunho até ideológico". Segundo ele, o fato de ser dado ao juiz examinar amplamente as provas e até tomar a iniciativa de inverter o seu ônus de produção "não pode nos levar à conclusão de que o juiz protege o hipossuficiente", anotando que, a seu sentir, "é a lei que, na forma por ela taxativamente prevista, protege o hipossuficiente nas relações de consumo, mas nunca o juiz". Segundo o Min. João Otávio de Noronha, a defesa dos hipossuficientes competiria, pela Constituição Federal, às defensorias públicas, indagando como poderia o juiz saber se há abusividade ou não diante do caso concreto se a própria parte não a alegou, e perguntando, ainda, como se poderia admitir pudesse o juiz, de ofício, promover o decote dos encargos financeiros pactuados sem que fosse oferecida à outra parte – o banco – a oportunidade de provar que, no caso concreto, a taxa pactuada fora fixada tendo em conta as condições imperantes no mercado e segundo a boa técnica bancária", referindo, ainda, sua posição no sentido de que "nem sempre será do agente financeiro o ônus da prova da não caracterização da abusividade".

Outra frente de argumentos ligada à sustentação da tese preponderante é a trazida pelo Min. Fernando Gonçalves, o qual, sustentado revisão de entendimento anterior, diz não entender o conceito de hipossuficiente, para si um "conceito fugidio, que, em qualquer figurino, se encaixa". Aponta o Min. Fernando Gonçalves, ainda, que em decisão anterior havia concluído no sentido de que "viola o princípio do *tantum devolutum quantum apellatum* deferimento de repetição de indébito, em face do reconhecimento de abusividade no contrato de financiamento bancário, sem que a parte interessada tenha manejado o competente recurso de apelação". Citando essa mesma decisão, o Min. Carlos Fernando Mathias registra também dificuldades com o tema, lançando questões: "como fica o problema do pedido? Aquilo que está no Código de Processo Civil? Como fica o princípio do *tantum devolutum quantum apellatum?*"

O desencontro das razões cotejadas traz consigo a dificuldade na aplicação da tese estampada pelo Superior Tribunal de Justiça, que sobrevive tal qual um barco que se afirma estar navegando em certa direção, mas que não possui um leme que permita justificar o fato de ser guiado em tal sentido. A multiplicidade de explicações não convergentes apresentadas pelos ministros na decisão em questão é sintoma de que se está diante de uma conclusão que é desejada pela maioria, sem, contudo, que haja consenso quanto às premissas a serem consideradas para que ela viesse a ser alcançada. A ausência dessa unidade de razões entre os ministros que perfilaram a posição vencedora no ponto traz consigo considerável dificuldade para que outros magistrados possam afirmar que os casos que lhes são apresentados são idênticos àquele indicado como paradigma pelo Superior Tribunal de Justiça.

3. INDO ALÉM: COLOCANDO EM DISCUSSÃO A ALTERAÇÃO DA FORÇA VINCULANTE DA SÚMULA 381 DO SUPERIOR TRIBUNAL DE JUSTIÇA

Um outro ponto a ser considerado na análise da Súmula 381 do Superior Tribunal de Justiça diz respeito à autoridade por ela exercida no processo de formação do convencimento judicial. Deste modo, impõe-se examinar as razões que gravitam em torno do debate a respeito da força exercida sobre a atuação de juízes e tribunais por súmulas como a ora investigada.

Um primeiro ponto a ser sublinhado a esse respeito é o concernente à própria origem das súmulas no ordenamento jurídico brasileiro. Nesse sentido, a edição de súmulas resulta da iniciativa pioneira proposta constante da emenda ao Regimento Interno do Supremo Tribunal Federal publicada no Diário de Justiça do dia 30 de agosto de 1963, proposta pelo Min. Victor Nunes Leal, que as considerava com verdadeiro "método destinado a ordenar melhor e facilitar a tarefa judicante".[2] Do art. 4º da referida emenda constava que "será publicada, como

---

2. LEAL, Victor Nunes. Passado e futuro da súmula do STF. *Revista de Direito Administrativo*, v. 145, (1981): 1-20, especialmente p. 2.

anexo do Regimento, com as atualizações que se fizerem necessárias, a Súmula da Jurisprudência Predominante do Supremo Tribunal Federal, que poderá ser citada, abreviadamente, como Súmula do Supremo Tribunal, ou simplesmente Súmula". O art. 5º do referido texto regimental previa, por sua vez, que seriam inscritos na Súmula enunciados correspondentes "às decisões do Tribunal, por maioria qualificada, que tenham concluído pela constitucionalidade ou inconstitucionalidade de lei ou ato do poder público (Reg., art. 87, § 6º)", bem como "à jurisprudência que o Tribunal tenha por predominante e firme, embora com votos vencidos". Do parágrafo único do art. 6º do mesmo diploma infralegal, por sua vez, colhe-se comando no sentido de que "o enunciado será sucinto e mencionará as normas constitucionais, legais, regimentais ou de regulamento, a que se refira".

A figura da súmula veio, posteriormente, a ser objeto de regulação no âmbito legal, prevendo o art. 479 do Código de Processo Civil de 1973 que o julgamento, tomado pelo voto da maioria absoluta dos membros que integram o tribunal, será objeto de súmula e constituirá precedente na uniformização da jurisprudência. Comentando o citado comando, ensina José Carlos Barbosa Moreira que "as proposições constantes da Súmula não tem obrigatoriedade assimilável à da lei, não vinculam os outros tribunais do país, nem os juízos de primeiro grau", lembrando que o anteprojeto de Código de Processo Civil apresentado por Alfredo Buzaid "adotara o sistema dos assentos com 'força de lei', mas a crítica doutrinária, como oportunamente registrado, denunciou-lhe a inconstitucionalidade", concluindo no sentido de que "não se pode reintroduzir no Código, por via exegética, uma eiva de que o texto se purgou a tempo".[3]

A toda essa construção corresponde, no quadro normativo hoje vigente, o previsto no art. 101 do atual Regimento Interno do Supremo Tribunal Federal, segundo o qual "a jurisprudência assentada pelo Tribunal será compendiada na Súmula do Supremo Tribunal Federal", e com o art. 926 do Código de Processo Civil de 2015, cujo parágrafo primeiro prevê que "na forma estabelecida e segundo os pressupostos fixados no regimento interno, os tribunais editarão enunciados de súmula correspondentes a sua jurisprudência dominante", somando se a ele o parágrafo segundo ao dispor no sentido de que na edição de enunciados de súmula, "os tribunais devem ater-se às circunstâncias fáticas dos precedentes que motivaram sua criação".[4]

---

3. BARBOSA MOREIRA, José Carlos. *Comentários ao Código de Processo Civil*. 15. ed. Rio de Janeiro: Forense, 2010. v. V, p. 27. No mesmo sentido, ver LEAL, Victor Nunes. *Passado e futuro da súmula do STF*. Op. cit., p. 5 e seguintes.

4. Para maiores considerações sobre a interpretação dos parágrafos do art. 926 do Código de Processo Civil, ver, por todos, STRECK, Lênio Luiz. In: STRECK, Lênio Luiz; NUNES, Dierle; CUNHA, Leonardo Carneiro da (Coord.). *Comentários ao Código de Processo Civil*. 2. ed. São Paulo: Saraiva, 2017. p. 1214 e ss.

O uso de uma outra ferramenta de linguagem pelos tribunais para fins de veiculação das orientações consolidadas ao longo do tempo em seu trabalho traz consigo, por sua vez, o debate em torno do papel a ser adotado pelos responsáveis pela aplicação das orientações gerais estabelecidas em súmulas a casos concretos. A questão ora examinada revela-se problemática, de maneira especial, nos casos em que se vislumbrar alguma possibilidade de desencontro semântico entre a realidade concreta e a pauta estabelecida em uma súmula.

A esse respeito, uma primeira posição a ser externada é aquela veiculada pelo Ministro Victor Nunes Leal nos debates realizados na sessão de julgamento do Recurso Extraordinário 54.190.[5] Naquela ocasião, o Ministro Victor Nunes Leal o apresenta manifestação a respeito do que designa como uma "consideração preliminar", a qual se toma de empréstimo para que ilustrar o trabalho a ser empreendido, sob a sua ótica, na edição, na aplicação e na revisão de súmulas:

> (...)
>
> Se tivermos de interpretar a Sumula com todos os recursos da hermenêutica, como interpretamos as leis, parece-me que a Súmula perderá sua principal vantagem. Muitas vezes, será apenas uma nova complicação sobre as complicações já existentes. A Súmula deve ser entendida pelo que ela exprime claramente, e não a *contrario sensu*, com entrelinhas, ampliações, ou restrições. Ela pretende por termo a dúvidas de interpretação, e não gerar outras dúvidas.

Essa mesma orientação é repetida pelo mesmo Min. Victor Nunes Leal ao referir, em outro estudo, que os enunciados das súmulas "não devem ser interpretados, isto é, esclarecidos quanto ao seu correto significado", uma vez que, a seu sentir, "o que se interpreta é a norma da lei ou do regulamento, e a Súmula é o resultado dessa interpretação, realizada pelo Supremo Tribunal". Conclui o Min. Victor Nunes Leal no sentido de que "a Súmula deve, pois, ser redigida tanto quanto possível com a maior clareza, sem qualquer dubilidade, para que não falhe ao seu papel de expressar a inteligência dada pelo Tribunal", e que "sempre que seja necessário esclarecer algum dos enunciados da Súmula, deve ele ser cancelado, como se fosse objeto de alteração, inscrevendo-se o seu novo texto na Súmula com outro número".[6]

Essa leitura, contudo, pode ser colocada em contraste diante de uma visão contemporânea que caminha em sentido oposto. Referem Marco Félix Jobim e Zulmar Duarte de Oliveira Júnior que "no processo interpretativo de julgamento de um caso a ser apreciado pelo Poder Judiciário, mesmo na aplicação de uma

---

5. Recurso Extraordinário 54.190, rel. Min. Vilas Boas, julgado pelo Tribunal Pleno do Supremo Tribunal Federal em 11.05.1964.
6. LEAL, Victor Nunes. *Passado e futuro da súmula do STF*. Op. cit., p. 11.

súmula, vinculante ou não, há esforço hermenêutico a ser realizado".[7] Lênio Luiz Streck, por sua vez, em comentário ao art. 926, § 1º do Código de Processo Civil, afirma haver "uma cadeia discursiva que sustenta a formação do enunciado, partindo de um conjunto de julgados cujas circunstâncias fáticas são similares e que sobre eles pode o tribunal estabelecer um padrão (enunciado sumular) que deve ser seguido nos demais casos", por ele considerada "o enganche perfeito para a consubstanciação da coerência e integridade".[8] Fabiano Carvalho, por sua vez, em análise do mesmo texto legal, afirma que "a súmula não pode ser compreendida como enunciado geral e abstrato, e aplicada sem critério ou explicação do seu sentido para o qual foi editada", concluindo haver grave erro em "acreditar que a súmula possa ser substituída pelo texto de lei, de modo que o operador do direito promova um silogismo entre os fatos do caso concreto com o enunciado da súmula".[9]

Some-se a esse cenário o fato de que desde o primeiro minuto as súmulas já eram pensadas como ferramentas que deveriam produzir efeito vinculante em relação a um conjunto de julgadores responsáveis pelo enfrentamento de casos análogos. Nesse sentido, o caput do art. 15 da emenda regimental antes citada já previa, de maneira absolutamente inovadora, que nos casos em que o pedido do recorrente contrariasse a jurisprudência compendiada na Súmula, ressalvado o procedimento de revisão, impor-se-ia a negativa de provimento ao agravo para a subida de recursos extraordinários. Sob as mesmas circunstâncias, o referido comando infralegal determinava que não se deveria conhecer de recursos extraordinários, nem dos embargos de divergência, bem como seriam rejeitados os embargos infringentes, podendo o relator deixar de admitir o recurso nestas duas últimas hipóteses catalogadas.

Interessante observar, outrossim, que reformas paulatinamente implantadas no Código de Processo Civil de 1973 ao longo de décadas acabaram por revelar certa simetria com todo esse quadro normativo, evidenciando ser a proposta de 1963 extremamente avançada para o seu tempo. Nesse sentido, a Lei 12.322/2010 veio a dar nova redação ao art. 544, §§ 3º e 4º do Código de Processo Civil de 1973, reforçando os poderes do relator no Supremo Tribunal Federal e no Superior

---

7. JOBIM, Marco Félix e OLIVEIRA JÚNIOR, Zulmar Duarte de. *Súmula, jurisprudência e precedente. Da distinção à superação.* 2. ed. Porto Alegre: Livraria do Advogado, 2021. p . 51.
8. STRECK, Lênio Luiz. In: STRECK, Lênio Luiz; NUNES, Dierle; CUNHA, Leonardo Carneiro da (Coord.). *Comentários ao Código de Processo Civil.* 2. ed. São Paulo: Saraiva, 2017 p. 1219.
9. CARVALHO, Fabiano. *Comentários ao Código de Processo Civil.* São Paulo: Saraivajur, 2022. v. XIX, p. 15. Para outras leituras a respeito da interpretação dos parágrafos do art. 926, ver, ainda, CRUZ E TUCCI, José Rogério. In: BUENO, Cassio Scarpinella (Coord.). *Comentários ao Código de Processo Civil.* São Paulo: Saraiva, 2017. v. 4, p. 13 e OLIVEIRA JÚNIOR, Zulmar Duarte de. In: GAJARDONI, Fernando da Fonseca, DELLORE, Luiz, ROQUE, André Vasconcelos e OLIVEIRA JÚNIOR, Zulmar Duarte de. *Comentários ao Código de Processo Civil.* 5. ed. Rio de Janeiro: Forense, 2022. p. 1320 e ss.

Tribunal de Justiça de modo a permitir que, diante do confronto com súmula, fosse sumariamente negado seguimento ao agravo interposto pela parte nos autos em face da inadmissibilidade de recurso especial ou de recurso extraordinário por ela interposto. O mesmo texto legal manteve, ainda, fórmula anteriormente introduzida em modificação implantada a partir da vigência da Lei 9.756/1998, no ponto em que atribuía ao relator o poder de dar provimento ao referido agravo nos casos em que se constatasse que o acórdão recorrido estivesse em confronto com súmula.

A simetria entre a fórmula constante da redação original da emenda regimental e aquelas previstas nas alterações legislativas introduzidas no Código de Processo Civil encontra limites em um ponto crucial: se, de um lado, a proposta baseada no texto infralegal estabelecia um dever a ser observado pelos ministros do Supremo Tribunal Federal, as modificações legislativas acima comentadas previam dispositivos que autorizavam o relator a negar seguimento ou a dar provimento a recursos naquelas hipóteses que passaram a constar do Código de Processo Civil.

Da mesma forma, a contrariedade à jurisprudência compendiada na súmula permitia, na forma do previsto no parágrafo primeiro do art. 15 da emenda regimental inicialmente catalogada, que o relator pudesse mandar arquivar recursos extraordinários ou agravos de instrumento, caso no qual a parte prejudicada, ainda sob os auspícios da norma infralegal, poderia interpor agravo regimental, sob os argumentos de *inaplicabilidade à espécie da súmula citada pelo relator* ou, de outro lado, de *presença de novos argumentos que justificassem a sua revisão*. Possível traçar, aqui, novamente, um paralelo interessante com uma realidade contemporânea, qual seja a da *argumentação pela distinção e pela superação*, hoje referida no art. 489, § 1º, VI (relativamente ao contraste entre o enunciado da súmula e o caso concreto) e no art. 927, § 4º (dispondo sobre a possibilidade de alteração do enunciado sumulado), todos do Código de Processo Civil de 2015.

O contraste entre o constante do parágrafo primeiro do art. 15 da emenda ao regimento interno antes mencionada e o previsto no Código de Processo Civil de 2015 revela uma simetria mais forte entre os dois modelos. Isso porque em ambas as realidades cotejadas havia a produção de uma eficácia vinculante que se operava mediante a imposição de condutas consideradas obrigatórias aos magistrados que se colocavam diante de súmulas. A diferença entre os modelos persiste, contudo, no que se refere ao alcance dos dispositivos cotejados, já que as normas regimentais vinculavam apenas os ministros do Supremo Tribunal Federal.

Vale sublinhar, ainda, que a orientação no sentido de aumento dos poderes do relator como meio para inibir o manejo de recursos que desafiem o entendimento veiculado em enunciados de súmula também se fez sentir em outras alterações legislativas implementadas no Código de Processo Civil de

1973 muito tempo depois do advento da emenda regimental antes comentada. Nesse sentido, anote-se o constante do art. 557, *caput* e § 1º-A, ambos do Código de Processo Civil de 1973, com a redação dada pela Lei 9.756/1998, os quais previam a possibilidade de o relator negar seguimento a recurso que se apresente em confronto com súmula do respectivo tribunal, do Supremo Tribunal Federal, ou de Tribunal Superior, bem como a possibilidade de o relator dar provimento ao referido agravo nos casos em que se constatasse que o acórdão recorrido estivesse em confronto com súmula.

Essa sistemática guarda simetria, ainda, com o constante do art. 932, IV, "a" e 932, V, "a" do Código de Processo Civil de 2015. Não obstante isso, é de se frisar que a novel legislação processual introduz comandos nos quais a força vinculante dos enunciados de súmula é instrumentalizada mediante condutas que são de observância obrigatória por juízes e tribunais, em se considerando o diálogo entre os comandos mencionados e o previsto nos arts. 11 e 489, § 1º, V do Código de Processo Civil de 2015, ao contrário do que acontecia na realidade da codificação anteriormente vigente.

No mesmo tom, o art. 518, § 1º do Código de Processo Civil de 1973, na redação estabelecida pela Lei 11.276/2006, dispunha no sentido de que o juiz não receberia o recurso de apelação nos casos em que a sentença estivesse em conformidade com súmula do Superior Tribunal de Justiça ou do Supremo Tribunal Federal, que não encontra correspondência no Código de Processo Civil de 2015, mas que já veiculava a produção de efeito vinculante de súmulas em direção aos julgadores de primeira instância, a quem competia o juízo de admissibilidade recursal em questão. Fórmula análoga havia sido introduzida, também vinculando o julgador de primeira instância, no art. 475, § 3º do Código de Processo Civil de 1973 ao determinar que não estaria sujeita ao reexame necessário a sentença fundada em súmula do Supremo Tribunal Federal ou do tribunal superior competente, o que resta mantido também à luz do previsto no art. 496, § 4º, I do Código de Processo Civil de 2015.

Toda essa reflexão histórica é relevante na medida em que a Súmula 381 do Superior Tribunal de Justiça foi editada ainda sob o signo do Código de Processo Civil de 1973. Naquele contexto, sua força vinculante era consideravelmente mais restrita, não se operando perante juízes e tribunais de outros tribunais senão em hipóteses pontuais. A partir da vigência do sistema inscrito no Código de Processo Civil de 2015, a força vinculante da referida súmula passou a se operar de maneira muito mais abrangente, alcançando o agir de juízes e tribunais ao longo de todo o país. Uma transformação silenciosa, mas muito expressiva, pela qual o enunciado de súmula acabou por avançar para além do alcance que originalmente lhe era associado.

4. O ART. 5º, VI DO PROJETO DE LEI 3.514/2015 E OS DIREITOS FUNDAMENTAIS À TUTELA DO CONSUMIDOR EM JUÍZO E À TUTELA JURISDICIONAL EFICIENTE

O Projeto de Lei 3.514/2015 veicula a proposta de inclusão de um art. 5º, VI no Código de Defesa do Consumidor, segundo o qual *para a execução da Política Nacional das Relações de Consumo, o poder público contará com a possibilidade de conhecimento, pelo Poder Judiciário, no âmbito do processo em curso e assegurado o contraditório, de violação a normas de defesa do consumidor.* Afora as questões relativas a ajustes de numeração necessários em função de outros incisos já haverem sido incluídos no mesmo artigo pela Lei 14.181/2021, o fato é que a alteração legislativa em questão representa a retomada de uma linha de orientação que valoriza os direitos fundamentais à tutela do consumidor em juízo[10] e à tutela jurisdicional eficiente.[11]

Ainda que se argumente no sentido de que o direito à tutela do consumidor em juízo, por coexistir com outros direitos fundamentais, possa ter sua eficácia pontualmente restrita no ato de aplicação, é certo que o caso da orientação estampada na tese firmada no julgamento do recurso especial repetitivo 1.060.530/RS e na Súmula 381 do Superior Tribunal de Justiça não guarda qualquer relação com tal fenômeno. Como já visto, as razões de diversas ordens que levaram à redação da orientação estampada em tais ditames não foram construídas em um debate que tome por ponto de partida o quadro dos direitos fundamentais.

Diferentemente, a proposta legal no sentido de que os órgãos do Poder Judiciário possam conhecer de violação a normas de defesa do consumidor guarda relação direta com a formula inscrita no art. 5º, XXXII do texto constitucional. Essa orientação, para muito mais do que retórica repetição do quanto já consta do comando constitucional antes referido, é uma fórmula que possui natureza eminentemente processual, constituindo-se em comando que conforma do agir dos sujeitos do processo, o que resta mais claro ainda na referência textual a um contexto ("no âmbito do processo em curso") e a um modo de atuação ("assegurado o contraditório").

Do ponto de vista semântico, é certo que o texto objeto da proposta legal ora comentada importa em evidente superação da orientação constante da tese firmada no julgamento do recurso especial repetitivo 1.060.530/RS e da Súmula 381 do

---

10. Sobre o ponto, ver as considerações feitas em REICHELT, Luís Alberto. Sobre o conteúdo do direito fundamental à tutela do consumidor em juízo e sua interação com o direito fundamental ao acesso à justiça. *Revista de Direito do Consumidor*, v. 137, p. 315-330, set./out. 2021.
11. Sobre a questão da eficiência, ver, por todos, JOBIM, Marco Félix. *As funções da eficiência no processo civil brasileiro*. São Paulo: Ed. RT, 2018.

Superior Tribunal de Justiça. Em uma leitura que privilegie o olhar sistemático,[12] tem-se que passa o juiz a ter reconhecido o poder de conhecer de ofício a existência de nulidades em matéria consumerista, em uma fórmula que não se coloca mais como dependente da vontade das partes, mas, antes, é ela ferramenta integrante do conjunto de medidas voltadas à execução da Política Nacional das Relações de Consumo descrita no Código de Defesa do Consumidor. Supera-se, com isso, o óbice pelo qual o enfrentamento de tais questões deveria ser supostamente condicionado à existência de vontade das partes, canalizada sob a orientação do princípio dispositivo. Avança-se substancialmente em direção a um modelo que melhor densifica o direito fundamental à tutela jurisdicional eficiente, pautada na otimização dos esforços empregados na construção da tutela jurisdicional em um contexto no qual a vulnerabilidade do consumidor reclama por resposta enérgica.

A introdução do comando constante do projeto de lei em questão, que se mostra em linha com o quadro de direitos fundamentais processuais, opera uma profunda transformação no estado da arte que levou ao estabelecimento dos parâmetros estampados na tese firmada no julgamento do recurso especial repetitivo 1.060.530/RS e na Súmula 381 do Superior Tribunal de Justiça. A existência de texto legal expresso e compatível com o texto constitucional, redigido mediante o emprego de linguagem inequívoca, não deixa espaço para que se possa cogitar de solução outra que não a da existência de um poder/dever do Poder Judiciário de decretar nulidades nos casos em que vislumbrar ofensas à legislação consumerista. Trata-se de construção que traz progresso social inegável, representando substancial avanço na comparação com o cenário antes existente, não havendo lugar para se falar em consolidação de jurisprudência via súmula ou tese decorrente de julgamento de recursos especiais repetitivos no caso em que o legislador oferta solução que preenche uma lacuna com uma fórmula inegavelmente incompatível com a orientação veiculada em tais padrões normativos.

5. CONSIDERAÇÕES FINAIS

De tudo o quanto antes dito, resta claro que o art. 5º, VI do Projeto de Lei 3.514/2015 constitui-se em fórmula pela qual o direito fundamental à tutela do consumidor em juízo encontra densificação adequada, constituindo-se em solução pela qual a iniciativa judicial é equacionada com a liberdade das partes de maneira a respeitar a pauta de proporcionalidade exigível por força do texto constitucional.

A aprovação do Projeto de Lei 3.514/2015 não deve ser vista, de forma alguma, como o resultado a simbolizar apenas a simples ruptura com a ordem anterior,

---

12. Pensa-se, aqui, em uma perspectiva de sistema jurídico como conjunto de normas jurídicas dotado de ordenação e de unidade, na trilha do apresentado por CANARIS, Claus Wilhelm. *Pensamento sistemático e conceito de sistema na ciência do direito*. 3. ed. Lisboa: Fundação Calouste Gulbenkian, 2002.

como se fosse mera decorrência da prevalência de uma vontade política dominante episódica. Antes, essa aprovação é um imperativo para quem vê claramente um movimento em direção a uma nova forma de cristalização, no texto da lei, de uma cultura de proteção do consumidor que reclama cada vez por mais espaço e por mais efetividade dos mecanismos do sistema de justiça.

O reforço dos poderes do juiz não importa em qualquer tipo de descaracterização da advocacia, que segue exercendo a sua função de dar voz ao consumidor nas atividades de postulação e consultoria em matéria jurídica. O papel ativo do órgão jurisdicional no conhecimento de invalidades não desafia o princípio dispositivo nem traz consigo qualquer arranhão ao direito fundamental à imparcialidade do órgão jurisdicional, seja porque são inúmeras as situações nas quais o ordenamento jurídico elenca possibilidade de enfrentamento de questões *ex officio*, seja porque a vulnerabilidade do consumidor reclama o aumento de possibilidades de enfrentamento de lesões ou ameaça a direitos subjetivos pelo Poder Judiciário, seja ainda porque o papel do juiz em tal contexto de forma alguma acaba por se confundir com o papel das partes, quanto mais em um cenário no qual o novel dispositivo reclama seja a questão submetida ao prévio contraditório, tudo na forma do já conhecido no art. 9º do Código de Processo Civil.

6. REFERÊNCIAS

BARBOSA MOREIRA, José Carlos. *Comentários ao Código de Processo Civil.* 15. ed. Rio de Janeiro: Forense, 2010. v. V.

BUENO, Cassio Scarpinella (Coord.). *Comentários ao Código de Processo Civil.* São Paulo: Saraiva, 2017. v. 4.

CABRAL, Hildeliza Lacerda Tinoco Boechat. Contratos consumeristas – As cláusulas abusivas, seu reconhecimento de ofício e o Enunciado 381 da súmula do STJ. *Revista Magister de Direito Empresarial, Concorrencial e do Consumidor*, v. 36, p. 41-61, dez. 2010.

CALGARO, Gerson Amauri. Sobre a sistemática dos princípios e a proteção e defesa do consumidor: a Súmula 381 do Superior Tribunal de Justiça. *Revista de Direito Privado*, v. 47, p. 477-504, jul./set. 2011.

CANARIS, Claus Wilhelm. *Pensamento sistemático e conceito de sistema na ciência do direito.* 3. ed. Lisboa: Fundação Calouste Gulbenkian, 2002.

CARVALHO, Fabiano. *Comentários ao Código de Processo Civil.* São Paulo: Saraivajur, 2022. v. XIX.

EFING, Antônio Carlos; BAUER, Fernanda Mara Gibran; BLAUTH, Flávia Noemberg Lazzari. A proteção jurídica do consumidor enquanto direito fundamental e sua efetividade diante de empecilhos jurisprudenciais: o enunciado 381 do STJ. *Direitos Fundamentais & Justiça*, v. 5, n. 17, p. 207-226, out./dez. 2011.

GAGLIANO, Pablo Stolze; VIANA, Salomão. É sempre vedado ao julgador conhecer, de ofício, da abusividade de cláusulas em contrato bancário? Reflexões sobre a Súmula 381 do STJ. *Revista Forense*, v. 408, p. 569-576, mar./abr. 2010.

GAJARDONI, Fernando da Fonseca, DELLORE, Luiz, ROQUE, André Vasconcelos e OLIVEIRA JÚNIOR, Zulmar Duarte de. *Comentários ao Código de Processo Civil*. 5. ed. Rio de Janeiro: Forense, 2022.

JOBIM, Marco Félix. *As funções da eficiência no processo civil brasileiro*. São Paulo: Ed. RT, 2018.

JOBIM, Marco Félix e OLIVEIRA JÚNIOR, Zulmar Duarte de. *Súmula, jurisprudência e precedente*. Da distinção à superação. 2. ed. Porto Alegre: Livraria do Advogado, 2021.

LEAL, Victor Nunes. Passado e futuro da súmula do STF. *Revista de Direito Administrativo*, v. 145, (1981): 1-20.

MIRAGEM, Bruno Nubens Barbosa. Nulidade das cláusulas abusivas nos contratos de consumo: entre o passado e o futuro do direito do consumidor brasileiro. *Revista de Direito do Consumidor*, v. 72, p. 41-77, out./dez. 2009.

NERY JÚNIOR, Nelson. Questões de ordem pública e seu julgamento *ex officio*: considerações sobre o verbete 'STJ 381' da Súmula da jurisprudência predominante no STJ. *Revista de Direito Privado*, v. 60, p. 237-254, out./dez. 2014.

NERY JÚNIOR, Nelson. Declaração de ofício da abusividade de cláusula em contrato de consumo: revisão da Súmula 381 do STJ. *Revista do Advogado*, v. 130, p. 78-88, ago. 2016.

OLIVEIRA, Andressa Jarletti Gonçalves de. A necessária revisão da Súmula 381/STJ. *Revista de Direito do Consumidor*, v. 110, p. 423-458, mar./abr. 2017.

PAULA, Flávio Henrique Caetano de. A violação do CDC pelo STJ nas Súmulas 381, 385 e 404 e a necessidade de cancelamento destas. *Revista de Direito do Consumidor*, v. 91, p. 397-404, jan./fev. 2014.

PETRY, Alexandre Torres. A súmula 381 do STJ como afronta ao sistema dos direitos fundamentais. Direito e Justiça: *Revista da Faculdade de Direito da Pontifícia Universidade Católica do Rio Grande do Sul*, v. 38, n. 2, p. 106-119, jul./dez. 2012.

RANGEL, Rafael Calmon. A técnica da distinção de precedentes e a súmula 381 do STJ. *Revista de Direito do Consumidor*, v. 105, p. 321-342, maio/jun. 2016.

REICHELT, Luís Alberto. Sobre o conteúdo do direito fundamental à tutela do consumidor em juízo e sua interação com o direito fundamental ao acesso à justiça. *Revista de Direito do Consumidor*, v. 137, p. 315-330, set./out. 2021.

SCHWARTZ, Fábio. A Súmula 381 do STJ e o riso da mulher Trácia. *Revista de Direito do Consumidor*, v. 108, p. 17-35, nov./dez. 2016.

STRECK, Lênio Luiz; NUNES, Dierle; CUNHA, Leonardo Carneiro da (Coord.). *Comentários ao Código de Processo Civil*. 2. ed. São Paulo: Saraiva, 2017.

TRAJANO, Fábio de Souza. A inconstitucionalidade da Súmula 381 do Superior Tribunal de Justiça. *Revista de Direito do Consumidor*, v. 73, p. 51-77, jan./mar. 2010.

O ESTADO FORNECEDOR E AS CÂMARAS DE CONCILIAÇÃO DAS RELAÇÕES DE CONSUMO DE SERVIÇO PÚBLICO: UMA SOLUÇÃO?

Maria Stella Gregori

Mestre em Direito das Relações Sociais pela PUC/SP. Professora Assistente Mestre da PUC/SP. Diretora do Brasilcon. Foi Diretora da Agência Nacional de Saúde Suplementar – ANS e Assistente de Direção do Procon/SP. Advogada.

Mariângela Sarrubbo Fragata

Especialista em Direito das Relações de Consumo pelo COGEAE/PUC/SP. Professora da PUC/SP. Diretora do Brasilcon e membro do Conselho Diretor do IDEC. Foi Procuradora do Estado de São Paulo e Assistente de Direção do Procon/SP. Advogada.

Marcelo Gomes Sodré

Livre-docente em Direitos Difusos pela PUC/SP, Doutor e Mestre. Professor da graduação e pós-graduação da PUC/SP. Diretor do Brasilcon. Coordenador do Instituto de Pesquisas Ambientais do Estado de São Paulo. Foi Diretor do Procon de São Paulo. Advogado.

Sumário: 1. Introdução – 2. O estado fornecedor – 3. O papel das agências reguladoras e o código de defesa do consumidor – 4. Os contratos celebrados entre o consumidor e o poder público – 5. Os conflitos relativos à qualidade dos serviços públicos e a autocomposição – 6. Considerações finais – 7. Referências.

1. INTRODUÇÃO

O objetivo deste artigo é refletir, a partir do disposto no Projeto de Lei 3514/2015,[1] que tramita atualmente na Câmara Federal, sobre a possibilidade de desfecho satisfatório dos contratos celebrados entre um consumidor e o Poder Público utilizando-se das Câmaras de Conciliação que seriam criadas para tal finalidade. Para tanto, serão abordados temas como: o papel do Estado enquanto fornecedor, especialmente, quando da prestação de serviços regulados; as espécies de contratos celebrados neste âmbito, e a possibilidade de empenho do próprio

---

1. Este PL tem o escopo de alterar o Código de Defesa do Consumidor para dispor sobre o comércio eletrônico.

Estado no encaminhamento e na solução de eventuais conflitos com seus consumidores por meio da criação de Câmaras de Conciliação como um método alternativo de solução de conflitos. Neste caso, alguns problemas se colocam: tem sentido o fornecedor de serviço público organizar uma Câmara de Conciliação de conflitos, sendo ele parte da relação? O que diferenciaria uma Câmara de Conciliação de um SAC – Serviço de Atendimento ao Consumidor? Seria obrigatório ao consumidor submeter seus pleitos por direitos a esta Câmara antes de ajuizar uma ação judicial? Quem comporia este tipo de Câmara? É papel da advocacia pública assumir estas novas funções? Essas são apenas algumas perguntas que surgem quando o tema das relações de consumo entre consumidores e o Poder Público se coloca no contexto da solução dos conflitos. E, se notarmos que de alguma forma praticamente todos contratam com o Poder Público, o problema posto ganha em relevância. Para responder a estas questões, alguns passos são necessários.

Vale transcrever o dispositivo em discussão para a melhor análise do assunto, lembrando que o mesmo foi incluído por emenda nas discussões do Senado Federal, não fazendo parte da redação original da proposta apresentada ao Congresso Nacional de alteração do Código de Defesa do Consumidor, cujo objeto era tão somente a regulação do comércio eletrônico:

> Art. 5º (...)
>
> VII – instituição de Câmaras de Conciliação das Relações de Consumo de Serviços Públicos, no âmbito da Advocacia Pública federal, estadual e municipal, garantida a efetiva participação do órgão de defesa do consumidor local.

A justificativa para tal emenda pode ser assim resumida:[2] a Advocacia Pública, na medida que conhece profundamente as leis, poderia exercer uma função conciliatória em relação aos contratos de serviços públicos firmados com consumidores, auxiliando os Procons, uma vez que estes têm dificuldades de atuar neste sentido.

Esta afirmação seria correta? O caminho escolhido pela emenda é o melhor que se apresenta?

2. O ESTADO FORNECEDOR

A aplicação do CDC – Código de Defesa do Consumidor sempre pressupõe a identificação dos sujeitos das relações de consumo, ou seja, do consumidor e do fornecedor. O artigo 3º do CDC, ao estabelecer o conceito do fornecedor, não poupou o Poder Público de ser assim reconhecido, estabelecendo expressamente ser fornecedor a pessoa física ou jurídica, pública ou privada, que promova ou

---

2. Disponível em: https://legis.senado.leg.br/sdleg-getter/documento?dm=4181917&disposition=inline. Acesso em: 26 mar. 2023.

realize o desenvolvimento, a produção ou até mesmo a distribuição de produtos ou serviços. Nesse contexto, o Estado se submete, na qualidade de fornecedor, ao regime jurídico do CDC, tendo o legislador sido claro também no artigo 6º, ao garantir ao consumidor o direito básico à adequada e eficaz prestação dos serviços públicos em geral.

Nessa mesma toada, ao ser traçado o regime jurídico da responsabilidade civil, constou do Capítulo IV do CDC – que trata da Qualidade de Produtos e Serviços, da Prevenção e da Reparação dos Danos –, a obrigação dos órgãos públicos, por si ou sob qualquer forma de empreendimento, fornecerem um serviço adequado, eficiente, seguro e, quanto aos essenciais, contínuo, submetendo o infrator à reparação dos danos causados, na forma do CDC, nela incluída a reparação por dano material e/ou moral.

Como bem observa Zelmo Denari,[3] a menção ao requisito da continuidade dos serviços públicos essenciais se reveste de alguma imprecisão. Por se tratar de conceito aberto, sempre dependerá de interpretação. Contudo, ao se falar em serviços públicos prestados a usuários diretos, é difícil afastar a sua essencialidade, sendo razoável sustentar a imanência desse requisito em todos os serviços prestados pelo Poder Público.

A Constituição Federal, na sua redação original de 1988, foi chamada por todos de Constituição cidadã. Isto em razão de uma longa lista de direitos por ela instituídos. Porém, o avanço tecnológico, a demanda de crescimento econômico e o surgimento de novos padrões de necessidades deram margem ao enfraquecimento do Estado provedor, já sem condições técnicas, econômicas e financeiras de atender às necessidades da população à altura do que se esperava. Em apertada síntese, pode-se dizer que sob a constatação de impotência do Estado é que surge a ideia de se contemplar o Estado regulador que se utilizaria de seus recursos para estabelecer regras às quais deveriam se submeter aqueles que, com recurso privado, se dispuserem a prestar os serviços, até então, prestados pelo Poder Público, como aqueles de primeira necessidade do cidadão.

Nesse movimento, diversas emendas constitucionais à CF/88 inauguraram a ideia de uma menor intervenção do Estado na economia, para passar a funcionar como incentivador da economia privada, mas atuando como regulador das atividades que lhe competia. Nesse contexto, paulatinamente, ao Estado coube a indicação dos rumos e das condições da prestação dos serviços públicos sem sua atuação direta, porém sob sua fiscalização.

---

3. *Código de Defesa do Consumidor, comentado pelos autores do anteprojeto.* 11. ed. RJ: Gen Forense, 2017. p. 231.

Isso levou o Estado a um novo olhar, na medida em que sem a necessidade de arcar diretamente com os custos da estrutura da produção e distribuição de bens e serviços, passou a regulamentar a participação do setor privado na economia, que se responsabilizou por investir nos serviços típicos que eram originariamente prestados pelo Estado social, caracterizando a sua nova fase de Estado diretor. Sua intervenção, agora como garantidor da preservação do interesse público na prestação do serviço por meio do exercício destas atividades pelo setor privado, foi colocada em um patamar de soberania, sem excluí-lo da posição de responsável/demandado quando houver falha na prestação do serviço, à luz do direito do consumidor. O exercício destas atividades de interesse público passou ao Estado, não mais como executor, mas como regulador e fiscalizador.

É nesse contexto que devemos entender o CDC, legislação promulgada em 1990. Se por um lado, constou do microssistema das relações de consumo o dever do Estado de fiscalizar toda e qualquer atividade privada, não foi poupado do reconhecimento da sua responsabilidade na regulação e na fiscalização daqueles serviços que eram tipicamente de sua responsabilidade. Ao ter sido colocado em situação diminuta na prestação direta destes serviços públicos, o Estado teve seu papel engrandecido na lente fiscalizatória de todo o mercado sob duas vertentes: (i) a de exercer o poder de polícia como órgão tipicamente fiscalizador da regularidade do mercado (haja vista a atividade fiscalizatória dos Procons, por exemplo), e (ii) aquela em que, na qualidade concedente, se rende ao papel de fiscalizar o cumprimento das regras do contrato de concessão, seja para controlar o retorno do investimento do Estado, ou até mesmo para se preservar de responsabilidade pela má prestação do serviço.

Para entender o que vem a ser serviço público, recorremos à opinião de Celso Antônio Bandeira de Mello:

> Serviço público é toda atividade de oferecimento de utilidade ou comodidade material fruível diretamente pelos administrados, prestado pelo Estado ou por quem lhes faça as vezes, sob um regime de Direito Público – portanto consagrador de prerrogativas de supremacia e de restrições especiais –, instituído pelo Estado em favor dos interesses que houver definido como próprios no sistema normativo.[4]

Os serviços públicos podem ser próprios e gerais, sem possibilidade de identificação dos destinatários. São financiados pelos tributos e prestados pelo próprio Estado, tais como segurança pública, saúde, educação etc. Podem ser também impróprios e individuais, com destinatários determinados ou determináveis. Neste caso, têm uso específico, mensurável e são remunerados por tarifas ou preço público, tais como os serviços de telefone, água e energia elétrica.

---

4. *Curso de direito administrativo.* 13. ed. São Paulo: Malheiros, 2001. p. 597.

Roberto Pfeiffer defende que "submetem-se às disposições do Código de Defesa do Consumidor apenas os serviços públicos divisíveis, também denominados de impróprios ou *uti singuli*, remunerados por tarifa ou preço público".[5] Seguindo esta linha, a posição prevalecente da doutrina e jurisprudência é a de limitar a incidência do Código de Defesa do Consumidor nas hipóteses de serviços públicos *uti singuli*, prestados de forma divisível, ofertados no mercado de consumo.

Nesse sentido, a relação jurídica de consumo nos serviços regulados pelos órgãos públicos, notadamente, serviços de energia elétrica, telecomunicações, gás, combustíveis, se dá entre o consumidor, ou seja, todos os que utilizam ou adquirem tais serviços como destinatários finais ou equiparados, e o fornecedor e/ou distribuidor desses bens ou serviços. Logo, os consumidores dos serviços regulados têm o direito de ver reconhecidos todos os direitos e princípios assegurados pelo Código de Defesa do Consumidor e os prestadores de tais serviços públicos devem respeitar estes direitos.

3. O PAPEL DAS AGÊNCIAS REGULADORAS E O CÓDIGO DE DEFESA DO CONSUMIDOR

No Brasil, a partir dos anos 1995, entendeu-se a necessidade da reforma do aparelho do Estado, para torná-lo mais eficiente e moderno. Naquela época, o Estado estava com muitas funções, altíssimos gastos públicos e intensa crise fiscal. Então, resolveu-se viabilizar o ajuste fiscal e passar para o setor privado atividades não exclusivas do Estado, iniciando-se os processos de desestatização e desmonopolização e, em seguida, decidiu-se que, em algumas atividades econômicas, o Estado deixaria de intervir diretamente e passaria a atuar como regulamentador e fiscalizador. Ou seja, o Estado deixou de ser o agente financiador e executor do desenvolvimento destas atividades e passou a delegar, por meio de diversos instrumentos legais, para a iniciativa privada a execução de alguns serviços, consolidando-se em um Estado Regulador. Nesse cenário fez-se necessária a criação das Agências Reguladoras para realizarem esse novo papel.

As Agências Reguladoras são autarquias de natureza especial, criadas por lei, dirigidas por órgão colegiado, com a missão de regulamentar e fiscalizar a prestação de certos serviços considerados de relevância pública. Elas são dotadas de independência decisória, autonomia financeira, administrativa e gerencial. A regulação brasileira abarca as três esferas da Federação. No âmbito federal, conta-se com onze agências reguladoras:

---

5. PFEIFFER, Roberto Augusto Castellanos. Código de defesa do Consumidor e serviços públicos; balanço e perspectivas. *Revista de Direito do Consumidor*. v. 104, ano 25. p. 71. São Paulo: Ed. RT. mar-abr. 2016.

- ANEEL – Agência Nacional de Energia Elétrica
- ANATEL – Agência Nacional de Telecomunicações
- ANP – Agência Nacional de Petróleo
- ANVISA – Agência Nacional de Vigilância Sanitária
- ANS – Agência Nacional de Saúde Suplementar
- ANA – Agência Nacional de Água
- ANTT – Agência Nacional de Transportes Terrestres
- ANTAQ – Agência Nacional de Transportes Aquaviários
- ANCINE – Agência Nacional do Cinema
- ANAC – Agência Nacional de Aviação Civil
- ANM – Agência Nacional de Mineração

Além das Agências federais, há, também, agências estaduais e municipais.

As agências reguladoras federais foram reguladas, inicialmente, pela Lei 9.986, de 18 de julho de 2000, que trata da gestão de recursos humanos, tendo sido alterada pela Lei 10.871, de 20 de maio de 2004, que dispõe sobre a criação de carreiras e organização de cargos efetivos. Em 2019, pela Lei 13.848, de 25.06.2019, foi editado regramento no que tange à gestão, à organização, ao processo decisório e ao controle social das Agências. Entretanto, é importante lembrar que cada agência tem sua lei originária, que define no seu âmbito, sua estrutura e competência.

É possível afirmar que a função essencial das Agências é a de executar as políticas de Estado de orientação e planejamento da economia, com vistas à eficiência do mercado, corrigindo ou, ao menos, atenuando suas falhas, tais como: assimetria de informações, abuso do poder de mercado, questões que tangenciam, de certa forma, a proteção do consumidor. Isso se dá por meio de intervenção direta nas decisões dos setores econômicos, como por exemplo, a formação de preços; competição; entrada e saída do mercado; garantias de operação etc.

As Agências Reguladoras têm o poder regulador, o *poder normativo*, isto é, elas expedirão as regras jurídicas referentes às suas áreas específicas de atuação. No entanto, a regulamentação deve respeitar as leis de sua competência, não podendo inovar na ordem jurídica, criando ou extinguindo direitos, conforme nos ensina Leila Cuellar "os regulamentos não podem desrespeitar as normas e princípios de direito que lhe são superiores. É-lhes vedado modificar, suspender, derrogar ou revogar as normas e princípios constitucionais, ou contrariar a lei, entendida em sentido amplo".[6]

---

6. CUELLAR, Leila. *As agências reguladoras e seu poder normativo.* p. 124.

Tema bastante polêmico repousa sobre a questão de as Agências Reguladoras fazerem, ou não, parte do Sistema Nacional de Defesa do Consumidor – SNDC. Não há definição legal sobre o assunto, mas há alguns que sustentam serem as agências integrantes do SNDC de forma indireta. Entretanto, entendemos que não se inserem no SNDC, pois sua função essencial não está em resolver conflitos pontuais, pois visam o interesse coletivo, devendo atuar de forma imparcial agindo sobre todos os agentes do mercado na promoção do equilíbrio entre fornecedores e consumidores, observando as normas do setor regulado. Não podemos esquecer, porém, que as próprias agências são muito diferenciadas na sua forma de atuação e nos seus objetivos tendo legislação própria de criação e funcionamento e, particularmente, interpretando o Código de Defesa do Consumidor de maneira distinta. Cabe salientar que a lei geral das Agências Reguladoras determina expressamente, em seu art. 31, que elas devem zelar pelo cumprimento da legislação de defesa do consumidor. As atividades de algumas Agências se aproximam, às vezes, da ideia de proteger o consumidor, sendo o melhor exemplo a ANVISA – Agência Nacional de Vigilância Sanitária; no entanto, existem Agências que literalmente ignoram os consumidores.

O SNDC, por seu lado, é composto pela: (i) Secretaria de Nacional do Consumidor – SENACON, vinculada ao Ministério da Justiça; (ii) os Procons estaduais e municipais; (iii) o Ministério Público; (iv) a Defensoria Pública e (v) as entidades civis de defesa do consumidor. A atuação destes órgãos tem como foco a proteção dos consumidores, ou seja, é parcial em relação ao mercado, sendo dirigida e centrada sobretudo na conciliação de casos concretos de desrespeito à legislação consumerista, sobretudo no escopo de contribuir para o efetivo cumprimento dos preceitos do Código de Defesa do Consumidor. Em uma visão limite, não é papel dos órgãos de defesa do consumidor se preocuparem com o mercado em si mesmo, mas com a harmonia nas relações de consumo.

Cabe salientar que todas as regulamentações produzidas pelas Agências Reguladoras para os setores regulados devem respeitar o Código de Defesa do Consumidor, que é uma lei geral principiológica que se aplica a toda relação de consumo. Sendo que, por sua vez, estas regulamentações são especiais, se aplicando subsidiariamente. Nesse sentido, é perfeitamente admissível a aplicação das leis especiais dos setores regulados, desde que compatíveis com os dispositivos do Código de Defesa do Consumidor. Extraem-se, da lei geral, os comandos principiológicos aplicáveis à proteção do consumidor, ao passo que à legislação específica caberá reger, de forma minundenciada e subsidiária, os referidos serviços. Deste modo, qualquer lei especial que vier a regular um segmento específico que envolva, em um polo, o consumidor e, em outro, o fornecedor público, transacionando produtos e serviços regulados, terá de obedecer à lei consumerista, ainda que não haja remissão expressa neste sentido. Como ensina Rizzatto Nunes: "na eventual dúvida sobre saber qual diploma legal incide na relação jurídica, no fato ou na prática civil ou comercial, deve o intérprete, preliminarmente, identificar a própria relação: se for jurídica de consumo, incide na mesma a Lei 8.078/90".[7]

Ocorre que, muitas vezes, a regulamentação editada pelas Agências Reguladoras não acompanha os princípios do Código de Defesa do Consumidor e contraria, assim, a interpretação dos órgãos de defesa do consumidor, pois enquanto, neste caso, as Agências utilizam como ponto de partida as leis especiais, os Procons utilizam, acertadamente, o CDC. Isto gera insegurança jurídica, criando conflitos que acabam sendo dirimidos pelo Poder Judiciário.

O atual cenário da judicialização no Brasil de temas ligados ao direito do consumidor, especialmente dos serviços públicos, é desanimador, pois há um aumento expressivo no volume das demandas judiciais e um desacerto entre Agências e Procons. Entendemos que a utilização equivocada da legislação que permeia esses setores, contribui bastante para a judicialização. Isto porque, como já vimos, as Agências invertem a situação e atuam entendendo que a aplicação do CDC é subsidiária e não complementar. Se mantido este entendimento, os conflitos de consumo serão em maior quantidade na exata medida em que os consumidores ficarão desprotegidos.

Cabe salientar que é importante o aperfeiçoamento das regulações específicas, tanto pelo Poder Legislativo como pelas Agências Reguladoras, para harmonizar as relações entre os fornecedores e seus consumidores. Entretanto, esse aperfeiçoamento deve ser discutido amplamente com toda a sociedade e deve se dar a partir dos avanços alcançados até hoje, com a reavaliação das incompatibilidades, especialmente as que não se coadunam com o Código de Defesa do Consumidor. Diante desse cenário, é importante agir e construir soluções que atenuem os problemas antes deles serem judicializados.

4. OS CONTRATOS CELEBRADOS ENTRE O CONSUMIDOR E O PODER PÚBLICO

Os contratos de consumo celebrados entre o consumidor e o Poder Público, normalmente para prestação de serviços de fornecimento de energia elétrica, água, telefonia, transporte, dentre outros, efetivamente prescindem de uma forma típica de contratação, aqui considerada a discussão e elaboração de suas cláusulas, tratando-se de um contrato de adesão, dispensado o instrumento formal. Os serviços são prestados na forma e condição genéricos, pautada a individualização no fator "quantidade". Tratando-se de serviço impróprio, o consumo mediante remuneração é a sua marca, não se caracterizando pela arquitetura diferenciada

---

7. *Comentários ao Código de Defesa do Consumidor*. 2. ed. São Paulo: Saraiva, 2005. p. 86.

para um e outro consumidor. A adesão pode ser feita por meio de sítios eletrônicos, sendo certo que o consumidor pouco conhece a especificidade do serviço, e a sua vulnerabilidade técnica é uma característica inafastável dessa relação.

Podemos nos referir a contrato eletrônico, nesses casos? Esse tipo de adesão está inserida no PL 3514/2015? São também os serviços públicos oferecidos ao consumidor afeitos a essa modalidade, prestigiando a assimetria de informações e armazenando dados pessoais nos termos da Lei Geral de Proteção de Dados? Parece que sim. O fato é que mesmo em se tratando de serviços públicos, os mesmos são formalizados, também, na forma de contratação eletrônica: o contrato de adesão consta de sítio eletrônico e o preenchimento de formulários próprios se dá por este mesmo canal.

Assim, estes contratos de serviços públicos estão sob proteção do CDC e deverão ser repensados à luz do PL 3.514/2015, o que assegura aos aderentes os direitos básicos do consumidor previstos no CDC, como o direito à informação clara e precisa a respeito de sua qualidade e abrangência, a igualdade nas contratações, a segurança no consumo, dentre outros, acrescidos da privacidade e segurança das informações e dados pessoais prestados ou coletados, pelo meio eletrônico, assim como o acesso gratuito do consumidor a estes e a suas fontes; a liberdade de escolha, em especial frente a novas tecnologias e redes de dados, vedada qualquer forma de discriminação e assédio de consumo; a informação ambiental veraz e útil, observados os requisitos da Politica Nacional de Resíduos Sólidos, instituída pela Lei no 12.305, de 2 de agosto de 2010. O artigo 1º do PL 3.514/15, dá nova redação ao artigo 6º do CDC, tornando expressos mais estes direitos. Neste mesmo sentido, em que pese a adesão dos serviços ser feita sem maiores formalidades, o PL prevê o envio do contrato escrito ao consumidor, não representando, esta regra, mera burocracia, mas a garantia de preservação das condições originárias da contratação.

5. OS CONFLITOS RELATIVOS À QUALIDADE DOS SERVIÇOS PÚBLICOS E A AUTOCOMPOSIÇÃO

A inserção das reflexões a respeito dos serviços públicos foi feita para situar o leitor no cenário da prestação destes serviços públicos que, necessariamente, devem oferecer qualidade e continuidade, sendo que apesar de regulados pelas agências sobrecarregam o Poder Judiciário com demandas incessantes.

A lei geral que dispõe a respeito da criação das agências reguladoras[8] não faz previsão de constituição de Câmaras de Conciliação como meio alternativo

---

8. Lei 13.848, de 25 de junho de 2019, que dispõe sobre a gestão, a organização, o processo decisório e o controle social das agências reguladoras.

de soluções de conflitos nas empresas públicas ou nas agências reguladoras. Nas Agências, o elo entre o consumidor e setor de regulação do serviço está pautado na Ouvidoria, que contará com canal de comunicação com o usuário. Mas seria isto suficiente?

Nos contratos em que a Administração Pública figura como parte, tem-se verificado com frequência a existência de cláusula que prevê a utilização da mediação e da arbitragem como meios de solução dos conflitos administrativos. Porém, não são estes os contratos que nos preocupa, mas aqueles de consumo que, de adesão, são oferecidos pela Administração Pública ao consumidor, por meio de cláusulas por ela elaboradas e blindadas, muitos na forma eletrônica e sem que o consumidor tenha conhecimento real do alcance de seu conteúdo. É aqui que repousa a nossa preocupação, e não nos contratos tipicamente administrativos.

Duas vertentes devem ser destacadas:

- a primeira, repousa sobre o fato de uma lesão ou prejuízo de pequena monta, considerando um consumidor individualmente, poder representar, e normalmente representa, algo de enorme valor ao fornecedor, seja ele concessionário ou permissionário do serviço, levando em conta o número de lesados;
- a segunda, refere-se ao caminho oneroso a ser percorrido pelo consumidor para se salvaguardar desse dano de pequena monta, se considerado individualmente. Muitas vezes o consumidor dirá que *não vale a pena*.

Algumas observações merecem ser feitas a partir destas duas premissas. E aqui começaremos pela segunda. Os caminhos devem ser facilitados e este é um dever do Poder Público. Em se tratando de serviço regulado, ou seja, aqueles que podem ser chamados de serviços públicos *uti singuli*, o SAC das empresas prestadoras dos serviços deve necessariamente observar o Decreto federal 11.034, de 2022, que estabelece diretrizes e normas sobre os SACs – Serviços de Atendimento ao Consumidor.

Os SACs são serviços de atendimento ao cliente, que podem, efetivamente, servir como um passo importante na solução de conflitos, evitando o acionamento dos Procons, das Agências Reguladoras, de Câmaras de Conciliação, ou até mesmo da ida ao Poder Judiciário. São áreas de aproximação do consumidor à empresa, cujos serviços são prestados pelas empresas ao público em geral ou aos consumidores, por meio de qualquer canal integrado, presencial ou eletrônico, para atender a demandas sobre seus produtos e serviços. Prestam informações e esclarecem dúvidas gerais, mas também recebem reclamações, podendo contestá--las, suspender ou cancelar os contratos e serviços. Ou seja, atendem o consumidor e tentam solucionar seu problema dentro da empresa. Mas não sendo suficiente, restará ao consumidor o acionamento do próprio poder público, o que inaugura, com frequência, reclamação junto aos órgãos de defesa do consumidor, que, por sua vez, têm dado resposta satisfatória à sociedade.

Segundo dados extraídos do sítio eletrônico da Fundação Procon/SP,[9] em 2022 o órgão atendeu a 19.442 reclamações relativas a serviços essenciais. Destas, 10.308 relativas à área de telecomunicações, envolvendo problemas relativos à cobrança/contestação, contrato/oferta, atendimento/SAC, vício de qualidade e informação, dentre as quais, 4.596 foram atendidas. As 9.134 reclamações restantes disseram respeito ao serviço de distribuição de água, energia elétrica e gás, e os problemas se repetem, tendo também sido destacados aqueles relativos à cobrança e negativação indevidos, e problemas com os SACs, dentre outros. Estes dados que dizem respeito, tão somente, ao atendimento do Procon/SP, são aqui destacados apenas para ilustrar o incansável trabalho dos órgãos de defesa do consumidor no atendimento de consumidores insatisfeitos com a prestação dos serviços públicos, em geral.

Como vimos, ao PL 3514/2015, que trata do Comércio Eletrônico e está em tramitação na Câmara dos Deputados, foi acrescentada uma emenda modificativa quando da tramitação no Senado, para fazer constar do artigo 5º do CDC, que traça rol exemplificativo de instrumentos de execução da Política Nacional das Relações de Consumo, inciso VIII, estabelecendo a instituição de Câmaras de Conciliação das Relações de Consumo no âmbito da Advocacia Pública Federal, Estadual e Municipal.

Em que pese a meritória preocupação do parlamentar, a proposta parece inconstitucional: ao implicar alteração da estrutura dos órgãos de advocacia pública, que contam com lei própria (alguns com leis complementares) no traçado de suas respectivas estruturas, atribuições e competências e ao implicar aumento de despesa, temas de iniciativa exclusiva do Poder Executivo.

À parte a questão formal, passando à análise de mérito, verifica-se constar da justificativa da medida importante encaminhamento para resolução coletiva em menor tempo e com um menor gasto para o Estado. E mais: em sua justificativa o parlamentar afirma a utilidade da medida, considerada a reserva de conhecimento da Advocacia Pública em relação às leis do país e, também, aos atos regulamentares, aos contratos e às sistemáticas de trabalho da Administração Pública, o que facilitaria a realização de acordos entre o Poder Público, suas concessionárias e os consumidores, em especial numa área de difícil alcance para os PROCONS (prestação de serviço público pelo Estado) (...) reduzindo os gastos públicos e evitando a propositura excessiva e desnecessária de ações perante o Judiciário.

---

9. Disponível em: https://www.procon.sp.gov.br/wp-content/uploads/2023/03/Fundacao-Procon-SP-
-CRF-2022.pdf. Acesso em: 21 mar. 2023.

De fato, parece que o parlamentar desconhece o preparo e a hiperatividade dos órgãos de defesa do consumidor, que hoje se espalham por todos os Estados e os maiores municípios do país, aos quais, acrescenta-se, ainda, o Departamento de Proteção e Defesa do Consumidor – DPDC, da Secretaria Nacional de Defesa do Consumidor – SENACON, no âmbito do Governo Federal.

Estes são os órgãos aos quais cabe o papel de realização de conciliação, o que é feito com ênfase no tratamento das reclamações recebidas. Sem fundamentar a posição, segundo a qual o assunto é de difícil alcance para os Procons, teve aprovada a sua emenda modificativa que destoa do objeto originário do PL, não se justificando a sua negação em relação às competências dos órgãos de defesa do consumidor para o fim de identificar o caráter coletivo da demanda, e encaminhar solução abrangente. A criação de mais uma fase, considerados os SACs e os órgãos de defesa do consumidor, só obstaculiza o acesso do consumidor à justiça, o que é direito constitucional do cidadão. Não nos parece que a criação das Câmaras de Conciliação no âmbito das Advocacias Públicas encurtará o caminho de possíveis soluções, mas ao contrário, significará que os órgãos terão uma dilação de prazo para a tomada de eventual solução extrajudicial, o que representará prejuízo aos consumidores. O problema da judicialização está no desrespeito aos direitos do consumidor, especialmente nas regras dos setores de serviços públicos regulados não observarem os ditames do Código de Defesa do Consumidor e não na ausência de órgãos competentes para a realização de termos de ajustamento de conduta ou de acordos individuais ou coletivos. Os Procons já fazem isto.

Segundo o Conselho Nacional de Justiça, em 2022, o Poder Judiciário recebeu 3.074.985 de ações na justiça estadual cujo objeto é o direito do consumidor,[10] sendo que 1.811.946 de ações foram propostas junto ao Juizado Especial Cível, representando o assunto mais demandado nesta alçada. Por outro lado, o Procon SP registrou mais de 500 mil reclamações em 2022[11] e o site do Consumidor.gov[12] acusa 1.293.096 reclamações recebidas no mesmo período, sendo que, aproximadamente ¼ das reclamações diz respeito a problemas com bancos, financeiras e administradoras de cartão, apesar de se tratar de área que conta com regulação. Desconsiderando o período de pandemia em que vivenciamos momentos atípicos, comparados os dados apresentados aos dados de 2019, constata-se um aumento considerável de demandas junto ao Poder Judiciário e órgãos administrativos de atuação na área. Em 2019 o CNJ registrou 1.554.376 ações sobre o tema, sendo

---

10. Relatório analítico "Justiça em Números" do site do CNJ: Disponível em: https://www.cnj.jus.br/wp-content/uploads/2022/09/justica-em-numeros-2022-1.pdf (fls. 277, e ss.). Acesso em: 21 mar. 2023.

11. Disponível em: https://www.procon.sp.gov.br/atendimento-x-valor/. Acesso em: 21 mar. 2023.

12. Disponível em: https://app.powerbi.com/view?r=eyJrIjoiNmY4ZDRhMzYtMDYxNS00MjA0LWE2M-jItOGIyNDZiMzEwNThjIiwidCI6ImViMDkwNDIwLTQ0NGMtNDNmNy05MWYyLTRiOGRhNm-JmZThlMSJ9. Acesso em: 21 mar. 2023.

que 937.798 foram ajuizadas junto ao JEC.[13] O aumento dos números, em curto período, é assustador, porém, não há evidência empírica para se concluir o porquê desses resultados. Contudo, há de ser considerado um crescimento desenfreado de um novo mercado de consumo, com o aquecimento das compras e contratações on-line a partir do ano de 2020, quando decretada a pandemia em razão do SARS-CoV2- (Covid19). Também no site do Consumidor.gov nota-se o aumento considerável do número de reclamações se comparados os dados de 2019 e 2022, o que pode se explicar pelo aquecimento do mercado eletrônico. O alto número de demandas junto aos JECs é um fator que demonstra que o consumidor busca seus direitos, ainda que valores menores estejam envolvidos.

O que esses números podem também representar, é que os Serviços de Atendimento ao Cliente – SACs, não estão dando uma resposta satisfatória ao consumidor. Segundo o site do Consumidor.gov, 55.302 reclamações foram registradas especificamente sob o fundamento do não atendimento, ou ausência de resposta do fornecedor ao consumidor.

É inegável que legislador, a partir do disposto no artigo 26 do CDC, criou mecanismo de estímulo ao consumidor a procurar o SAC e, por consequência, para um maior desenvolvimento desse serviço, cujo atendimento suspende o prazo para o ajuizamento de ações judiciais, na medida em que impede a incidência da decadência do direito. Um serviço de SAC estático, impessoal, não sensível aos argumentos do consumidor, efetivamente, não dá a resposta necessária a contribuir com a desjudicialização. Incansáveis tentativas de resolver demandas na esfera extrajudicial são lançadas junto a bancos, financeiras, empresas de telefonia que se utilizam de respostas padrão, prontas ao consumidor, sem individualizar a situação, provocando a busca do auxílio dos Procons ou a judicialização que onera a empresa e, porque não dizer, também, o consumidor que desvia o seu tempo útil para a demanda.

Uma proposta de ação para a Secretaria Nacional de Defesa do Consumidor, órgão do Ministério da Justiça, consideradas as suas atribuições constantes do artigo 106 do CDC, mais precisamente nos incisos I e XIII, seria o monitoramento dos consumidores que tiveram suas demandas julgadas procedentes, seja nos Procons ou junto ao Poder Judiciário, e que se socorreram, anteriormente, dos SACs da empresa, que se mostraram ineficientes. A ampliação do monitoramento que já é feito pelo Consumidor.gov poderá ser útil à identificação de teses sustentadas pelo fornecedor, ou de erros cometidos a partir de atendimento, por exemplo, e efetivamente resultar soluções para empresa e para o consumidor. Em 2022 cerca

---

13. Relatório analítico "Justiça em Números" do site do CNJ. Disponível em: https://www.cnj.jus.br/wp-content/uploads/conteudo/arquivo/2019/08/justica_em_numeros20190919.pdf (fls. 205, e ss.). Acesso em: 21 mar. 2023.

de 87,75% dos consumidores que procuraram o órgão indicaram ter procurado antes a empresa, porém sem retorno, ou retorno não satisfatório. É importante registar que a média de solução que o site indica é de 77,48%, o que significa que o fornecedor precisa sofrer alguma pressão do Poder Público, para solucionar as demandas. Seria imprescindível também que a SENACON firmasse convênios e acordos de cooperação com as agências reguladoras visando a proteção dos consumidores.[14]

A Lei 13.140 de 26 de junho de 2015, que dispõe sobre a mediação entre particulares como meio de solução de controvérsias e sobre autocomposição de conflitos no âmbito da administração pública, previu a criação de Câmaras de Conciliação no âmbito dos órgãos de Advocacia Pública, porém, não são estes que atenderão o consumidor a partir de uma reclamação não solucionada junto ao SAC. O que se tem assistido é o funcionamento destas Câmaras para atender os interesses da Administração em relação aos contratos em que figura como contratante. O foco do PL na conciliação, e com a participação dos órgãos de proteção do consumidor está pautado, certamente, nos contratos de consumo, em que figuram como parte a Administração, na qualidade de fornecedor e o administrado na qualidade de consumidor. Mas esse papel "conciliador", de certa forma, vem sendo muito bem desempenhado pelos Procons, onde é feita a grande peneira daquilo que, de fato, se desloca para apreciação do Judiciário. Não parece evidente que a proposta de instalação de Câmaras de Conciliação das Relações de Consumo, junto àqueles que exercerão a representação do Poder Público no PJ, representarão um braço forte de desjudicialização.

Parece-nos muito mais razoável obrigar os SACs a terem uma atuação adequada do que criar mais uma instância que será financiada, mais uma vez, pelo Poder Público. Neste sentido, teria muito mais relevância as Advocacias Públicas atuarem como auxiliares dos Procons do que se transformarem em mais uma instância de reclamações.

Poder-se ampliar o debate sobre essa proposta, considerando tema hoje muito discutido, qual seja, o da demanda predatória. Porém, ao tratar do assunto, equivoca-se aquele que foca o comportamento do demandante, sem observar com seriedade o comportamento daquele que dá causa ao acionamento do Poder Judiciário – normalmente o fornecedor – que pauta mais a solução da demanda na disponibilidade ou não do seu orçamento, do que nos direitos legalmente reconhecidos dos consumidores. O excesso de judicialização é demonstrado de modo inequívoco pelos dados do Conselho Nacional de Justiça, contudo, afastar o direito constitucional do cidadão acionar o Poder Judiciário não é o caminho.

---

14. FRAGATA, Mariângela Sarrubbo, Um olhar sobre a Defesa do Consumidor em 2023. *Código de Defesa do Consumidor, 32 anos e olhares*. Ensaio publicado no ebook da OAB/SP site: oabsp.org.br.

Não podemos esquecer da primeira vertente citada acima, pautada no fato de um direito de pequeno valor para o consumidor, individualmente considerado, poder representar um ganho de grande monta para o prestador do serviço. Este deve ser o primeiro a identificar o problema apresentado e tomar as providências que lhe compete imediatamente. Por outro lado, os órgãos de proteção do consumidor não devem poupar esforços na tentativa de realização de acordos coletivos ou, em última análise, no ajuizamento de ação coletiva, considerando o reconhecimento legal de sua legitimidade para figurar no polo ativo deste tipo de demanda. Inclusive, esta atividade de ajuizamento de ações coletivas poderia ter a Advocacia Pública como parceira.

O que parece ser a maior expectativa do consumidor, é o alcance de um resultado menos burocrático e de maior efetividade no acionamento do Poder Público, a partir de uma maior interlocução dos órgãos de proteção do consumidor com a Advocacia Pública, de modo a se alcançar os preceitos legais de efetividade, qualidade e continuidade dos serviços públicos.

6. CONSIDERAÇÕES FINAIS

Pelo que vimos, a conclusão é muito clara: a emenda que incluiu um inciso VII no art. 5º do CDC por meio do Projeto de Lei 3.514/2015 não deve prosperar. A proposta de instituição de Câmaras de Conciliação das Relações de Consumo de Serviços Públicos, no âmbito da Advocacia Pública federal, estadual e municipal apresenta problemas de pelo menos duas naturezas: (i) é inconstitucional na exata medida de impossibilidade desta iniciativa ser feita na forma de projeto de lei, uma vez que a organização da Advocacia Pública é feita por meio de Lei Complementar (§ 1º, art. 131 da Constituição Federal); (ii) do ponto de vista do mérito, já existem órgãos públicos de defesa dos consumidores em praticamente todos os entes federados, quais sejam, a SENACON no âmbito federal e os Procons no âmbito dos Estados e Municípios, não tendo sentido a duplicação das atividades já exercidas. Neste sentido, seria de muito maior razoabilidade a proposta de parceria entre Advocacias Públicas e Procons no sentido de otimização de esforços em prol da defesa dos consumidores.

7. REFERÊNCIAS

BANDEIRA DE MELLO, Celso Antônio. *Curso de direito administrativo*. 13. ed. São Paulo: Malheiros, 2001.

CUELLAR, Leila. *As agências reguladoras e seu poder normativo*. São Paulo: Dialética, 2001.

FRAGATA, Mariângela Sarrubbo. Um olhar sobre a Defesa do Consumidor em 2023. *Código de Defesa do Consumidor, 32 anos e olhares*. Ensaio publicado no ebook da OAB/SP site: oabsp.org.br.

GREGORI, Maria Stella. *Planos de saúde:* a ótica da proteção do consumidor. 4. ed. rev., atual. e ampl. São Paulo: Thomson Reuters Brasil, 2019. (Biblioteca de Direito do Consumidor; v. 31).

GRINOVER, Ada Pellegrini e outros. *Código Brasileiro de Defesa do Consumidor:* comentado pelos autores do anteprojeto – Lei 8.078, 11 de setembro de 1990. 8. ed. Rio de Janeiro: Forense, 2004.

MARQUES, Claudia Lima; MIRAGEM, Bruno e BENJAMIN, Antonio Hermann Vasconcellos. *Comentários ao Código de Defesa do Consumidor:* arts. 1º a 74: aspectos materiais. São Paulo: Editora RT, 2003.

NERY JÚNIOR, Nelson. Os princípios gerais do Código Brasileiro de Defesa do Consumidor. *Revista de Direito do Consumidor,* v. 3. p. 44-77. São Paulo: Ed. RT. set.-dez. 1992.

PFEIFFER, Roberto Augusto Castellanos. Código de Defesa do Consumidor e serviços públicos; balanço e perspectivas. *Revista de Direito do Consumidor.* v. 104. p. 65-98. São Paulo: Ed. RT, mar-abr.2016.

RIZZATTO NUNES, Luiz Antonio. *Comentários ao Código de Defesa do Consumidor.* 2. ed. São Paulo: Saraiva, 2005.

SODRÉ, Marcelo Gomes. *Formação do sistema nacional de defesa do consumidor.* São Paulo: Ed. RT, 2007.

VEDAÇÃO SISTÊMICA À OFENSA DO MÍNIMO EXISTENCIAL E O CONTROLE DOS *SMARTS CONTRACTS*: INTERFACE ENTRE A LEI 14.181/2021 E O PL 3.514/2015

Káren Rick Danilevicz Bertoncello

Doutora e Mestre em Direito pela UFRGS. Diplome d'Universite USMB-UFRGS em Direito dos Contratos Europeus de Consumo. Especializanda em Direito Digital, ENFAM. Professora da Faculdade de Direito ATITUS Educação, POA, e da Escola da Magistratura da Ajuris. Coordenadora Núcleo de Inovação e Administração Judiciária da AJURIS. Diretora do Observatório do Crédito e Superendividamento da UFRGS. Membro do Grupo de Trabalho do CNJ, Portaria 55/2022. Juíza de Direito do TJRS, designada para a fase judicial das ações de superendividamento do consumidor. krdb2001@gmail.com.

Vitor Hugo do Amaral Ferreira

Doutor em Direito (UFRGS), ênfase em Direito do Consumidor e Concorrencial. Mestrado em Integração Latino Americana, Linha de Pesquisa Políticas e Desenvolvimento (UFSM). Diplomado pelo Centro de Direito do Consumo, da Universidade de Coimbra, Portugal, em Especialização em Direito do Consumidor, com Bolsa do Centro de Estudos em Direito Europeu e Alemão (CDEA). Diretor do Instituto Brasileiro de Política e Direito do Consumidor (BRASILCON). Diretor-Adjunto da Revista de Direito do Consumidor (RDC), da Editora Revista dos Tribunais. Coordenador-Geral de Estudos e Monitoramento de Mercado e Diretor-Substituto do Departamento de Proteção e Defesa do Consumidor, na Secretaria Nacional do Consumidor, do Ministério da Justiça e Segurança Pública.

Sumário: 1. Introdução – 2. A concessão do crédito nos contratos inteligentes (*smart contracts*): análise da capacidade de reembolso no ambiente digital – 3. Tutela do PL 3.514/2015 e o diálogo com a Lei 14.181/21 – 4. Conclusão – 5. Referências.

1. INTRODUÇÃO

As autodescrições da sociedade reforçam variações entre si, mas todas fortalecem o vínculo com a informação: sociedade da informação, sociedade de conhecimento, economia da informação ou sociedade em rede.[1] Por sociedade informacional ou sociedade da informação, este será o termo utilizado no texto, é

---

1. MENDES, Laura Schertel. *Privacidade, proteção de dados e defesa do consumidor*: linhas gerais de um novo direito fundamental. São Paulo: Saraiva, 2014, p. 19.

aquela onde a informação é tratada automaticamente. Como leciona José de Oliveira Ascensão[2] a sociedade da informação não contempla um conceito técnico, prende-se dela impulsionar a comunicação. Em sentido lato, toda a mensagem tem caráter informacional. Assim, a sociedade da informação apoia-se na convergência da informática, das telecomunicações e do audiovisual, que integram uma base denominada ciberespaço.[3]

Na contribuição de Bruno Miragem, a internet das coisas (*internet of things* ou IoT), entre outras possibilidades, patrocina a alta capacidade de processamento de dados (interpretação), com origem na inteligência artificial (*artificial intelligence* ou AI), em que a linguagem (*machine learning*) traz o autoaperfeiçoamento do próprio bem.[4] Duas são as hipóteses a se considerar, a partir da automatização na relação entre o fornecedor e o consumidor: a) maior precisão aos interesses do consumidor; e b) potencialização de riscos em um sistema informatizado, com acesso a dados e respostas automatizadas.

A sociedade de informação, vista pela internet, é onipotente porque detém o poder, onisciente por saber de todas as coisas e onipresente[5] por estar em todos os lugares. Este é o cenário, com possibilidades inesgotáveis frente às temáticas, ou mesmo parte delas, que circundam as novas tecnologias.

Importante, de forma antecipada, tecer um ensaio inicial, sobre a tecnologia da informação e o direito de informação contextualizados a partir da materialização dos direitos humanos em tempos de internet. Reconhecida como direito, a liberdade à informação e expressão surgiu pela primeira vez na Declaração de Direitos da Virgínia, Estados Unidos, em 1776. A concepção do direito à liberdade

---

2. ASCENSÃO, José de Oliveira. *A sociedade da Informação*: direito da sociedade da informação. São Paulo: Coimbra, 2002, p. 184.

3. LÉVY, Pierre. *Cibercultura*. Rio de Janeiro: Editora 34, 2000, p. 92. Ainda, sobre a denominação *cyberspace,* é atribuída ao escritor de ficção científica Willian Gibson, em sua obra *Neuromancer*, de 1982. Gibson utilizou-se do termo para definir uma rede de computadores futurista. Um mundo virtual, não tangível, paradoxal; algo como um céu onde cada estrela representa um foco de atividade. Ambiente esse contido na *internet*, e sinônimo desta. A UNESCO, por sua vez, define o termo ciberespaço com um novo ambiente humano e tecnológico de expressão, informação e transações econômicas. Consiste em pessoas de todos os países, de todas as culturas e linguagens, de todas as idades e profissões fornecendo e requisitando informações, uma rede mundial de computadores interconectada pela infraestrutura de telecomunicações que permite à informação em trânsito ser processada e transmitida digitalmente. KAMINSKI, Omar. A internet e o ciberespaço: aspectos jurídicos que envolvem a rede das redes. In: KAMINSKI, Omar (Org.). *Internet Legal*: o direito da tecnologia da informação / doutrina e jurisprudência. 2008, p. 40.

4. MIRAGEM, Bruno. Novo paradigma tecnológico, mercado de consumo digital e o direito do consumidor. *Revista de Direito do Consumidor*. v. 125. ano 28. p. 21. São Paulo: Ed. RT, 2019. O autor sugere: a) novos modelos de oferta e contratação: i) comércio eletrônico, ii) plataforma digital, iii) contratos inteligentes (*smart contracts*); b) novos produtos e serviços: i) bens digitais, ii) internet das coisas, iii) inteligência artificial.

5. BAUDRILLARD, Jean. *Tela total*. Trad. Juremir Machado da Silva. 5. ed. Porto Alegre: Ed. Sulina, 2011.

de expressão foi aperfeiçoada na Declaração Universal dos Direitos do Homem e do Cidadão, promulgada pela França em 1789.[6]

Em consonância aos diplomas legais anteriores, a Declaração Universal dos Direitos Humanos,[7] da Organização das Nações Unidas, de 1948, assegurou a todos o direito à liberdade de opinião e expressão.[8] Na contribuição de Têmis Limberger[9] o mundo globalizado apresenta problemas que envolvem diferentes países, o que demanda soluções e encaminhamentos na esfera nacional e internacional. Reconhece-se um incremento tecnológico apto a promover lesões aos direitos fundamentais.

Para Manuel Castells,[10] embora a designação *sociedade de informação* tenha se estabelecido como legitimação do papel central das tecnologias de informação e comunicação, ela não deixa de ser redutora, constituindo apenas um exemplo de uma entre outras abordagens. Terminologicamente há o impasse entre o empregar *sociedade de informação*, a qual já foi citada no início deste estudo, ou fazer menção à proposta de Castells, que trabalha a *sociedade em rede*.[11]

No melhor entendimento, salienta-se que sociedade em rede irá compreender a sociedade de informação, uma vez que aquela é mais ampla, constituindo-se da interligação das tecnologias em tempo e espaço desta, ou seja, para sociedade de informação emprega-se o termo ao se fazer menção ao tempo em que se vivencia a tecnologia (sociedade de informação), enquanto que a forma em que se articula a informação direciona-se à sociedade em rede.[12]

---

6. WACHOWICZ, Marcos. O direito de informação na sociedade do conhecimento: possibilidades e limites do direito internacional. In: MENEZES, Wagner (Coord.). *Estudos de direito internacional*: Anais do 4º Congresso Brasileiro Internacional. Curitiba: Juruá. 2006, p. 57.

7. É importante que se entenda que assim como Bobbio descreveu "os direitos do homem nascem como direitos naturais universais, desenvolvem-se como direitos positivos particulares, para finalmente encontrarem sua plena realização como direitos positivos universais" (PIOVESAN, Flávia. *Direitos Humanos e o Direito Constitucional Internacional*. São Paulo: Max Limonad, 1997, p. 145).

8. DOTTI, René Ariel. *Declaração Universal dos Direitos do Homem*: notas da legislação brasileira. Curitiba: JM, 1999.

9. LIMBERGER, Têmis. Direito e informática: o desafio de proteger os direitos do cidadão. In: SARLET, Ingo Wolfgang (Org.). *Direitos Fundamentais, Informática e Comunicação*: algumas aproximações. Porto Alegre, RS. Livraria do Advogado Editora: 2007, p. 195.

10. CASTELLS, Manuel. *A galáxia da Internet*. Trad. Maria Luiza X. de A. Borges. Jorge Zahar: São Paulo. 2003.

11. Para um melhor entendimento, salienta-se que sociedade em rede irá compreender a sociedade de informação, uma vez que aquela é mais ampla, constituindo-se da interligação das tecnologias em uso em tempo e espaço desta, ou seja, para sociedade de informação emprega-se o termo ao se fazer menção ao tempo em que se vivencia a tecnologia (sociedade de informação), enquanto que a forma em que se articula a informação direciona-se à sociedade em rede.

12. CARDOSO, Gustavo. *A mídia na sociedade em rede*: filtros, vitrines, notícias. Rio de Janeiro: Editora FGV. 2007, p. 32. Afirma o autor que "a apropriação social das tecnologias de informação e comunicação na era da informação caracteriza-se pela sua interligação em rede. [...] Essa rede de tecnologias não é o

Se a apropriação social das tecnologias na era da informação caracteriza-se pela sua interligação em rede, assim é, em função da articulação de quem a utiliza, o homem. Qualquer entendimento que se tenha, ou que se queira formar, sobre as tecnologias, limitadas às de informação, contextualizadas na sociedade em rede, não há como fugir da principal delas, a internet. Assim, o homem, envolto às tecnologias que o cercam, organiza-se em rede, eis aqui a sociedade em rede, diante de um novo universo, a sociedade da informação.

Contextualizar este momento é voltar-se aos anseios mais primatas do homem, compreendidos entre crenças e crédulos da humanidade, de Adão e Eva à clonagem, da descoberta do fogo aos computadores, do real ao virtual. Ao concordar com esta suposição, encontra-se caminho para um (re)conhecimento das questões multidimensionais e complexas que envolvem, não só o problema da sociedade da informação, mas os que derivam dela, a exemplo da sociedade de crédito e consequentemente o superendividamento dos consumidores.

Os dados, informações pessoais e a intimidade de indivíduos, agora desnudos pelo avanço e o progresso tecnológico, tem na legislação existente,[13] dependente de aplicação efetiva[14] no Brasil, as primeiras linhas jurídicas para tutela da intimidade em uma nova ordem – proteção de dados pessoais.

---

mero produto de uma convergência tecnológica, mas sim de uma forma de organização social criada por quem dela faz uso."

13. Como assegura Danilo Doneda, o direito à privacidade tomou uma outra proporção ao garantir o tema da proteção de dados pessoais, o desafio do tratamento informatizado de dados. (DONEDA, Danilo. *Da privacidade à proteção de dados pessoais*. Rio de Janeiro: Renovar, 2008). Para Laura Schertel Mendes, o processamento eletrônico de dados é o fator que faz surgir a primeira geração de normas de proteção de dados pessoais, bem como as discussões da centralização dos bancos de dados. A privacidade na internet, em especial proteção de dados pessoais, em regra gerados em relações de consumo (para elas, ou delas) tem sua fonte histórica-legal em 1970. Das motivações geradas nos Estados Unidos, ainda na década de 60, tem-se na Alemanha, a primeira lei a tratar do tema, criada em Hessen, no ano de 1970, e implementada oito anos depois. Período em que surgem as normas relativa à proteção de dados na Noruega, França, Suécia e Áustria. O Conselho da Europa, em 1981, unifica o entendimento sobre o tratamento de dados pessoais. A Constituição Federal brasileira, de 1988, estabeleceu no artigo 5º os direitos e garantias fundamentais, elencando a privacidade como inviolável (intimidade, vida privada, honra e imagem). O *Código de Defesa do Consumidor, em 1990, garantiu direito à informação,* (em *grifo nosso, a informação é premissa à proteção de dados o direito à não informação, não informar sobre os dados pessoais), e também trouxe* previsão sobre cadastros e banco de dados (direito de acesso e correção). No ano de *1995, a Diretiva 95/46/CE, da União Europeia, apresentou* regulamento com previsão sobre armazenamento, acesso, responsabilidade, segurança e gestão dos dados. (MENDES, Laura Schertel. *Privacidade, proteção de dados e defesa do consumidor*: linhas gerais de um novo direito fundamental. São Paulo: Saraiva. 2014, p. 20, p. 27-30). Em outro texto, da mesma autora, fortalece-se a ideia de que a Lei Geral de Proteção de Dados trouxe um novo paradigma em que "não há mais dados irrelevantes diante do processamento eletrônico na sociedade de informação" (Lei 13.709/2018): o novo paradigma da Proteção de Dados no Brasil. *Revista de Direito do Consumidor*. vol. 120. ano 27. p. 555-587. São Paulo: Ed. RT, 2018, p. 582).

14. Para Danilo Doneda e Laura Schertel Mendes, em comentário à Lei Geral de Proteção de Dados (Lei 13.709/2018), há um desafio a se considerar que está na criação da Autoridade Nacional de Proteção de Dados, que passa a ser responsável pela aplicação da norma. Em um primeiro momento, a autori-

Ainda que diante da inovação pela norma de proteção de dados, o Código de Defesa do Consumidor,[15] a Lei do Cadastro Positivo e o Marco Civil da Internet[16] já deixavam claros alguns elementos pontuais de tutela.[17] Vale também lembrar da

---

dade é um elemento indispensável para que a proteção seja efetivamente implementada e monitorada. (MENDES, Laura Schertel; DONEDA, Danilo. Comentário à nova Lei de Proteção de Dados (Lei 13.709/2018): o novo paradigma da Proteção de Dados no Brasil. *Revista de Direito do Consumidor*. v. 120. ano 27. p. 555-587. São Paulo: Ed. RT, 2018, p. 584).

15. O Código de Defesa do Consumidor, Lei 8.078, de 11 de setembro de 1990, deixou expresso, no art. 43, que o consumidor terá acesso às informações existentes em cadastros, fichas, registros e dados pessoais e de consumo arquivados sobre ele, bem como sobre as suas respectivas fontes. Sendo que o parágrafo primeiro diz que que os cadastros e dados de consumidores devem ser objetivos, claros, verdadeiros e em linguagem de fácil compreensão, não podendo conter informações negativas referentes a período superior a cinco anos; enquanto o parágrafo segundo, mencionada que da abertura de cadastro, ficha, registro e dados pessoais e de consumo deverá ser comunicada por escrito ao consumidor, quando não solicitada por ele; o parágrafo terceiro especifica que diante de inexatidão nos seus dados e cadastros, poderá o consumidor exigir sua imediata correção, devendo o arquivista, no prazo de cinco dias úteis, comunicar a alteração aos eventuais destinatários das informações incorretas; o parágrafo quarto cuida em afirmar que os bancos de dados e cadastros relativos a consumidores, os serviços de proteção ao crédito e congêneres são considerados entidades de caráter público; o parágrafo quinto proíbe *fornecer* quaisquer informações que possam impedir ou dificultar novo acesso ao crédito junto aos fornecedores, após a prescrição relativa à cobrança de débitos do consumidor; e o parágrafo sexto diz que todas as informações do art. 43 devem ser disponibilizadas em formatos acessíveis, inclusive para a pessoa com deficiência, mediante solicitação do consumidor. O art. 44, §§ 1º e 2º, também cuidou em mencionar que os órgãos públicos de defesa do consumidor manterão cadastros atualizados de reclamações fundamentadas contra fornecedores de produtos e serviços, devendo divulgá-lo pública e anualmente, sendo facultado o acesso às informações lá constantes para orientação e consulta por qualquer interessado, aplicando-se as mesmas regras do art. 43.

16. A Lei 12.965, de 23 de abril de 2014, estabelece princípios, garantias, direitos e deveres para o uso da internet no Brasil e determina as diretrizes para atuação da União, dos Estados, do Distrito Federal e dos Municípios em relação à matéria. No art. 2º se estabelece que a disciplina do uso da internet no Brasil tem como fundamento o respeito à liberdade de expressão, bem como: I – o reconhecimento da escala mundial da rede; II – os direitos humanos, o desenvolvimento da personalidade e o exercício da cidadania em meios digitais; III – a pluralidade e a diversidade; IV – a abertura e a colaboração; V – a livre-iniciativa, a livre concorrência e a *defesa do consumidor*; e VI – a finalidade social da rede. O art. 3º elenca os princípios para uso da internet: I – garantia da liberdade de expressão, comunicação e manifestação de pensamento, nos termos da Constituição Federal; II – *proteção da privacidade*; III – *proteção dos dados pessoais*, na forma da lei; IV – preservação e garantia da neutralidade de rede; V – preservação da estabilidade, segurança e funcionalidade da rede, por meio de medidas técnicas compatíveis com os padrões internacionais e pelo estímulo ao uso de boas práticas; VI – responsabilização dos agentes de acordo com suas atividades, nos termos da lei; VII - preservação da natureza participativa da rede; VIII – liberdade dos modelos de negócios promovidos na internet, desde que não conflitem com os demais princípios estabelecidos nesta Lei. Os objetivos do uso da internet no Brasil, art. 4º da lei, estão na promoção: I – do direito de acesso à internet a todos; II – do acesso à informação, ao conhecimento e à participação na vida cultural e na condução dos assuntos públicos; III – da inovação e do fomento à ampla difusão de novas tecnologias e modelos de uso e acesso; e IV – da adesão a padrões tecnológicos abertos que permitam a comunicação, a acessibilidade e a interoperabilidade entre aplicações e bases de dados.

17. MENDES, Laura Schertel; DONEDA, Danilo. Comentário à nova Lei de Proteção de Dados (Lei 13.709/2018): o novo paradigma da Proteção de Dados no Brasil. *Revista de Direito do Consumidor*. v. 120. ano 27, p. 582. São Paulo: Ed. RT, 2018.

Lei das Telecomunicações,[18] da Lei de Acesso à Informação,[19] do Código Civil[20] e da Constituição Federal.[21]

A previsibilidade do comportamento dos consumidores já mostrava o propósito da sociedade de consumo quando Lazzaratto cunhou o termo "memória de futuro",[22] ao expressar o comprometimento do devedor frente aos fornecedores de crédito. O ponto de virada tecnológica ocorreu em 2012, quando uma rede neural foi construída, atualmente sob a forma de "aprendizado profundo" (também chamado de IA estreita), concretizando o uso de algoritmos em "grandes quantidades de dados de um domínio específico para tomar uma decisão que otimiza um resultado desejado", mediante treinamento para reconhecimento de padrões e correlações. E no que tange ao efeito no mercado de crédito ao consumo,

---

18. Lei 9.472, de 16 de julho de 1997, dispõe sobre a organização dos serviços de telecomunicações, a criação e funcionamento de um órgão regulador e outros aspectos institucionais, nos termos da Emenda Constitucional 8, de 1995; sendo que o art. 3º, ao estabelecer os direitos do usuário de serviços de telecomunicações listou: I – de acesso aos serviços de telecomunicações, com padrões de qualidade e regularidade adequados à sua natureza, em qualquer ponto do território nacional; II – à liberdade de escolha de sua prestadora de serviço; III – de não ser discriminado quanto às condições de acesso e fruição do serviço; IV – à informação adequada sobre as condições de prestação dos serviços, suas tarifas e preços; V – à inviolabilidade e ao segredo de sua comunicação, salvo nas hipóteses e condições constitucional e legalmente previstas; VI – à não divulgação, caso o requeira, de seu código de acesso; VII – à não suspensão de serviço prestado em regime público, salvo por débito diretamente decorrente de sua utilização ou por descumprimento de condições contratuais; VIII – ao prévio conhecimento das condições de suspensão do serviço; IX – ao respeito de sua privacidade nos documentos de cobrança e na utilização de seus dados pessoais pela prestadora do serviço; X – de resposta às suas reclamações pela prestadora do serviço; XI – de peticionar contra a prestadora do serviço perante o órgão regulador e os organismos de defesa do consumidor; XII – à reparação dos danos causados pela violação de seus direitos.
19. A Lei 12.527, de 18 de novembro de 2011, *versa* sobre os procedimentos a serem observados pela União, Estados, Distrito Federal e Municípios, com o fim de garantir o acesso a informações previsto no inciso XXXIII do art. 5º , no inciso II do § 3º do art. 37 e no § 2º do art. 216 da Constituição Federal. O art. 6º pontua que cabe aos órgãos e entidades do poder público, observadas as normas e procedimentos específicos aplicáveis, assegurar a: I – gestão transparente da informação, propiciando amplo acesso a ela e sua divulgação; II – proteção da informação, garantindo-se sua disponibilidade, autenticidade e integridade; e III – proteção da informação sigilosa e da informação pessoal, observada a sua disponibilidade, autenticidade, integridade e eventual restrição de acesso.
20. A Lei 10.406, de 10 de janeiro de 2002, que instituiu o Código Civil, ao tratar de direito da personalidade, no art. 20, salvo se autorizadas, ou se necessárias à administração da justiça ou à manutenção da ordem pública, a divulgação de escritos, a transmissão da palavra, ou a publicação, a exposição ou a utilização da imagem de uma pessoa poderão ser proibidas, a seu requerimento e sem prejuízo da indenização que couber, se lhe atingirem a honra, a boa fama ou a respeitabilidade, ou se se destinarem a fins comerciais.
21. A previsão constitucional, entre os direitos e garantias fundamentais, em que todos são iguais perante a lei, sem distinção de qualquer natureza, garantindo-se aos brasileiros e aos estrangeiros residentes no País a inviolabilidade do direito à vida, à liberdade, à igualdade, à segurança e à propriedade, nos termos seguintes: (...) são invioláveis a intimidade, a vida privada, a honra e a imagem das pessoas, assegurado o direito a indenização pelo dano material ou moral decorrente de sua violação. (art. 5º, X, CF).
22. A expressão *memoire du futur*, no original, é de: LAZZARATO, Maurizio. *La fabrique de l'homme endetté*, p. 38.

as hipóteses de aplicação são citadas por Kai-Fu LEE: "dados relevantes sobre os mutuários são abundantes (pontuação de crédito, renda, uso recente de cartão de crédito) e a meta de otimização é clara (minimizar as taxas de inadimplência)".[23]

Cria-se, neste contexto, um microssistema jurídico que privilegia o diálogo de normas, consubstanciado à aplicação simultânea, coerente e coordenada de fontes legislativas, leis especiais e leis gerais. Nesta medida, as fontes não se excluem, nem se revogam, ao contrário, elas conversam entre si, e os juristas coordenam esta conversa, desvelando o diálogo entre às normas.[24]

Com essa visão, passamos à análise da concessão de crédito no ambiente virtual e os elementos integrantes dos contratos inteligentes dialogando com a tutela proposta no Projeto de Lei 3.514/2015 e a tutela legal do crédito responsável advinda da atualização do Código de Defesa do Consumidor.

2. A CONCESSÃO DO CRÉDITO NOS CONTRATOS INTELIGENTES (*SMART CONTRACTS*): ANÁLISE DA CAPACIDADE DE REEMBOLSO NO AMBIENTE DIGITAL

A definição dos contratos inteligentes (*smart contracts*) está relacionada com o uso da tecnologia de forma completa ou parcial na fase de cumprimento do contrato, utilizando-se o ambiente digital, "de modo que se submeta a uma programação específica que determine a realização automatizada de ações no interesse dos contratantes".[25] No âmbito das relações de crédito ao consumo tem se observado o crescimento da utilização dos *smart contracts* dada sua natureza de autoexecutoriedade com redução da discricionariedade na fase de cumprimento em vista da ausência de interação entre os contratantes. Aqui reside o ponto de atenção na oportunidade da concessão do crédito, já que a autoexecutoriedade do pacto evidencia a inexistência de negociação na fase da formação do contrato.

Antes, impositiva a identificação da natureza jurídica deste instituto: "Szabo qualifica os *smart contracts* como "um conjunto de obrigações ("promessas"), estabelecidas de forma digital, incluindo protocolos por meio dos quais as partes

---

23. LEE, Kai-Fu. Inteligência artificial: como os robôs estão mudando o mundo, a forma como amamos, nos relacionamos, trabalhamos e vivemos. Rio de Janeiro: Globo Livros, 2019, p. 23.

24. JAYME, Erik. Identité Culturelle et Intégration: Le Droit International Privé Postmodern. *Recueil des Cours de l'Académie de Droit International de la Haye*. Tomo 251. The Hague/Boston/London: Martinus Nijhoff Publishers, 1995, p. 60 e 251 e ss. 28 MIRAGEM, Bruno. Novo paradigma tecnológico, mercado de consumo digital e o direito do consumidor. In: Contratos de serviços em tempos digitais: contribuição para uma nova teoria geral dos serviços e princípios de proteção dos consumidores. São Paulo: Thomson Reuters, 2021, p. 321.

25. MIRAGEM, Bruno. Novo paradigma tecnológico, mercado de consumo digital e o direito do consumidor. *Contratos de serviços em tempos digitais*: contribuição para uma nova teoria geral dos serviços e princípios de proteção dos consumidores. São Paulo: Thomson Reuters, 2021, p. 321.

cumpririam tais obrigações".[26] Note-se que não se trata de contrato propriamente dito, mas um "tipo 'inteligente' de instrumento contratual – um meio, uma ferramenta, uma forma de contratação. O contrato inteligente substitui o instrumento em papel – ou ao menos a sua versão em prosa humana – por um equivalente baseado em algoritmos, a linguagem utilizada por computadores."[27]

Nesta medida, se a finalidade dos contratos inteligentes está relacionada com o adimplemento da obrigação, cumpre-nos adentrar a análise da formação da vontade do consumidor nas relações digitais automatizadas como forma de identificar sua validade e eficácia social: O objetivo, portanto, é permitir que as obrigações contratuais (dar, fazer e não fazer) sejam reproduzidas por algoritmos que tornam o seu registro, monitoramento e a execução muito mais fáceis e rápidos, dificultando o inadimplemento ou o tornando mais custoso."[28]

Não há dúvida acerca da efetividade para a circulação da riqueza, dada a instantaneidade com que as relações contratuais são implementadas via smart contracts, entretanto, a harmonização com os valores advindos da boa-fé (informação, cooperação e cuidado)[29] denotam o reforço ao combate da assimetria das informações nas relações contratuais.

Na hipótese em comento, não havendo interação humana, a fase das tratativas pode ser considerada como significativamente diminuída e a vigência do dispositivo legal que endereça o ônus da prova ao fornecedor de crédito, art. 46 do CDC, permanece em vigor. A forma digital de coleta da manifestação de vontade reclama a reflexão sobre a qualidade das informações e o cumprimento dos deveres da boa-fé:

> Do ponto de vista de um encontro de vontades efetivo, a complexidade estrutural e a decorrente carga cognitiva dos instrumentos contratuais desempenham papéis ambíguos: de fato, um texto muito exíguo pode deixar lacunas e abrir frentes integrativas que afastem a compreensão e interpretação por terceiros das *intenções originais* das partes; porém o incremento da carga cognitiva, sobretudo em situações de assimetria de informações, apontam para uma possível carência de compreensão e, em agregados, para problemas de seleção adversa.[30]

---

26. Apud MOREIRA, Rodrigo. *Investigação preliminar sobre o blockchain e os smart contracts. Revista de Direito e as Novas Tecnologias.* v. 3, p. 3. abr./jun. 2019.
27. MOREIRA, Rodrigo. *Investigação preliminar sobre o blockchain e os smart contracts. Revista de Direito e as Novas Tecnologias.* v. 3, p. 4. abr./jun. 2019.
28. MOREIRA, Rodrigo. *Investigação preliminar sobre o blockchain e os smart contracts. Revista de Direito e as Novas Tecnologias.* v. 3, p. 4. abr./jun. 2019.
29. CARVALHO, Diógenes Faria de; MARQUES, Claudia Lima. Os significados da boa-fé nos contratos de serviços massificados: convergências entre o CDC, o CC/2002 e a lei da liberdade econômica. *Contratos de serviços em tempos digitais*: contribuição para uma nova teoria geral dos serviços e princípios de proteção dos consumidores. São Paulo: Thomson Reuteurs, 2021, p. 248.
30. COSTA, José Augusto Fontoura. Contratação no ambiente digital: mudanças profundas ou superficiais? *Revista de Direito e as Novas Tecnologias.* v. 4, jul./set. 2019.

Antes de adentrarmos no enfoque deste ensaio (contratos de crédito ao consumo), vale lembrarmos que os *smart contracts* são viabilizados pela tecnologia *blockchain*, sendo esta a responsável pela sua utilização em massa. Nesse passo, o *blockchain*,[31] enquanto tecnologia hábil a reunir os dados do consumidor para a apreciação das condições reais de pagamento, atende aos pressupostos do dever de boa-fé endereçado ao fornecedor: "financiamentos podem ser avaliados, autorizados, monitorados e executados por meio do *blockchain*, utilizando como referência a avaliação do cadastro positivo."[32]

Nos contratos de crédito ao consumo, a atualização do Código de Defesa do Consumidor introduziu expressamente os deveres qualificados do fornecedor quanto ao crédito responsável nas fases da formação e da execução contratual, a exemplo dos artigos 54-D e 104-A, § 2º.

Observado que os contratos inteligentes estão relacionados com a eficiência da relação contratual a evitar o inadimplemento, corolário lógico seria que a concessão de crédito instrumentalizada pelo *smart contract* fosse programada obrigatoriamente a permitir a identificação dos responsáveis pela elaboração do conteúdo e análise da capacidade de reembolso do consumidor. Vale dizer, atendendo os parâmetros de explicabilidade, a seguir expostos.

Por capacidade de reembolso, afora os critérios técnicos adotados no mercado pelos concedentes de crédito, é imposta a observância dos dispositivos legais introduzidos com a Lei 14.181/21, notadamente o art. 54-B ao 54-D do CDC, concretizando o princípio do crédito responsável. A esse respeito, tivemos a oportunidade de escrever: "A lógica da tutela inclusiva da legislação brasileira seguiu sistemática semelhante à da legislação francesa ao permitir o acesso do consumidor sem impor sua "morte civil" ou estivesse em situação tão grave que o restabelecimento da saúde financeira fosse lento e mais gravoso."[33]

---

31. A esse respeito: "O blockchain é uma tecnologia cujo funcionamento é descritivamente simples, porém, revolucionário, na medida em que permite a solução para um problema histórico: como transferir recursos on-line – e informações em geral – sem a necessidade de um intermediário. A tecnologia é, na essência, uma rede formada por elos de uma grande corrente – daí o nome "blockchain", que, traduzido livremente, significa "rede de blocos" – que armazenam informações de forma descentralizada, pública e segura. É como um grande "livro-razão" (ledger), um banco de dados potencialmente global que pode armazenar virtualmente qualquer tipo de informação, desde transações financeiras até registros imobiliários, passando por resultados eleitorais, contratos e diversas outras aplicações." MOREIRA, Rodrigo. Investigação preliminar sobre o *blockchain* e os *smart contracts*. *Revista de Direito e as Novas Tecnologias*. v. 3, p. 1, abr./jun. 2019.

32. MOREIRA, Rodrigo. Investigação preliminar sobre o *blockchain* e os *smart contracts*. *Revista de Direito e as Novas Tecnologias*. v. 3, p. 7, abr./jun. 2019.

33. BERTONCELLO, Káren Rick Danilevicz. O processo judicial de repactuação das dívidas: modelo brasileiro de mínimo existencial instrumental. *Revista de Direito do Consumidor*, v. 144, ano 31, p. 22. São Paulo: Ed. RT, nov./dez. 2022.

Ademais, a própria definição da tecnologia *blockchain* aponta a instrumentalização da análise da capacidade de reembolso do consumidor pelo concedente na oportunidade da formação do contrato de crédito, visto que os dados são armazenados de forma cronológica com todos os registros:[34]

> De uma forma simples e direta, o *blockchain* é um ambiente virtual que proporciona aos usuários o compartilhamento e distribuição das informações gravadas, com total transparência de dados. O *Blockchain* é uma rede compartilhada e distributiva que mantém em crescimento constante as transações que por ela foram operadas por intermédio do sistema de blocos. Esses blocos contêm o registro (gravação) das transações realizadas, além de fatos e outras informações relacionadas. Uma vez que o registro é verificado e validado pelos usuários da rede, que são chamados de nodes, um bloco é criado e adicionado ao *chain* (canal), com todos os registros das operações em forma linear e cronológica. O que torna esta tecnologia tão revolucionária é que a base de dados não está concentrada em um único ambiente, tal qual é atualmente nossa perspectiva ao comparar com servidores comuns. Essa base de dados está distribuída em incontáveis usuários aderentes ao *Blockchain*, seja em redes públicas ou em redes privadas.

Este armazenamento e compartilhamento oferece um quadro geral sobre as condições pessoais do consumidor e comprometimento de renda com boa parte das obrigações existentes. A cronologia atua como importante fator de análise da concessão responsável do crédito, em conformidade com a redação do art. 54-D do CDC.[35]

Por outro lado, importante atentarmos para o problema da anonimização, dado que na tecnologia *blockchain* a identificação é opcional:

> Do ponto de vista externo, as transações sempre vão aparecer como uma *string* aleatória de números, como "*b7a36dd3ef77* transfere 20 BTC a *6a3f34lix219.* (...) Na *blockchain* (assim como na *DeepWeb*) somente é possível identificar o detentor da carteira se existirem elementos externos suficientes que relacionem a conta ao titular. Nesse sentido, o meio digital restaria como prova de uma transação em que não se faz ideia de quem esteja envolvido e, como tal, seria um instrumento de reduzido valor probatório. Ultimamente, tratar-se-ia de um problema de atribuição de responsabilidade a um elemento humano que teria celebrado o contrato.[36]

Daí maior razão ao destaque das reflexões feitas na segunda parte deste ensaio como reforço à necessidade da aprovação do PL 3514/2015 a tutelar as relações

---

34. ALVAREZ, Felipe Oliveira de Castro Rodriguez. Novas tecnologias: o direito e o diálogo com o blockchain – perspectivas jurídicas sob o prisma do direito civil. *Revista de Direito e as Novas Tecnologias*, v. 2, jan.-mar. 2019.

35. Art. 54-D do CDC: Na oferta de crédito, previamente à contratação, o fornecedor ou o intermediário deverá, entre outras condutas: (...) II – avaliar, de forma responsável, as condições de crédito do consumidor, mediante análise das informações disponíveis em bancos de dados de proteção ao crédito, observado o disposto neste Código e na legislação sobre proteção de dados; (Incluído pela Lei 14.181, de 2021).

36. COSTA, José Augusto Fontoura. Contratação no ambiente digital: mudanças profundas ou superficiais? *Revista de Direito e as Novas Tecnologias*. v. 4, p. 9. jul./set. 2019.

contratuais eletrônicas como forma de assegurar a incidência da proteção contemplada na atualização do CDC com a Lei 14.181/21.

Antes, cumpre-nos adentrar algumas limitações dos *smart contracts,* relatadas pela doutrina de Schechtman. A primeira, está relacionada com os limites da permissão de armazenamento, pois a inalterabilidade (*tamper proof*), impedindo que o contrato inteligente seja "alterado ou parado", será admitida apenas se o código expressamente permitir. A segunda diz com a limitação pela sua publicidade: "tudo que for incluído em uma *blockchain* pública poderá ser visualizado por qualquer pessoa com acesso". Exemplo disso, é que "é possível circular os dados em *blockchain* privada apartada da principal (ou até mesmo em base de dados tradicional)21, adicionar camadas extras de criptografia (a informação confidencial é adicionada de forma criptografada na *blockchain*) ou utilizar protocolos de *zero knowledge proof.*" A terceira limitação é identificada pela fragilidade da busca de dados em outras redes externas ou outras bases físicas, pois os *blockchains* são eficientes quando integralmente realizada dentro desta tecnologia.[37]

Mais uma vez, devemos atentar que as informações originárias inseridas na *blockchain* para a concretização dos contratos inteligentes de crédito ao consumo são de inteira responsabilidade do gestor, aqui identificado pelo concedente de crédito. A esse respeito, o dever de transparência decorrente da boa-fé vem representado na explicabilidade do algoritmo da análise dos dados do consumidor. Por explicabilidade,[38] entende-se:

> si on peut fournir des explications de ses résultats. Ces explications peuvent prendre des formes diférents selon leurs destinataires. Pour les citoyen sans compétence technique particulière, il peut s'agir de comprendre la logique que a conduit à un résultat particulier ou le facteur qui a joué le rôle le plus important dans une décision que le concerne.

Este o norte da Resolução 332, de 21 de agosto de 2021, do Conselho Nacional de Justiça, ao estabelecer parâmetros éticos, de transparência e governança para a produção e o uso da inteligência artificial no âmbito do Poder Judiciário; o conteúdo da Carta Portuguesa de Direitos Humanos na Era Digital.[39]

---

37. SCHECHTMAN, David Casz. Introdução à implementação de Smart contracts. *Revista de Direito e as Novas Tecnologias.* v. 5, p. 4. Out./dez. 2019.

38. Explicabilidade (explicabilité, no francês), em tradução livre: "se pudermos fornecer explicações sobre os resultados. Estas explicações podem adotar formas diversas segundo os destinatários. Para um cidadão leigo, trata-se de compreender a lógica que conduziu a um resultado específico ou o fator mais importante de uma decisão que o afeta." DESMOULIN-CANSELIER, Sonia; LE MÉTAYER, Daniel. *Décider avec les algoritmes:* quelle place pour l'Homme, quelle place pour le droit? Paris: Dalloz, 2020, p. 262.

39. Art. 9º: 1 – A utilização da inteligência artificial deve ser orientada pelo respeito dos direitos fundamentais, garantindo um justo equilíbrio entre os princípios da explicabilidade, da segurança, da transparência e da responsabilidade, que atenda às circunstâncias de cada caso concreto e estabeleça processos destinados a evitar quaisquer preconceitos e formas de discriminação. 2 – As decisões com impacto

A explicabilidade no âmbito dos *smart* contracts para crédito ao consumo merece especial atenção ante a perfilização pelo uso de metainformações do consumidor: "o risco de uma monocultura tecnológica dirige-se, no que concerne ao crédito, ao conhecimento do perfil de cada um e leva ao algoritmo cujo cálculo atuarial jamais gera risco ao fornecedor de crédito."[40] Consequência disso é que a opacidade dos algoritmos não pode atuar em prejuízo do sujeito vulnerável do mercado, aqui identificado no consumidor pessoa física, tutelado no procedimento de tratamento das situações de superendividamento, artigos 4º[41] e 54-A,[42] ambos do CDC.

Pelo exposto, no contexto da contratação eletrônica automatizada situa-se o cerne da indagação proposta neste estudo: quais são os deveres incidentes na formação dos contratos inteligentes e qual seu conteúdo?

Pois é relevante apontarmos que a expressão "contratos inteligentes" não denota que o conteúdo integral da avença seja "registrado em um bloco de dados de certa *blockchain*", visto ser a automatização da execução do contrato a característica que o classifica. "Assim, por meio de um código de programação, registram-se as circunstâncias que são pré-requisitos para a produção de determinados efeitos jurídicos, como verdadeiras instruções para o *software*."[43]

Daí a conclusão de que a fase de formação dos contratos inteligentes pode ou não ser realizada através da tecnologia *blockchain,* sem que ocorra interação humana e tratativas preliminares para a formação da vontade do consumidor e respectivo consentimento. Independente disso, incidentes os deveres do concedente de crédito para a análise da capacidade de reembolso do contratante vulnerável com foco na preservação do mínimo existencial, concretizando a tutela dos artigos 4º, X;[44] 6º, XI e XII;[45] 54-A, § 1º todos do CDC.[46] Afinal, a redação da lei é

---

significativo na esfera dos destinatários que sejam tomadas mediante o uso de algoritmos devem ser comunicadas aos interessados, sendo suscetíveis de recurso e auditáveis, nos termos previstos na lei.

40. SCHMIDT NETO, André Perin; AMARAL, Augusto Jobim do. Governar pela dívida: o crédito na era dos algoritarismos. *Revista de Direito do Consumidor*, v. 143, ano 31, p. 39. São Paulo: Ed. RT, set./out. 2022.

41. Art. 4º do CDC: I – reconhecimento da vulnerabilidade do consumidor no mercado de consumo.

42. Art. 54-A do CDC: Art. 54-A. Este Capítulo dispõe sobre a prevenção do superendividamento da pessoa natural, sobre o crédito responsável e sobre a educação financeira do consumidor.(Incluído pela Lei 14.181, de 2021)

43. SILVA, Rodrigo da Guia; PINTO, Melanie Dreyer Breitenbach. Contratos inteligentes (*smart contracts*): Esses estranhos (des)conhecidos. *Revista de Direito e as Novas Tecnologias*. v. 5, out./dez. 2019.

44. X – prevenção e tratamento do superendividamento como forma de evitar a exclusão social do consumidor.(Incluído pela Lei 14.181, de 2021).

45. XI – a garantia de práticas de crédito responsável, de educação financeira e de prevenção e tratamento de situações de superendividamento, preservado o mínimo existencial, nos termos da regulamentação, por meio da revisão e da repactuação da dívida, entre outras medidas; (Incluído pela Lei 14.181, de 2021).

XII – a preservação do mínimo existencial, nos termos da regulamentação, na repactuação de dívidas e na concessão de crédito;(Incluído pela Lei 14.181, de 2021).

46. Art. 54-A. Este Capítulo dispõe sobre a prevenção do superendividamento da pessoa natural, sobre o crédito responsável e sobre a educação financeira do consumidor. § 1º Entende-se por superendivida-

expressa ao identificar o dever do concedente em colaborar com a preservação do mínimo existencial tanto na fase da formação como da execução do contrato. E o contrato de crédito ao consumo firmado através de *smart contract* atinge o direito de escolha do consumidor e centraliza o dever de análise da capacidade de reembolso no concedente.

3. TUTELA DO PL 3.514/2015 E O DIÁLOGO COM A LEI 14.181/21

O desenvolvimento da informática e das tecnologias da informação trouxeram expansão à economia de escala. Como afirma Bruno Miragem,[47] a sociedade de consumo contemporânea assiste as tecnologias como instrumento de novas utilidades (qualificação de produtos e serviços), minimização de vícios, otimização da eficiência, diante de novos produtos e serviços. A oferta materializada em novas estruturas negociais (plataformas digitais) e a estratégia de identificar de forma mais pontual as intenções de consumo (tratamento de dados) exigem proteção do consumidor. Frente a esse novo paradigma tecnológico, não reside exclusivamente nas normas do direito do consumidor, mas na compreensão dessas em comum com outras legislações, como é o caso das atinentes à proteção de dados pessoais, à defesa da concorrência, ao processo civil, entre outras.[48]

Nas relações de consumo os dados são capturados em todos os instantes, em especial diante do uso de novas tecnologias (vulnerabilidade tecnológica). O tratamento (personalização dos dados) promove necessidades/desejos[49] de consumo (vulnerabilidade cognitiva), enquanto identifica consumidores aptos a consumir, classifica-os (personifica dados), cria também elementos discriminatórios.

---

mento a impossibilidade manifesta de o consumidor pessoa natural, de boa-fé, pagar a totalidade de suas dívidas de consumo, exigíveis e vincendas, sem comprometer seu mínimo existencial, nos termos da regulamentação.(Incluído pela Lei 14.181, de 2021).

47. "Nesse particular, percebe-se tanto a aplicação das tecnologias da informação para aperfeiçoamento de produtos e serviços ofertados comumente no mercado de consumo já antes de seu desenvolvimento, como outros que supõem a existência dessas tecnologias, e só em razão delas passam a ter a possibilidade de serem desenvolvidos. Entre os vários exemplos de avanço tecnológico, nenhum é mais relevante do que o desenvolvimento da Internet, o qual deu causa, mesmo, ao surgimento de uma dimensão nova do mercado de consumo (mercado de consumo virtual) e as relações que se estabelecem por intermédio dela, como o comércio eletrônico – integrando fenômenos diversos como a oferta pela Internet e os meios de pagamento eletrônico –, novas estruturas negociais de oferta de produtos e serviços – caso, e.g. do fornecimento por plataforma digital – e a estratégia de reconhecimento mais preciso dos interesses dos consumidores – em especial pelo tratamento de dados". (MIRAGEM, Bruno. Novo paradigma tecnológico, mercado de consumo digital e o direito do consumidor. *Revista de Direito do Consumidor*. v. 125. ano 28. p. 18. São Paulo: Ed. RT, 2019).

48. MIRAGEM, Bruno. Novo paradigma tecnológico, mercado de consumo digital e o direito do consumidor. *Revista de Direito do Consumidor*. v. 125. ano 28. p. 21. São Paulo: Ed. RT, 2019.

49. Para Mario Ernesto René Schweriner há uma fusão entre necessidades e desejos, que gera o *necejo, uma vontade potencializada por* prazer, posses ou ostentação que materializa necessidades (sintéticas). (SCHWERINER, Mario Ernesto René. *Comportamento do consumidor*: identificando necejos e supérfluos essenciais. São Paulo: Saraiva, 2006).

A economia da informação tem no tratamento dos dados pessoais dos consumidores, diluídos em vários setores econômicos,[50] junto ao avanço tecnológico, potencializado os riscos aos direitos dos consumidores (personalidade do consumidor). Na afirmação de Laura Schertel Mendes "é de se questionar como se efetiva esse dever de proteção estatal do consumidor na atualidade".[51]

A sociedade de informação é, portanto, o espaço em que os dados são criados, quando pessoalizados permitem identificar gostos, desejos, interesses, ou ainda mapeiam o próprio sujeito de dados. O consumidor, neste sentido, tem a partir do direito da privacidade (sentido *lato sensu* de proteção de dados), a violação de dados pessoais (sensíveis)[52] e, em um aspecto ainda mais apurado (*stricto sensu*), a informação (dado já tratado) faz do consumidor um objeto, o que é definido por este estudo como oferta dirigida e programada de consumo, que não raramente condiciona ao superendividamento.

A oferta dirigida e programada de produtos e serviços aos consumidores fica entendida como espécie de assédio de consumo. Nas palavras de Claudia Lima Marques a figura do assédio de consumo, incluída no direito brasileiro no Projeto de Atualização do Código de Defesa do Consumidor, é a "estratégia assediosa de marketing[53] muito agressiva e de marketing focado em grupo de consumidores,

---

50. O escândalo de dados envolvendo o Facebook e a Cambridge Analytica na coleta e tratamento de dados pessoais de usuários do Facebook com o intuito de influenciar os cidadãos americanos em sua tomada de decisão diante das eleições dos Estados Unidos atingiu até 87 milhões de usuários que tiveram seus dados partilhados com 70,6 milhões de pessoas nos Estados Unidos. O Facebook ao pedir desculpas públicas alegou ter ocorrido "quebra de confiança" (NEW YORK TIMES. Disponível em https://www.nytimes.com/2018/03/17/us/politics/cambridge-analytica-trump-campaign.html. Acesso em: 24 de jul. 2020). Para Jack London, que anunciou o fim do Orkut, quando isso não era admissível, anuncia agora o fim do Facebook como rede social dominante, a partir de um comportamento social novo em que os usuários de redes sociais passam a ter uma gratificação pessoal na procura de novas redes, acolhendo o fundamento de Nick Foley. O autor defende que o poder econômico com origem na Revolução Industrial estava atrelado ao império das máquinas e dos produtos destas (os usuários/dados são os novos produtos, *grifo nosso*) o que fez, nos últimos 200 anos, da Inglaterra, França e Estados Unidos da América, as potências do mundo. (LONDON, Jack. Adeus, facebook: o mundo pós-digital. 2 ed.. Rio de Janeiro: Valentina, 2014). Indica-se ao texto o filme *The Social Network*, com tradução ao cinema brasileiro, A Rede Social, que é um filme do ano de 2010, dirigido por David Fincher, baseado no livro *The Accidental Billionaires*, de Ben Mezrich, que conta a história da criação da rede social Facebook. Trailer disponível em: https://www.youtube.com/watch?v=Qwo1S25s_4k.
51. MENDES, Laura Schertel. A vulnerabilidade do consumidor quanto ao tratamento de dados pessoais. *Revista de Direito do Consumidor*. v. 102. ano 24. p. 42. São Paulo: Ed. RT, 2015.
52. A Lei Geral de Proteção de Dados, Lei 13.709, de 14 de agosto de 2018, no inciso I, do art. 5º, define como dado a informação relacionada a pessoa natural identificada ou identificável; o inciso II menciona que dado pessoal sensível é aquele sobre origem racial ou étnica, convicção religiosa, opinião política, filiação a sindicato ou a organização de caráter religioso, filosófico ou político, dado referente à saúde ou à vida sexual, dado genético ou biométrico, quando vinculado a uma pessoa natural.
53. "O marketing – é uma de suas mais eficazes técnicas, o branding – a cada dia busca superar os limites da literalidade que informa o seu conteúdo, atingindo seus destinatários – potenciais consumidores – sem que estejam conscientes de que foram por ele tocados, sem a consciência de que foram de algum modo marcados a ferro." (CATALAN, Marcos; PITOL, Yasmine. Primeiras linhas acerca do tratamento

targeting muitas vezes nos mais vulneráveis do mercado, idosos e analfabetos." Assim, a opção no projeto brasileiro foi do assédio de consumo como gênero para "todas as práticas comerciais agressivas que limitam a liberdade de escolha do consumidor."[54]

É neste sentido que parte do Projeto de Lei de Atualização do Código de Defesa do Consumidor, em número de origem PLS 281/2012, trouxe como proposta o direito básico à liberdade de escolha, considerando as novas tecnologias e a exploração de dados, diante da possibilidade de discriminação e assédio de consumo. Da mesma forma, em numeração de origem, o PLS 283/2012 estruturou o assédio de consumo, fazendo distinção entre pressionar o consumidor (o que caracteriza uma outra espécie), como fato vedado à oferta de crédito. Seria o assédio, na proposta legislativa, cenário para proteção aos direitos básicos e ampliação da previsão de práticas abusivas.

Se a confiança no comércio eletrônico se caracteriza pela ocupação do consumidor no ambiente virtual,[55] a circulação de dados é reflexo da sociedade de informação, ao contrário da violação, a tutela destes deve ser característica da sociedade de consumo. Uma cultura de confiança em práticas harmônicas de consumo, que promova, nas palavras de Claudia Lima Marques, a confiança ao consumidor, que é "acreditar (*credere*), é manter, com fé (*fides*) a fidelidade, a conduta, as escolhas e o meio; confiança é aparência, informação, transparência, diligência e ética no exteriorizar das vontades negociais".[56]

No âmbito das relações de consumo, a base conceitual da aplicação do Código de Defesa do Consumidor, em que pese, tem nos elementos da relação de consumo a reconfiguração de novos produtos e serviços e diversas repercussões que partem desta premissa. Há um novo elemento objetivo da relação de consu-

---

jurídico do assédio do consumo no Brasil. *Revista Luso-Brasileira de Direito do Consumo*, v. VII, n. 25, p. 144, mar. 2017). Sobre o tema, Laura Schertel Mendes conclui que a perspectiva é a de se ofertar cada vez mais complexos integrados de bens e serviços, identificando nichos distintos de consumidores. Ao contrário da produção de massa, o modelo flexível investe na diferenciação, que consequentemente altera a forma de realização do marketing. É necessária a coleta massiva de informações sobre os consumidores, seus hábitos e comportamentos. Desta forma, haverá condições de ofertar produtos singularizados em uma publicidade direcionada. (MENDES, Laura Schertel. *Privacidade, proteção de dados e defesa do consumidor*: linhas gerais de um novo direito fundamental. São Paulo: Saraiva, 2014).

54. MARQUES, Claudia Lima. A vulnerabilidade dos analfabetos e dos idosos na sociedade de consumo brasileira: primeiros estudos sobre a figura do assédio de consumo. In: MARQUES, Claudia Lima; GSELL, Beate (Org.). *Novas tendências do direito do consumidor*: Rede Alemanha-Brasil de Pesquisas em Direito do Consumidor. São Paulo: Ed. RT, 2015, p. 47-48.

55. CANTO, Rodrigo Eidelvein do. *A vulnerabilidade dos consumidores no comércio eletrônico*: reconstrução da confiança na atualização do Código de Defesa do Consumidor. São Paulo: Ed. RT, 2015. p. 97. 59 MARQUES, Claudia Lima. *Confiança no Comércio Eletrônico e a Proteção do Consumidor*: um estudo dos negócios jurídicos de consumo no comércio eletrônico. São Paulo: Ed. RT, 2004. p. 32-33.

56. MARQUES, Claudia Lima. Confiança no Comércio Eletrônico e a Proteção do Consumidor: um estudo dos negócios jurídicos de consumo no comércio eletrônico. São Paulo: Ed. RT, 2004. p. 32-33.

mo. É de se salientar que não se trata de um produto ou serviço nos moldes que até então se conhecia, estabelece-se, ao que aqui se indica, um produto/serviço misto, complexo,[57] híbrido; e no uso da melhor doutrina, produto e serviço em simbiose: um "serviço simbiótico".[58]

Os serviços simbióticos e/ou *produtos híbridos*, como se está a sugerir, parte de três aspectos comuns, que estabelecem o encontro (simbiose ou hibridização). O primeiro está na união de duas espécies diferentes (produto e serviço), o segundo na presença da tecnologia de inteligência digital, e o terceiro na conexão, dependência intrínseca de um com o outro. A distinção, por sua vez, que irá permitir um serviço simbiótico e um produto híbrido, como classificações autônomas, está na característica predominante da natureza jurídica de ser serviço ou produto. Assim, define-se que: a) um produto que inclua um serviço, com uso de tecnologia digital, será um produto híbrido; e b) um serviço que seja prestado por meio de um produto com conexão digital, será um serviço simbiótico.

Discutir os novos elementos objetivos da relação de consumo expressa um extrato importante do que atinge o direito do consumidor. Para além, diversas são as questões no paradigma digital. Com a referência ímpar de Bruno Miragem,[59-60] organiza-se uma síntese do novo mercado de consumo, ao pontuar nove itens e sugerir um décimo, que impõem reflexos na teoria geral do direito do consumidor: a) novas formas de oferta e contratação: comércio eletrônico, plataforma digital, contratos inteligentes (*smart contracts*); b) novos produtos e serviços: bens digitais, internet das coisas, inteligência artificial; c) conexão e dependência dos elementos objetivos da relação de consumo; d) novo regime de responsabilidade; e) novos métodos de solução de disputas; f) o direito básico do consumidor de acesso à internet; g) a proteção do usuário de internet e a autonomia contratual; h) a formação de banco de dados dos consumidores; i) a proteção de dados pessoais

---

57. Ao contexto, destaca-se: "serviços no mundo digital são múltiplos e complexos, e hoje há serviços conectados ou incluídos nos chamados 'produtos digitais' ou 'inteligentes'. É uma nova fase do consumo, não exatamente só de serviços digitais, mas de produtos inteligentes (*smarts objects*), bens que apresentam uma nova simbiose entre produto e serviço, entre hardware e software, bens que incluem um serviço ou conteúdo digital (*embedded digital content*) até chegar na Internet das Coisas. BUSCH, Christoph. Wandlungen des Verbrauchervertragsrecht auf dem Weg zum digitalen Binnenmarkt. In: ARTZ, Markus; GSELL, Beate (Hrsg.). *Verbrauchervertragsrecht und digitaler Binnenmarkt*. Tübingen: Mohr, 2018. apud MIRAGEM, Bruno; MARQUES, Claudia Lima. Serviços simbióticos ou inteligentes e proteção do consumidor no novo mercado digital: homenagem aos 30 anos do Código de Defesa do Consumidor. *Revista do Advogado*. ano XL. n. 147. São Paulo: ASSP Editora. 2020.

58. Ao termo, Claudia Lima Marques e Bruno Miragem definem serviços simbióticos como os produtos que incluem um serviço, produtos e serviços inteligentes.

59. MIRAGEM, Bruno. *Curso de Direito do Consumidor*. 8. ed. São Paulo: Ed. RT, 2019, p. 123-192. Ao tema também é salutar a contribuição do autor em MIRAGEM, Bruno. A Lei Geral de Proteção de Dados (Lei 13.709/2018) e o direito do consumidor. *Revista dos Tribunais*, v. 1.009. 2019.

60. MIRAGEM, Bruno. Novo paradigma tecnológico, mercado de consumo digital e o direito do consumidor. *Revista de Direito do Consumidor*. v. 125. São Paulo: Ed. RT, 2019.

dos consumidores e, com acréscimo deste estudo, j) uma nova era ao diálogo das fontes com a convergência dos princípios do Código de Defesa do Consumidor e da Lei Geral de Proteção de Dados.

A redação do PL 3514/2015 traz contribuição de atualização do Código de Defesa do Consumidor em matéria de comércio eletrônico, em melhor termo, consumo digital. O texto a seguir descreve apenas a proposta deste artigo e não o projeto na íntegra, com comentários e sugestões de modernização do projeto para futura atualização da lei consumerista.[61][63]

O primeiro ponto tem fulcro com os elementos de aplicação do Código. Apresenta-se a definição de um novo elemento objetivo da relação de consumo, já claramente identificado no mundo dos fatos, que precisa ser acolhido na previsão legal. O artigo 3º, do Código de Defesa do Consumidor, passaria a ter um terceiro parágrafo com a seguinte redação:

> Art. 3º (...)
>
> (...)
>
> § 3º Produto e serviço simbiótico é qualquer modalidade que unifica as definições dos parágrafos anteriores deste artigo, em produtos e serviços inteligentes, interligados e dependentes pelo uso de tecnologia digital.

O artigo 4º ao definir os princípios da Política Nacional das Relações de Consumo teria alteração no inciso I para reconhecimento da vulnerabilidade agravada, no inciso II o acréscimo de duas alíneas, sendo que a alínea 'e' já consta no projeto original, apenas a alínea 'f' é fruto desta tese, privilegiando o diálogo de fontes, que sugere ainda uma nova redação ao inciso VIII e a inclusão do inciso IX, sendo que o oitavo já consta no projeto de lei. Neste sentido, a redação assim se apresenta:

> Art. 4º (...)
>
> – reconhecimento da vulnerabilidade do consumidor no mercado de consumo, inclusive na sua forma agravada.
>
> – ação governamental no sentido de proteger efetivamente o consumidor:
>
> f) pela prevenção, proteção e tratamento para uma tutela de efetividade nas relações de consumo, assegurado o diálogo de fontes;
>
> VIII – estudo constante das modificações do mercado de consumo para fins de promover a atualização como garantia de aplicação coerente e implementação adequada ao direito do consumidor efetivo em constante aperfeiçoamento.

---

61. As contribuições bases para o texto-sugestão estão em FERREIRA, Vitor Hugo do Amaral. Tutela de efetividade no direito do consumidor brasileiro: a tríade prevenção-proteção-tratamento revelada nas relações de crédito e consumo digital. In: FERREIRA, Vitor Hugo do Amaral; BENJAMIN, Antonio Herman; MARQUES, Claudia Lima (Coord.). São Paulo: Thomson Reuters, 2022.

IX – a participação e consulta aos consumidores na formulação das políticas que os afetem diretamente, e a representação de seus interesses por intermédio das entidades públicas ou privadas de proteção ou defesa do consumidor.

O artigo 5º revela os instrumentos que auxiliam na execução da Política Nacional das Relações de Consumo. O projeto original faz o acréscimo de dois incisos o VI e VII, que respectivamente colocam o conhecimento pelo Poder Judiciário, no âmbito do processo em curso e assegurado o contraditório, de violação a normas de defesa do consumidor; e a instituição de Câmaras de Conciliação das Relações de Consumo de Serviços Públicos, no âmbito da Advocacia Pública federal, estadual e municipal, garantida a efetiva participação do órgão de defesa do consumidor local, entre os instrumentos já existentes no Código. Aqui se acrescenta um oitavo inciso ao artigo fazendo menção ao fomento dos meios de composição de litígios e uso adequado da resolução de conflitos por meio de tecnologias digitais. A redação sugerida:

Art. 5º (...)

(...)

VIII – fomento aos meios de composição de conflito adequados à tutela do consumidor, e ao uso de resolução de conflitos por meio de plataformas, espaços digitais e salas virtuais, com reconhecida vulnerabilidade do consumidor, atendendo os direitos de representação, sem que sirva de obstáculo ao ingresso na via judicial.

O artigo 6º de modo especial cuida dos direitos básicos do consumidor, no projeto em tramitação foi proposta a redação de três inciso. O inciso XI versam sobre a privacidade e segurança das informações e dados; o inciso XII trata a liberdade de escolha; e o inciso XIII sobre informação ambiental veraz e útil. A sugestão ao projeto contempla a alteração da redação do inciso XII e a inclusão de dois incisos. O inciso XIV apresenta o direto de representação e o inciso XV com previsão sobre as práticas de consumo mediante uso de aplicativos e outros modos digitais que prejudiquem o consumidor, em especial, nos serviços online bancários. Resta a seguinte redação:

Art. 6º (...)

(...)

XII – a liberdade de escolha, vedada qualquer forma de discriminação e assédio de consumo por persuasão indevida, com atenção à vulnerabilidade agravada e à personificação de dados que qualifique e identifique o perfil do consumidor, interfira ou viole a livre tomada de decisão, em especial, nas relações de consumo digital.

XIV – a representação de seus interesses individuais e coletivos por intermédio das entidades públicas ou privadas de proteção e defesa do consumidor, assegurada a participação e consulta na formulação das políticas públicas.

XV – a garantia de prática de crédito responsável, de prevenção e tratamento de situações de superendividamento em serviços bancários digitais.

O artigo 37 define a publicidade enganosa e abusiva, sem sugestão na redação do projeto de lei. Porém, com a evolução das práticas de oferta diante do consumo digital é oportuno se pensar em melhor definir este artigo. As sugestões para o projeto propõem a alteração na redação dos parágrafos do artigo 37 para fins de melhor definir a publicidade enganosa acrescentando a modalidade subliminar, o uso de estímulos sensoriais, apelos emocionais que influenciem a tomada de decisão do consumidor, por meio da violação de dados, considerando os influenciadores digitais e o assédio nas relação de consumo digital e os novos espaços virtuais de oferta. Para tanto, a redação ficaria assim:

> Art. 37. É proibida toda publicidade enganosa ou abusiva.
>
> § 1º É enganosa qualquer modalidade de informação ou comunicação de caráter publicitário, inteira ou parcialmente falsa, ou, por qualquer outro modo, mesmo subliminar ou por omissão, capaz de induzir em erro o consumidor a respeito da natureza, características, qualidade, quantidade, propriedades, origem, preço e quaisquer outros dados sobre produtos e serviços, ou que por meio de estímulos sensoriais e ou apelos emocionais promovam interferência na tomada de decisão do consumidor, com violação de dados ou por influenciadores digitais que não identificam claramente a publicidade, considerando em especial as relação de consumo digital e os espaços virtuais de oferta de produtos e serviços.
>
> § 2º É abusiva, dentre outras a publicidade discriminatória de qualquer natureza, a que incite à violência, explore o medo ou a superstição, se aproveite da deficiência de julgamento e experiência da criança, desrespeita valores ambientais, ou que seja capaz de induzir o consumidor a se comportar de forma prejudicial ou perigosa à sua saúde ou segurança, ou que viole a sua livre tomada de decisão por meio de assédio de consumo de modo especial em espaços virtuais de oferta de produtos e serviços.

O artigo 39 estabelece as práticas abusivas nas relações de consumo e o projeto de lei trouxe dois novos incisos. O inciso XIV contempla a oferta de produto ou serviço com potencial de impacto ambiental, e o inciso XV cuida do impedimento da cobrança de tarifa de cadastro e de abertura de crédito, já presentes no projeto. Neste ponto, apresenta-se quatro novos incisos para compor o rol de práticas abusivas para inserir a violação da liberdade de escolha mediante assédio de consumo por persuasão indevida, a personificação de dados que qualifique e identifique o perfil do consumidor, a mensagem publicitária velada, e a prática de crédito desleal mediante serviços bancários digitais. Para então assim ficar a redação:

> Art. 39 (...)
>
> (...)
>
> XIV – violar a liberdade de escolha como promoção do assédio de consumo por persuasão indevida, de modo especial na relação de consumo digital;
>
> XV – ofertar produto ou serviço mediante personificação de dados que qualifique e identifique o perfil do consumidor e interfira ou viole a livre tomada de decisão, em especial nas relações de consumo digital;

XVI – promover informação de produto ou serviço em espaço virtual, mídias e redes sociais, sem clara identificação de se tratar de publicidade.

XVII – ofertar ou promover prática de crédito desleal mediante serviços bancários digitais, com o uso de qualquer meio ou modo virtual, online ou digital, ou que por uso de inteligência artificial, violem a tutela de prevenção, proteção e tratamento nas situações de superendividamento.

O projeto de lei ainda cuida de incluir a Seção VII denominada de 'Do Comércio Eletrônico', para uma melhor adaptação ao cenário atual, sentido mais amplo que comércio eletrônico, a alteração para 'Da Relação de Consumo Digital' e propõe a inclusão na parte final do texto do art. 45-A para assegurar a liberdade da tomada de decisão, passando a ter a seguinte redação:

Art. 45-A. Esta seção dispõe sobre normas gerais de proteção do consumidor na relação de consumo digital, visando a fortalecer sua confiança e assegurar sua tutela efetiva, mediante a diminuição da assimetria de informações, a preservação da segurança nas transações, a proteção da autodeterminação e da privacidade dos dados pessoais, assegurada a liberdade da tomada de decisão.

O artigo 51 tem em seus incisos o rol das cláusulas abusivas, que no projeto de lei não há menção de atualização por inclusão ou nova redação. Contudo, entende-se por necessária a sugestão de um novo inciso que impeça cláusula que condicionem a composição de conflito a plataformas digitais sem atender os direitos de representação e que de alguma forma criem obstáculo ao ingresso na via judicial. Neste sentido, assim:

Art. 51 (...)

(...)

XVII – condicionem a composição de conflito de interesse do consumidor por meio de plataformas, espaços digitais e salas virtuais, sem atender os direitos de representação, ou que criem obstáculo ao ingresso na via judicial.

A atualização do Código de Defesa do Consumidor para as relações de consumo digital é essencial para se mensurar qualquer efetividade. As perspectivas diante do PL 3.514/2015 eram positivas, mas na atualidade já estão em parte defasadas, quase uma década depois da proposta do PLS 281/2012, os consumidores ainda navegam em redes desprotegidas. O anteprojeto apresentado pela Comissão de Juristas concentrou pontos centrais importantes, que prevalecem na essência, mas que em conteúdo carecem de atualização, considerando a velocidade que as novas tecnologias afetam a realidade do consumo. Aos pontos elencados no anteprojeto: a) nova seção no Código de Defesa do Consumidor para tratar do comércio eletrônico (hoje poderia ser denominado relação de consumo digital), com o intuito de fortalecer a confiança e uma tutela de efetividade; b) dever de informação reforçado ao determinar que o fornecedor disponibilize seus dados de identificação e contato que facilitam o consumidor no exercício de comunicação com o fornecedor; c) direito à autodeterminação informativa atribuído ao consumidor, no sentido de ter efetivo controle sobre seus dados pessoais; d) dever de informação sobre o direito de arrependimento; e) aparelhamento legal que aperfeiçoa e dispõe sobre o comércio eletrônico (relação de consumo digital); e f) normas sobre contratos internacionais.

A proposta legislativa, quando atualizada e retomado seu trâmite para aprovação, inaugura uma específica tutela aos consumidores nas relações de consumo digital. Por força do princípio da harmonização, a aprovação de norma que regule as relações de consumo caracterizadas pelo uso de recursos digitais, compatibiliza a proteção do consumidor com o desenvolvimento econômico e, especialmente, tecnológico.

4. CONCLUSÃO

O ecossistema de Justiça evidencia diuturnamente as fragilidades decorrentes da virtualização das relações econômicas, com especial atenção ao consumidor "conectado, digital, endividado (ou mesmo superendividado!)", pouco informado e monitorado (*profilização*). Note-se que a aprovação do Projeto de Lei 3.514/2015 oferece instrumental para alinhamento do crescimento econômico e preservação das novas vulnerabilidades: "é preciso novamente ter regras pedagógicas e efetivas, que ajudem e facilitem os fornecedores de serviços e produtos a terem condutas básicas de respeito aos consumidores e seus dados".[62]

Afinal, a higidez das relações sociais traduz o fim maior do aprimoramento proporcionado pela tecnologia, em que a liberdade e a dignidade devem andar juntas com o protagonismo do ser humano, como já advertido por Yuval Harari: "A democracia em seu formato atual não será capaz de sobreviver à fusão da biotecnologia com a tecnologia da informação. Ou a democracia se reinventa com sucesso numa forma radicalmente nova, ou os humanos acabarão vivendo em 'ditaduras digitais'".[63]

5. REFERÊNCIAS

ALVAREZ, Felipe Oliveira de Castro Rodriguez. Novas tecnologias: o direito e o diálogo com o blockchain – perspectivas jurídicas sob o prisma do direito civil. *Revista de Direito e as Novas Tecnologias*, v. 2, jan.-mar. 2019.

ASCENSÃO, José de Oliveira. *A sociedade da Informação*: direito da sociedade da informação. São Paulo: Coimbra, 2002.

---

62. MARQUES, Claudia Lima. Um consumidor digital e superendividado: pela aprovação do PL 3514/2015. *Boletim Revista dos Tribunais*, v. 37, mar. 2023.
63. HARARI, Yuval Noah. *21 lições para o Século 21*. São Paulo: Compainha das Letras, 2018, p. 95.

BAUDRILLARD, Jean. *Tela total*. Trad. Juremir Machado da Silva. 5. ed. Porto Alegre: Ed. Sulina, 2011.

BERTONCELLO, Káren Rick Danilevicz. O processo judicial de repactuação das dívidas: modelo brasileiro de mínimo existencial instrumental. *Revista de Direito do Consumidor*, v. 144, ano 31, p. 22. São Paulo: Ed. RT, nov./dez. 2022.

BUSCH, Christoph. Wandlungen des Verbrauchervertragsrecht auf dem Weg zum digitalen Binnenmarkt. In: ARTZ, Markus; GSELL, Beate (Hrsg.). *Verbrauchervertragsrecht und digitaler Binnenmarkt*. Tübingen: Mohr, 2018. apud MIRAGEM, Bruno; MARQUES, Claudia Lima. Serviços simbióticos ou inteligentes e proteção do consumidor no novo mercado digital: homenagem aos 30 anos do Código de Defesa do Consumidor. *Revista do Advogado*. ano XL. n. 147. São Paulo: ASSP Editora. 2020.

CANTO, Rodrigo Eidelvein do. *A vulnerabilidade dos consumidores no comércio eletrônico*: reconstrução da confiança na atualização do Código de Defesa do Consumidor. São Paulo: Ed. RT, 2015.

CARDOSO, Gustavo. *A mídia na sociedade em rede*: filtros, vitrines, notícias. Rio de Janeiro: Editora FGV. 2007.

CARVALHO, Diógenes Faria de; MARQUES, Claudia Lima. Os significados da boa-fé nos contratos de serviços massificados: convergências entre o CDC, o CC/2002 e a lei da liberdade econômica. *Contratos de serviços em tempos digitais*: contribuição para uma nova teoria geral dos serviços e princípios de proteção dos consumidores. São Paulo: Thomson Reuteurs, 2021.

CASTELLS, Manuel. *A galáxia da Internet*. Trad. Maria Luiza X. de A. Borges. Jorge Zahar: São Paulo. 2003.

CATALAN, Marcos; PITOL, Yasmine. Primeiras linhas acerca do tratamento jurídico do assédio do consumo no Brasil. *Revista Luso-Brasileira de Direito do Consumo*, v. VII, n. 25, p. 144, mar. 2017.

COSTA, José Augusto Fontoura. Contratação no ambiente digital: mudanças profundas ou superficiais? *Revista de Direito e as Novas Tecnologias*. v. 4, jul./set. 2019.

DESMOULIN-CANSELIER, Sonia; LE MÉTAYER, Daniel. *Décider avec les algoritmes*: quelle place pour l'Homme, quelle place pour le droit? Paris: Dalloz, 2020.

DOTTI, René Ariel. *Declaração Universal dos Direitos do Homem*: notas da legislação brasileira. Curitiba: JM, 1999.

HARARI, Yuval Noah. *21 lições para o Século 21*. São Paulo: Compainha das Letras, 2018.

KAMINSKI, Omar. A internet e o ciberespaço: aspectos jurídicos que envolvem a rede das redes. In: KAMINSKI, Omar (Org.). *Internet Legal*: o direito da tecnologia da informação / doutrina e jurisprudência. 2008.

LÉVY, Pierre. *Cibercultura*. Rio de Janeiro: Editora 34, 2000.

LIMBERGER, Têmis. Direito e informática: o desafio de proteger os direitos do cidadão. In: SARLET, Ingo Wolfgang (Org.). *Direitos Fundamentais, Informática e Comunicação*: algumas aproximações. Porto Alegre, RS. Livraria do Advogado Editora: 2007.

MARQUES, Claudia Lima. A vulnerabilidade dos analfabetos e dos idosos na sociedade de consumo brasileira: primeiros estudos sobre a figura do assédio de consumo. In: MARQUES, Claudia Lima; GSELL, Beate (Org.). *Novas tendências do direito do consumidor*: Rede Alemanha-Brasil de Pesquisas em Direito do Consumidor. São Paulo: Ed. RT, 2015.

MARQUES, Claudia Lima. *Confiança no Comércio Eletrônico e a Proteção do Consumidor*: um estudo dos negócios jurídicos de consumo no comércio eletrônico. São Paulo: Ed. RT, 2004.

MARQUES, Claudia Lima. Um consumidor digital e superendividado: pela aprovação do PL 3514/2015. *Boletim Revista dos Tribunais*, v. 37, mar. 2023.

MENDES, Laura Schertel. A vulnerabilidade do consumidor quanto ao tratamento de dados pessoais. *Revista de Direito do Consumidor*. v. 102. ano 24. p. 42. São Paulo: Ed. RT, 2015.

MENDES, Laura Schertel. *Privacidade, proteção de dados e defesa do consumidor*: linhas gerais de um novo direito fundamental. São Paulo: Saraiva, 2014.

MENDES, Laura Schertel; DONEDA, Danilo. Comentário à nova Lei de Proteção de Dados (Lei 13.709/2018): o novo paradigma da Proteção de Dados no Brasil. *Revista de Direito do Consumidor*. v. 120. ano 27. p. 555-587. São Paulo: Ed. RT, 2018.

MIRAGEM, Bruno. A Lei Geral de Proteção de Dados (Lei 13.709/2018) e o direito do consumidor. *Revista dos Tribunais*, v. 1.009. 2019.

MIRAGEM, Bruno. *Curso de Direito do Consumidor*. 8. ed. São Paulo: Ed. RT, 2019.

MIRAGEM, Bruno. Novo paradigma tecnológico, mercado de consumo digital e o direito do consumidor. *Revista de Direito do Consumidor*. v. 125. ano 28. p. 21. São Paulo: Ed. RT, 2019.

MOREIRA, Rodrigo. Investigação preliminar sobre o *blockchain* e os *smart contracts*. *Revista de Direito e as Novas Tecnologias*. v. 3, p. 3. abr./jun. 2019.

PIOVESAN, Flávia. *Direitos Humanos e o Direito Constitucional Internacional*. São Paulo: Max Limonad, 1997.

SCHECHTMAN, David Casz. Introdução à implementação de Smart contracts. *Revista de Direito e as Novas Tecnologias*. v. 5, p. 4. Out./dez. 2019.

SCHMIDT NETO, André Perin; AMARAL, Augusto Jobim do. Governar pela dívida: o crédito na era dos algoritarismos. *Revista de Direito do Consumidor*, v. 143, ano 31, p. 39. São Paulo: Ed. RT, set./out. 2022.

SCHWERINER, Mario Ernesto René. *Comportamento do consumidor*: identificando necejos e supérfluos essenciais. São Paulo: Saraiva, 2006.

SILVA, Rodrigo da Guia; PINTO, Melanie Dreyer Breitenbach. Contratos inteligentes (*smart contracts*): Esses estranhos (des)conhecidos. *Revista de Direito e as Novas Tecnologias*. v. 5, out./dez. 2019.

WACHOWICZ, Marcos. O direito de informação na sociedade do conhecimento: possibilidades e limites do direito internacional. In: MENEZES, Wagner (Coord.). *Estudos de direito internacional*: Anais do 4º Congresso Brasileiro Internacional. Curitiba: Juruá. 2006.

O DIREITO FUNDAMENTAL DE ESCOLHA DO CONSUMIDOR NAS TRANSAÇÕES EM MEIOS DIGITAIS: A LEGISLAÇÃO E A PROTEÇÃO DA VONTADE COMO NÚCLEO DAS RELAÇÕES PRIVADAS

André Perin Schmidt Neto

Pós-Doutor em Direito pela Università degli Studi di Salerno/Itália (UNISA) e em Filosofia pela Pontifícia Universidade Católica do Rio Grande do Sul (PUCRS). Doutor e Mestre em Direito pela UFRGS. Professor de Direito da Universidade Federal do Rio Grande do Sul (UFRGS).

Oscar Ivan Prux

Pós-Doutor pela FDUL – Faculdade de Direito da Universidade de Lisboa. Doutorado em Direito das Relações Sociais pela PUCSP. Mestrado em Direito das Relações Sociais pela UEL. Com licenciatura em pedagogia pela FACIBRA. Graduação em Direito pela UEL. Graduado em Ciências Econômicas pela Fundação Faculdade Estadual de Ciências Econômicas de Apucarana. Especialização em Teoria Econômica. Membro e Titular Fundador do Centro de Letras Artes e Ciências do Vale do Ivaí. Atualmente é professor do curso de mestrado em Ciências Jurídicas da UniCesumar. Foi professor convidado na Escola da Magistratura do Paraná – EMAP. Tem experiência na área de Direito, atuando principalmente nos seguintes temas: direito do consumidor; direito da concorrência, direito civil, direito empresarial e direitos da personalidade.

Sumário: 1. Introdução – 2. O cenário do comércio eletrônico no Brasil – 3. O direito em busca de se adequar à realidade fática – 4. As peculiaridades/especificidades do comércio eletrônico; 4.1 Crise do negócio jurídico e sua influência no comércio eletrônico; 4.2 Vontade no núcleo do suporte fático do negócio jurídico; 4.3 Nova teoria geral dos contratos e a despersonalização das relações negociais na *internet;* 4.4 O comércio eletrônico e a assimetria das relações contratuais na era do *big data*: a perda da autonomia do consumidor e o controle na era dos algoritarismos – 5. A necessária atualização do CDC e o Projeto de Lei 3514/2015 – 6. Conclusão – 7. Referências.

1. INTRODUÇÃO

A *internet*, seja para fins exclusivamente de navegação, pesquisa ou simples comunicação entre as pessoas, seja para compras por parte de consumidores em relações de consumo, a partir da década de 1990, popularizou-se no Brasil (enquanto em países desenvolvidos já era rotineiramente mais utilizada). Esse processo se acelerou com a pandemia do coronavírus, trazendo enorme destaque para o comércio eletrônico, principalmente devido às medidas sanitárias adotadas, incluindo o isolamento social.

É considerando essa conjuntura que o presente texto aborda os principais aspectos vigentes no mercado de consumo por meio virtual/digital, mais especificamente quanto às suas características diferenciadas, as vulnerabilidades (ou hipervulnerabilidades) dos consumidores e as formas de enfrentamento dessas condições, sempre com vistas a assegurar proteção dos direitos e legítimos interesses destes destinatários finais dos produtos e serviços.

Cabe destacar quanto ao referido tema, a análise que envolve aspectos fáticos do comércio eletrônico que vem se transformando ao longo do tempo e a questão da adequação da legislação (a ser aplicada em diálogo das fontes). E nesse ponto transparece, em especial, a importância de haver uma atualização das normas que regem a matéria, providência fundamental para dotar o direito brasileiro de instrumentos consentâneos com essa realidade mutante, típica desse tipo de comércio.

O método utilizado para esse texto foi o hipotético-dedutivo, com pesquisas bibliográficas em fontes de qualidade, conjunto reunido inclusive para suscitar reflexões sobre o que ocorre nesse setor da economia, pois não se deve descurar dos demais partícipes desse mercado.

O comércio eletrônico é uma realidade que tem se mostrado irreversível e esses negócios jurídicos devem acontecer em ambiente mais sustentável/saudável. O objetivo a ser concretizado reside em haver qualidade nas relações de consumo no meio digital/virtual (comércio eletrônico), forma desses contratos realmente cumprirem sua função social.

2. O CENÁRIO DO COMÉRCIO ELETRÔNICO NO BRASIL

O reconhecimento da relevância do comércio eletrônico já faz parte do senso comum dos brasileiros. Esse fenômeno, que foi grandemente impulsionado pelos efeitos da pandemia, segue em trajetória de alta. Há pesquisas apontando que 61% dos consumidores dizem já preferir comprar pela *internet* (o que representa mais da metade da população brasileira presente no mercado de consumo) e não em lojas físicas.[1] A razão reside na facilidade de dispensar deslocamentos físicos (o que, principalmente nas grandes cidades, demanda tempo e traz gastos consideráveis) e, no fato de que, normalmente, há descontos que os compradores querem aproveitar. Outro detalhe: os brasileiros temem mais a insegurança das ruas, do que a do ambiente virtual.

---

1. BOLZANI, Isabela. 61% dos brasileiros compram mais pela *internet* do que em lojas físicas, aponta estudo. *G1*, 2022. Disponível em: https://g1.globo.com/economia/noticia/2022/12/14/61percent-dos-brasileiros--compram-mais-pela-internet-do-que-em-lojas-fisicas-aponta-estudo.ghtml. Acesso em: 08 mar. 2023.

Principalmente por esses fatores, conforme divulgou a Confederação Nacional de Dirigentes Lojistas,[2] em 2022, o *e-commerce* brasileiro teve um crescimento de 5% em relação ao ano anterior,[3] o que é muito representativo considerando que a pandemia restringiu atividades econômicas no país. Trata-se, portanto, de milhões de relações de consumo que precisam de um eficiente regramento, consentâneo com a realidade contemporânea.

É curial que os fornecedores, no exercício da sua condição de estipulantes dos termos dessas relações de consumo, escolhem as formas pelas quais estabelecem a proteção de seus interesses (posto que se trata de contratos de adesão). De outro lado, direitos e interesses dos aderentes consumidores precisam ser protegidos conforme o prescrito por princípios constitucionais e normas infraconstitucionais (a serem corretamente interpretadas, segundo a *mens legis* de proteção para esse vulnerável). Note-se que a Lei 8.078/90 (CDC) aprovada em época na qual o comércio era basicamente presencial, não possui a especificidade suficiente para bem reger relações de consumo no meio virtual/digital, cujo desenvolvimento maior ocorreu a partir de 1990. E é importante salientar que a Lei 7.962/2013 (que uma década atrás foi criada para regular os contratos do comércio eletrônico) não tem sido suficiente para cumprir esse objetivo.

De fato, não há como ignorar a radical diferença entre, por exemplo, a compra que um consumidor faz no metaverso, com imersão em ambiente manipulado, tendo seus sentidos influenciados pela realidade virtual, e a compra em que este adquirente comparece em uma loja física, nela examina o produto (normalmente além de ver e conferir, também pode experimentar) e o adquire podendo desde logo até levá-lo consigo. Em ambos os casos, embora se trate de compra e venda classificada como relação de consumo, as diferenças fáticas entre o negócio realizado presencialmente e o firmado *online* são de tal monta – com características e especificidades tão díspares – que precisam ser consideradas no tocante às suas repercussões para o Direito, afinal, este não pode ficar alheio a essa realidade tão presente na vida de tantos brasileiros.

Nesse sentido, é valioso incorporar as palavras de Antonia Espíndola Longoni Klee quando afirma:

> O processo de atualização do CDC no tema do comércio eletrônico é plenamente justificável: o Brasil mudou de 1990 até nossos dias, mudou o sistema jurídico, mudou a economia, desde

---

2. Que refere a dados da Associação Brasileira de Comércio Eletrônico (ABComm).
3. Com 368,7 milhões de pedidos. Vide: COMPRAS *online* atingem quase R$ 170 bilhões no Brasil em 2022. *CNDL*, 2022. Disponível em: https://cndl.org.br/varejosa/compras-online-atingem-quase-r-170-bi-lhoes-no-brasil-em-2022/#:~:text=Compras%20online%20atingem%20quase%20R%24%20170%20bilh%C3%B5es%20no%20Brasil%20em%202022,-Por%3A%20Divulga%C3%A7%C3%A3o&text=As%20vendas%20totais%20registradas%20no,em%20rela%C3%A7%C3%A3o%20ao%20ano%20anterior. Acesso em: 09 mar. 2023.

2003 está em vigor o Código Civil, e a *internet* é um novo meio de as pessoas se relacionarem. Nada mais natural do que o Direito se adaptar a essa nova realidade, baseado na diretriz de reforço da efetividade e da confiança no CDC, que conduzem à maior segurança jurídica para todos os atores no mercado de consumo. Como afirmaram McLuhan e Fiore, "Agora temos que ajustar, não mais inventar. Temos que encontrar os ambientes nos quais será possível viver com nossas invenções". É chegado o momento de atualizar o CDC no tema do comércio eletrônico, com o objetivo de preservar o consumidor em sua dignidade, segurança, privacidade, liberdade de escolha, autonomia, para que a confiança no meio digital seja mantida.[4]

Trata-se, portanto, não apenas de proteger os consumidores em seus direitos, mas, também, da crucial questão de sustentabilidade do comércio eletrônico, o que igualmente beneficia aos fornecedores. Para isso, a projeção dessa realidade tem de chegar ao universo jurídico, que deve ditar os melhores parâmetros para as práticas nessas relações contratuais *online*.

3. O DIREITO EM BUSCA DE SE ADEQUAR À REALIDADE FÁTICA

Reconhecer as mudanças da sociedade e bem incorporá-las ao sistema normativo é imprescindível para a harmonia social. Esse é um dos motivos a impelir que o trabalho acadêmico não deva se limitar a um espectro estático e especulativo, mas sim, estar diretamente ligado à tarefa de dar a compreender aspectos da vida em sociedade e lançar luzes para um benefício prático.

Por si só, o comércio eletrônico (ou *e-commerce*), alinhado com o processo de globalização da economia, tem características próprias que vão além da problemática de ocorrer por contratos de adesão, e alcança, dentre outras situações, as questões que surgem diante do fato do consumidor ter de enfrentar as dificuldades inerentes ao seu distanciamento físico do fornecedor (que escolhe as informações que deseja disponibilizar) e mesmo do produto ou serviço que está a adquirir. Outro detalhe: existe sempre a necessidade do consumidor ter a certeza sobre quem está a lhe vender o produto (a cadeia de fornecimento) e lhe dará garantia do cumprimento do contratado, fatores típicos dessa relação sumamente importantes para a segurança no negócio jurídico. E na era da *internet*, as transformações sempre fazem por lançar novos desafios (como o surgimento das plataformas de compartilhamento para aluguel temporário de hospedagem, para transporte remunerado etc.).

É com este espírito que o presente texto pretende demonstrar, no que tange às relações de consumo firmadas via comércio eletrônico, a necessidade de urgente

---

4. KLEE, Antonia Espíndola Longoni. O necessário reforço do direito de arrependimento do consumidor na era de produtos e serviços digitais. In: SCHREIBER, Anderson; MARTINS, Guilherme Magalhães; CARPENA, Heloísa (Coord.). *Direitos fundamentais e sociedade tecnológica*. Indaiatuba: Foco, 2022, posição 7289-7740, posição 7320. Edição do Kindle.

atualização da Lei 8.078/90 (Código de Proteção e Defesa do Consumidor – CDC), posto que sua contextualização advém de período anterior à massiva propagação do *WWW* (*world wide web*), que deu origem ao amplo acesso à *internet*. Mais de trinta anos atrás, não havia como prever e redigir disposições para condições que surgiram principalmente no século atual. Não era possível vislumbrar que essas relações contratuais de consumo se transformariam tanto; e nem mesmo que uma pandemia como a da Covid-19, que alcançou o Brasil e o mundo, ensejaria tamanho aumento no número e variedade desses negócios entre fornecedores e consumidores.

Conforme se explicitará ao longo deste texto, os números referentes ao comércio eletrônico são impressionantes. O Brasil, país que comumente está entre as dez maiores economias do mundo, ostenta o patamar médio de 11,1% do comércio pela forma eletrônica (com picos como, por exemplo, em novembro de 2020, que chegou a 14,4%).[5]

Em um mundo globalizado, calcula-se que 2,14 bilhões de pessoas comprem por esse meio.[6] E o Brasil está inserto nesse contexto, sendo que negócios jurídicos dessa espécie somaram R$ 169,59 bilhões em 2022, segundo a Associação Brasileira de Comércio Eletrônico – ABComm.[7]

Por isso, não é justificável que uma transformação desse porte, caracterizada pelo fenômeno da migração cada vez maior de parcelas do comércio físico para o mundo virtual/digital (o contrato a um *click* no "aceitar"), fique sem tratamento particularmente focado nas peculiaridades desse tipo de comércio. Observe-se que nas relações de consumo digitais não estão envolvidos apenas aspectos comerciais ligados a valores monetários, pois é frequente, na consecução do contrato em sua totalidade, ter-se em jogo (ou risco) elementos importantes para a existência dos seres humanos, incluindo muitos relacionados à proteção de seus direitos humanos, fundamentais e da personalidade (afinal, da qualidade de nossas relações de consumo, depende, em muito, a qualidade de nossas vidas).

E em termos de nova legislação, independente de outras contribuições que eventualmente surjam, o Projeto de Lei 3.514/2.015 prevê a inserção desses

---

5. E-COMMERCE brasileiro corresponde a 11,6% do varejo nacional. *Mercado e consumo*, 2022. Disponível em: https://mercadoeconsumo.com.br/03/11/2021/destaque-do-dia/e-commerce-brasileiro-corresponde-a-116-do-varejo-nacional/. Acesso em: 25 jan. 2023.
6. COMÉRCIO eletrônico: uma força imparável. *ABComm*, 2023. Disponível em: https://abcomm.org/noticias/comercio-eletronico-uma-forca-imparavel/. Acesso em: 25 jan. 2023.
7. COMPRAS *online* atingem quase R$ 170 bilhões no Brasil em 2022. *CNDL*, 2022. Disponível em: https://cndl.org.br/varejosa/compras-online-atingem-quase-r-170-bilhoes-no-brasil-em-2022/#:~:-text=Compras%20online%20atingem%20quase%20R%24%20170%20bilh%C3%B5es%20no%20Brasil%20em%202022,-Por%3A%20Divulga%C3%A7%C3%A3o&text=As%20vendas%20totais%20registradas%20no,em%20rela%C3%A7%C3%A3o%20ao%20ano%20anterior. Acesso em: 09 mar. 2023.

novos conteúdos na legislação, incluindo desde aspectos da fase pré-contratual, passando pela contratual e alcançando a pós-contratual de relações comerciais de consumo firmadas eletronicamente. À guisa de exemplo da primeira – sem a qual não pode haver contrato válido – pode-se mencionar que qualquer contrato de consumo pela via eletrônica surge impregnado pela mescla entre informação e publicidade (cabendo cuidados com o *merchandising*, abordagens subliminares e outros estratagemas que ferem a ética). Por sua condição de acordo de vontades, o contrato depende substancialmente de assegurar-se haver informação fidedigna para exercício de genuíno direito de escolha pelo consumidor. Ou seja, de haver de parte deste, emissão da vontade realmente livre e bem informada.

Renato Porto expressa que:

> Com novas matizes, sobretudo após o desenvolvimento da sociedade da informação, a publicidade se afasta dos anseios meramente informativos dos consumidores que intentavam adquirir produtos ou serviços. Essa tendência decorre basicamente do aumento da competição entre as empresas produtoras de bens e serviços, num movimento em que a publicidade desempenha a função de importante instrumento concorrencial. Trata-se de ferramenta fundamental na conquista de novos clientes, mediante simbiose entre o caráter supostamente informativo e os mecanismos voltados à persuasão do consumidor final (DIAS, 2013, p. 27). Nesse passo, é espinhoso distinguir o que determina qual informação impregna a mente das pessoas e o que simplesmente é descartado, em meio ao bombardeio de mensagens consumistas e de outras situações similares, igualmente pouco memoráveis. (LINDSTROM, 2009, p. 10). Como se expôs, assim produzida e veiculada, a informação, ocorre na sociedade um *déficit* informacional peculiar, raiz de vulnerabilidade inconsciente. A lacuna exposta em forma de "aparente informação" desencadeia quadro de diferença social e de vulnerabilidade. Que possui várias dimensões: fática, econômica, informacional, processual, psicológica ou até mesmo biológica, como se depreende na hipótese de crianças, idosos e/ou pessoas pouco informadas.[8]

A questão do esclarecimento, portanto, é um problema frequente no comércio eletrônico. Mas convém atentar que, mesmo antes de qualquer aproximação para um contrato, os consumidores são permanentemente monitorados e tacitamente abordados. A coleta de dados e sua utilização (muitas vezes não consentida) têm sido uma rotina na sociedade contemporânea, não apenas para perscrutar intimidades e fraquezas decisórias do consumidor e a partir disso enviar *marketing* direcionado (sendo que o *spam* – comum no assédio para consumo – representa mais que um incômodo, pois são horas e horas que poderiam ser úteis e acabam perdidas pelas pessoas vendo esses conteúdos), mas também para ilícitas práticas discriminatórias (tratamento desigual via *geo-pricing* ou *geo-bloking*).

---

8. PORTO, Renato. *A desinformação na sociedade da informação*: a vulnerabilidade do consumidor na *internet*. 2017, posição 309-320. Edição do Kindle.

Portanto, uma legislação atualizada e mais específica funcionará como espécie de *start* para uma ruptura paradigmática envolvendo as práticas de mercado e o Direito que busca equacioná-las. Ou seja, uma transformação impelida pela ciência jurídica que, uma vez transposta para a legislação, permitirá aperfeiçoamentos, equilíbrio e harmonia nessas relações (princípio do CDC, art. 4º, III).

E mais: é fundamental referir que havendo a proteção da confiança do consumidor em relações de consumo bem-sucedidas, por evidente, estar-se-á protegendo, igualmente, tanto o ambiente do mercado, quanto a sociedade como um todo, afinal este conjunto pode se tornar mais sustentável, pautado em condutas mais construtivas, inclusive sob o ponto de vista ético, fatores que aprimoram até o exercício dos melhores modelos de *compliance*. À evidência, se constatará os benefícios que surgirão para todos os agentes envolvidos, inclusive os econômicos pela diminuição de custos de transação, posto que o comércio eletrônico é repleto de peculiaridades que se precisa observar e analisar, por vezes de forma singular, como se irá expor.

4. AS PECULIARIDADES/ESPECIFICIDADES DO COMÉRCIO ELETRÔNICO

No comércio eletrônico, muito mais do que em qualquer outro segmento do mercado, é regra o contrato de adesão firmado a distância com domínio que pertence ao fornecedor, também sendo notórias as dificuldades que algumas empresas impõem para o consumidor obter soluções compositivas no contato direto com elas;[9] o que sobrecarrega o Judiciário. E mesmo quando o consumidor é quem, conscientemente, buscou o acesso ao vendedor, comumente tal acontece por conta de que o primeiro já viu uma ou mais mensagens publicitárias a respeito do produto ou serviço que intenta adquirir. Observe-se que, diariamente, o consumidor é alcançado por tantas mensagens publicitárias que, muitas delas, de forma subliminar, permanecerem em seu subconsciente, o que faz parte do envolvimento criado para ensejar o ato de consumo. Mas a própria distância física entre fornecedor e consumidor já é suficiente para gerar debilidade informativa, afinal, os conteúdos disponibilizados – não necessariamente suficientes e úteis – são os escolhidos tendenciosamente pelo ofertante vendedor.[10]

---

9. Registre-se que é notória a omissão das empresas que atuam na economia de compartilhamento e de outros setores muito demandados (telefonia, instituições financeiras, planos e seguros de saúde etc.) em resolver administrativamente os problemas que surgem quando de contratações online.

10. BARROS, João Pedro Leite; BORBA, Letícia de Oliveira. Consumidor digital – perspectivas. In: VERBICARO, Dennis; VERBICARO, Loiane; VIEIRA, Janaína (Coord.). *Direito do consumidor digital*. Rio de Janeiro: Lumen Juris, 2020, p. 295-314, p. 304.

Então, condicionado pelos efeitos culturais da sociedade de consumo, a pessoa, além de buscar suprir suas reais necessidades, eventualmente também procura satisfazer seus *necejos* (ou seja, simples desejos que na mente do consumidor são elevados à condição necessidades)[11] e, impelida por tais circunstâncias, acaba optando pelo meio digital/virtual como instrumento para efetivar uma relação de consumo. E nessa forma, basta meramente sinalizar algum interesse em saber sobre um produto ou serviço para fazer surgir problemas como o assédio para consumo (por mensagens identificadas ou não, feitas após coleta de dados com ou sem autorização do consumidor), as omissões ou outras falhas no cumprimento adequado do direito à informação e, inclusive, quanto aos riscos quando dos pagamentos pelo meio digital. Se no simples acesso ao fornecedor, o consumidor pode enfrentar percalços (*sites* falsos proliferam na *internet*), muito mais risco existe quanto ao restante do cumprimento do contrato firmado *online*, (e os SACs das empresas e outras formas também via *internet* – exemplo: consumidor.gov – nem sempre funcionam a contento para resolver os problemas que surjam.

São tantas as questões críticas em tema amplo, complexo e de ordem multidisciplinar, que para o presente texto há que se fazer escolhas, no caso, centrar/focar mais em apenas alguns dos muitos aspectos com os quais se relaciona.

4.1 Crise do negócio jurídico e sua influência no comércio eletrônico

A dissonância entre a teoria e a prática produziu a crise dos contratos. Inicialmente, em virtude da padronização das técnicas contratuais da sociedade de fornecimento e consumo em massa e, depois, sob a forma de crise de confiança.[12]

A notável doutrinadora Claudia Lima Marques, leciona quanto à compreensão da necessária modificação na teoria contratual:

> A concepção de contrato, a ideia de relação contratual, sofreu, porém, nos últimos tempos uma evolução sensível, em face da criação de um novo tipo de sociedade, sociedade industrializada, de consumo, massificada, sociedade de informação, e em face, também, da evolução natural do pensamento teórico-jurídico. O contrato evoluirá, então, de espaço reservado e protegido pelo direito para livre e soberana manifestação da vontade das partes, para ser um instrumento jurídico mais social, controlado e submetido a uma série de imposições cogentes mais equitativas.[13]

---

11. SCHWERINER, Mário Ernesto René. *Comportamento do consumidor*. Identificando necejos e supérfluos essenciais. São Paulo: Saraiva, 2006, p. 2-37.
12. MARQUES, Claudia Lima. A chamada nova crise do contrato e o modelo de direito privado brasileiro: crise de confiança ou de crescimento do contrato? In: MARQUES, Claudia Lima (Coord.). *A nova crise do contrato*: estudos sobre a nova teoria contratual. São Paulo: Ed. RT, 2007, p. 21.
13. MARQUES, Claudia Lima. *Contratos no código de defesa do consumidor*: o novo regime das obrigações contratuais. 7. ed. São Paulo: Ed. RT, 2014, p. 59.

Deste modo, é preciso que a legislação acompanhe tamanha ruptura instaurada no modelo vigente nas práticas comerciais, forma de serem criados instrumentos para corretamente proteger-se ao consumidor que no comércio presencial já era presumidamente vulnerável e, agora, em ambiente virtual – que de maneira até hostil não o protege – assumiu a condição de hipervulnerável.

4.2 Vontade no núcleo do suporte fático do negócio jurídico

A teoria do fato jurídico, descrita por Pontes de Miranda em seu Tratado de Direito Privado, distingue os fatos jurídicos em meros fatos da natureza – chamados de "fatos jurídicos *stricto sensu*" – e aqueles em que alguém atua – os "atos jurídicos" –, deixando claro que no sentido fenomênico, dentre todos os eventos que interessam ao Direito, a primeira classificação diz respeito à intenção, à presença ou não de um ser humano praticando o ato. Assim, como criação de um híbrido, o "ato-fato", existe para justificar os eventos em que alguém pratica agir que acaba ingressando no mundo do Direito como se fato fosse. Os "atos jurídicos", por sua vez, foram classificados em meros atos, quando a própria norma já apresenta os efeitos pretendidos – os "atos jurídicos *stricto sensu*", ou "negócios jurídicos", quando a autonomia privada dos agentes permite que estes modulem os efeitos do ato, tornando este o mais complexo dos fatos jurídicos, uma vez que os contratantes podem livremente estabelecer obrigações, desde que válidas, criando, então, efeitos imaginados por eles nas cláusulas e condições estabelecidas.[14]

A teoria do negócio jurídico tratou de dissecar este importante instituto. Elaborada em ambiente pós-revolução francesa, de típico liberalismo oitocentista, apresenta um perfil voluntarista e supõe que as partes são livres (*liberte*) e estão em igualdade de condições (*egalitè*) para estipular e celebrar o acordo. Deste modo, o elemento cerne é formado pelo consenso que perfectibiliza o núcleo do suporte fático do negócio jurídico quando completado pelas condições do acordo.

Presente o consenso acerca do objeto, os agentes são submetidos ao plano da validade que verifica os requisitos a fim de evitar uma ineficácia estrutural. E, depois de atingir o plano da eficácia, o negócio passa a vincular os pactuantes às suas respectivas prestações servindo de fonte para a relação jurídica obrigacional.

Entretanto, esta estrutura passou a ser questionada no momento em que a massificação da produção levou à padronização das técnicas de contratação. O contrato de adesão foi o primeiro desafio à teoria clássica, uma vez que apesar de presente a liberdade de celebrar, uma das partes perde a liberdade de estipular.

---

14. MIRANDA, Francisco Cavalcanti Pontes de. *Tratado de direito privado.* 3. ed. São Paulo: Ed. RT, 1984, v. 1-6.

Na sociedade de consumo, esta modalidade de contratação se tornou a regra. Com o advento das contratações eletrônicas, a despersonalização se tornou extrema, não havendo mais que se falar em consenso fruto de uma vontade livre das partes. Os anseios pela igualdade proclamada pela revolução francesa, ambiente da teoria clássica do negócio, já não mais condizem com a assimetria própria desse admirável mundo novo.

Na *internet*, ambiente não totalmente transparente em termos de conteúdo e verdade, quando das contratações eletrônicas, muitos fornecedores não hesitam em estratégias de manipulação pelas quais, intencionalmente, usam (e abusam) dos vieses cognitivos (que interferem na racionalidade das decisões, principalmente nas escolhas). Dentre vários outros, são exemplos de vieses muito comuns na mente do consumidor: – o da confiança (de que aquilo que circula na *internet* corresponde à verdade); – o da urgência (a ansiedade em não perder a oportunidade de aproveitar aquela vantagem); – o da escassez (basta o fornecedor referir que a oferta não é ilimitada e permanente); – o da novidade (considerando que o fornecedor sabe que o consumidor deseja estar atualizado e que no comércio eletrônico não existe a possibilidade de testar o que está sendo comprado, basta mudar a denominação do produto para que pareça inovador); – e o da reciprocidade (com o fornecedor prometendo alguma vantagem adicional, como que de surpresa).

Esses comportamentos são corriqueiros no comércio eletrônico, sendo que na *internet* se tem ambiente muito aquém do nível desejável de transparência e isso pode gerar mácula quanto à confiança do consumidor, importante fator que se insere nessa nova crise do negócio jurídico.

Há que se reconhecer, portanto, que não é adequado isolar os princípios contratuais clássicos, distanciando-os desse modelo de negócio pós-moderno, eis que a liberdade que ignora as vulnerabilidades próprias das hodiernas relações contratuais carentes de equilíbrio, promove uma competição entre indivíduos desiguais em termo de poder no negócio jurídico e tende a impor a vontade de quem detém o poder econômico.

A exigência da boa-fé e a proteção da confiança fazem por reconhecer a questão da desigualdade dos contratantes, amparando a parte frágil da relação. A vontade livre dos consumidores só se manterá minimamente preservada no núcleo do suporte fático do contrato eletrônico se todo o sistema de defesa do consumidor contar com instrumentos (mediante legislação específica) aptos a neutralizar este desequilíbrio, provocando que este direito de escolha autônoma siga sendo preservado diante de cada nova técnica (maliciosa ou não) que se apresente no mercado.

O DIREITO DE ESCOLHA DO CONSUMIDOR NAS TRANSAÇÕES EM MEIOS DIGITAIS · 167

4.3 Nova teoria geral dos contratos e a despersonalização das relações negociais na *Internet*

O conceito jurídico de contrato, mais especificamente quanto aos firmados no comércio eletrônico, deve ser amoldado para acompanhar as mudanças sociais. Na lição de Claudia Lima Marques e Bruno Miragem:

> Há uma mudança de paradigma no fato de o direito privado atual concentrar-se não mais no ato (de comércio ou de consumo/destruição), e sim na atividade, não mais naquele que declara (liberdade contratual), mas no que recebe a declaração (confiança despertada), não mais nas relações bilaterais, mas nas redes, sistemas e grupos de contratos.[15]

É exatamente o que vem ocorrendo com essas contratações de consumo. Ao examinar a premissa da liberdade nas negociações, partindo do dogma da vontade na estrutura clássica contratual (baseada na igualdade formal das partes),[16] fica evidente o real desequilíbrio entre os contratantes. Em especial, frente à sociedade em que vivemos, onde o consumo é estimulado por meio da tecnologia, com farto uso de algoritmos que são capazes de montar perfis de consumidores simplesmente analisando seu comportamento na rede, tudo como forma de direcionar para atos de consumo conforme interesse do(s) fornecedor(es); o que agrava ainda mais a perda da autonomia dos sujeitos expostos às práticas comerciais.

O Direito não pode ignorar que as relações contratuais não são feitas só de uma escolha em consenso, mas, também, da expectativa decorrente da celebração. Importante a doutrina jurídica reconhecer como necessária a mitigação da autonomia privada e das cláusulas aceitas, sempre que seja razoável esperar efeito diverso a partir do que normalmente acontece. Em verdade, nos tempos atuais, o consumidor digital não está tendo alternativa senão confiar; e cabe ao Direito Contratual tutelar suas legítimas expectativas.

No que toca ao Direito do Consumidor, pode-se dizer que a "ação dos fornecedores, a publicidade, a oferta, o contrato firmado, criam no consumidor expectativas igualmente legítimas de poder alcançar estes efeitos contratuais",[17] os quais são esperados como consequência da manifestação da vontade emitida por ocasião da celebração do pacto.

---

15. MARQUES, Claudia Lima; MIRAGEM, Bruno. *O novo direito privado e a proteção dos vulneráveis*. São Paulo: Ed. RT, 2012, p. 88.
16. "Il principio della 'sacertà del contratto' – derivante dal dogma della volontà e fondato sulla parità formale delle parti [...]" Vide: NOCERA, Ivan Libero. Prospettive sulla bouna fede: la suggestione di un rimedio unificante per il contratto ingiusto. *Rivista Trimestrale di Diritto e Procedura Civile*, n. 4, p. 1440, Milano, 2014.
17. MARQUES Claudia Lima. *Contratos no código de defesa do consumidor*: o novo regime das obrigações contratuais. 7. ed. São Paulo: Ed. RT, 2014, p. 1285.

A massificação das relações gerou a massificação da produção, do comércio, do consumo etc., e por isso, muitas vezes, quando há, por exemplo, vício ou defeito em um produto ou fraude publicitária, milhões de pessoas são atingidas.[18] E diga-se, cada vez mais, o anonimato, a despersonalização, a massificação das relações sociais e a complexidade dos produtos[19] reforçam "o mandamento de proteção da confiança (*Vertrauensgebot*)".[20]

O diálogo era o que assegurava a pessoalidade das contratações, por isso Claudia Lima Marques afirma que o esmaecimento deste, representa o "declínio da liberdade".[21]

A nova teoria contratual já mostrou essa constatação faz décadas e vem construindo no ambiente acadêmico soluções concretas que precisam ser incorporadas ao sistema normativo.

4.4 O comércio eletrônico e a assimetria das relações contratuais na era do *big data*: a perda da autonomia do consumidor e o controle na era dos algoritarismos

Como o já expressado, a sociedade de consumo com meios tecnológicos revolucionou a forma de interagir, escolher e contratar. Acordos em relações de consumo – mesmo internacionais – passaram a ser celebrados com a dinamicidade e padronização própria do século XXI (basta um *click*). Isso trouxe consequências para o exercício da liberdade de escolha e potencializou espaços para abusos por parte dos agentes de mercado. No caso do consumidor, seu comportamento é hoje estimulado por técnicas de convencimento adaptadas ao meio digital, as quais, quanto mais desenvolvidas são, mais apresentam potencial de induzir intensamente para o consumo.

A sociedade de consumo depende da participação dos consumidores e, neste mercado competitivo, só será bem-sucedido aquele que conseguir convencê-los a entregar o fruto do seu labor. A interferência indevida na vontade livre começa com as práticas comerciais, reduz-se ainda mais na contratação em ambiente virtual e se torna confiança pura quando celebrado o negócio. Vale acentuar que o consumidor se limita a acreditar que não há cláusulas abusivas nos termos do acordo (que leu ou mesmo não leu por estar em outro *link*/página), bem como,

---

18. ALMEIDA, João Batista de. *A proteção jurídica do consumidor*. 4. ed. São Paulo: Saraiva, 2003, p. 21.
19. MARQUES, Claudia Lima. *Contratos no Código de Defesa do Consumidor*: o novo regime das obrigações contratuais. 7. ed. São Paulo: Ed. RT, 2014, p. 1287.
20. MARQUES, Claudia Lima. *Contratos no código de defesa do consumidor*: o novo regime das obrigações contratuais. 7. ed. São Paulo: Ed. RT, 2014, p. 1286.
21. MARQUES, Claudia Lima. *Confiança no comércio eletrônico e a proteção do consumidor*: um estudo dos negócios jurídicos de consumo no comércio eletrônico. São Paulo: Ed. RT, 2004, p. 67.

que o fornecedor existe e que receberá o produto tal como prometido no *site*; porque, até então, tudo o que tem é uma tela na rede mundial de computadores onde deixa seus dados bancários.

Na sociedade de consumo digital, as relações contratuais em nada se assemelham aos modelos tradicionais (principalmente os contratos paritários) que vigoraram em séculos passados, posto que os problemas não se restringem a questão das cláusulas pré-redigidas insertas no contrato de adesão, mas inclui a determinação unilateral das ações a serem realizadas pelo consumidor digital, que sempre estará sujeito aos mais variados meios de controle.

A identificação de padrões comportamentais faz com que o mercado possa, via perfilização, antecipar os interesses dos consumidores, não apenas oferecendo o que é de provável interesse destes, mas, também, incitando novos desejos; sugerindo e até induzindo uma vontade que não é mais interna e sim constantemente influenciada por um sistema de coleta de dados que sabe suas preferências mais íntimas. A premissa das ciências econômicas clássicas de que o homem é um ser racional capaz de tomar sempre decisões mais benéficas para si mesmo resta superada pelos estudos mais recentes, que demonstram a interferência das emoções e a previsibilidade das escolhas, notadamente as de consumo. E as normas jurídicas precisam corresponder a essa necessidade social de regulação, pois contando com ambiente substancialmente livre, os fornecedores, alegando facilidade no acesso e economia de custos, estão levando a liberdade contratual e a despersonalização no ambiente eletrônico para limites extremos e injustificáveis. É o fornecedor que arbitra todos os passos para que a contratação aconteça. Ao reunir técnicas de padronização em um ambiente no qual o fornecedor sequer tem um rosto e o consumidor perde até mesmo o direito ao diálogo, o primeiro na condição de ofertante, não se vincula pela vontade, mas pela aparência que criou. É a declaração se sobrepondo à intenção. A confiança molda a vontade manifestada.[22]

Portanto, urge uma nova legislação para o comércio eletrônico, tal como foi feito com a proteção de dados (Lei 13.709/18). O Direito deve reconhecer que a *internet* é uma estrutura tecnológica inteligente de coleta, transferência e processamento de dados em sistemas conectados entre si. Quando dados são inseridos, a cada movimento que o usuário faz na *web*, há o registro de seus hábitos de consumo e preferências, as quais são observadas e processadas por uma inteligência artificial que acompanha todos os passos do usuário (com ou sem seu consentimento). Essas ferramentas identificam o perfil de cada consumidor. E, a partir disso, definem os conteúdos que alcançarão esse destinatário final dos produtos ou serviços, independentemente de serem ou não as ofertas que apresen-

---

22. LORENZETTI, Ricardo Luis. *Comércio eletrônico*. São Paulo: Ed. RT, 2004, p. 283-284.

tam maior probabilidade de despertar o interesse daquele que não é cientificado de que suas ações na *internet* estão sendo vigiadas.

Logo, as aparentes oportunidades encontradas são, na verdade, ilusões criadas por manipuladores que chegam a conhecer melhor que o próprio consumidor, alguns aspectos da personalidade dele. Assim, o que denominam de preços personalizados, surge com base em critérios obscuros que deixam o consumidor à mercê de vieses que embasam a lógica algorítmica que muitas vezes discrimina e/ou exclui. Há inúmeros exemplos que podem ser citados, tal como o do georreferenciamento em aplicativos de transporte, que leva em conta aspectos subjetivos relacionados com a localização do domicílio do consumidor para, a partir desse monitoramento, decidir a respeito de aumento no custo do serviço. Ou em área muito sensível, ter-se aplicativos que conseguem reunir dados sobre a saúde do consumidor, com possibilidade dessas informações serem repassados para as indústrias farmacêuticas ou seguradoras, gerando condutas empresariais capazes de ferir direitos humanos, fundamentais e da personalidade, afinal, tudo faz parte e não escapa ao controle dos dados como um ativo valioso no capitalismo de vigilância.[23] Refira-se que agentes atuantes no mercado investem cada vez mais nas ciências capazes de gerar instrumentos com finalidade de rastrear dados e montar avatares dos consumidores, tudo com base no *Big Data*. Trata-se, portanto, de uma conjuntura que, por sua relevância, não pode restar em parte ignorada no conteúdo das prescrições do CDC a serem atualizadas. É tempo de evoluir os instrumentos do direito para reger essa conjuntura.

5. A NECESSÁRIA ATUALIZAÇÃO DO CDC E O PROJETO DE LEI 3514/2015

A alteração do Código de Defesa do Consumidor visando adaptação à revolução tecnológica mostra-se fundamental para o Brasil. O PL 3.514/2015 traz previsões importantíssimas nos vários campos de estudo envolvendo esta temática. Inclusive, em diversas passagens, o projeto é voltado ao incremento da autonomia do consumidor, como quando prescreve a exigência do reforço ao direito à informação. Mais do que isso, eleva esse direito à condição de básico ao prescrever: "a liberdade de escolha, em especial frente a novas tecnologias e redes de dados, vedada qualquer forma de discriminação e assédio de consumo", conforme inclusão trazida pelo inciso XII para o artigo 6º.

Observe-se que o texto é preciso e necessário, sendo que vem no rol de direitos fundamentais do consumidor e denota a preocupação do estatuto em combater

---

23. ZUBOFF, Soshana. *A era do capitalismo de vigilância*: a luta por um futuro humano na nova fronteira do poder. Rio de Janeiro: Intrínseca, 2020.

a assimetria própria do modelo atual de relação contratual, considerando todas as fases do ato de comércio. Outro detalhe: atenta para a questão dos vieses e da necessidade de avaliação principiológica do funcionamento dos sistemas de processamentos de dados. E, notadamente, no que toca à fixação de preços variáveis, o projeto de lei adentra ao cerne da questão, no caso, no combate à discriminação algorítmica, começando pela previsão legal da sua vedação.

Cabe ressaltar, ainda, como virtude do projeto que, na Seção VII, intitulada "Do Comércio Eletrônico", o artigo 45-A traz redação de excelência ao expressar os anseios da doutrina em um dispositivo legal que se preocupa com a confiança do consumidor eletrônico, combatendo a já referida assimetria, protegendo a autodeterminação e a privacidade. Diz o texto do projeto: "Art. 45-A. Esta seção dispõe sobre normas gerais de proteção do consumidor no comércio eletrônico e a distância, visando a fortalecer sua confiança e assegurar sua tutela efetiva, mediante a diminuição da assimetria de informações, a preservação da segurança nas transações e a proteção da autodeterminação e da privacidade dos dados pessoais".

São muitos os aperfeiçoamentos que poderão advir com a aprovação do projeto, incluindo evitar a compra por impulso (um *click* não desejado) e assegurar mais ainda, o direito de arrependimento dentro do prazo de reflexão. Quanto à primeira hipótese, o fornecedor deve disponibilizar meios técnicos adequados, eficazes e facilmente acessíveis que permitam a identificação e a correção de eventuais erros na contratação, antes de finalizá-la (art. 45-D). E quanto ao direito de arrependimento (previsto de forma muito sucinta no art. 49, do CDC) são equiparadas como vendas à distância, todas aquelas que, embora realizadas no estabelecimento do fornecedor, o consumidor não teve a prévia oportunidade de conhecer o produto ou serviço, por não se encontrar em exposição ou pela impossibilidade ou dificuldade de acesso a seu conteúdo. Trata-se de prescrição que representa um avanço notável, ainda mais que o arrependimento formalizado dentro do prazo estabelecido implica não somente na possibilidade do encerramento do contrato (com o consumidor desistindo do serviço ou devolvendo o produto com eventuais acessórios), mas, também, atinge contratos outros imbricados na relação de consumo, tais como os de crédito; tudo no sentido de repor para o consumidor a que existia até a contratação.

Mencione-se, também, que há no art. 3º do projeto, um reforço ao art. 47, do CDC, ao aspecto principiológico, de que as normas e os negócios jurídicos devam ser interpretados e integrados da maneira mais favorável ao consumidor. Vale aqui mencionar a lição de Guilherme Magalhães Martins que, amparado em doutrina reconhecida, refere:

> Conforme a hipótese de trabalho defendida pela professora Claudia Lima Marques, a nova linguagem visual, fluida, rápida, agressiva, pseudoindividual e massificada dos negócios

jurídicos de consumo a distância pela *Internet* propõe desafios sérios ao direito privado, em especial para o direito do consumidor e o seu paradigma de boa-fé.[24]

É preciso, portanto, diante dessas novas tecnologias utilizadas no comércio eletrônico, reconhecer suas peculiaridades e seguir no rumo do Direito vir a regular essa realidade segundo a escala de valores instituída nos princípios contidos na Carta Magna brasileira.

6. CONCLUSÃO

A liberdade para determinar quem somos é direito fundamental, e a interferência que a esvazia – tratando pessoas como algoritmos biológicos – conduz a um utilitarismo fisiologista que desconsidera as individualidades, neutralizando-as, via processamento dos dados pessoais e uso destes dados para indução a atos de consumo dos produtos e serviços, estratégia que, em muitos casos, vem sendo bem-sucedida no convencimento dos consumidores, iludidos com aparência de ato livre no comércio eletrônico.

Atualmente, enorme quantidade desses contratos de consumo firmados a distância no ambiente virtual/digital, surgem desnaturados dos requisitos básicos para a validade desse tipo de ato jurídico. Principia-se pelo fato de que na seara que envolve os conteúdos que o fornecedor apresenta ou que direciona e acabam alcançando ao consumidor, independentemente de estarem inseridos formalmente como parte da oferta (ou aqueles que, por disfarce, parecem casuais), todos devem apresentar a demonstração clara do respeito ao autêntico cumprimento do direito à informação, bem como, que a manifestação da vontade realmente seja livre. Há que se atentar para as simulações de haver livre-mercado em situações nas quais existe desequilíbrio entre os negociantes, o que tem potencial de conduzir até para obediência mascarada de vontade interna. E o Direito não pode compactuar com a legitimação de obrigações jurídicas que surgem desvirtuadas, seja na sua formação, cumprimento e garantia no pós-consumo. Assim, no equacionamento dessa realidade do comércio eletrônico vigente, justifica-se transformação representada pela aprovação de uma nova norma específica, mais atualizada em pontos como os que foram frisados ao longo deste texto quando do exame do PL 3.514/2015. Só dessa forma, serão mais eficientemente atendidos, não apenas direitos básicos dos consumidores, mas, principalmente, os princípios constitucionais que são amparo para os novos paradigmas a serem adotados, tudo de modo a dar suporte para que nos casos concretos, as decisões judiciais realmente venham a configurar: Justiça!

---

24. MARTINS, Guilherme Magalhães. *Contratos eletrônicos de consumo*. São Paulo: Atlas, 2016, p. 222.

7. REFERÊNCIAS

ALMEIDA, João Batista de. *A proteção jurídica do consumidor*. 4. ed. São Paulo: Saraiva, 2003.

BARROS, João Pedro Leite; BORBA, Letícia de Oliveira. Consumidor digital – perspectivas. In: VERBICARO, Dennis; VERBICARO, Loiane; VIEIRA, Janaína (Coord.). *Direito do consumidor digital*. Rio de Janeiro: Lumen Juris, 2020.

BOLZANI, Isabela. 61% dos brasileiros compram mais pela *internet* do que em lojas físicas, aponta estudo. *G1*, 2022. Disponível em: https://g1.globo.com/economia/noticia/2022/12/14/61percent-dos-brasileiros-compram-mais-pela-internet-do-que-em-lojas-fisicas-aponta-estudo.ghtml. Acesso em: 08 mar. 2023.

COMÉRCIO eletrônico: uma força imparável. *ABComm*, 2023. Disponível em: https://abcomm.org/noticias/comercio-eletronico-uma-forca-imparavel/. Acesso em: 25 jan. 2023.

COMPRAS *online* atingem quase R$ 170 bilhões no Brasil em 2022. *CNDL*, 2022. Disponível em: https://cndl.org.br/varejosa/compras-online-atingem-quase-r-170-bilhoes-no-brasil-em-2022/#:~:text=Compras%20online%20atingem%20quase%20R%24%20170%20bilh%C3%B5es%20no%20Brasil%20em%202022,-Por%3A%20Divulga%C3%A7%C3%A3o&text=As%20vendas%20totais%20registradas%20no,em%20rela%C3%A7%C3%A3o%20ao%20ano%20anterior. Acesso em: 09 mar. 2023.

E-COMMERCE brasileiro corresponde a 11,6% do varejo nacional. *Mercado e consumo*, 2022. Disponível em: https://mercadoeconsumo.com.br/03/11/2021/destaque-do-dia/e-commerce-brasileiro-corresponde-a-116-do-varejo-nacional/. Acesso em: 25 jan. 2023.

KLEE, Antonia Espíndola Longoni. O necessário reforço do direito de arrependimento do consumidor na era de produtos e serviços digitais. In: SCHREIBER, Anderson; MARTINS, Guilherme Magalhães; CARPENA, Heloísa (Coord.). *Direitos fundamentais e sociedade tecnológica*. Indaiatuba: Foco, 2022, posição 7289-7740. Edição do Kindle.

LORENZETTI, Ricardo Luis. *Comércio eletrônico*. São Paulo: Ed. RT, 2004.

MARQUES, Claudia Lima. A chamada nova crise do contrato e o modelo de direito privado brasileiro: crise de confiança ou de crescimento do contrato? In: MARQUES, Claudia Lima (Coord.). *A nova crise do contrato: estudos sobre a nova teoria contratual*. São Paulo: Ed. RT, 2007.

MARQUES, Claudia Lima. *Confiança no comércio eletrônico e a proteção do consumidor*: um estudo dos negócios jurídicos de consumo no comércio eletrônico. São Paulo: Ed. RT, 2004.

MARQUES, Claudia Lima. *Contratos no Código de Defesa do Consumidor*: o novo regime das obrigações contratuais. 7. ed. São Paulo: Ed. RT, 2014.

MARQUES, Claudia Lima; MIRAGEM, Bruno. *O novo direito privado e a proteção dos vulneráveis*. São Paulo: Ed. RT, 2012.

MARTINS, Guilherme Magalhães. *Contratos eletrônicos de consumo*. São Paulo: Atlas, 2016.

MIRANDA, Francisco Cavalcanti Pontes de. *Tratado de direito privado*. 3. ed. São Paulo: Ed. RT, 1984. v. 1-6.

NOCERA, Ivan Libero. Prospettive sulla bouna fede: la suggestione di un rimedio unificante per il contratto ingiusto. *Rivista Trimestrale di Diritto e Procedura Civile*, n. 4, p. 1440-1449, Milano, 2014.

PORTO, Renato. *A desinformação na sociedade da informação*: a vulnerabilidade do consumidor na *internet*. 2017. Edição do Kindle.

SCHWERINER, Mário Ernesto René. *Comportamento do consumidor*. Identificando necejos e supérfluos essenciais. São Paulo: Saraiva, 2006.

ZUBOFF, Soshana. *A era do capitalismo de vigilância*: a luta por um futuro humano na nova fronteira do poder. Rio de Janeiro: Intrínseca, 2020.

INTELIGÊNCIA ARTIFICIAL, ASSIMETRIA DIGITAL E PREVENÇÃO DE DANOS NO COMÉRCIO ELETRÔNICO: O CÓDIGO DE DEFESA DO CONSUMIDOR E A SUA NECESSÁRIA ATUALIZAÇÃO PELO PROJETO DE LEI 3.514/2015

Antonia Espíndola Longoni Klee

Doutora em Direito e Mestre em Direito pela Universidade Federal do Rio Grande do Sul (UFRGS). Especialista em Direito Internacional pela UFRGS. Professora Adjunta C da Faculdade de Direito da Universidade Federal de Pelotas (UFPEL). Professora convidada do Curso de Especialização *Lato Sensu* em Direito do Consumidor e Direitos Fundamentais da UFRGS. Advogada licenciada. e-mail: antoniaklee@hotmail.com.

Keila Pacheco Ferreira

Doutora em Direito Civil pela Faculdade de Direito da Universidade de São Paulo (USP). Mestre em Direito Civil pela Pontifícia Universidade Católica de São Paulo (PUC/SP). Professora Adjunta e docente permanente do Programa de Pós-Graduação em Direito da Faculdade de Direito da Universidade Federal de Uberlândia (UFU). Diretora de extensão do BRASILCON. Advogada. e-mail: keilapacheco@ufu.br.

Sumário: 1. Introdução – 2. O comércio eletrônico no contexto da quarta revolução industrial, *network society* e *platformization* – 3. Os riscos da inteligência artificial no comércio eletrônico: entre opacidade e vieses algorítmicos – 4. Regulação da inteligência artificial, *accountability* e proteção de dados pessoais – 5. O Código de Defesa do Consumidor e o Projeto de Lei 3.514/2015 sobre comércio eletrônico – 6. Nota conclusiva – 7. Referências.

1. INTRODUÇÃO

As origens do comércio eletrônico remontam ao desenvolvimento das tecnologias de transferência eletrônica de fundos (EFT – *Electronic Funds Transfer*) e intercâmbio eletrônico de dados (EDI – *Electronic Data Interchance*) entre as décadas de 1960 e 1970, nos Estados Unidos. Contudo, foi com a popularização da *internet* nas décadas de 1990 e 2000 que o seu crescimento foi impulsionado pela disseminação da *world wide web* (www), que permitiu que empresas e consumidores se conectassem de forma global, possibilitando a realização de transações comerciais *online*. Desde então, o denominado *e-commerce* se expandiu rapidamente, abrangendo diversos setores e transformando as relações comerciais entre fornecedores e consumidores mundiais. No Brasil, por sua vez, o desenvolvimento de um ambiente propício ao comércio eletrônico só surgiu a partir de 1995, quando o seu uso foi liberado para fins comerciais da *internet*.[1]

Recentemente o comércio brasileiro, sobretudo varejista, passou por significativas transformações impulsionadas pela pandemia global de Covid-19, resultando em mudanças estruturais e no comportamento do consumidor, decorrentes do impacto das restrições e medidas de distanciamento social, experimentando um crescimento exponencial em que os consumidores buscaram cada vez mais as plataformas *online* para a realização de compras, estimulando o aumento das vendas por *internet* e a demanda por serviços de entrega.

Essas alterações no comportamento de compras do cidadão representaram não apenas uma resposta às circunstâncias da pandemia, mas também evidenciaram uma contínua aceleração do comércio eletrônico, que a par de ter se tornado uma alternativa vital para os consumidores durante a crise sanitária, sobretudo, transformaram definitivamente a maneira de consumir do brasileiro. Segundo dados do Observatório do Comércio Eletrônico Nacional,[2] plataforma desenvolvida pelo Ministério do Desenvolvimento, Indústria, Comércio e Serviços, o comércio eletrônico brasileiro teve um salto significativo entre os anos 2019 e 2022, sendo que o valor total movimentado é maior que o dobro da soma dos valores alcançados antes da pandemia, registrando inéditos quatrocentos e cinquenta bilhões de reais.[3]

Diante da crescente demanda e importância do comércio eletrônico, torna-se necessário atualizar e adequar o Código de Defesa do Consumidor, que já completou mais de três décadas de existência, aos desafios do ambiente digital. Embora seja uma legislação moldada como um sistema de normas e princípios orgânicos para proteção e efetivação do direito fundamental de proteção do Estado (art. 5º, inciso XXXII, CF/88) ao sujeito constitucionalmente identificado e vulnerável – o consumidor (art. 48, ADCT, CF/88), funcionando, ainda, como um balizador da ordem econômica brasileira (art. 170, inciso V, CF/88), é impor-

---

1. HACKEROTT, Guilherme Barzaghi. Breve evolução histórica do *e-commerce*. In: HACKEROTT, Nadia Andreotti Tüchumantel (Coord). *Aspectos jurídicos do e-commerce*. São Paulo: Thomson Reuters, 2021. *E-book* Kindle, posição 541.
2. Disponível em: https://www.gov.br/mdic/pt-br/assuntos/observatorio-do-comercio-eletronico. Acesso em: 15 maio 2023.
3. CASTRO, Ana Paula. Com pandemia, comércio eletrônico cresce e movimenta R$450 bilhões em três anos no país. G1 Economia. Disponível em: https://g1.globo.com/economia/noticia/2023/05/11/com-pandemia-comercio-eletronico-cresce-e-movimenta-r-450-bilhoes-em-tres-anos-no-pais.ghtml. Acesso em: 15 maio 2023.

tante reconhecer que ele foi elaborado em uma época que ainda não vivenciava os avanços tecnológicos contemporâneos.

É nesse contexto que surge, como proposta, o Projeto de Lei 3514/2015, que visa justamente promover, na máxima medida possível, uma "igualdade de chances e de armas",[4] visando a segurança das transações comerciais realizadas com o emprego de tecnologias de informação e de comunicação avançadas, capazes de exarcebar uma indesejada (hiper)vulnerabilidade[5] ao consumidor, deflagrada diante da perigosa assimetria digital havida entre os desenvolvedores e detentores dos avanços tecnológicos e seus meros usuários.

A metodologia de pesquisa empregada para a elaboração deste capítulo é descritiva, com abordagem qualitativa, emprego do método dedutivo e técnica de pesquisa bibliográfica e documental.

2. O COMÉRCIO ELETRÔNICO NO CONTEXTO DA QUARTA REVOLUÇÃO INDUSTRIAL, *NETWORK SOCIETY* E *PLATFORMIZATION*

Em tempos identificados como a "Quarta Revolução Industrial",[6] a rápida evolução das tecnologias digitais, juntamente com a personalização de produtos e serviços e a criação de novos modelos operacionais, está impulsionando mudanças profundas nos setores econômico, social, científico e cultural, através da interação entre os domínios físico, digital e humano, que ocorre em uma escala sem precedentes, trazendo consigo complexidade, riscos e impactos significativos no mercado de trabalho, na educação, na governança, nas relações internacionais, comerciais e individuais (conexões humanas). No contexto atual, as disrupções digitais, como computação quântica, *blockchain*, internet das coisas (*internet of things* – IoT), internet de todas as coisas (*internet of everything* – IoE),[7] inteli-

---

4. A expressão é e Claudia Lima Marques e de Bruno Miragem. *O novo direito privado e a proteção dos vulneráveis.* São Paulo: Ed. RT, 2012, p. 196.
5. Claudia Lima Marques e Bruno Miragem explicam, em clássica lição, que "a hipervulnerabilidade é o grau excepcional (e "juridicamente relevante") da vulnerabilidade geral dos consumidores. Parece-nos que aqui os ´incômodos´ com o simples acesso ao consumo de qualidade não podem ser tolerados, é interesse social que não haja discriminação para estes grupos de consumidores hipervulneráveis (e constitucionalmente protegidos!), logo, o dano deveria ser realmente indenizável (...). *O novo direito privado e a proteção dos vulneráveis.* São Paulo: Ed. RT, 2012, p. 193.
6. SCHWAB, Klaus. *A Quarta Revolução Industrial.* Trad. Daniel Moreira Miranda. São Paulo: Edipro, 2019. *E-book* Kindle.
7. O termo *Internet of Everything* (IoE) foi cunhado pela companhia transnacional estadunidense e californiana CISCO (Disponível em: https://www.cisco.com/web/BR/tomorrow-starts-here/ioe/index. html. Acesso em: 15 maio 2023). Essa expressão é frequentemente utilizada como uma extensão do conceito de *Internet of Things* (IoT). Enquanto a IoT se concentra na conexão de dispositivos físicos à internet, a IoE vai além e abrange a conexão de todos os elementos presentes em um ambiente, incluindo pessoas, processos, dados e coisas para que, conectados, possam interagir e compartilhar informações

gência artificial, robótica, biotecnologia (incluindo nano e neurotecnologias), realidade virtual e aumentada, geoengenharia e ciências espaciais, são realidades já vivenciadas.[8]

As notas distintivas dessa revolução que a humanidade perpassa, segundo Klaus Schwab[9] residem em três pontos fundamentais – velocidade, amplitude e profundidade e impacto sistêmico. Esses aspectos distinguem a "Quarta Revolução Industrial" das revoluções industriais anteriores por sua velocidade de evolução exponencial e não linear. Isso é atribuído ao ambiente multifacetado e altamente interconectado da contemporaneidade, no qual as novas tecnologias geram constantemente outras ainda mais avançadas. Além disso, a amplitude e profundidade dessa revolução estão enraizadas na revolução digital e na combinação de várias tecnologias, resultando em mudanças de paradigma sem precedentes. Observa-se que essa revolução não apenas impacta os aspectos do "o que" e "como" fazemos as coisas, mas também influencia a própria identidade de "quem" somos. Seu impacto é sistêmico, envolvendo transformações em sistemas nacionais, empresariais e comunicacionais de toda a sociedade.

No âmbito do comércio eletrônico e no contexto de um modelo de sociedade baseado na informação, a ressignificação da revolução industrial apontada acima é sentida, sobretudo, pela aplicação de mecanismos de inteligência artificial e processos automatizados de gestão de negócios e marketing, estruturado em redes comunicacionais e constante fluxo de informações proporcionados pela tecnologia. Assim, vivenciamos a era da sociedade da informação (*information age*) e da sociedade em rede (*network society*).[10]

Com efeito, Jan van Dijk[11] identifica que a definição da "sociedade da informação" perpassa a intensidade do processamento de informações em todas as esferas (ciência, economia, trabalho, cultura), com racionalidade e reflexividade, aliado a um caráter semiautônomo de processamento das mesmas. Por sua vez, o alto nível de intercâmbio de informações através das tecnologias da informação e comunicação (TICs) em uma infraestrutura de redes, capaz de caracterizar o modo de organização dessa sociedade em variados níveis (indivíduos, grupos e organizações em *networking*), caracteriza a sociedade em rede. É justamente nesse

---

de maneira integrada (Disponível em: https://www.spiceworks.com/tech/iot/articles/what-is-internet-of-everthing/#Examples%20of%20Internet%20of%20Everything. Acesso em: 15 maio 2023).

8. Para um panorama completo, vide SCHWAB, Klaus; DAVIS, Nicholas. *Aplicando a quarta revolução industrial*. Trad. Daniel Moreira Miranda. São Paulo: Edipro, 2019. *E-book* Kindle.

9. SCHWAB, Klaus. *A Quarta Revolução Industrial*. Trad. Daniel Moreira Miranda. São Paulo: Edipro, 2019. *E-book* Kindle, posição 190.

10. Para uma visão aprofundada, vide CASTELLS, Manuel. *A era da informação*: economia, sociedade e cultura. v. I – A sociedade em rede. Lisboa: Calouste Gulbenkian, 2013.

11. VAN DIJK, Jan. *The Network Society*. 3rd edition. London: Sage Publications Ltd, 2012. E-book Kindle, posição 476.

locus da *network society*, que as "plataformas" se convergem também como um espaço de comercialização de produtos e serviços, com especial enfoque para a "plataformização" das relações.[12]

Fazendo um paralelo entre "plataforma" e "plataformização" (*platformization*), Poell, Nieborg e Van Diejck,[13] identificam a primeira como "infraestruturas digitais (re)programáveis que facilitam e moldam interações personalizadas entre usuários finais e complementadores, organizados por meio de coleta sistemática, processamento algorítmico, monetização e circulação de dados", e a segunda, como "a penetração de infraestruturas, processos econômicos e estruturas governamentais de plataformas em diferentes setores econômicos e esferas da vida".

Assim, de uma discussão sobre as "plataformas" como "coisas", passou-se a uma análise da "plataformização" como um "processo" interativo, com personagens envolvidos em relações de sujeição fundamentalmente desiguais, que se desenvolve em três dimensões: a) desenvolvimento de infraestrutura de dados ou "dataficação",[14] englobando dados demográficos, dados de perfil e metadados comportamentais; b) reorganização das relações econômicas em torno de mercados multilaterais, que funcionam como agregadores de transações entre usuários finais e uma grande variedade de terceiros; c) orientação não apenas das transações econômicas, mas também das interações entre os próprios usuários, determinando como vão interagir entre si por meio de algoritmos que modelam conteúdos, produtos e serviços para permanecerem em destaque, ou fora de acesso.[15]

---

12. Já anotamos em outra oportunidade que "Aqui é relevante abordar que a "plataformização das relações" é realidade convivida e posta; inovação estrutural e funcional sem precedentes na "Internet" e que afetou diretamente a vida humana, tanto para benefícios quanto para riscos, perigos e nocividades. Plataformização significa a inserção das pessoas no mundo digital para as mais variadas interações virtuais (desmaterializadas, desterritorializadas e despersonalizadas fisicamente), concorrendo para isso os dados (pessoais e sensíveis), a economia, a privacidade, a intimidade e a autodeterminação informativa dos utentes (pessoa natural), mediante comunicações instantâneas e simultâneas por textos, áudios e vídeos armazenáveis em nuvens." In: MARTINS, Fernando Rodrigues; FERREIRA, Keila Pacheco. Verticalidade digital e direitos transversais: positivismo inclusivo na promoção dos vulneráveis. *Revista de Direito do Consumidor*. v. 147. p. 15-50. maio/jun. 2023.
13. POELL, Thomas; NIEBORG, David; VAN DIJCK, José. Plataformização. Trad. Rafael Grohmann. *Revista Fronteiras – estudos midiáticos*. v. 22. n. 1. jan./abr. 2020. Disponível em: https://revistas. unisinos.br/index.php/fronteiras/article/view/fem.2020.221.01/60747734. Acesso em: 15 maio 2023. O artigo foi originalmente publicado na *Internet Policy Review*, 8(4), 2019 sob o título *Platformisation*. DOI: 10.14763/2019.4.1425.
14. Sobre "*datafication*", vide MAYER-SCHÖNBERGER, Viktor; CUKIER, Kenneth. *Big data: a revolution that will transform how we live, work and thing*. New York: Mariner Books, 2014. *E-book* Kindle, posição 541.
15. POELL, Thomas; NIEBORG, David; VAN DIJCK, José. Plataformização. Trad. Rafael Grohmann. *Revista Fronteiras – estudos midiáticos*. v. 22. n. 1. jan./abr. 2020. Disponível em: https://revistas.unisinos.br/index.php/fronteiras/article/view/fem.2020.221.01/60747734. Acesso em: 15 maio 2023.

Evidente que grande parte do comércio eletrônico se desenvolve por meio das plataformas digitais, consoante anota Bruno Miragem,[16] ao facilitar conexões e transações entre fornecedores e consumidores, seja de forma direta, seja através da aproximação para que possam negociar diretamente, o que caracteriza a chamada "economia do compartilhamento".[17] Ocorre que a operacionalização dessas negociações se desenvolve a partir de informações coletadas por algoritmos ocultos dos seus usuários, em uma noção de economia movida a dados conhecida por *data-drive-in economy*,[18] considerando que os dados pessoais são elevados praticamente à condição de insumo das atividades econômicas, o que representa inúmeros riscos aos consumidores e desafios para a regulação jurídica.

3. OS RISCOS DA INTELIGÊNCIA ARTIFICIAL NO COMÉRCIO ELETRÔNICO: ENTRE OPACIDADE E VIESES ALGORÍTMICOS

A partir da terceira dimensão do processo de plataformização apontado no tópico anterior – modelagem e controle de conteúdos aos usuários através de algoritmos, Frank Pasquale[19] denuncia um dos grandes desafios do comércio eletrônico desenvolvido no ambiente de plataformas digitais, qual seja, a coleta e manipulação invasiva e não transparente de dados pessoais e hábitos de uso da *internet* por algoritmos ocultos, que afetam a autodeterminação do consumidor diante da assimetria de informações.

Em tempos de *big data,* o acúmulo de informações que circulam nas redes diariamente, coletadas em mensagens, fotos, vídeos, registros de compras, navegação na internet, GPS, entre outros, alcançaram um patamar em que nunca se produziu tantos dados em toda a história da humanidade.[20] Esses bancos de dados,

---

16. Bruno Miragem, ao tratar do fornecimento por plataforma digital, anota que: "[...] no mundo digital, o volume de informações disponíveis na internet, e de fornecedores disponíveis, exige uma certa organização da oferta. Em especial, para tornar mais acessível aos potenciais consumidores determinados produtos ou serviços por eles ofertados, inclusive com a redução de custos e eliminação do desperdício de recursos. Trata-se do que se pode denominar como fornecimento por plataforma digital, pelo qual a relação do fornecedor do produto ou serviço com o consumidor é intermediada por alguém que organiza a relação e aproxima os interessados, facilitando a celebração dos contratos." Novo paradigma tecnológico, mercado de consumo digital e o direito do consumidor. *Revista de Direito do Consumidor.* v 125. p. 17-62. set./out /2019.
17. MARQUES, Claudia Lima. A nova noção de fornecedor no consumo compartilhado: um estudo sobre as correlações do pluralismo contratual e o acesso ao consumo. *Revista de Direito do Consumidor.* v. 111. p. 247-268. maio-jun. 2017.
18. FRAZÃO, Ana. Plataformas digitais, big data e riscos para os direitos da personalidade. In: TEPEDINO, Gustavo; MENEZES, Joyceane Bezerra (Coord.). *Autonomia privada, liberdade existencial e direitos fundamentais.* Belo Horizonte: Fórum, 2019, p. 333.
19. PASQUALE, Frank. *The black box society:* the secret algorithms that control money and information. Cambridge: Harvard University Press, 2015. *E-book* Kindle.
20. MAYER-SCHÖNBERGER, Viktor; CUKIER, Kenneth. *Big data:* a revolution that will transform how we live, work and thing. New York: Mariner Books, 2014. *E-book* Kindle, posição 108. Para os autores: "The fruits of the information society are easy to see, with a cellphone in every pocket, a computer in

que ficam disponíveis em nuvens e de forma *online*, são passíveis de coleta, análise, interpretação e agrupamento em grande velocidade por ferramentas de tecnologia da informação e fórmulas algorítmicas cada vez mais sofisticadas, conforme interesses diversos no mercado, que vão desde à redução de custos e aumento de produtividade, até à formulação de estratégias de *marketing*, estudo sobre tendências de compras, comportamento dos consumidores e preferências individuais, para oferta de recomendações personalizadas e direcionamento de propostas específicas. Além disso, mecanismos de inteligência artificial permite a automação de tarefas, como *chatbots* de atendimento ao cliente, que proporcionam suporte instantâneo, além de análise preditiva, que orienta os fornecedores na antecipação de tendências de demanda, o que permite aperfeiçoar a gestão de estoque e a logística de entrega.

No entanto, se de um lado, algumas propriedades da inteligência artificial a partir do *big data* têm se mostrado interessantes para a melhoria da eficiência operacional, impulsionando o crescimento do comércio eletrônico contemporâneo, de outro, a aplicação dos algoritmos é verdadeira "caixa-preta", aqui utilizando a conhecida expressão de Frank Pasquale.[21] Assim, a opacidade refere-se à falta de transparência e compreensão sobre como certos algoritmos funcionam e tomam decisões. À medida que a inteligência artificial e a aprendizagem de máquina (*machine learning*)[22] fazem uso de técnicas complexas, como redes neurais profundas, e se tornam cada vez mais presentes em diversas áreas, surgem desafios e implicações éticas e jurídicas que decorrem da opacidade desses algoritmos.[23]

Portanto, se um algoritmo toma decisões, oferece sugestões (e até mesmo assédio ao consumo) ou antecipa comportamentos que afetam a vida e a identida-

---

every backpack, and big information technology systems in back offices everywhere. But less noticeable is the information itself. Half a century after computers entered mainstream society, the data has begun to accumulate to the point where something new and special is taking place. Not only is the world awash with more information than ever before, but that information is growing faster. The change of scale has led to a change of state. The quantitative change has led to a qualitative one. [...] There is no rigorous definition of big data. Initially the idea was that the volume of information had grown so large that the quantity being examined no longer fit into the memory that computers use for processing, so engineers needed to revamp the tools they used for analyzing it all. That is the origin of new processing technologies like Google's MapReduce and its open-source equivalent, Hadoop, which came out of Yahoo."

21. PASQUALE, Frank. *The black box society*: the secret algorithms that control money and information. Cambridge: Harvard University Press, 2015. *E-book* Kindle.

22. As redes neurais artificiais permitem que as máquinas "aprendam" a partir de grandes volumes de dados de forma semelhante ao processamento do cérebro humano. Para um panorama sobre conceitos, aplicações e desafios relacionados com essa tecnologia, consulte SEJNOWSKI, Terrence J. *A revolução do aprendizado profundo*. Trad. Carolina Gaio. Rio de Janeiro: Alta Books, 2019.

23. O uso da expressão "inteligência artificial" neste ensaio ocorre de forma genérica, embora se reconheça a propriedade da distinção entre os termos algoritmos, inteligência artificial, *machine learning*, *deep learning* e robôs, e para aprofundamento, remetemos à leitura de José Luiz de Moura Faleiros Júnior, A evolução da inteligência artificial em breve retrospectiva. In: BARBOSA, Mafalda Miranda et al. (Coord.). *Direito digital e inteligência artificial*: diálogos entre Brasil e Europa. Indaiatuba: Editora Foco, 2021, p. 19-21.

de das pessoas, é essencial que as mesmas sejam propriamente informadas e não discriminatórias, sob pena de violação da privacidade de dados, riscos à segurança cibernética e aprofundamento da assimetria digital. Isso porque, se os algoritmos não são transparentes, a correção de qualquer viés eventualmente presente se mostra inalcançável diante do seu desconhecimento. Além disso, a opacidade dos algoritmos também pode dificultar a responsabilização dos envolvidos, à medida em que a incompreensão sobre o seu modo de funcionamento afasta a identificação de possíveis responsáveis por suas decisões e falhas. Nesse aspecto, Cathy O'Neil,[24] em figura de linguagem, identifica os algoritmos como "armas matemáticas de destruição em massa", pois apesar de sua suposta objetividade e neutralidade, se manejados de forma enviesada, podem reforçar estereótipos, ampliar desigualdades, injustiças e preconceitos.

De fato, características próprias dos algoritmos de inteligência artificial trazem dificuldades ao seu manejo regulatório, com especial destaque para: a) *imprevisibilidade*, pois diante da capacidade de aprender com base nos dados acumulados, os algoritmos podem criar decisões inovadoras, não previstas antecipadamente por seus desenvolvedores, com possibilidade de causar danos diversos em decorrência da perda de controle humano; b) *distributividade*, pois o processo criativo de tecnologias de inteligência artificial ocorre de maneira difusa, por variados desenvolvedores, em variadas nacionalidades, territórios e a partir de softwares diversos, o que facilita a sua distribuição e difusão, e de outro lado, desafia a definição de uma cadeia de responsabilidade por suas consequências danosas.[25]

Ao preconizar um duplo movimento – "inteligência artificial desenviesada e desenviesante", Juarez Freitas e Thomas Freitas destacam, quanto ao primeiro aspecto, que a correção do desvio deve ocorrer na etapa da programação da inteligência artificial (*pre-processing approach*), no curso do aprendizado (*in-processing approach*) e também em suas correções posteriores (*post-processing approaches*), pois o risco de reprodução dos vieses torna o sistema inepto para o reenquadramento das decisões automatizadas. Além disso, defendem que a própria inteligência artificial pode ser um instrumento importante para detecção dos desvios, em uma função desenviesante e educativa, programada para detectar e corrigir iniquidades.[26]

Referidas correções refletem-se em diretrizes éticas e regulatórias da inteligência artificial, como o direito à explicabilidade, que busca tornar os algoritmos

---

24. O'NEIL, Cathy. *Weapons of math destruction*: how big data increases inequality and threatens democracy. New York: Crown Publishers, 2016.
25. GOETTENAUER, Carlos Eduardo. Algoritmos, inteligência artificial, mercados. Desafios ao arcabouço jurídico. In: FRAZÃO, Ana; CARVALHO, Ângelo Gamba Prata de. *Empresa, mercado e tecnologia*. Belo Horizonte: Fórum, 2019, p. 274-277.
26. FREITAS, Juarez; FREITAS, Thomas Bellini. *Direito e inteligência artificial*: em defesa do humano. Belo Horizonte: Forum, 2020, p. 98.

mais compreensíveis, permitindo que usuários e consumidores compreendam como as decisões são tomadas, a importância da supervisão humana constante, bem como análise de impactos diretos e indiretos (externalidades) em todas as fases de desenvolvimento e implementação dos algoritmos, que inspiram a elaboração de normativas próprias, conforme será abordado no tópico a seguir.

4. REGULAÇÃO DA INTELIGÊNCIA ARTIFICIAL, *ACCOUNTABILITY* E PROTEÇÃO DE DADOS PESSOAIS

Na Conferência Geral da Organização das Nações Unidas para a Educação, a Ciência e a Cultura (UNESCO), em novembro de 2021, foi aprovada a "Recomendação sobre a Ética da Inteligência Artificial" (*Recommendation on the Ethics of Artificial Intelligence*),[27] que representam diretrizes sobre o desenvolvimento ético da inteligência artificial. Embora não seja juridicamente vinculante, funciona como referência para o desenvolvimento ético e fornece um marco universal de valores, princípios e ações para a elaboração de legislações, políticas ou outros instrumentos sobre inteligência artificial em todo o mundo, alinhados com a proteção e promoção dos direitos humanos, das liberdades fundamentais e da dignidade humana.

Referida Recomendação, em apertada síntese, adota como princípios aplicáveis às tecnologias de inteligência artificial: a) proporcionalidade e prevenção de dano – aplicação de procedimentos de avaliação de riscos, adequação e proporcionalidade com objetivos legítimos; b) segurança e proteção – riscos de proteção (danos) e riscos de segurança (vulnerabilidades e ataques) devem ser evitados e eliminados durante o ciclo de vida da inteligência artificial; c) justiça e não discriminação; d) sustentabilidade; e) direito à privacidade e proteção de dados; f) supervisão humana e determinação – garantir que seja possível a atribuição de responsabilidade legal e ética em qualquer etapa do ciclo de vida da inteligência artificial (supervisão humana individual e supervisão pública); g) transparência e explicabilidade; h) responsabilidade e prestação de contas; i) conscientização e alfabetização (aprender sobre os impactos dos sistemas de inteligência artificial); j) governança e colaboração adaptáveis e com múltiplas partes interessadas.

O que se nota a partir da Recomendação, consoante observam Ingo Sarlet e Gabrielle Sarlet, é que o grande desafio é garantir a boa governança já durante o desenvolvimento de sistemas algorítmicos – *Governance of Algorithms*, e também, durante sua aplicação – *Governance by Algorithms*.[28]

---

27. Disponível em: https://unesdoc.unesco.org/ark:/48223/pf0000381137_por. Acesso em: 15 maio 2023.
28. SARLET, Ingo W.; SARLET, Gabrielle B S.; BITTAR, Eduardo C B. *Inteligência artificial, proteção de dados pessoais e responsabilidade na era digital*. São Paulo: Saraiva, 2022, p. 10.

No mês de junho de 2023, seguindo direcionamento do "Artificial Intelligence Act" (EU AIA),[29] de 2021, o Parlamento Europeu aprovou proposta de regulamento que estabelece regras harmonizadas em matéria de inteligência artificial (Regulamento Inteligência Artificial),[30] com especial destaque para a adoção de uma inteligência artificial centrada no ser humano, bem como estabelecimento de responsabilidade em função do nível de risco da inteligência artificial (modelo *risk-based approach*), com gradações estabelecidas como risco inaceitável (proibido), risco elevado (sujeito à avaliação de conformidade), risco limitado (que demanda transparência) e risco mínimo (exigente de código de condutas). Destaca, ainda, um sistema de monitoramento de todo o processo (*post-market monitoring*).

No Brasil, por sua vez, a proposta para um Marco Legal da Inteligência Artificial (PL 2338/2023),[31] inspirado no modelo europeu, destaca como principais direitos: a) direito de usuários de sistemas de IA à informação prévia quanto às suas interações com sistemas de inteligência artificial; b) direito a explicação sobre a decisão, recomendação ou previsão tomada por sistemas de inteligência artificial; c) direito de contestar decisões ou previsões de sistemas de inteligência artificial que produzam efeitos jurídicos ou que impactem de maneira significativa os interesses do afetado; d) o direito à não discriminação e à correção de vieses discriminatórios diretos, indiretos, ilegais ou abusivos; e) direito à privacidade e à proteção de dados pessoais, nos termos da legislação pertinente.[32]

Importante ressaltar, seguindo uma tendência de responsabilidade civil que, a par do modelo reparatório (*ex post* dano), se antecipa (*ex ante*) à ocorrência do dano visando a efetividade de sua prevenção,[33] que o desenvolvimento de tecnologias de inteligência artificial conjugada com proteção e evitabilidade de vieses algorítmicos perpassa a necessidade de *accountability*, que envolve a realização de um conjunto de deveres que exigem transparência, explicabilidade, prestação de contas, controle, monitoramento, auditorias relativas às decisões tomadas e responsabilização para a correção da assimetria de informação, controle de riscos e prevenção de danos.

---

29. Disponível em: https://eur-lex.europa.eu/legal-content/EN/TXT/?uri=CELEX%3A52021PC0206. Acesso em: 20 jun. 2023.
30. Disponível em: https://www.europarl.europa.eu/doceo/document/TA-9-2023-0236_PT.html. Acesso em: 20 jun. 2023.
31. Disponível em https://www25.senado.leg.br/web/atividade/materias/-/materia/157233. Acesso em: 20 jun. 2023.
32. MARQUES, Claudia Lima; BAQUERO, Pablo Marcello. *Primeiras impressões sobre a proposta brasileira para um marco legal da IA*. Disponível em: https://www.conjur.com.br/2023-mai-24/garantias-consumo-impressoes-proposta-brasileira-marco-legal-ia. Acesso em: 20 jun. 2023.
33. Para aprofundamento, consulte o nosso FERREIRA, Keila Pacheco. *Responsabilidade civil preventiva*: função, pressupostos e aplicabilidade. 2014. Tese (Doutorado em Direito Civil) – Faculdade de Direito, Universidade de São Paulo, São Paulo, 2014. doi:10.11606/T.2.2016.tde-27102016-092601. Acesso em: 20 jun. 2023.

Portanto, a *accountability* guarda estreita relação com o processo de gerenciamento de riscos, em que é possível o reconhecimento de três fases: avaliação (*risk assessment*), gestão (*risk management*) e informação (*risk communication*).[34] A primeira fase (*risk assessment*), ocorre em três momentos sequenciais: a) identificação de potenciais resultados; b) estimação sobre a magnitude desses resultados; c) probabilidade de realização desses resultados. A segunda fase, de gestão dos riscos (*risk management*), os resultados da avaliação são considerados para legitimar a decisão sobre as medidas adequadas para o específico risco. A terceira fase é a da comunicação dos riscos avaliados (*risk communication*). Por sua vez, quanto mais robusto for o sistema de *accountability*, maior cuidado será empregado à gestão de riscos, ao exigir respostas claras com relação à magnitude e a probabilidade da ocorrência de danos. Tal avaliação pode ser perfeitamente transportada à análise das contingências provocadas, na contemporaneidade, pela inteligência artificial.[35]

No campo da proteção de dados pessoais, a *accountability* adquire *locus* de grande valor.[36] Os dados dos consumidores são informações coletadas na rede mundial de computadores e armazenadas nos algoritmos de fornecedores que utilizam o meio digital para fornecer produtos e serviços no mercado de consumo. Dados pessoais são aquelas informações que permitem identificar a pessoa a quem dizem respeito. A proteção dos dados pessoais tem como objeto (1) o direito à intimidade e (2) o direito à identidade pessoal. Enquanto o primeiro importa na autodeterminação informativa,[37] o segundo visa a impedir que a identidade pessoal seja alterada por informações inexatas ou incompletas. É preciso evoluir da autodeterminação informativa em prol do direito à efetiva proteção dos dados pessoais.[38]

---

34. ZANDER, Joakim. The application of the Precautionary Principle in Practice: comparative dimensions. Cambridge: Cambridge University Press, 2010, p.17.

35. FERREIRA, Keila Pacheco. Incerteza científica e gerenciamento proporcional de riscos: avaliação (*risk assessment*), gestão (*risk management*) e informação (*risk communication*) na alocação da responsabilidade civil em cenários de inteligência artificial. In: Squeff, Tatiana Cardoso; Borges, Rosa Maria Zaia; Bielschowsky, Raoni Macedo. (Org.). *Anuário do Programa de Pós-Graduação em Direito da UFU*: Sociedade, Sustentabilidade e Direitos Fundamentais. 1ed. São Paulo: Tirant Lo Blanch Brasil, 2022.

36. Nesse sentido, FALEIROS JÚNIOR, José Luiz de Moura. Responsabilidade por falhas algorítmicas: reflexões sobre *accountability* e os impactos jurídicos da inteligência artificial. In: EHRHARDT JÚNIOR, Marcos; CATALAN, Marcos; MALHEIROS, Pablo (coords.). *Direito civil e tecnologia*. 2.ed. Belo Horizonte: Fórum, 2022.

37. Para um exame mais detalhado sobre o direito à autodeterminação informativa, ver LAEBER, Márcio Rafael Silva. Proteção de dados pessoais: o direito à autodeterminação informativa. *Revista de Direito Bancário e do Mercado de Capitais*, n. 37, p. 59, São Paulo, jul. 2007. Ver, também, CARVALHO, Ana Paula Gambogi. O consumidor e o direito à autodeterminação informacional: considerações sobre os bancos de dados eletrônicos. In: NERY JUNIOR, Nelson; NERY, Rosa Maria de Andrade (Org.). *Responsabilidade civil*: direito à informação: dever de informação, informações cadastrais, mídia, informação e poder, internet. São Paulo: Ed. RT, 2010. v. 8. (Doutrinas essenciais). p. 343-392.

38. LIMBERGER, Têmis. Proteção dos dados pessoais e comércio eletrônico: os desafios do século XXI. *Revista de Direito do Consumidor*, ano 17, n. 67, p. 225, São Paulo, jul./set. 2008.

Atualmente, o direito fundamental à proteção de dados pessoais é um direito autônomo,[39] no Brasil, regulado pela Lei Geral de Proteção de Dados Pessoais (LGPD, Lei 13.709/2018[40]). É importante ressaltar que não basta que as leis enumerem certos princípios e reconheçam os direitos das pessoas cujos dados tenham sido ou venham a ser tratados. É necessário, para a efetiva tutela dos dados e dos registros pessoais, que os instrumentos garantidores do cumprimento desses princípios e desses direitos sejam igualmente determinados e regulamentados pela previsão de um regime de controle. Esse controle pode ser exercido pela própria unidade processadora dos dados, ou pela criação de órgãos de controle, ou pela participação e pela intervenção das pessoas afetadas.[41]

Mesmo que se entenda que cabe a cada um decidir a dimensão e a forma de penetração do raio ou âmbito moral no qual jaz a privacidade, cuja invasão pelo público e interesse é remotamente permitida, e sempre de acordo com o critério da mínima invasão,[42] a proteção da privacidade deve ser regulamentada, para não haver arbitrariedades por parte do setor público nem do setor privado.

Isto porque, atualmente, a penetração da esfera privada do indivíduo, mediante conhecimento e divulgação de seus dados privados, está bem além do patamar do ordinário e cotidiano aborrecimento. O envio de correspondências endereçadas por quem consigo não contratou revela absoluta vulneração de seus dados pessoais mais elementares e mais restritos para a adequada segurança pessoal. O efetivo dano à esfera privada se nota pelo irrecuperável controle dos dados privados do indivíduo. Segundo os princípios que orientam a matéria, atualmente positivados na LGPD, é ilícita a conduta de quem transfere, sem aquiescência do titular, seus dados privados.[43] Ademais, a divulgação desautorizada de dados

---

Ver, também, CARVALHO, Ana Paula Gambogi. O consumidor e o direito à autodeterminação informacional: considerações sobre os bancos de dados eletrônicos. In: NERY JUNIOR, Nelson; NERY, Rosa Maria de Andrade (Org.). *Responsabilidade civil*: direito à informação: dever de informação, informações cadastrais, mídia, informação e poder, internet. São Paulo: Ed. RT, 2010. v. 8. (Doutrinas essenciais). p. 343-392.

39. LIMBERGER, Têmis. Proteção dos dados pessoais e comércio eletrônico: os desafios do século XXI. *Revista de Direito do Consumidor*, ano 17, n. 67, p. 225, São Paulo, jul./set. 2008.

40. BRASIL. Lei 13.709, de 14 de agosto de 2018. Lei Geral de Proteção de Dados Pessoais (LGPD). Disponível em: https://www.planalto.gov.br/ccivil_03/_ato2015-2018/2018/lei/l13709.htm. Acesso em: 31 mar. 2023.

41. Para uma explicação detalhada dos modelos de controle, ver SAMPAIO, José Adércio Leite. *Direito à intimidade e à vida privada*: uma visão jurídica da sexualidade, da família, da comunicação e informações pessoais, da vida e da morte. Belo Horizonte: Del Rey, 1998. p. 522-533.

42. JABUR, Gilberto Haddad. Desautorizada comercialização de dados pessoais para envio de mala-direta e a violação à privacidade. *Revista do Instituto dos Advogados de São Paulo (RIASP)*, nova série, ano 16, n. 31, p. 317, São Paulo, jan./jun. 2013.

43. Ver art. 7º da LGPD: O tratamento de dados pessoais somente poderá ser realizado nas seguintes hipóteses: I - mediante o fornecimento de consentimento pelo titular; [...]. § 5º O controlador que obteve o consentimento referido no inciso I do *caput* deste artigo que necessitar comunicar ou compartilhar dados pessoais com outros controladores deverá obter consentimento específico do titular para esse fim, ressalvadas as hipóteses de dispensa do consentimento previstas nesta Lei. § 6º A eventual dispensa da

sensíveis da pessoa fere direito personalíssimo, ao mesmo tempo que acentua a vulnerabilidade da dignidade da pessoa humana, de acordo com o art. 11, §§ 3º e 4º da LGPD.

A facilidade de comunicação e de intercâmbio de informações pessoais ocasionada pelo avanço da tecnologia aumenta o risco potencial da utilização abusiva dessas informações, e acentua a vulnerabilidade do direito à privacidade. Assim, é necessário que o ordenamento jurídico proporcione "instrumentos que assegurem que a fruição das novas vantagens proporcionadas pela tecnologia possa ocorrer de forma proporcional à manutenção das expectativas de privacidade [...]".[44] O legislador não está alheio a essa necessidade. Por isso, é preciso examinar o Código de Defesa do Consumidor (CDC, Lei 8.078/1990[45]), em conjunto com o Projeto de Lei 3.514/2015,[46] que altera o CDC para dispor sobre o comércio eletrônico, bem como a Lei 12.965/2014,[47] que regulamenta o uso da internet no Brasil. O exame desses diplomas legais será feito à luz do princípio da proteção de dados e de registros pessoais na forma como regulamentado pela LGPD.

5. O CÓDIGO DE DEFESA DO CONSUMIDOR E O PROJETO DE LEI 3.514/2015 SOBRE COMÉRCIO ELETRÔNICO

O Código de Defesa do Consumidor (CDC) é lei de ordem pública e interesse social e foi elaborada por determinação constitucional, de acordo com o mandamento expresso contido no art. 48 do Ato das Disposições Constitucionais Transitórias (ADCT). Ademais, está incluído no rol dos direitos fundamentais,

---

exigência do consentimento não desobriga os agentes de tratamento das demais obrigações previstas nesta Lei, especialmente da observância dos princípios gerais e da garantia dos direitos do titular. BRASIL. Lei 13.709, de 14 de agosto de 2018. Lei Geral de Proteção de Dados (LGPD). Disponível em: https://www.planalto.gov.br/ccivil_03/_ato2015-2018/2018/lei/l13709.htm. Acesso em: 31 mar. 2023.

44. DONEDA, Danilo. Considerações sobre a tutela da privacidade e a proteção de dados pessoais no ordenamento brasileiro. In: CONRADO, Marcelo; PINHEIRO, Rosalice Fidalgo (Coord.). *Direito privado e Constituição*: ensaios para uma recomposição valorativa da pessoa e do patrimônio. Curitiba: Juruá, 2009. p. 87.

45. BRASIL. Lei 8.078, de 11 de setembro de 1990. Dispõe sobre a proteção do consumidor e dá outras providências. Disponível em: https://www.planalto.gov.br/ccivil_03/leis/l8078compilado.htm. Acesso em: 31 mar. 2023.

46. BRASIL. CÂMARA DOS DEPUTADOS. Projeto de Lei 3.514, de 4 de novembro de 2015. Altera a Lei 8.078, de 11 de setembro de 1990 (Código de Defesa do Consumidor), para aperfeiçoar as disposições gerais do Capítulo I do Título I e dispor sobre o comércio eletrônico, e o art. 9º do Decreto Lei 4.657, de 4 de setembro de 1942 (Lei de Introdução às Normas do Direito Brasileiro), para aperfeiçoar a disciplina dos contratos internacionais comerciais e de consumo e dispor sobre as obrigações extracontratuais. Disponível em: https://www.camara.leg.br/proposicoesWeb/prop_mostrarintegra?codteor=1408274&filename=PL%203514/2015. Acesso em: 31 mar. 2015.

47. BRASIL. Lei 12.965, de 23 de abril de 2014. Estabelece princípios, garantias, direitos e deveres para o uso da Internet no Brasil. Disponível em: https://www.planalto.gov.br/ccivil_03/_ato2011-2014/2014/lei/l12965.htm. Acesso em: 31 mar. 2023.

art. 5º, XXXII, da Constituição da República de 1988, portanto, numa hierarquia de cláusula pétrea.[48]

O Código de Defesa do Consumidor dispõe sobre os bancos de dados e cadastros de consumidores no art. 43,[49] ao dispor que o consumidor "terá acesso às informações existentes em cadastros, fichas, registros e dados pessoais e de consumo arquivados sobre ele, bem como sobre as suas respectivas fontes".

Com relação à aplicação do art. 43 do CDC, Mendes destaca que o acórdão proferido no RESp 22.337-RS,[50] julgado em 13 de fevereiro de 1995, de relatoria do Ministro Ruy Rosado de Aguiar Júnior, estabeleceu um novo conceito de privacidade, ao interpretar e aplicar o art. 43 do CDC aos cadastros de informações em bancos de dados.[51]

Constou do voto do Ministro Ruy Rosado lição magistral e bastante atual:

> A inserção de dados pessoais do cidadão em bancos de informações tem se constituído em uma das preocupações do Estado moderno, onde o uso da informática e a possibilidade de controle unificado das diversas atividades da pessoa, nas múltiplas situações de vida, permite o conhecimento de sua conduta pública e privada, até nos mínimos detalhes, podendo chegar à devassa de atos pessoais, invadindo área que deveria ficar restrita à sua intimidade; ao mesmo tempo, o cidadão objeto dessa indiscriminada colheita de informações, muitas vezes,

---

48. MARQUES, Claudia Lima. Introdução ao direito do consumidor. In: BENJAMIN, Antonio Herman de Vasconcellos e; MARQUES, Claudia Lima; BESSA, Leonardo Roscoe. *Manual de direito do consumidor*. 5. ed. rev., atual. e ampl. São Paulo: Ed. RT, 2014. p. 51.

49. Art. 43 do Código de Defesa do Consumidor. O consumidor, sem prejuízo do disposto no art. 86, terá acesso às informações existentes em cadastros, fichas, registros e dados pessoais e de consumo arquivados sobre ele, bem como sobre as suas respectivas fontes.
§ 1º Os cadastros e dados de consumidores devem ser objetivos, claros, verdadeiros e em linguagem de fácil compreensão, não podendo conter informações negativas referentes a período superior a cinco anos.
§ 2º A abertura de cadastro, ficha, registro e dados pessoais e de consumo deverá ser comunicada por escrito ao consumidor, quando não solicitada por ele.
§ 3º O consumidor, sempre que encontrar inexatidão nos seus dados e cadastros, poderá exigir sua imediata correção, devendo o arquivista, no prazo de cinco dias úteis, comunicar a alteração aos eventuais destinatários das informações incorretas.
§ 4º Os bancos de dados e cadastros relativos a consumidores, os serviços de proteção ao crédito e congêneres são considerados entidades de caráter público.
§ 5º Consumada a prescrição relativa à cobrança de débitos do consumidor, não serão fornecidas, pelos respectivos Sistemas de Proteção ao Crédito, quaisquer informações que possam impedir ou dificultar novo acesso ao crédito junto aos fornecedores.

50. STJ. REsp 22.337/RS. Quarta Turma, Relator Ministro Ruy Rosado de Aguiar Júnior, julgado em 13 fev. 1995. Ementa: "Serviço de proteção ao crédito. Cancelamento do registro. Prazo (cinco anos). O registro de dados no SPC deve ser cancelado após cinco anos. Art. 43, parágrafo 1º, do Código de Defesa do Consumidor (Lei 8.078/90)". Disponível em: https://ww2.stj.jus.br/processo/ita/documento/ mediado/?num_registro=199200114466&dt_publicacao=20-03-1995&cod_tipo_documento=. Acesso em: 19 set. 2014.

51. Para um exame detalhado da importância do art. 43 do CDC, ver MENDES, Laura Schertel. O direito fundamental à proteção de dados pessoais. *Revista de Direito do Consumidor*, ano 20, n. 79, p. 45, São Paulo, jul./set. 2011.

sequer sabe da existência de tal atividade, ou não dispõe de eficazes meios para conhecer o seu resultado, retificá-lo ou cancelá-lo. [...] A importância do tema cresce de ponto quando se observa o número imenso de atos da vida humana praticados através da mídia eletrônica ou registrados nos disquetes de computador. [...] Na Alemanha, por exemplo, a questão está posta no nível das garantias fundamentais, com o direito de autodeterminação informacional (o cidadão tem o direito de saber quem sabe o que sobre ele), [...]. No Brasil, a regra do art. 5º, inc. X, da Constituição de 1988, é um avanço significativo [...].[52]

Depois dessa importante decisão, muitos autores se dedicaram ao estudo dos bancos de dados e cadastro de consumidores e os bancos de dados de proteção ao crédito, como, por exemplo, Bessa[53] e Efing,[54] entre outros.[55]

Doneda assevera:

Uma fundamentação bastante robusta tanto para propugnar por uma maior efetividade do *habeas data* quanto para a tutela dos dados pessoais através de outros instrumentos disponíveis em nosso ordenamento, como, por exemplo, o art. 43 do Código de Defesa do Consumidor em todo o seu amplo leque principiológico, poderia ser a consolidação do entendimento segundo o qual a proteção de dados é um direito fundamental, cuja fundamentação se encontra basicamente nos incisos X e XII do art. 5º da Constituição Federal, relativos às garantias da vida privada, intimidade e comunicação de dados.[56]

---

52. AGUIAR JÚNIOR, Ruy Rosado de. Voto. STJ. REsp 22.337/RS. Quarta Turma, Relator Ministro Ruy Rosado de Aguiar Júnior, julgado em 13 fev. 1995. Disponível em: https://ww2.stj.jus.br/processo/ita/documento/mediado/?num_registro=199200114466&dt_publicacao=20-03-1995&cod_tipo_documento=. Acesso em: 19 set. 2014.

53. BESSA, Leonardo Roscoe. *O consumidor e os limites dos bancos de dados de proteção ao crédito*. São Paulo: Ed. RT, 2003.

   BESSA, Leonardo Roscoe. Limites jurídicos dos bancos de dados de proteção ao crédito. In: MARQUES, Claudia; MIRAGEM, Bruno (Org.). *Direito do consumidor*: proteção da confiança e práticas comerciais: publicidade, dever de informar, concorrência e mercado e consumo, práticas comerciais abusivas. São Paulo: Ed. RT, 2011. v. 3. (Doutrinas essenciais). p. 1039-1061.

   BESSA, Leonardo Roscoe. Abrangência da disciplina conferida pelo Código de Defesa do Consumidor aos bancos de dados de proteção ao crédito. In: NERY JUNIOR, Nelson; NERY, Rosa Maria de Andrade (Org.). *Responsabilidade civil*: direito à informação: dever de informação, informações cadastrais, mídia, informação e poder, internet. São Paulo: Ed. RT, 2010. v. 8. (Doutrinas essenciais). p. 393-419.

54. EFING, Antônio Carlos. *Bancos de dados e cadastro de consumidores*. São Paulo: Ed. RT, 2002.

55. LIMBERGER, Têmis. O direito à intimidade na era da informática: a necessidade de proteção dos dados pessoais. Porto Alegre: Liv. Do Advogado, 2007.

   NERY, Ana Luíza B. de Andrade Fernandes. Considerações sobre os bancos de dados de proteção ao crédito no Brasil. In: NERY JUNIOR, Nelson; NERY, Rosa Maria de Andrade (Org.). *Responsabilidade civil*: direito à informação: dever de informação, informações cadastrais, mídia, informação e poder, internet. São Paulo: Ed. RT, 2010. v. 8. (Doutrinas essenciais). p. 421-438.

   CARVALHO, Ana Paula Gambogi. O consumidor e o direito à autodeterminação informacional: considerações sobre os bancos de dados eletrônicos. In: NERY JUNIOR, Nelson; NERY, Rosa Maria de Andrade (Org.). Responsabilidade civil: direito à informação: dever de informação, informações cadastrais, mídia, informação e poder, internet. São Paulo: Ed. RT, 2010. v. 8. (Doutrinas essenciais). p. 343-392.

56. DONEDA, Danilo. Considerações sobre a tutela da privacidade e a proteção de dados pessoais no ordenamento brasileiro. In: CONRADO, Marcelo; PINHEIRO, Rosalice Fidalgo (Coord.). *Direito privado e Constituição*: ensaios para uma recomposição valorativa da pessoa e do patrimônio. Curitiba: Juruá, 2009. p. 103.

O art. 39, III, do CDC é uma iniciativa legal de proteção à reserva pessoal, cuja observância não se nota pela conduta invasiva de quem permite o tráfego de dados que não lhe pertencem, cujo sigilo é imanente, porque se cuida de direito personalíssimo. Esse dispositivo determina que seja prática abusiva o envio não solicitado de produtos e serviços. Ao enviar a publicidade não solicitada para o *e-mail* do consumidor, o fornecedor está realizando uma prática abusiva, apesar de corriqueira.

Concorde-se com Jabur, quando afirma:

> O envio de correspondências a quem não lhe forneceu o logradouro, nem, portanto, lhe deu a conhecer o seu domicílio vulnera o direito ao recato, ao isolamento. E nada importa o conteúdo da missiva, mas sua finalidade privada, comercial ou não. Idêntica e antecedente violação se revelou através da transmissão dos dados sensíveis a pessoas naturais ou jurídicas com as quais seu titular não mantém a mínima relação sociojurídica.[57]

O Projeto de Lei 3.514/2015[58] vem reforçar o aspecto da interpretação mais favorável ao consumidor também com relação ao comércio eletrônico, ao acrescentar o art. 3º-A ao CDC, com a seguinte redação: "As normas e os negócios jurídicos devem ser interpretados e integrados da maneira mais favorável ao consumidor".[59] Trata-se de uma norma de abertura do microssistema do CDC, para que ele seja aplicado e interpretado em conjunto com outras normas do ordenamento jurídico, inclusive a Lei do Cadastro Positivo (Lei 12.414/2011), a Lei de Acesso à Informação (Lei 12.527/2011) e a Lei do Marco Civil de Internet (Lei 12.965/2014), com o objetivo de reforçar a dimensão ético-inclusiva do CDC e a proteção da vulnerabilidade do consumidor.

No que toca à segurança, privacidade e proteção de dados na sociedade de consumo[60], bem como ao aprofundamento da proteção do meio ambiente na

---

57. JABUR, Gilberto Haddad. Desautorizada comercialização de dados pessoais para envio de mala-direta e a violação à privacidade. *Revista do Instituto dos Advogados de São Paulo (RIASP)*, nova série, ano 16, n. 31, p. 317, São Paulo, jan./jun. 2013.

58. BRASIL. CÂMARA DOS DEPUTADOS. Projeto de Lei 3.514, de 4 de novembro de 2015. Altera a Lei 8.078, de 11 de setembro de 1990 (Código de Defesa do Consumidor), para aperfeiçoar as disposições gerais do Capítulo I do Título I e dispor sobre o comércio eletrônico, e o art. 9º do Decreto Lei 4.657, de 4 de setembro de 1942 (Lei de Introdução às Normas do Direito Brasileiro), para aperfeiçoar a disciplina dos contratos internacionais comerciais e de consumo e dispor sobre as obrigações extracontratuais. Disponível em: https://www.camara.leg.br/proposicoesWeb/prop_mostrarintegra?codteor=1408274&filename=PL%203514/2015. Acesso em: 31 mar. 2015.

59. BRASIL. CÂMARA DOS DEPUTADOS. Projeto de Lei 3.514, de 4 de novembro de 2015. Altera a Lei 8.078, de 11 de setembro de 1990 (Código de Defesa do Consumidor), para aperfeiçoar as disposições gerais do Capítulo I do Título I e dispor sobre o comércio eletrônico, e o art. 9º do Decreto Lei 4.657, de 4 de setembro de 1942 (Lei de Introdução às Normas do Direito Brasileiro), para aperfeiçoar a disciplina dos contratos internacionais comerciais e de consumo e dispor sobre as obrigações extracontratuais. Disponível em: https://www.camara.leg.br/proposicoesWeb/prop_mostrarintegra?codteor=1408274&filename=PL%203514/2015. Acesso em: 31 mar. 2015.

60. Sobre o tema, ver MENDES, Laura Schertel. *Privacidade, proteção de dados e defesa do consumidor*: linhas gerais de um novo direito fundamental. São Paulo: Saraiva, 2014.

sociedade de consumo, o Projeto de Lei 3.514/2015 cria novos direitos básicos do consumidor, ao propor o acréscimo dos incisos XI, XII e XIII ao art. 6º do CDC, com a seguinte redação:

Art. 6º São direitos básicos do consumidor:

[...]:

XI – a privacidade e a segurança das informações e dados pessoais prestados ou coletados, por qualquer meio, inclusive o eletrônico, assim como o acesso gratuito ao consumidor a estes e suas fontes;

XII – a liberdade de escolha, em especial frente a novas tecnologias e redes de dados, sendo vedada qualquer forma de discriminação e assédio ao consumo;

XIII – a informação ambiental veraz e útil, observados os requisitos da Política Nacional de Resíduos Sólidos (Lei 12.305, de 2 de agosto de 2010).[61]

É importante ressaltar que o CDC é uma lei protetiva dos direitos dos consumidores. Logo, a liberdade de escolha e de expressão que estarão sendo resguardadas no meio eletrônico serão as do consumidor, sempre que este se relacionar com fornecedores de produtos e serviços. Ressalte-se que esses incisos XI e XII do art. 6º, sugeridos pelo PL 3.514/2015, uma vez aprovados, deverão ser aplicados no âmbito das relações reguladas pela Lei 12.965/2014, que estabelece princípios, garantias, direitos e deveres para o uso da internet no Brasil, bem como a toda e qualquer relação de consumo, não só às realizadas em meio eletrônico.

Entende-se, portanto, que a Lei 12.965/2014, ao regulamentar o uso da internet no Brasil, assegura liberdade de escolha e de expressão do consumidor, parte vulnerável da relação de consumo celebrada no meio virtual, em vista da aplicação em diálogo dessa norma com o CDC.

Nesses três incisos que a Comissão Temporária de Modernização propõe acrescentar ao art. 6º do CDC, "há um robustecimento na proteção do consumidor",[62] com base na confiança, almejando todos os fenômenos de distribuição a distância.

Os incisos XI e XII do art. 6º foram pensados pela Comissão de Juristas, que almejou a equiparação das compras feitas fora do estabelecimento comercial, em

---

61. BRASIL. CÂMARA DOS DEPUTADOS. Projeto de Lei 3.514, de 4 de novembro de 2015. Altera a Lei 8.078, de 11 de setembro de 1990 (Código de Defesa do Consumidor), para aperfeiçoar as disposições gerais do Capítulo I do Título I e dispor sobre o comércio eletrônico, e o art. 9º do Decreto Lei 4.657, de 4 de setembro de 1942 (Lei de Introdução às Normas do Direito Brasileiro), para aperfeiçoar a disciplina dos contratos internacionais comerciais e de consumo e dispor sobre as obrigações extracontratuais. Disponível em: https://www.camara.leg.br/proposicoesWeb/prop_mostrarintegra?codteor=1408274&filename=PL%203514/2015. Acesso em: 31 mar. 2015.

62. SANTOLIM, Cesar Viterbo Matos. Anotações sobre o Anteprojeto da Comissão de Juristas para a atualização do Código de Defesa do Consumidor na parte referente ao comércio eletrônico. *Revista de Direito do Consumidor*, v. 83, p. 75, São Paulo, jul. 2012.

domicílio e a distância para dar mais segurança às relações.[63] Assim, serão equiparadas as compras feitas pelo *site* estando ou não o consumidor no estabelecimento do fornecedor. Tome-se o exemplo do consumidor que adquire o seu ingresso de cinema em um terminal automatizado no saguão estabelecimento, porque a fila de atendimento convencional está muito comprida.[64]

A alteração principal almejada pelo PL 3.514/2015 sobre comércio eletrônico ao CDC começa, realmente, do acréscimo do art. 45-A ao CDC. O art. 45-A do Projeto de Lei inaugura a Seção VII do Capítulo V (Das Práticas Comerciais) do Título I (Dos Direitos do Consumidor) até então inexistente, com o título de "Do Comércio Eletrônico", para tratar dessa novel questão.

Nos termos do art. 45-A, a Seção VII:

> dispõe sobre normas gerais de proteção do consumidor no comércio eletrônico e a distância, visando fortalecer a sua confiança e assegurar tutela efetiva, com a diminuição da assimetria de informações, a preservação da segurança nas transações, a proteção da autodeterminação e da privacidade dos dados pessoais.[65]

O art. 45-A dispõe sobre confiança, liberdade do outro, da parte mais fraca, vulnerável, e menciona a boa-fé. É uma norma de abertura, tem como objetivo "fortalecer a confiança e assegurar a tutela efetiva do consumidor, com a diminuição da assimetria de informações, a preservação da segurança nas transações, a proteção da autodeterminação e da privacidade dos dados pessoais".[66] O dispositivo prevê a aplicação das normas do CDC aos contratos celebrados a distância, ao meio eletrônico ou similar, antevendo o avanço tecnológico, o que é positivo.

---

63. MARQUES, Claudia Lima. A atualização do Código de Defesa do Consumidor (Palestra). O comércio eletrônico e suas implicações (Painel). Seminário sobre a regulamentação do comércio eletrônico no Brasil. Rio de Janeiro, RJ, Palácio do Comércio, Auditório da Associação Comercial do Estado do Rio de Janeiro (ACRJ), 14 de setembro de 2012.

64. KLEE, Antonia Espíndola Longoni. *Comércio Eletrônico*. São Paulo: Ed. RT, 2014. p. 261.

65. Art. 45-A do CDC, conforme proposto pelo Projeto de Lei do Senado 281/2012, na forma de seu substitutivo, que incluiu a expressão "e a distância", por sugestão da Comissão Especial de Acompanhamento dos Projetos de Atualização do CDC, do Brasilcon.
BRASIL. CÂMARA DOS DEPUTADOS. Projeto de Lei 3.514, de 4 de novembro de 2015. Altera a Lei 8.078, de 11 de setembro de 1990 (Código de Defesa do Consumidor), para aperfeiçoar as disposições gerais do Capítulo I do Título I e dispor sobre o comércio eletrônico, e o art. 9º do Decreto Lei 4.657, de 4 de setembro de 1942 (Lei de Introdução às Normas do Direito Brasileiro), para aperfeiçoar a disciplina dos contratos internacionais comerciais e de consumo e dispor sobre as obrigações extracontratuais. Disponível em: https://www.camara.leg.br/proposicoesWeb/prop_mostrarintegra?codteor=1408274&filename=PL%203514/2015. Acesso em: 31 mar. 2015.
Ver a Manifestação do Brasilcon e as Propostas da Comissão Especial do Brasilcon de Acompanhamento do Projeto de Atualização do Código de Defesa do Consumidor sobre comércio eletrônico em http://www.senado.gov.br/atividade/materia/getPDF.asp?t=121282&tp=1. Acesso em: 20 mar. 2013.

66. PFEIFFER, Roberto Augusto Castellanos. PLS 281: proteção do consumidor no comércio eletrônico. Disponível em: http://www.senado.gov.br/atividade/materia/getPDF.asp?t=116238&tp=1. Acesso em: 27 ago. 2013.

O art. 45-D, inc. VII, do PL 3.514/2015 dispõe sobre o dever de informar às autoridades competentes e ao consumidor sobre o vazamento de dados ou o comprometimento da integridade, mesmo que parcial, da segurança do sistema. Esse dispositivo espelha a preocupação do legislador de proteger o consumidor em sua segurança e a proteção da integridade das informações do consumidor e dialoga com a LGPD.

A redação final do art. 45-F do PL 3.514/2015 não respeitou a proposição realizada pela Comissão de Juristas que redigiu o Anteprojeto. Durante a tramitação do projeto de lei no Senado Federal (PLS 281/2012), houve a inclusão de algumas disposições que podem prejudicar o consumidor. É o caso do § 6º do art. 45-F, que desconsiderou a consagrada previsão legal da responsabilidade solidária entre todos os participantes da cadeia de fornecimento de produtos e serviços presente no CDC em vários dispositivos, tais como nos arts. 12, 14, 18 e 20.[67]

Desse modo, o art. 45-F, § 6º, do PL 3.514/2015, se for aprovado assim como está redigido, criará uma exceção à regra da responsabilidade civil solidária dos fornecedores para os conglomerados econômicos (dessa forma, segundo a previsão atual do PL 3.514/2015, não haverá responsabilidade civil solidária entre as empresas que formam um conglomerado econômico), diversamente do que já foi julgado no STJ: "[...] Se empresa brasileira aufere diversos benefícios quando se apresenta ao mercado de forma tão semelhante a sua controladora americana, deve também, responder pelos riscos de tal conduta".[68]

Note-se que o legislador desconsiderou o fato de que, muitas vezes, o consumidor não possui a informação sobre quais empresas integram um determinado grupo econômico e se integram um. Assim, é difícil ter ciência, no momento da contratação, a qual grupo econômico determinado fornecedor pertence, a não ser que seja prevista a obrigação do fornecedor de informar clara e inequivocamente

---

67. Ver, por exemplo, a decisão no REsp 1.077.911/SP, cuja ementa é a que segue: "Consumidor. Contrato. Seguro. Apólice não emitida. Aceitação do seguro. Responsabilidade. Seguradora e Corretores. Cadeia de fornecimento. Solidariedade. 1. A melhor exegese dos arts. 14 e 18 do CDC indica que todos aqueles que participam da introdução do produto ou serviço no mercado devem responder solidariamente por eventual defeito ou vício, isto é, imputa-se a toda a cadeia de fornecimento a responsabilidade pela garantia de qualidade e adequação. 2. O art. 34 do CDC materializa a teoria da aparência, fazendo com que os deveres de boa-fé, cooperação, transparência e informação alcancem todos os fornecedores, diretos ou indiretos, principais ou auxiliares, enfim todos aqueles que, aos olhos do consumidor, participem da cadeia de fornecimento. 3. No sistema do CDC fica a critério do consumidor a escolha dos fornecedores solidários que irão integrar o polo passivo da ação. Poderá exercitar sua pretensão contra todos ou apenas contra alguns desses fornecedores, conforme sua comodidade e/ou conveniência. [...]. 6. Recurso especial não provido". BRASIL. Superior Tribunal de Justiça. Terceira Turma, Recurso Especial 1.077.911/SP, Relatora Ministra Nancy Andrighi, julgado em 4 de outubro de 2011.
68. Passagem retirada da ementa do julgado. BRASIL. Superior Tribunal de Justiça. Quarta Turma, Recurso Especial 1.021.987/RN, Relator Ministro Fernando Gonçalves, julgado em 07.10.2008.

ao consumidor que pertence a determinado grupo econômico integrado pelas empresas "A", "B", "C", "D" etc. Somente dessa forma o consumidor terá a oportunidade de recusar o recebimento de mensagens (e publicidade) indesejadas tanto da empresa com a qual está contratando, como das demais empresas do grupo. Além disso, a regra permite que todas as empresas do conglomerado econômico enviem mensagens não solicitadas ao consumidor, menos aquela com quem o consumidor contratou e manifestou a vontade de não receber mensagens. Por isso, não agiu bem o legislador ao redigir a norma do art. 45-F, § 6º, do PL 3.514/2015. Entende-se que, se entrar em vigor, significará um retrocesso aos direitos e às garantias do consumidor.

O mesmo ocorre com o disposto no § 7º do art. 45-F do PL 3.514/2015, que prevê a permissão aos fornecedores que integram um conglomerado econômico veicular, exibir, licenciar, alienar, compartilhar, doar ou, de qualquer forma, ceder ou transferir dados, informações ou identificadores pessoais, sem expressa autorização e consentimento informado do seu titular. Ou seja, a regra permite que o fornecedor que contrata com o consumidor transmita aos demais integrantes do conglomerado econômico – desde que não seja aquela empresa fornecedora que está diretamente contratando com o consumidor – possam fazer tudo aquilo que o fornecedor contratante é proibido de fazer.

O art. 45-F, § 7º, do PL 3.514/2015 vai de encontro à ideia de proteção de dados e de registros pessoais prevista na Constituição de República de 1988 e na LGPD. O art. 18 da LGPD prevê: "Art. 18. O titular dos dados pessoais tem direito a obter do controlador, em relação aos dados do titular por ele tratados, a qualquer momento e mediante requisição: [...]; VII – informação das entidades públicas e privadas com as quais o controlador realizou uso compartilhado de dados; [...].§ 6º O responsável deverá informar, de maneira imediata, aos agentes de tratamento com os quais tenha realizado uso compartilhado de dados a correção, a eliminação, a anonimização ou o bloqueio dos dados, para que repitam idêntico procedimento, exceto nos casos em que esta comunicação seja comprovadamente impossível ou implique esforço desproporcional".[69]

Durante a tramitação do PL 3.514/2015 no Senado Federal (PLS 281/2012), houve a inclusão do art. 45-G ao Anteprojeto elaborado pela Comissão de Juristas. Esse dispositivo prevê o seguinte:

> Art. 45-G. Na oferta de produto ou serviço por meio da rede mundial de computadores (internet) ou qualquer modalidade de comércio eletrônico, somente será exigida do consumidor, para a aquisição do produto ou serviço ofertado, a prestação das informações indispensáveis à conclusão do contrato.

---

69. BRASIL. Lei 13.709, de 14 de agosto de 2018. Lei Geral de Proteção de Dados (LGPD). Disponível em: https://www.planalto.gov.br/ccivil_03/_ato2015-2018/2018/lei/l13709.htm. Acesso em: 31 mar. 2023.

Parágrafo Único. Quaisquer outras informações, além das indispensáveis, terão caráter facultativo, devendo o consumidor ser previamente avisado dessa condição.[70]

Esse dispositivo é uma tentativa – espera-se que eficaz – de proteção das informações sensíveis dos consumidores, entendidas estas como as que podem possibilitar a discriminação dos seus titulares, conforme se mencionou acima.[71] Isto porque só é permitido ao fornecedor exigir do consumidor apenas as informações indispensáveis à conclusão do contrato.

Também, o PL 3.514/2015 cria um tipo penal e administrativo, ao propor a inclusão do art. 72-A no CDC, que prevê a proibição de veiculação, exibição, licenciamento, alienação, compartilhamento, doação, cessão ou transferência de dados, de informações ou de identificadores pessoais,[72] sem a expressa autorização de seu titular e consentimento informado, impondo a pena de detenção. Esse dispositivo está de acordo com a ideia de proteção de dados e de registros pessoais. Entretanto o mesmo dispositivo não considera crime o fato de um fornecedor veicular, exibir, licenciar, alienar, compartilhar, doar ou, de qualquer forma, ceder ou transmitir dados, informações ou identificadores pessoais, sem a expressa autorização de seu titular e consentimento informado, entre fornecedores que integrem um mesmo conglomerado econômico. Nesse ponto, andou mal o legislador, ao permitir o intercâmbio desautorizado de dados e de registros

---

70. BRASIL. Senado Federal. Parecer 243, de 2014. Da Comissão Temporária de Modernização do Código de Defesa do Consumidor, sobre os Projetos de Lei 281, 282 e 283, de 2012, todos do Senado José Sarney, que *alteram o Código de Defesa do Consumidor, sobre o comércio eletrônico, as ações coletivas, crédito ao consumidor e superendividamento*. Disponível em: http://www.senado.gov.br/atividade/materia/getPDF.asp?t=148162&tp=1. Acesso em: 19 set. 2014.

71. Doneda ensina: "[...] dados que revelam informações sobre uma pessoa que podem potencialmente dar origem à discriminação caso sejam conhecidos por terceiros". DONEDA, Danilo. Considerações sobre a tutela da privacidade e a proteção de dados pessoais no ordenamento brasileiro. In: CONRADO, Marcelo; PINHEIRO, Rosalice Fidalgo (Coord.). *Direito privado e Constituição*: ensaios para uma recomposição valorativa da pessoa e do patrimônio. Curitiba: Juruá, 2009. p. 99.

72. Art. 72-A do PL 3.514/2015. Veicular, exibir, licenciar, alienar, compartilhar, doar ou de qualquer forma ceder ou transferir dados, informações ou identificadores pessoais, sem a expressa autorização de seu titular e consentimento informado.
Pena – Detenção, de três meses a um ano, e multa.
Parágrafo Único. Não constitui crime a prática dos atos previstos no *caput*:
I – entre fornecedores que integrem um mesmo conglomerado econômico;
II – em razão de determinação, requisição ou solicitação de órgão público.
BRASIL. CÂMARA DOS DEPUTADOS. Projeto de Lei 3.514, de 4 de novembro de 2015. Altera a Lei 8.078, de 11 de setembro de 1990 (Código de Defesa do Consumidor), para aperfeiçoar as disposições gerais do Capítulo I do Título I e dispor sobre o comércio eletrônico, e o art. 9º do Decreto Lei 4.657, de 4 de setembro de 1942 (Lei de Introdução às Normas do Direito Brasileiro), para aperfeiçoar a disciplina dos contratos internacionais comerciais e de consumo e dispor sobre as obrigações extracontratuais. Disponível em: https://www.camara.leg.br/proposicoesWeb/prop_mostrarintegra?codteor=1408274&filename=PL%203514/2015. Acesso em: 31 mar. 2015.

pessoais dos consumidores seja realizado entre os fornecedores de um mesmo grupo econômico.

Em matéria de novas tecnologias, a proposta de PL 3.514/2015 "objetiva reforçar as linhas de informação do CDC e adaptá-las às novas necessidades, sem descuidar da proteção dos dados e da privacidade do consumidor".[73]

Ao tempo em que se debate a atualização do CDC, entrou em vigor, em 15 de maio de 2013, o Decreto 7.962, de 15 de março de 2013, que regulamenta o CDC para dispor sobre a contratação no comércio eletrônico. O art. 4º desse diploma dispõe sobre a segurança na transmissão dos dados dos consumidores, ao determinar que: "Art. 4º Para garantir o atendimento facilitado ao consumidor no comércio eletrônico, o fornecedor deverá: [...]; VII – utilizar mecanismos de segurança eficazes para pagamento e para tratamento de dados do consumidor; [...]".[74] É necessário aplicar esse dispositivo em conjunto com o CDC e a Lei 12.965/2014.

6. NOTA CONCLUSIVA

No mercado de consumo digital, os avanços da inteligência artificial e a opacidade algorítmica representam um desafio significativo, ao conjugarem a necessidade de equilíbrio entre a complexidade do desenvolvimento tecnológico e a correção de assimetrias digitais e prevenção de danos.

Nesse contexto, a atualização do Código de Defesa do Consumidor pelo Projeto de Lei 3514/2015 no tema do comércio eletrônico, em diálogo de fontes com demais normativas aplicáveis (LGPD, Marco Civil da Internet, regulamentações específicas sobre inteligência artificial) representa notável avanço e se mostra conveniente e necessária, ao proporcionar um ambiente de maior segurança e proteção aos consumidores que realizam compras *online*, fortalecendo a confiança no ambiente virtual e fomentando o crescimento saudável do comércio eletrônico no Brasil.

7. REFERÊNCIAS

BESSA, Leonardo Roscoe. Abrangência da disciplina conferida pelo Código de Defesa do Consumidor aos bancos de dados de proteção ao crédito. In: NERY JUNIOR, Nelson; NERY, Rosa Maria de Andrade (Org.). *Responsabilidade civil*: direito à informação: dever de informação, informações cadastrais, mídia, informação e poder, internet. São Paulo: Ed. RT, 2010. v. 8. (Doutrinas essenciais).

---

73. BRASIL. Senado Federal. Atualização do Código de Defesa do Consumidor: anteprojetos: relatório. Brasília: [s.n.], [2012]. p. 105.
74. BRASIL. Decreto 7.962, de 15 de março de 2013. Regulamenta a Lei 8.078, de 11 de setembro de 1990, para dispor sobre a contratação no comércio eletrônico. Disponível em: http://www.planalto.gov.br/CCIVIL_03/_Ato2011-2014/2013/Decreto/D7962.htm. Acesso em: 19 set. 2014.

IA, ASSIMETRIA DIGITAL E PREVENÇÃO DE DANOS NO COMÉRCIO ELETRÔNICO

BESSA, Leonardo Roscoe. Limites jurídicos dos bancos de dados de proteção ao crédito. In: MARQUES, Claudia; MIRAGEM, Bruno (Org.). *Direito do consumidor*: proteção da confiança e práticas comerciais: publicidade, dever de informar, concorrência e mercado e consumo, práticas comerciais abusivas. São Paulo: Ed. RT, 2011. v. 3. (Doutrinas essenciais).

BESSA, Leonardo Roscoe. *O consumidor e os limites dos bancos de dados de proteção ao crédito*. São Paulo: Ed. RT, 2003.

BRASIL. CÂMARA DOS DEPUTADOS. Projeto de Lei 3.514, de 4 de novembro de 2015. Altera a Lei 8.078, de 11 de setembro de 1990 (Código de Defesa do Consumidor), para aperfeiçoar as disposições gerais do Capítulo I do Título I e dispor sobre o comércio eletrônico, e o art. 9º do Decreto Lei 4.657, de 4 de setembro de 1942 (Lei de Introdução às Normas do Direito Brasileiro), para aperfeiçoar a disciplina dos contratos internacionais comerciais e de consumo e dispor sobre as obrigações extracontratuais. Disponível em: https://www.camara.leg.br/proposicoesWeb/prop_mostrarintegra?codteor=1408274&filename=PL%203514/2015. Acesso em: 31 mar. 2015.

BRASIL. Decreto 7.962, de 15 de março de 2013. Regulamenta a Lei 8.078, de 11 de setembro de 1990, para dispor sobre a contratação no comércio eletrônico. Disponível em: http://www.planalto.gov.br/CCIVIL_03/_Ato2011-2014/2013/Decreto/D7962.htm. Acesso em: 19 set. 2014.

BRASIL. Lei 12.965, de 23 de abril de 2014. Estabelece princípios, garantias, direitos e deveres para o uso da Internet no Brasil. Disponível em: https://www.planalto.gov.br/ccivil_03/_ato2011-2014/2014/lei/l12965.htm. Acesso em: 31 mar. 2023.

BRASIL. Lei 13.709, de 14 de agosto de 2018. Lei Geral de Proteção de Dados Pessoais (LGPD). Disponível em: https://www.planalto.gov.br/ccivil_03/_ato2015-2018/2018/lei/l13709.htm. Acesso em: 31 mar. 2023.

BRASIL. Lei 8.078, de 11 de setembro de 1990. Dispõe sobre a proteção do consumidor e dá outras providências. Disponível em: https://www.planalto.gov.br/ccivil_03/leis/l8078compilado.htm. Acesso em: 31 mar. 2023.

BRASIL. Senado Federal. Atualização do Código de Defesa do Consumidor: anteprojetos: relatório. Brasília: [s.n.], [2012].

BRASIL. Senado Federal. Parecer 243, de 2014. Da Comissão Temporária de Modernização do Código de Defesa do Consumidor, sobre os Projetos de Lei 281, 282 e 283, de 2012, todos do Senado José Sarney, que *alteram o Código de Defesa do Consumidor, sobre o comércio eletrônico, as ações coletivas, crédito ao consumidor e superendividamento*. Disponível em: http://www.senado.gov.br/atividade/materia/getPDF.asp?t=148162&tp=1. Acesso em: 19 set. 2014.

BRASIL. Superior Tribunal de Justiça. Quarta Turma, Recurso Especial 1.021.987/RN, Relator Ministro Fernando Gonçalves, julgado em 07.10.2008.

BRASIL. Superior Tribunal de Justiça. Quarta Turma, Recurso Especial 22.337/RS, Relator Ministro Ruy Rosado de Aguiar Júnior, julgado em 13 fev. 1995. Disponível em: https://ww2.stj.jus.br/processo/ita/documento/mediado/?num_registro=199200114466&dt_publicacao=20-03-1995&cod_tipo_documento=. Acesso em: 19 set. 2014.

BRASIL. Superior Tribunal de Justiça. Terceira Turma, Recurso Especial 1.077.911/SP, Relatora Ministra Nancy Andrighi, julgado em 4 de outubro de 2011.

BRASILCON. Manifestação do Brasilcon e as Propostas da Comissão Especial do Brasilcon de Acompanhamento do Projeto de Atualização do Código de Defesa do Consumidor sobre comércio eletrônico em http://www.senado.gov.br/atividade/materia/getPDF.asp?t=121282&tp=1. Acesso em: 20 mar. 2013.

CARVALHO, Ana Paula Gambogi. O consumidor e o direito à autodeterminação informacional: considerações sobre os bancos de dados eletrônicos. In: NERY JUNIOR, Nelson; NERY, Rosa Maria de Andrade (Org.). *Responsabilidade civil*: direito à informação: dever de informação, informações cadastrais, mídia, informação e poder, internet. São Paulo: Ed. RT, 2010. v. 8. (Doutrinas essenciais).

CASTELLS, Manuel. *A era da informação*: economia, sociedade e cultura. Lisboa: Calouste Gulbenkian, 2013. v. I – A sociedade em rede.

CASTRO, Ana Paula. Com pandemia, comércio eletrônico cresce e movimenta R$450 bilhões em três anos no país. G1 Economia. Disponível em: https://g1.globo.com/economia/noticia/2023/05/11/com-pandemia-comercio-eletronico-cresce-e-movimenta-r-450-bilhoes-em-tres-anos-no-pais.ghtml. Acesso em: 15 maio 2023.

DONEDA, Danilo. Considerações sobre a tutela da privacidade e a proteção de dados pessoais no ordenamento brasileiro. In: CONRADO, Marcelo; PINHEIRO, Rosalice Fidalgo (Coord.). *Direito privado e Constituição*: ensaios para uma recomposição valorativa da pessoa e do patrimônio. Curitiba: Juruá, 2009.

EFING, Antônio Carlos. *Bancos de dados e cadastro de consumidores*. São Paulo: Ed. RT, 2002.

FALEIROS JÚNIOR, José Luiz de Moura. Responsabilidade por falhas algorítmicas: reflexões sobre *accountability* e os impactos jurídicos da inteligência artificial. In: EHRHARDT JÚNIOR, Marcos; CATALAN, Marcos; MALHEIROS, Pablo (Coord.). *Direito civil e tecnologia*. 2. ed. Belo Horizonte: Fórum, 2022.

FALEIROS JÚNIOR, José Luiz de Moura. A evolução da inteligência artificial em breve retrospectiva. In: BARBOSA, Mafalda Miranda et al. (Coord.). *Direito digital e inteligência artificial*: diálogos entre Brasil e Europa. Indaiatuba: Editora Foco, 2021.

FERREIRA, Keila Pacheco. Incerteza científica e gerenciamento proporcional de riscos: avaliação (*risk assessment*), gestão (*risk management*) e informação (*risk communication*) na alocação da responsabilidade civil em cenários de inteligência artificial. In: SQUEFF, Tatiana Cardoso; Borges, Rosa Maria Zaia; Bielschowsky, Raoni Macedo (Org.). *Anuário do Programa de Pós-Graduação em Direito da UFU*: Sociedade, Sustentabilidade e Direitos Fundamentais. 1ed. São Paulo: Tirant Lo Blanch Brasil, 2022.

FERREIRA, Keila Pacheco. *Responsabilidade civil preventiva*: função, pressupostos e aplicabilidade. 2014. Tese (Doutorado em Direito Civil) – Faculdade de Direito, Universidade de São Paulo, São Paulo, 2014. doi:10.11606/T.2.2016.tde-27102016-092601. Acesso em: 20 jun. 2023.

FRAZÃO, Ana. Plataformas digitais, *big data* e riscos para os direitos da personalidade. In: TEPEDINO, Gustavo; MENEZES, Joyceane Bezerra (Coord). *Autonomia privada, liberdade existencial e direitos fundamentais*. Belo Horizonte: Fórum, 2019.

FREITAS, Juarez; FREITAS, Thomas Bellini. *Direito e inteligência artificial*: em defesa do humano. Belo Horizonte: Forum, 2020.

GOETTENAUER, Carlos Eduardo. Algoritmos, inteligência artificial, mercados. Desafios ao arcabouço jurídico. In: FRAZÃO, Ana; CARVALHO, Ângelo Gamba Prata de. *Empresa, mercado e tecnologia*. Belo Horizonte: Fórum, 2019.

HACKEROTT, Guilherme Barzaghi. Breve evolução histórica do e-commerce. In: HACKEROTT, Nadia Andreotti Tüchumantel (Coord.). *Aspectos jurídicos do e-commerce*. São Paulo: Thomson Reuters, 2021. *E-book* Kindle.

JABUR, Gilberto Haddad. Desautorizada comercialização de dados pessoais para envio de mala-direta e a violação à privacidade. *Revista do Instituto dos Advogados de São Paulo (RIASP)*, nova série, ano 16, n. 31, p. 301-331, São Paulo, jan./jun. 2013.

KLEE, Antonia Espíndola Longoni. *Comércio Eletrônico*. São Paulo: Ed. RT, 2014.

LAEBER, Márcio Rafael Silva. Proteção de dados pessoais: o direito à autodeterminação informativa. *Revista de Direito Bancário e do Mercado de Capitais*, n. 37, p. 59-80, São Paulo, jul. 2007.

LIMBERGER, Têmis. *O direito à intimidade na era da informática*: a necessidade de proteção dos dados pessoais. Porto Alegre: Liv. do Advogado, 2007.

LIMBERGER, Têmis. Proteção dos dados pessoais e comércio eletrônico: os desafios do século XXI. *Revista de Direito do Consumidor*, ano 17, n. 67, p. 215-241, São Paulo, jul./set. 2008.

MARQUES, Claudia Lima. A atualização do Código de Defesa do Consumidor (Palestra). O comércio eletrônico e suas implicações (Painel). *Seminário sobre a regulamentação do comércio eletrônico no Brasil*. Rio de Janeiro, RJ, Palácio do Comércio, Auditório da Associação Comercial do Estado do Rio de Janeiro (ACRJ), 14 de setembro de 2012.

MARQUES, Claudia Lima. A nova noção de fornecedor no consumo compartilhado: um estudo sobre as correlações do pluralismo contratual e o acesso ao consumo. *Revista de Direito do Consumidor*. v. 111. p. 247-268. maio/jun. 2017.

MARQUES, Claudia Lima. Introdução ao direito do consumidor. In: BENJAMIN, Antonio Herman de Vasconcellos e; MARQUES, Claudia Lima; BESSA, Leonardo Roscoe. *Manual de direito do consumidor*. 5. ed. rev., atual. e ampl. São Paulo: Ed. RT, 2014.

MARQUES, Claudia Lima; BAQUERO, Pablo Marcello. *Primeiras impressões sobre a proposta brasileira para um marco legal da IA*. Disponível em: https://www.conjur.com.br/2023-mai-24/garantias-consumo-impressoes-proposta-brasileira-marco-legal-ia. Acesso em: 20 jun. 2023.

MARQUES, Claudia Lima; MIRAGEM, Bruno. *O novo direito privado e a proteção dos vulneráveis*. São Paulo: Ed. RT, 2012.

MARTINS, Fernando Rodrigues; FERREIRA, Keila Pacheco. "Interpretação 4.0" do direito, inteligência artificial e algoritmos: entre disrupções digitais e desconstrutivismos. *Revista de Direito do Consumidor*. v. 138. ano 30. p. 153-173. São Paulo: Ed. RT, nov./dez. 2021.

MARTINS, Fernando Rodrigues; FERREIRA, Keila Pacheco. Verticalidade digital e direitos transversais: positivismo inclusivo na promoção dos vulneráveis. *Revista de Direito do Consumidor*. v. 147. p. 15-50. São Paulo: Ed. RT, maio/jun. 2023.

MAYER-SCHÖNBERGER, Viktor; CUKIER, Kenneth. *Big data: a revolution that will transform how we live, work and thing*. New York: Mariner Books, 2014. *E-book* Kindle.

MENDES, Laura Schertel. O direito fundamental à proteção de dados pessoais. *Revista de Direito do Consumidor*, ano 20, n. 79, p. 45-82, São Paulo, jul./set. 2011.

MENDES, Laura Schertel. *Privacidade, proteção de dados e defesa do consumidor*: linhas gerais de um novo direito fundamental. São Paulo: Saraiva, 2014.

MIRAGEM, Bruno. Novo paradigma tecnológico, mercado de consumo digital e o direito do consumidor. *Revista de Direito do Consumidor*. v. 125. p. 17-62. São Paulo: Ed. RT, set./out. 2019.

NERY, Ana Luíza B. de Andrade Fernandes. Considerações sobre os bancos de dados de proteção ao crédito no Brasil. In: NERY JUNIOR, Nelson; NERY, Rosa Maria de Andrade (Org.). *Responsabilidade civil*: direito à informação: dever de informação, informações cadastrais, mídia, informação e poder, internet. São Paulo: Ed. RT, 2010. v. 8. (Doutrinas essenciais).

O'NEIL, Cathy. *Weapons of math destruction*: how big data increases inequality and threatens democracy. New York: Crown Publishers, 2016.

PASQUALE, Frank. *The black box society*: the secret algorithms that control money and information. Cambridge: Harvard University Press, 2015. *E-book* Kindle.

PFEIFFER, Roberto Augusto Castellanos. PLS 281: proteção do consumidor no comércio eletrônico. Disponível em: http://www.senado.gov.br/atividade/materia/getPDF.asp?t=116238&tp=1. Acesso em: 27 ago. 2013.

POELL, Thomas; NIEBORG, David; VAN DIJCK, José. Plataformização. Trad. Rafael Grohmann. *Revista Fronteiras – estudos midiáticos*. v. 22. n. 1. jan./abr. 2020. Disponível em: https://revistas.unisinos.br/index.php/fronteiras/article/view/fem.2020.221.01/60747734. Acesso em: 15 maio 2023.

SAMPAIO, José Adércio Leite. *Direito à intimidade e à vida privada*: uma visão jurídica da sexualidade, da família, da comunicação e informações pessoais, da vida e da morte. Belo Horizonte: Del Rey, 1998.

SANTOLIM, Cesar Viterbo Matos. Anotações sobre o Anteprojeto da Comissão de Juristas para a atualização do Código de Defesa do Consumidor na parte referente ao comércio eletrônico. *Revista de Direito do Consumidor*, v. 83, p. 73-82, São Paulo, jul. 2012.

SARLET, Ingo W.; SARLET, Gabrielle B S.; BITTAR, Eduardo C B. *Inteligência artificial, proteção de dados pessoais e responsabilidade na era digital*. São Paulo: Editora Saraiva, 2022.

SCHWAB, Klaus. *A Quarta Revolução Industrial*. Trad. Daniel Moreira Miranda. São Paulo: Edipro, 2019. *E-book* Kindle.

SCHWAB, Klaus; DAVIS, Nicholas. *Aplicando a quarta revolução industrial*. Trad. Daniel Moreira Miranda. São Paulo: Edipro, 2019. *E-book* Kindle.

SEJNOWSKI, Terrence J. *A revolução do aprendizado profundo*. Trad. Carolina Gaio. Rio de Janeiro: Alta Books, 2019.

VAN DIJK, Jan. *The Network Society*. 3rd edition. London: Sage Publications Ltd, 2012. *E-book* Kindle.

ZANDER, Joakim. *The application of the Precautionary Principle in Practice*: comparative dimensions. Cambridge: Cambridge University Press, 2010.

PREVENÇÃO E REPARAÇÃO DO DANO NAS PLATAFORMAS DIGITAIS E A POSSIBILIDADE DE REPARAÇÃO COM VIÉS PUNITIVO: BREVES APONTAMENTOS A PARTIR DO PROJETO DE LEI 3.514/2015

Marcelo Junqueira Calixto

Doutor e Mestre em Direito Civil (UERJ). Professor Adjunto da PUC-Rio (Mestrado e Graduação) e dos cursos de Pós-Graduação da FGV, UERJ e EMERJ. Diretor Adjunto do BRASILCON e membro do IBDCivil, do IBDCont, do IBERC e do IAB. Advogado (contato: mcalixto@centroin.com.br).

Sumário: 1. As funções da responsabilidade civil no direito privado brasileiro contemporâneo – 2. A reparação punitiva no Brasil – 3. A reparação punitiva e o Projeto de Lei 3.514/15 – 4. Referências.

1. AS FUNÇÕES DA RESPONSABILIDADE CIVIL NO DIREITO PRIVADO BRASILEIRO CONTEMPORÂNEO

Uma das áreas do direito brasileiro de maior expansão nos últimos anos parece ter sido a da responsabilidade civil. De fato, com a ampliação do acesso à justiça, via Juizados Especiais, por exemplo, passaram a ser inúmeros os casos em que são reparados os danos patrimoniais e extrapatrimoniais sofridos pelas vítimas, em especial os consumidores.

Nesse sentido, é oportuno recordar que à responsabilidade civil são, tradicionalmente, atribuídas as funções *reparatória* e *preventiva*. Aquela se traduz na ideia de que *todo* o dano sofrido pela vítima deve ser reparado. Como consequência, restou consagrado o *princípio da reparação integral do dano*, o qual encontra supedâneo no art. 944, *caput*, do Código Civil.[1]

Por força dessa reparação integral reconhecida em favor da vítima, é também tradicional a crença de que a responsabilidade civil tenha um caráter *preventivo*, uma vez que, tendo de despender determinada quantia, o autor do dano iria repensar a sua conduta, a fim de evitar novas situações danosas. Referida função

---

1. Recorde-se o dispositivo: "Art. 944. A indenização mede-se pela extensão do dano".

preventiva não encontra referência expressa no diploma civil, mas figura como *direito básico* do *consumidor* na respectiva lei protetiva.[2]

Além dessas funções, é possível observar que, nos últimos anos, também passou a ganhar força na *doutrina brasileira* o reconhecimento de uma terceira finalidade para a responsabilidade civil, a saber, a função *punitiva*.[3]

2. A REPARAÇÃO PUNITIVA NO BRASIL

O reconhecimento de referida função *punitiva*, porém, não se mostra imune às críticas. A primeira delas diz respeito à *falta de previsão normativa expressa*, nada obstante os esforços para encontrar referido caráter até mesmo na Constituição da República.[4]

Contudo, além de *não* parecer possível retirar referido caráter das citadas normas constitucionais, certo é que a legislação *ordinária* tem se mostrado *contrária* a essa função *punitiva*. Os exemplos mais eloquentes estão nos artigos 403 e 944 do Código Civil. O primeiro, regulando o tema das perdas e danos, afirmar que estes *só* compreendem os danos que sejam efeito "direto e imediato" da inexecução da obrigação, *não* concedendo, portanto, margem para uma possível punição.[5]

---

2. Afirma o art. 6º do CDC: "Art. 6º São direitos básicos do consumidor: (...); VI – a efetiva prevenção e reparação de danos patrimoniais e morais, individuais, coletivos e difusos".

3. Veja-se, nesse sentido, a seguinte passagem de Sérgio CAVALIERI FILHO (*Programa de Responsabilidade Civil*. 9. ed. São Paulo: Atlas, 2010, p. 99): "Na verdade, em muitos casos o que se busca com a indenização pelo dano moral é a punição do ofensor. Pessoas famosas, atingidas moralmente por noticiários de televisão ou jornais, constantemente declaram na petição inicial da ação indenizatória que o valor da eventual condenação será destinado a alguma instituição de caridade. O mesmo ocorre quando a vítima do dano moral é criança de tenra idade, doente mental ou pessoa em estado de inconsciência. Nesses casos – repita-se – a indenização pelo dano moral atua mais como forma de punição de um comportamento censurável que como compensação. A indenização punitiva do dano moral deve ser também adotada quando o comportamento do ofensor se revelar particularmente reprovável – dolo ou culpa grave – e, ainda, nos casos em que, independentemente de culpa, o agente obtiver lucro com o ato ilícito ou incorrer em reiteração de conduta ilícita".

4. É o que se lê na doutrina de André Gustavo Corrêa de ANDRADE (Indenização Punitiva. *Revista da EMERJ*, v. 9, n. 36, p. 147. Rio de Janeiro, EMERJ, 2006) que, fundado no pensamento de Robert Alexy, afirma: "Independentemente de qualquer previsão legal, a indenização punitiva do dano moral é aplicável em nosso ordenamento jurídico, porque retira seu fundamento diretamente de princípio constitucional. É no princípio da dignidade humana, estabelecido no art. 1º, inciso III, da Constituição Federal, que a indenização punitiva encontra a sua base lógico-jurídica. A aplicação dessa forma especial de sanção constitui, também, consectário lógico do reconhecimento constitucional dos direitos da personalidade e do direito à indenização do dano moral, encartados no art. 5º, incisos V e X, da Constituição brasileira. Tais princípios constitucionais, como *mandados de otimização* que são, ou seja, 'normas que ordenam que algo seja realizado na maior medida possível', ao mesmo tempo que consagram direitos de natureza fundamental, determinam ao operador jurídico que empregue todos os meios possíveis para a proteção desses direitos" (original grifado).

5. Afirma o art. 403 do Código Civil: "Art. 403. Ainda que a inexecução resulte de dolo do devedor, as perdas e danos só incluem os prejuízos efetivos e os lucros cessantes por efeito dela direto e imediato, sem prejuízo do disposto na lei processual".

O mesmo se diga do citado artigo 944 do diploma civil que, em seu *caput*, como visto, consagra a necessidade de reparar *todo* o dano, – mas *nada além* do dano –, e, no seu *parágrafo único*, assume claro viés *contrário* a qualquer punição, uma vez que, com fundamento na culpabilidade do autor do dano, *somente* admite, ainda que *excepcionalmente*, uma *redução* da reparação, e *não* um *acréscimo*, o qual seria próprio de uma função *punitiva*.[6]

Nesse sentido, pode ser dito que o pretenso caráter *punitivo* da responsabilidade civil representa, antes, uma *importação* de um pensamento contrário ao direito brasileiro, sendo possível encontrá-lo na chamada "indenização punitiva" (*punitive damages*) do direito norte-americano.[7] Talvez por essa razão é que têm sido buscadas outras formas de compatibilizar o instituto com o direito nacional, sendo a mais conhecida a própria mudança de *terminologia*, uma vez que se tornou usual, tanto em doutrina quanto na jurisprudência, a afirmação de um *caráter pedagógico* para a reparação civil.[8]

---

6. Recorde-se o dispositivo: "Art. 944. (...). Parágrafo único. Se houver excessiva desproporção entre a gravidade da culpa e o dano, poderá o juiz reduzir, equitativamente, a indenização".
7. Tal aspecto foi precisamente destacado por Maria Celina BODIN de MORAES (*Danos à Pessoa Humana: uma leitura civil-constitucional dos danos morais*, Rio de Janeiro, Renovar, 2003, p. 258): "O instituto dos *punitive damages*, meio de reparação de danos próprio da *Common Law*, constitui-se, em sistemas jurídicos como o nosso, numa figura anômala, intermediária entre o direito civil e o direito penal, pois tem o objetivo precípuo de punir o agente causador de um dano, embora o faça através de uma pena pecuniária que deve ser paga à vítima. Tal caráter aflitivo, aplicado indiscriminadamente a toda e qualquer reparação de danos morais, coloca em perigo princípios fundamentais de sistemas jurídicos que têm na lei a sua fonte normativa, na medida em que se passa a aceitar a ideia, extravagante à nossa tradição, de que a reparação já não se constitui como o fim último da responsabilidade civil, mas a ela se atribuem também, como intrínsecas, as funções de punição e dissuasão, de castigo e prevenção".
   A mesma crítica foi formulada por Anderson SCHREIBER (Arbitramento do dano moral no Código Civil. *Direito Civil e Constituição*. São Paulo: Atlas, 2013, p. 183): "A invocação do caráter punitivo, seja como título autônomo para a elevação do *quantum* indenizatório, seja como critério para o seu cálculo, contraria a tradição do ordenamento brasileiro, que, na esteira de outros países do sistema romano-germânico, sempre atribuiu à responsabilidade civil caráter meramente compensatório, deixando ao direito penal a punição das condutas que a sociedade entendesse mais graves. O caráter punitivo do dano moral viola essa dicotomia e vai de encontro às diretrizes estruturais do ordenamento pátrio".
8. Na *jurisprudência* do Superior Tribunal de Justiça, por exemplo, são encontrados diversos precedentes afirmando a existência de um "caráter pedagógico" da reparação do *dano moral*. Dentre os mais recentes, pode ser destacado o seguinte: "Agravo interno no agravo em recurso especial. Indenizatória. Direito de imagem. Ausência de violação do art. 1.022 do CPC/2015. Prescrição. Termo inicial. Cada publicação não autorizada. Danos morais. Cabimento. Quantum indenizatório. Necessidade de adequação. Juros de mora. Termo a quo. Responsabilidade extracontratual. Evento danoso. Sucumbência recíproca. Agravo provido. Agravo conhecido para dar parcial provimento ao recurso especial.
   1. A jurisprudência deste Tribunal se firmou no sentido de que a publicação não autorizada de imagem de pessoa com fins econômicos ou comerciais gera o dever de indenização por danos morais, embora não haja conotação ofensiva ou vexatória.
   2. No caso, a alteração do entendimento proferido pelo eg. Tribunal de Justiça, de que houve a utilização de imagem do autor, pela ora agravante, sem a devida autorização, demandaria reexame de matéria fático-probatória, o que é vedado em sede de recurso especial, consoante preconiza a Súmula 7/STJ.

A mudança do nome, porém, *não* deve levar o intérprete a acreditar que foi modificada a própria *realidade jurídica*. Em consequência, o reconhecimento de um caráter *punitivo* (ou *pedagógico*, segundo a linguagem contemporânea) para a responsabilidade civil, continua a demandar uma expressa *manifestação legislativa*, a qual deverá, ao menos, definir as *hipóteses* em que o mesmo deverá ser reconhecido, os *limites* da *pena*, e o *destino* a ser dado ao montante pago pelo autor do dano que venha a *superar* a *efetiva reparação* da *vítima*.

3. A REPARAÇÃO PUNITIVA E O PROJETO DE LEI 3.514/15

Situação assemelhada consta, justamente, do Projeto de Lei 3.514/15, o qual, entre outros objetivos, busca "aperfeiçoar as disposições gerais do Capítulo I do Título I e dispor sobre o comércio eletrônico". Em projetado diploma legal é possível encontrar a seguinte previsão:

> Art. 60-A. O descumprimento reiterado dos deveres do fornecedor previstos nesta Lei ensejará a aplicação, pelo Poder Judiciário, de multa civil em valor adequado à gravidade da conduta e suficiente para inibir novas violações, sem prejuízo das sanções penais e administrativas cabíveis e da indenização por perdas e danos, patrimoniais e morais, ocasionados aos consumidores.
>
> Parágrafo único. A graduação e a destinação da multa civil observarão o disposto no art. 57.

O dispositivo em apreço busca introduzir no CDC a figura da "multa civil", a qual poderá ser imposta pelo Poder Judiciário ao fornecedor *reincidente* sem prejuízo da "indenização por perdas e danos, patrimoniais e morais, ocasionados aos consumidores". Ou seja, o *caráter punitivo* da "multa civil" é estabelecido *ao lado* da *reparação* do dano, e *não*, propriamente, como um *componente da própria* responsabilidade civil.

---

3. O valor arbitrado pelas instâncias ordinárias a título de indenização por danos morais pode ser revisto por esta Corte tão somente nas hipóteses em que a condenação se revelar irrisória ou exorbitante, distanciando-se dos padrões de razoabilidade e proporcionalidade.

4. Na hipótese dos autos, o acórdão recorrido majorou o valor da indenização de R$ 40.000,00 (quarenta mil reais) para R$ 120.000,00 (cento e vinte mil reais), sendo R$ 10.000,00 por aparição da imagem do jogador, ora agravado.

5. Considerando casos semelhantes julgados nesta Corte, o montante mostra-se exorbitante, impondo-se sua revisão com o fito de atender aos princípios da proporcionalidade e da razoabilidade, evitando o indesejado enriquecimento sem causa do autor da ação indenizatória, *sem, contudo, ignorar o caráter preventivo e pedagógico inerente ao instituto da responsabilidade civil.*

6. Em sintonia com casos semelhantes já julgados nesta Corte, o acórdão estadual deve ser reformado para fixar a indenização em R$ 5.000,00 (cinco mil reais) para cada utilização da imagem do ora agravado, totalizando R$ 60.000,00 (sessenta mil reais).

7. Agravo interno provido para reconsiderar a decisão agravada e, em novo exame, conhecer do agravo para dar parcial provimento ao recurso especial".

(AgInt no AREsp 1.467.664/SP, Relator Ministro Raul Araújo, Quarta Turma, julgado em 08.06.2020, DJe de 25.06.2020; grifou-se).

PREVENÇÃO E REPARAÇÃO DO DANO NAS PLATAFORMAS DIGITAIS

Tal aspecto não seria, em verdade, uma novidade, caso não tivesse sido vetado o artigo 16 do Projeto de Código de Defesa do Consumidor.[9] À época, porém, foi apresentada, como razão para o veto, a ausência de "destinação e finalidade" da multa civil. A atualização normativa, portanto, busca evitar novo veto ao definir, no parágrafo único do dispositivo projetado, que "a destinação da multa civil" deverá observar o disposto no art. 57 do vigente CDC, segundo o qual "a pena de multa, graduada de acordo com a gravidade da infração, a vantagem auferida e a condição econômica do fornecedor, será aplicada mediante procedimento administrativo, revertendo para o Fundo de que trata a Lei 7.347, de 24 de julho de 1985, os valores cabíveis à União, ou para os Fundos estaduais ou municipais de proteção ao consumidor nos demais casos".[10] Em outras palavras, a multa civil será destinada ao Fundo federal previsto pelo artigo 13 da Lei 7.347/85, no caso de "valores cabíveis à União", ou aos Fundos estaduais e municipais, nos casos de valores cabíveis aos Estados e Municípios.[11]

Também é interessante observar, quanto ao tema da "graduação", que o julgador deverá considerar a "gravidade da infração, a vantagem auferida e a condição econômica do fornecedor". Ao tratar da *gravidade da infração* a norma projetada admite que sejam considerados aspectos como a *reincidência* do fornecedor e eventual conduta *dolosa* na violação de direitos do consumidor. Aquela, aliás, parece mesmo ser um pressuposto para a aplicação da sanção civil, uma vez que o dispositivo somente admite a aplicação da multa na hipótese de "descumprimento *reiterado* dos deveres do fornecedor". Contudo, para a configuração da *reincidência* não se exige que a violação tenha ocorrido em relação ao *mesmo direito* do consumidor. Basta, em suma, que tenha ocorrido, por mais de uma vez, a violação de *algum direito* do consumidor por parte do *mesmo fornecedor*.

---

9. Afirmava o dispositivo vetado: "Art. 16. Se comprovada a alta periculosidade do produto ou do serviço que provocou o dano, ou grave imprudência, negligência ou imperícia do fornecedor, será devida multa civil de até um milhão de vezes o Bônus do Tesouro Nacional – BTN, ou índice equivalente que venha substituí-lo, na ação proposta por qualquer dos legitimados à defesa do consumidor em juízo, a critério do juiz, de acordo com a gravidade e proporção do dano, bem como a situação econômica do responsável."

10. Recorde-se a redação do art. 57 do CDC: "Art. 57. A pena de multa, graduada de acordo com a gravidade da infração, a vantagem auferida e a condição econômica do fornecedor, será aplicada mediante procedimento administrativo, revertendo para o Fundo de que trata a Lei 7.347, de 24 de julho de 1985, os valores cabíveis à União, ou para os Fundos estaduais ou municipais de proteção ao consumidor nos demais casos. Parágrafo único. A multa será em montante não inferior a duzentas e não superior a três milhões de vezes o valor da Unidade Fiscal de Referência (Ufir), ou índice equivalente que venha a substituí-lo".

11. Recorde-se o disposto no art. 13 da Lei 7.347/85: "Art. 13. Havendo condenação em dinheiro, a indenização pelo dano causado reverterá a um fundo gerido por um Conselho Federal ou por Conselhos Estaduais de que participarão necessariamente o Ministério Público e representantes da comunidade, sendo seus recursos destinados à reconstituição dos bens lesados". Este fundo, ao menos em âmbito federal, é atualmente regulamentado pelo Decreto 1.306, de 09 de novembro de 1994.

Quanto ao tema da *vantagem auferida* pode ser dito que o Projeto 3.514/15 *não* a limita a uma *vantagem econômica*.[12] Assim, o julgador fica autorizado a considerar outros elementos, ainda que não econômicos, isto é, não apreciáveis em dinheiro, para que se tenha como configurada a obtenção de *vantagem* pelo fornecedor.

Por fim, é considerada a "condição econômica do fornecedor". Quanto a este aspecto deve ser evitado o risco de se reduzir a multa a um patamar *ínfimo*, – com fundamento no patrimônio reduzido do ofensor –, a ponto de afastar o próprio caráter *sancionador*. Da mesma forma, não se admite a aplicação da multa em um patamar não razoável com fulcro no *elevado* patrimônio do ofensor. Por essa razão, agiu bem o legislador ao fixar um *piso* e um *teto* para a aplicação da sanção, tal como se lê no *parágrafo único* da norma projetada, o qual faz remissão expressa ao disposto no art. 57 do CDC. Este dispositivo, também em seu *parágrafo único*, assevera que: "A multa será em montante não inferior a duzentas e não superior a três milhões de vezes o valor da Unidade Fiscal de Referência (Ufir), ou índice equivalente que venha a substituí-lo".

Com a fixação desses *limites mínimo e máximo* para a *sanção civil* estão efetivamente presentes todos os requisitos para a sua aplicação. Essa *sanção*, porém, convém recordar, é prevista *ao lado* da *reparação* do dano, e não como um componente desta, o que permite concluir que o chamado *"caráter punitivo"* ou *"pedagógico"* da *reparação* permanece como uma construção *doutrinária*, – a qual teve acolhida *jurisprudencial* –, e *não* como uma solução que já tenha obtido consagração *legislativa*.

Não seria, porém, inconstitucional, que o legislador *ordinário* passasse a prever hipóteses em que a *responsabilidade civil* também deveria ter uma função *semelhante* ao *dano punitivo*. De fato, a *efetiva tutela* do *consumidor*, em especial no âmbito do *comércio eletrônico*, – marcado por uma *distante* relação jurídica, com maiores riscos do que em uma relação jurídica celebrada entre pessoas *presentes* –, autoriza a previsão de um caráter punitivo para a reparação dos danos. No entanto, alguns *requisitos* devem ser observados, como já foi corretamente apontado por atenta doutrina:[13]

> É de admitir-se, pois, como exceção, uma figura semelhante à do dano punitivo, em sua função de exemplaridade, quando for imperioso dar uma resposta à sociedade, isto é, à consciência social, tratando-se, por exemplo, de conduta particularmente ultrajante, ou insultuosa, em

---

12. A redação do dispositivo segue o mesmo modelo constante de outros diplomas legais, tal como se observa, por exemplo, no art. 4º da Lei 9.847/99, *verbis*: "Art. 4º A pena de multa será graduada de acordo com a gravidade da infração, a vantagem auferida, a condição econômica do infrator e os seus antecedentes".

13. BODIN de MORAES, Maria Celina. *Danos à Pessoa Humana*, cit., p. 263.

relação à consciência coletiva, ou, ainda, quando se der o caso, não incomum, de prática danosa reiterada. Requer-se a manifestação do legislador tanto para delinear as estremas do instituto, quanto para estabelecer as garantias processuais respectivas, necessárias sempre que se trate de juízo de punição. É de aceitar-se, ainda, um caráter punitivo na reparação de dano moral para situações potencialmente causadoras de lesões a um grande número de pessoas, como ocorre nos direitos difusos, tanto na relação de consumo quanto no Direito Ambiental. Aqui, a *ratio*, será a função preventivo-precautória, que o caráter punitivo inegavelmente detém, em relação às dimensões do universo a ser protegido. Nesses casos, porém, o instituto não pode se equiparar ao dano punitivo como hoje é conhecido, porque o valor a maior da indenização, a ser pago 'punitivamente', não deverá ser destinado ao autor da ação, mas, coerentemente com o nosso sistema, e em obediência às previsões da Lei 7.347/85, servirá a beneficiar um número maior de pessoas, através do depósito das condenações em fundos já especificados (original grifado).

4. REFERÊNCIAS

ANDRADE, André Gustavo Corrêa de. Indenização Punitiva. *Revista da EMERJ*, v. 9, n. 36. p. 135-168. Rio de Janeiro: EMERJ, 2006.

BERNARDO, Wesley de Oliveira Louzada. *Dano Moral*: critérios de fixação de valor. Rio de Janeiro: Renovar, 2005.

BESSA, Leonardo Roscoe, BENJAMIN, Antonio Herman Vasconcellos e MARQUES, Claudia Lima. *Manual de Direito do Consumidor*. São Paulo: Ed. RT, 2007.

BODIN de MORAES, Maria Celina. *Danos à Pessoa Humana: uma leitura civil-constitucional dos danos morais*. Rio de Janeiro: Renovar, 2003.

CALIXTO, Marcelo Junqueira. *A Culpa na Responsabilidade Civil*: estrutura e função. Rio de Janeiro: Renovar, 2008.

CAVALIERI FILHO, Sérgio. *Programa de Responsabilidade Civil*. 9. ed. São Paulo: Atlas, 2010.

GARCIA, Leonardo. *Código de Defesa do Consumidor comentado artigo por artigo*. 17. ed. Salvador: JusPodivm, 2022.

KLEE, Antônia Espíndola Longoni. *Comércio Eletrônico*. São Paulo: Ed. RT, 2014.

MARTINS, Guilherme Magalhães. *Responsabilidade Civil por Acidente de Consumo na Internet*. 3. ed. São Paulo: Ed. RT, 2020.

MONTEIRO FILHO, Carlos Edison do Rêgo. *Elementos de Responsabilidade Civil por Dano Moral*. Rio de Janeiro: Renovar, 2000.

ROSENVALD, Nelson. *As Funções da Responsabilidade Civil*: a reparação e a pena civil. 3. ed. São Paulo: Saraiva, 2017.

SCHREIBER, Anderson. Arbitramento do Dano Moral no Código Civil. *Direito Civil e Constituição*. São Paulo: Atlas, 2013.

TARTUCE, Flávio. *Responsabilidade Civil*. 4. ed. Rio de Janeiro: Forense, 2022.

TEPEDINO, Gustavo, TERRA, Aline de Miranda Valverde e GUEDES, Gisela Sampaio da Cruz. *Fundamentos do Direito Civil*: responsabilidade civil. Rio de Janeiro: Forense, 2020. v. 4.

E-COMMERCE E A PROTEÇÃO DA ESFERA DÍGITO-EXISTENCIAL DO CONSUMIDOR: AUTODETERMINAÇÃO INFORMACIONAL, PRIVACIDADE E DADOS PESSOAIS

Dennis Verbicaro

Doutor em Direito pela Universidade de Salamanca (Espanha). Mestre em Direito pela UFPA. Professor de carreira da Graduação e dos Programas de Pós-Graduação em Direito (Mestrado e Doutorado) da UFPA e do Centro Universitário do Pará-Cesupa. Diretor do Instituto Brasileiro de Política e Direito do Consumidor-Brasilcon. Procurador do Estado do Pará e Advogado. dennisverbicaro@bol.com.br.

Flávio Henrique Caetano de Paula Maimone

Doutorando e Mestre em Direito Negocial pela Universidade Estadual de Londrina-UEL. Pós-Graduado em Direito pela Fundação Escola do Ministério Público do Paraná. Graduado em Direito pela UEL. Diretor do BRASILCON (Instituto Brasileiro de Política e Direito do Consumidor, com sede em Brasília-DF). Coordenador da Comissão de Direitos do Consumidor da OAB Londrina. Autor e coautor de artigos e livros. Professor. Sócio da VaR Business Beyond, especializada em soluções em cyber segurança, tecnologia, inovação e LGPD. Advogado, sócio fundador de Caetano de Paula & Spigai Advocacia & Consultoria. flavio@csg.adv.br.

Sumário: 1. Introdução – 2. O comércio eletrônico: noções gerais – 3. A autodeterminação informacional do consumidor digital no *e-commerce* – 4. Proteção da privacidade e dos dados pessoais do consumidor no comércio eletrônico – 5. O Projeto de Lei 3.514/2015 e as mudanças no CDC em relação ao comércio eletrônico e os seus reflexos na proteção da privacidade e dos dados pessoais do consumidor – 6. Conclusão – 7. Referências.

1. INTRODUÇÃO

O comércio eletrônico surgiu e se desenvolveu junto com o aperfeiçoamento das ferramentas digitais (aplicativos, plataformas, redes sociais e etc.) e com o avanço do acesso à Internet.

O e-commerce parte dos mesmos pressupostos do comércio convencional, pois se baseia em operações de troca, compra e venda e prestação de serviços que ocorrem dentro de um ambiente digital com suporte de equipamentos e programas de informática, por meio dos quais se possibilita realizar a negociação, a conclusão e até a execução do contrato, inclusive sobre bens intangíveis.

O Código de Defesa do Consumidor (CDC) tem incidência em ambas as situações seja na relação de consumo dita presencial, seja nas relações eletrônicas ou virtuais, figurando-se de um lado o fornecedor e, de outro, o consumidor, com o objetivo de adquirir ou utilizar um produto ou serviço como destinatário final, permitindo-se não só a tutela de interesses individuais, mas principalmente a defesa de interesses difusos, coletivos e individuais homogêneos, com o objetivo de restabelecer equilíbrio nas relações consumeristas em que se está diante de um sujeito superavitário (fornecedor) e outro em deficitário e vulnerável (consumidor).

Dentro do e-commerce, a noção de autodeterminação informacional deve ser a base para a redução da assimetria na troca de informações sobre produtos e serviços, observando-se que a informação é um direito básico do consumidor, previsto pelo artigo 6º, inciso IV, do CDC, caracterizando-se como enganosa toda propaganda que preste informações de maneira precária, incompreensível, obscura ou confusa, conduzindo o consumidor a praticar um ato que, em circunstâncias normais, não praticaria, conforme dispõe o art. 37, § 1º do CDC.

Dentro do comércio eletrônico, com todos os seus instrumentos de convencimento e propaganda, inclusive subliminar, a violação aos direitos básicos do consumidor relacionados à assimetria informacional se mostra mais gravosa, por envolver o uso dos dados pessoais do consumidor, violando seu direito fundamental à privacidade e à proteção de dados pessoais.

Nesse sentido, o Projeto de Lei 3.514/2015 deve ter o objetivo de assegurar o direito à privacidade e à proteção de informações pessoais dos usuários do e-commerce, por meio de práticas transparentes e seguras, garantindo direitos fundamentais, implementando regras e princípios de fácil entendimento sobre o tratamento de dados pessoais, aprimorando a segurança das relações jurídicas e a confiança do consumidor no tratamento das suas informações pessoais.

Para tanto, o presente artigo será divido em quatro tópicos. No primeiro, será analisado o *e-commerce* com seus conceitos e características, relacionando-o com as normas básicas de direito do consumidor. No segundo tópico será analisada a questão da autodeterminação informacional para fins de superar na seara digital a assimetria informacional entre consumidor e fornecedor. No terceiro tópico, serão traçadas noções sobre a privacidade e proteção de dados pessoais do consumidor digital. Por fim, no tópico cinco serão feitas análises e apontamentos críticos sobre o PL 3.514/2015 e suas atualizações trazidas para o texto do CDC.

A metodologia utilizada será a hipotético-dedutiva, com análise de doutrina nacional e estrangeira por meio de livros e artigos em formato físico e digital, bem como na análise da legislação sobre o tema.

Concluir-se-á que, apesar das alterações propostas pelo Projeto de Lei 3.514/2015 para atualização do CDC no que concerne ao comércio eletrônico, a privacidade e a proteção de dados pessoais do consumidor dependem do respeito à sua autodeterminação informacional que não estão delimitados de forma clara e precisa no referido PL, observando-se que, para tanto, seria necessário um projeto de lei específico sobre o tema, visto que o acima citado PL trata de outros assuntos além do ora discutido, o que inviabiliza a evolução do tema em tela na seara consumerista.

2. O COMÉRCIO ELETRÔNICO: NOÇÕES GERAIS

Comércio Eletrônico é uma nova modalidade de comércio, realizada por meio de transações financeiras com uso de dispositivos e plataformas eletrônicas, observando-se que quando há a compra e venda de produtos em lojas virtuais, concretiza-se a atividade econômica dentro do comércio eletrônico, cujo conceito é dividido em três pontos, conforme Peixoto:[1]

> Conceito técnico – comércio eletrônico é uma combinação de tecnologias, aplicações e procedimentos negociais que permitem a compra e venda on-line de bens e serviços entre governos, sociedades, corporações privadas e o público. Antes do fenômeno da Internet, o meio mais utilizado era o EDI (Eletronic Data Interchange). Conceito econômico – comércio eletrônico é a realização de toda a cadeia de valor dos processos de negócios, realização esta efetuada no ambiente digital. Conceito administrativo (privado) – comércio eletrônico é um termo genérico que descreve toda e qualquer transação comercial que se utiliza de um meio eletrônico para ser realizada. Com o uso de tecnologia se obtém a otimização do relacionamento da cadeia de suprimentos até o ponto de venda, bem como a melhora da comunicação entre a empresa e o cliente final. Conceito jurídico – comércio eletrônico é a atividade comercial explorada através de contrato de compra e venda com a particularidade de ser este contrato celebrado em ambiente virtual, tendo por objeto a transmissão de bens físicos ou virtuais e também serviços de qualquer natureza.

Por sua vez, Marques,[2] ressalta que alguns doutrinadores alemães denominam o comércio eletrônico de "colocação eletrônica à distância" de produtos e serviços ("elektronische Fernabsatz"), de "negócio eletrônico" (elektronische Geschaeftsverkehr) ou de negócios através da Internet (Geschaeftsverkehr überdas Internet), conceituando o e-commerce da seguinte forma:

> Trata-se do denominado "comércio eletrônico", comércio realizado através de contratações à distância, as quais são conduzidas por meios eletrônicos (e-mail etc.), por Internet (on-line) ou por meios de telecomunicações de massa (telemarketing, TV, TV a cabo etc.), sem a presença física simultânea dos dois contratantes no mesmo lugar (e sim à distância). Daí ter denominado estes contratos de contratos à distância no comércio eletrônico.

Mesclando os conceitos acima podemos dizer que o e-commerce ou comércio eletrônico vem a ser uma modalidade de compra à distância, cuja aquisição de

---

1. Peixoto 2001, p. 10.
2. Marques, 2003, p. 48.

bens e/ou serviços ocorre por meio de equipamentos eletrônicos de tratamento e armazenamento de dados, nos quais são transmitidas e recebidas informações, sendo uma extensão do comércio convencional.

Com a declaração de pandemia da Covid19 (Sars-Cov-2) pela Organização Mundial da Saúde em março de 2020, o e-commerce alcançou grandes proporções, em virtude das restrições de locomoção impostas pelos Estados Nacionais para conter o alastramento do vírus, observando-se que no primeiro semestre de 2020, cerca de 7 milhões de novos usuários fizeram sua primeira compra através do comércio eletrônico, o que gerou um faturamento 47% a mais do que nos 12 meses anteriores, conforme dados informados pela Associação Brasileira de Comércio Eletrônico (ABCOMM, 2021).

Por esta razão, houve significativo avanço do comércio eletrônico que, por vezes, vem acompanhado de violações ao direito do consumidor, principalmente no que concerne à assimetria informacional na relação consumerista refletindo na privacidade de dados pessoais, motivo pelo qual se faz necessário o apontamento sobre a autodeterminação informacional do consumidor no próximo tópico.

3. A AUTODETERMINAÇÃO INFORMACIONAL DO CONSUMIDOR DIGITAL NO *E-COMMERCE*

A autodeterminação informacional visa a redução da assimetria informacional que se refere ao fato de uma das partes de uma transação comercial possuir mais informações do que a outra, relativamente ao produto ou serviço que está sendo negociado.

Nota-se que a assimetria informacional com presença de déficit de informações de um dos sujeitos da relação consumeristas, configurando como um dos aspectos da vulnerabilidade do consumidor, cujo reconhecimento é princípio do CDC que decorre do direito fundamental estabelecido na Constituição, em seu artigo 5º, XXXII, que impõe ao Estado que promova a defesa do consumidor, que promova a defesa do sujeito de direitos em situação deficitária na relação jurídica, equilibrando essa relação, inclusive e notadamente no campo informacional.

Na seara consumerista, as deficiências na transmissão das informações, ou seja, a presença de assimetria informacional entre as partes envolvidas, com predominância de uma delas em uma transação faz com que produtos de diferentes qualidades sejam vendidos pelo mesmo preço, com falsa equivalência e difícil comparação pelo consumidor, que tem déficit informacional. Se os agentes envolvidos na transação não possuem as informações necessárias para a tomada de decisão, o modelo do livre mercado não funciona como previsto, fato este que justificaria as ações governamentais ou ações de entidades privadas visando reduzir os problemas da assimetria da informação.

O Poder Público tem função relevante na redução da assimetria da informação entre os agentes, porém os custos do monitoramento do cumprimento de regras legais, assim como a reputação dos governos, pode, em alguns casos, levar ao exercício dessa função pelo setor privado, sob coordenação do setor público.

A propósito, para haver comunicação, ou seja, troca de informações ou até mesmo de dados entre dois sujeitos, é preciso que haja entre eles uma correspondência mínima de repertórios, supondo valerem-se os dois de códigos idênticos ou até congêneres, e que uma relação de comunicação pode ser estabelecida de forma simétrica e complementar, de modo que, no caso desta última, um dos participantes do processo de comunicação exerce ou pode exercer o poder sobre o outro.

A assimetria da informação é uma das falhas de mercado que impede que os mecanismos de mercado operem eficientemente, visto que os consumidores não possuem as informações necessárias para a tomada de decisão, o que justificaria as ações governamentais ou ações de entidades privadas que visam reduzir os problemas, conforme Vinholis, Toledo e Souza Filho:[3]

> A redução da assimetria de informação entre estes agentes pode ser obtida por meio de mecanismos públicos e privados, tais como a intervenção do Estado na definição das regras, a reputação da marca, a rastreabilidade e a certificação, conforme discutidos neste artigo. Estes mecanismos, em sua maioria, estão associados à implantação de sistemas de garantia da segurança e qualidade do alimento. Para que esses sistemas sejam eficazes na sinalização da qualidade para o mercado e na redução dos custos de transação, bem como os agentes possam apropriar-se dos ganhos, demonstrou-se que novas formas de coordenação dos agentes e um ambiente institucional favorável são necessários.

Por ser uma falha comunicativa oriunda de um fenômeno econômico, essa assimetria viola o direito básico do consumidor por ir de encontro a sua autodeterminação informacional (a parte melhor informada de uma transação toma a iniciativa de demonstrar a outra parte as suas qualidades, ou as qualidades de seu produto), necessitando de regulação por parte do Estado para reduzir os custos da transação, as externalidades negativas, a concorrência imperfeita, a desigualdade do poder de barganha e a informação assimétrica.

No Brasil, o Estado atua ora criando ou incentivando a criação de organizações responsáveis pela garantia da qualidade de bens ou serviços, ora obrigando os fornecedores a disponibilizar informações necessárias para a comercialização de produtos, ora reprimindo condutas potencialmente lesivas ao consumidor, em tudo observado o que dispõe o artigos 4º e 6º, III, ambos do CDC.

---

3. Vinholis, Toledo e Souza Filho, 2012, p. 323.

A assimetria informacional também pode ser vista na seara internacional, senão vejamos nas palavras de Pietroluongo:[4]

> O mesmo se observa no Direito Comparado. A proteção ao princípio da simetria da informação está previsto expressamente nos arts. 4º e 5º da Diretiva 97/7/CE, que trata do comércio eletrônico. Interessante é notar nessas disposições proteção expressa ao comércio eletrônico feito por menores de idade, que são bem mais vulneráveis a estratégias de marketing, e portanto, passíveis de fazerem "compras não-racionais". Outro ponto que merece destaque na legislação Comunitária é a obrigação de que as informações prestadas eletronicamente sejam confirmadas por escrito na entrega do produto, ensejando ao consumidor a possibilidade de que este realmente verifique se realmente deseja adquirir aquele produto ou serviço.

Com efeito, a autodeterminação informativa precisa ser estabelecida e respeitada para suprimir a assimetria, permitindo ao consumidor adequada tomada de decisão, sendo que é um dos fundamentos da proteção de dados, conforme disposto no artigo 2º, II da Lei Geral de Proteção de Dados Pessoais.

No comércio eletrônico, que é um ambiente ainda que necessita de regulamentação, há um espaço grande para atitudes como aproveitamento indevido da assimetria de informação, acarretando descontentamentos e prejuízos, pois o fornecedor tem suas fontes de informações pertencentes a seu produto ou serviço ofertado que não repassa ao consumidor, observando-se que, para que o CDC desempenhe seu escopo de resguardar os consumidores na era digital, será imprescindível a sua adequação às novas formas de comércio decorrente das inovações tecnológicas, a globalização do comercio eletrônico, sendo que tal adequação será descrita no presente artigo com relação aos apontamentos sobre o Projeto de Lei 3.514/2015.

Por sua vez, a privacidade e os dados pessoais do consumidor no meio eletrônico estão ligados intrinsecamente a sua autodeterminação informacional, e por essa razão serão mais bem detalhados no próximo tópico.

4. PROTEÇÃO DA PRIVACIDADE E DOS DADOS PESSOAIS DO CONSUMIDOR NO COMÉRCIO ELETRÔNICO

A proteção dos dados pessoais do consumidor pode ser percebida a partir de duas dimensões, constituída, por um lado, pela preocupação com o processo de coleta de dados e informações em si, e por outro, pelo uso inadequado destes conteúdos, podendo ainda ser entendida como sendo a capacidade dos consumidores de controlar a presença de outras pessoas ou agentes intervenientes durante

---

4. Pietroluongo, 2011, p. 3.

uma determinada transação, bem como ter a exata noção sobre a divulgação destes dados ou informações para terceiros.

No ambiente virtual as transações comerciais são realizadas com base no processamento eletrônico e na transmissão de dados, textos, sons ou imagens, seja entre uma empresa e um consumidor seja entre diferentes empresas, estando a proteção de dados direcionada à preocupação com a informação que é gerada como resultado final das ações dos consumidores a partir da coleta de dados e informações, do seu compartilhamento, da sua utilização e do armazenamento adequado destes conteúdos, tais como registros atinentes às transações efetivadas, dados pessoais e informações demográficas e econômico-financeiras. Assim, a proteção dos dados pessoais se realiza conforme o grau em que o site de compras on-line é seguro, a ponto de proteger os dados e as informações dos clientes os quais tem o direito de acessar e controlar suas informações pessoais utilizadas e transferidas.

A questão da privacidade é agravada pelo chamado capitalismo de vigilância conhecido por tomar para si de modo unilateral as experiências humanas e fazer delas matéria-prima gratuita para a tradução em dados comportamentais, gerando uma nova espécie de poder instrumentário moldando o comportamento humano em prol das finalidades de terceiros, ou seja, tornando escusos os interesses verdadeiros no uso dos dados dos consumidores, conforme entende Zuboff:[5]

> O capitalismo de vigilância vai na direção oposta à do sonho digital dos primeiros tempos, relegando o Aware Home a dias longínquos. Em vez disso, despe a ilusão de que a forma conectada em rede tem algum tipo de conteúdo moral inerente, que estar "conectado" seja, de alguma forma, intrinsecamente pró-social e inclusivo ou com uma tendência natural à democratização do conhecimento. A conexão digital é agora um meio para fins comerciais de terceiros. Em sua essência, o capitalismo de vigilância é parasítico e autorreferente. Ele revive a velha imagem que Karl Marx desenhou do capitalismo como um vampiro que se alimenta do trabalho, mas agora com uma reviravolta. Em vez do trabalho, o capitalismo de vigilância se alimenta de todo aspecto de toda a experiência humana.

Indo no caminho contrário ao do uso gratuito das experiências humanas para os fins escusos do capitalismo de vigilância está a atual noção de privacidade no sentido de esforço coletivo relacionado à capacidade de o ser humano manter certos comportamentos íntimos para si mesmo, visando explorar livremente novas ideias e tomar novas decisões. É uma noção coletiva de intimidade, pois protege coletivamente a humanidade de pressões indesejadas e de abusos de poder, não havendo intimidade sem privacidade, observando-se o alerta feito por Véliz sobre a ameaça da vigilância sobre os dados pessoais:[6]

---

5. Zuboff, 2020, p. 24.
6. Véliz, 2021, p. 25.

> A vigilância ameaça a liberdade, a igualdade, a democracia, a autonomia, a criatividade e a intimidade. Temos sido constantemente enganados, e nossos dados estão sendo roubados para serem usados contra nós. Chega. Ter tão pouca privacidade é inconciliável com ter sociedades que funcionem adequadamente. O capitalismo de vigilância precisa acabar. Levará algum tempo e esforço, mas nós podemos e vamos recuperar a privacidade.

Ressalte-se que, a partir dos ataques terroristas de 11 de setembro de 2001 nos EUA, sob a justificativa de que a vigilância em massa seria necessária para proteger emergencialmente os cidadãos contra o terrorismo, a noção de privacidade passou a ser um valor ultrapassado, quando sopesado com outros valores como segurança nacional, por exemplo.

Desta feita, demonstra-se que o uso massivo dos dados dos cidadãos não possui isenção quanto aos riscos em relação até mesmo à própria democracia, devendo tal uso ser ponderado em prol dos detentores dos dados pessoais, conforme Bioni:[7]

> Portanto, o direito à privacidade é basilar à própria democracia e, ao mesmo tempo, condição essencial ao livre desenvolvimento da personalidade dos cidadãos. Somente com fuga da pressão social, os indivíduos conseguiriam desenvolver cada qual a sua subjetividade para, posteriormente, projetá-la em meio à sociedade.

A legislação brasileira sobre privacidade de dados (a Lei Geral de Proteção de Dados e o Marco Civil da Internet), por sua vez, não se mostra ainda suficiente para superar as barreiras encontradas pelos consumidores digitais dentro do e-commerce, aproximando-se a privacidade à noção de um direito universal, conforme Véliz:[8]

> A Declaração Universal dos Direitos Humanos é como uma carta daqueles que vieram antes de nós, advertindo-nos a nunca ultrapassar certos limites. Ela nasceu do horror da guerra e do genocídio. É um apelo para que evitemos repetir os erros do passado. Ela adverte que as pessoas serão compelidas a recorrer, como último recurso, à rebelião, se os direitos humanos não forem respeitados. Existem boas razões para a privacidade ser um direito. Defenda-o.

Nesse sentido, a possibilidade de exploração econômica da privacidade dos dados dos consumidores dentro do comércio eletrônico exige uma atuação estatal para fins de efetivação dos direitos fundamentais que garantam o reconhecimento de que privacidade e os dados pessoais dos consumidores devem ser protegidos, baseando-se mudança de dimensão do direito à privacidade a partir do século XX, de acordo com a análise de Basan:[9]

---

7. Bioni, 2021, p. 91.
8. Véliz, 2020, p. 257.
9. Basan, 2021, p. 91.

Em verdade a privacidade sempre deve ser compreendida diante da inexorável relação entre o indivíduo e a sociedade. Desse modo, é possível perceber que o século XX foi um período de verdadeira reinvenção da privacidade, tendo esta adquirido um caráter positivo e fazendo emergir a dimensão de proteção de dados pessoais. É dizer que, de um direito de dimensão estritamente negativa, a privacidade se tornou uma forma de garantir o controle do indivíduo sobre suas próprias informações. A princípio, visando um significado básico e geral, é possível afirmar que a privacidade atualmente poderia ser considerada a capacidade que o indivíduo tem de controlar o fluxo de informações disponíveis na sociedade sobre si mesmo.

Mendes,[10] por sua vez, relaciona a privacidade e os dados do consumidor com a tutela da personalidade, ressaltando o CDC como um dos seus precursores no oferecimento de soluções para os conflitos surgidos com as novas tecnologias no e-commerce:

> Nesse sentido, entende-se fundamental a compreensão da disciplina de proteção de dados pessoais como meio de tutela da personalidade do cidadão, garantindo tanto a autonomia das suas escolhas como a sua proteção contra situações potencialmente discriminatórias. (...) Um dos precursores e catalisadores no processo de evolução do conceito de privacidade foi certamente o Código de Defesa do Consumidor, que estabeleceu uma proteção integral da pessoa nas relações de consumo, seja dos seus interesses econômicos, seja da sua integridade e personalidade. Ademais, o caráter principiológico das suas normas tem se mostrado aberto o suficiente para oferecer soluções para os novos conflitos relacionados à tecnologia da informação, servindo de base para a jurisprudência referente à violação dos dados pessoais.

Delineada a situação da privacidade de dados pessoais do consumidor no Brasil, agravada pelo capitalismo de vigilância e com reflexos nas relações de consumo no comércio eletrônico, é importante verificar quais ferramentas podem ser utilizadas pelo Estado brasileiro. Para isso, partindo do pressuposto de que o Código de Defesa do Consumidor, por possuir lacunas na tratativa da proteção do consumidor nas relações de comércio eletrônico, ainda é insuficiente, principalmente na proteção da privacidade e dos dados pessoais dos consumidores, frente a dinamicidade desta nova forma de comércio, necessitando de uma atualização legislativa efetiva e eficaz, além de urgente.

Para tanto, tal atualização trazida pelas novas normatizações terão de ser eficientes para suprir estas lacunas, visto que se leva tempo para adequação e conhecimento das normas pela sociedade. Ademais, há que se observar que ante a dinamicidade do comércio eletrônico, faz-se necessária a constante atualização do arcabouço jurídico para o amparo legal eficaz do consumidor, motivo pelo qual passaremos ao próximo e derradeiro tópico para tratarmos sobre Projeto de Lei 3.514/2015.

---

10. Mendes, 2014, p. 628.

5. O PROJETO DE LEI 3.514/2015 E AS MUDANÇAS NO CDC EM RELAÇÃO AO COMÉRCIO ELETRÔNICO E OS SEUS REFLEXOS NA PROTEÇÃO DA PRIVACIDADE E DOS DADOS PESSOAIS DO CONSUMIDOR

O desenvolvimento e o avanço da tecnologia da informação possibilitaram o consumo na era digital em escala mundial aproximando pessoas e empresas, consumidores e fornecedores na sociedade de consumo globalizada, fazendo com que o comércio eletrônico nas relações consumeristas superasse as noções clássicas da teoria dos contratos, em virtude da desumanização do contrato (não se sabe se está negociando com uma pessoa e ou com a inteligência artificial), da desmaterialização do objeto contratual (streaming, influenciadores digitais etc.), o que dificulta a noção de vício ou defeito do produto ou serviço, e da desterritorialização (não se sabe efetivamente onde se dá a relação contratual, o que terá reflexos na execução do contrato).

Alguns conceitos como conteúdo digital: dados produzidos e fornecidos em formato digital, serviço digital: um serviço que permite ao consumidor criar, tratar, armazenar ou aceder a dados em formato digital ou um serviço que permite a partilha ou qualquer outra interação com os dados em formato digital carregados ou criados pelo consumidor ou por outros utilizadores desse serviço, foram retirados da Diretiva 2019/770 da União Europeia.

A partir de tal Diretiva, passou-se a sustentar a noção de que o ordenamento jurídico brasileiro deveria adotar algumas exceções ao direito de arrependimento do consumidor no meio eletrônico a serem incluídas no PL 3.514/2015, com o objetivo de assegurar o exercício desse direito, quando a situação fática assim indicar, conforme as palavras de Klee:[11]

> Essa sugestão de alteração do artigo 49 do CDC visa a um reforço do direito de arrependimento do consumidor, no sentido de que o fornecedor respeite e resguarde o direito de reflexão do consumidor quando este quiser e puder exercer, sem que o fornecedor se sinta lesado. Objetiva-se evitar a banalização do direito de arrependimento na sociedade de consumo massificada pelos meios de comunicação a distância e eletrônicos, de maneira que não seja mais respeitado pela sociedade.

Ao falar do presente tema Verbicaro e Homci,[12] relacionam o fortalecimento do direito à informação com o direito de arrependimento, os quais já haviam sido reconhecidos no CDC e no Decreto Federal 7.962/2013, e apontam os avanços do referido projeto de lei com base na premissa de que tal projeto visa consolidar o reconhecimento do consumidor comunidade-global no nosso ordenamento jurídico:

---

11. Klee, 2021, p. 3.
12. Verbicaro e Homci, 2022, p. 3.

1) O Projeto de Lei reconhece a realização do negócio jurídico transnacional, possibilitando que sejam interpretados e integrados de maneira mais favorável ao consumidor, com aplicação da lei mais benéfica, considerando todos os territórios envolvidos na contratação, nos termos do Artigo 3º-A e Artigo 9º-B. 2) As normas gerais do consumidor no comercio eletrônico a distância devem observar e fortalecer a confiança pela diminuição da assimetria informacional, da preservação da segurança, da autodeterminação informativa e privacidade dos dados pessoais, em atenção ao artigo 45-A. 3) Em caso de acidente de consumo em que nenhuma das partes envolvidas possuam domicílio ou sede em que ocorrer o dano, fato ou ato ilícito, reger-se-ão a lei do lugar onde os efeitos se fizerem sentir, conforme artigo 9ºC.

Apesar de tais avanços, o Projeto de Lei 3.514/2015 somente faz menção à palavra privacidade em dois momentos, quando propõe a alteração do art. 6º, XI, do CDC (a privacidade e a segurança das informações e dados pessoais prestados ou coletados, por qualquer meio, inclusive o eletrônico, assim como o acesso gratuito do consumidor a estes e a suas fontes) e quando inclui em seu texto o art. 45-A (Esta seção dispõe sobre normas gerais de proteção do consumidor no comércio eletrônico e a distância, visando a fortalecer sua confiança e assegurar sua tutela efetiva, mediante a diminuição da assimetria de informações, a preservação da segurança nas transações e a proteção da autodeterminação e da privacidade dos dados pessoais), o que é insuficiente para que se tenha uma efetiva proteção na seara digital.

6. CONCLUSÃO

Nos últimos anos, o e-commerce alcançou grandes proporções. No primeiro semestre de 2020, cerca de 7 milhões de novos usuários fizeram sua primeira compra através do comércio eletrônico, o que gerou um faturamento 47% a mais do que nos 12 meses anteriores, conforme dados informados pela Associação Brasileira de Comércio Eletrônico (ABCOMM, 2021).

Tal avanço também produziu efeitos na privacidade de dados pessoais do consumidor, pois ao consumir de forma eletrônica, os indivíduos expõem, de forma gratuita, seus dados sem entender a gravidade de tal exposição, o que inviabiliza a chamada autodeterminação informacional do consumidor justamente por acirrar a chamada assimetria informacional.

A privacidade, enquanto direito humano, universal e fundamental, passa a ser mais bem entendida e delimitada se pensada coletivamente, ou seja, a privacidade deve partir de um esforço coletivo relacionado à capacidade de o ser humano manter certos comportamentos íntimos para si mesmo, visando explorar livremente novas ideias e tomar novas decisões.

O Projeto de Lei 3.514/2015 é necessário, pois traz mudanças significativas no texto do CDC, complementando-o.

Nada obstante as importantes atualizações propostas pelo Projeto de Lei 3.514/2015 no que concerne ao comércio eletrônico, como a privacidade e a proteção de dados pessoais do consumidor dependem do respeito à sua autodeterminação informacional, é fortemente recomendável que referido PL trate do tema em tela na seara consumerista, para fomentar e fortalecer a defesa do consumidor.

Portanto, a questão da privacidade na seara digital precisa ser mais bem explorada e detalhada no referido PL 3.514, ou ainda deveria haver um projeto de lei exclusivo para o e-commerce, pois o PL em questão trata de outros assuntos que se demonstram distantes da discussão sobre a privacidade, principalmente para que se verifique se as sanções administrativas são suficientes para prevenir violação dos dados pessoais do consumidor.

7. REFERÊNCIAS

ABCOOM – Associação Brasileira de Comércio Eletrônico. Marketplaces: crescimento exponencial ao longo da pandemia. 2021. Disponível em: https://abcomm.org/noticias/marketplaces-crescimento-exponencial-ao-longo-dapandemia/. Acesso em: 17 jul. 2021.

AGRASSAR, Hugo. *A atuação das agências reguladoras e os compromissos governamentais assumidos na Política Nacional das Relações de Consumo*: a função mediadora da ANAC (Agência Nacional de Aviação Civil) na redução da vulnerabilidade do consumidor. Belo Horizonte: 7 autores editora, 2021.

BASSAN, Arthur Pinheiro. *Publicidade digital e proteção de dados pessoais*: o direito ao sossego. Indaiatuba: editora foco, 2021.

BENJAMIM, Antonio Herman et al. *Manual de direito do consumidor*. 8. ed. São Paulo: Ed. RT, 2017.

BECK, Ulrich. *Sociedade de risco*: rumo a uma outra modernidade. Trad. Sebastião Nascimento. Rio de Janeiro: Editora 34, 2011.

BIONI, Bruno Ricardo. *Proteção de dados pessoais*: a função e os limites do consentimento. Rio de Janeiro, 2021.

BONATTO, Cláudio. *Questões Controvertidas no Código de Defesa do Consumidor*: principiologia, conceitos, contratos. Porto Alegre: Livraria do Advogado, 2001.

BONAVIDES, Paulo. *Teoria Constitucional da Democracia Participativa*. São Paulo: Malheiros, 2001.

BRITO, Dante Ponte de. *Publicidade subliminar da internet*: identificação e responsabilização nas relações de consumo. Rio de Janeiro: lúmen júris, 2017.

CANCLINI, Nestor. *Consumidores e cidadãos*. Rio de Janeiro: UFRJ, 2010.

CATALAN, Marcos. Uma ligeira reflexão acerca da hipervulnerabilidade dos consumidores no Brasil. In: DANUZZO, Ricardo Sebastián (Org.). *Derecho de daños y contratos*: desafíos frente a las problemáticas del siglo XXI. Resistencia: Contexto, 2019.

DARDOT, Pierre; LAVAL, Christian. *A Nova razão do mundo*; ensaio sobre a sociedade neoliberal. São Paulo: Boitempo, 2016.

DONEDA, Danilo. *Da privacidade à proteção de dados pessoais*: fundamentos da lei geral de proteção de dados. São Paulo: Ed. RT, 2020.

DONEDA, Danilo (Coord.). *Tratado de proteção de dados pessoais*. Rio de Janeiro: forense, 2017.

EFING, Antônio Carlos; CAMPOS, Fábio Henrique Fernandez de. A vulnerabilidade do consumidor em era da ultramodernidade. *Revista de Direito do Consumidor*, v. 115. São Paulo: Ed. RT, jan.-fev. 2018.

FILOMENO, José Geraldo Brito. *Alterações do código de defesa do consumidor* – Críticas às propostas da comissão especial do Senado Federal. Disponível em: https://livros-e-revistas.vlex.com.br/vid/es-consumidor-cra-tica-propostas-comissa-438534574. Acesso em: nov. 2022.

KLEE, Antonia Espíndola Longoni. *Comércio Eletrônico*. São Paulo: Ed. RT, 2014. Necessária atualização do CDC no comércio eletrônico e direito de arrependimento. *Revista Consultor Jurídico*, 25 de agosto de 2021. Disponível em: https://www.conjur.com.br/2021-ago-25/garantias-consumo-necessaria-atualizacao-cdc-comercio-eletronico#:~:text=Essa%20sugest%C3%A3o%20de%20altera%C3%A7%C3%A3o%20do,o%20fornecedor%20se%20sinta%20lesado. Acesso em: 23 nov. 2022.

KOERNER, Andrei. Capitalismo e vigilância digital na sociedade democrática. *Revista Brasileira de Ciências Sociais*. v. 36. n. 105.

LESSIG, Lawrence. *The Law of the Horse*: What Cyberlaw Might Teach. 113 Harv. L. Ver. 501 (1999).

LIPOVETSKY, Gilles. *A felicidade paradoxal*. São Paulo: companhia das letras, 2007.

MARQUES, Claudia Lima. Diálogo das fontes. In: BENJAMIN, Antonio Herman V.; MARQUES, Claudia Lima; BESSA, Leonardo Roscoe. *Manual de direito do consumidor*. 5. ed. rev., atual. e ampl. São Paulo: Ed. RT, 2013.

MARQUES, Claudia Lima. Proteção do consumidor no âmbito do comércio eletrônico. *Revista da Faculdade de Direito da UFRGS*. n. 23. p. 47-83. 2003.

MENDES, Laura Schertel. *Privacidade, proteção de dados e defesa do consumidor*: linhas gerais de um novo direito fundamental. São Paulo: Saraiva, 2014.

MIRAGEM, Bruno. *Curso de Direito do Consumidor*. 6. ed. rev., atual. e ampl. São Paulo: Ed. RT, 2016.

MIRAGEM, Bruno. O direito do consumidor como direito fundamental – consequências jurídicas de um conceito. *Revista de Direito do Consumidor*. n. 43, p. 111-132. São Paulo: Ed. RT, jul./set., 2002.

MUCELIN, Guilherme; MARTINI, Sandra Regina. A Fraternidade como meio de reconhecimento da vulnerabilidade social no Direito contemporâneo. *O Direito Entre a Fraternidade e a Complexidade*. Porto Alegre: FAPERGS. 2018.

NUNES, António José Avelãs. *Neoliberalismo e direitos humanos*. Lisboa: Editorial Caminho, 2003.

OLIVEIRA, Amanda Flávio de. Desenvolvimento econômico, capitalismo e Direito do Consumidor no Brasil: afastando o argumento de Paternalismo Jurídico. *Revista de Direito do Consumidor*. ano 25, v. 108, São Paulo, nov./dez. 2016.

OLIVINDO, Bruna Sheylla; SANTANNA, Héctor Valverde. Política nacional de relações de consumo: referencial para a concretização da proteção do consumidor. *Brazilian Journal of Development*, v. 6, n. 8, p. 61543-61560. Curitiba, aug. 2020.

PEIXOTO, Rodney de Castro. O comércio eletrônico e os contratos. Rio de Janeiro: Forense, 2001.

PIETROLUONGO, Sergio Lindoso Baumann. A proteção do princípio da simetria da informação das relações de consumo. *Revista Jus Navigandi*, ISSN 1518-4862, ano 16, n. 2820, Teresina, 22 mar. 2011. Disponível em: https://jus.com.br/artigos/18740. Acesso em: 3 maio 2021.

PINTO, Henrique Alves; GUEDES, Jefferson Carús; CÉSAR, Joaquim Portes de Cerqueira (Coord.). *Inteligência artificial aplicada ao processo de tomada de decisões*. Belo Horizonte/São Paulo: D'Plácido, 2022.

SANTOS, Boaventura de Sousa. *Para um novo senso comum*: a ciência, o direito e a política na transição paradigmática. Crítica da razão indolente: contra o desperdício da experiência. 4. ed. São Paulo: Cortez, 2002.

SCASSA, Teresa. Ambush Marketing and the Right of Association: Clamping Down on References to That Big Event With All the Athletes in a Couple of Years. *Journal of Sport Management*, p. 354-370. 2011.

SCASSA, Teresa; SATTLER, Anca. Location-Based Services and Privacy. *Canadian Journal of Law and Technology*. v. 9. n. 1 1 & 2. 2011.

SCHMITT, Cristiano Heineck. *Consumidores hipervulneráveis*: a proteção do idoso no mercado de consumo. São Paulo: Atlas, 2016.

SCHWARTZ, Fábio. A Defesa do consumidor como Princípio da Ordem Econômica – Pressuposto inarredável para atuação dos órgãos públicos e imprescindível para o desenvolvimento sustentado do País. *Revista de Direito do Consumidor*, v. 94, p. 15-34, jul./ago. 2014.

SEN, Amartya. *Desenvolvimento como liberdade*. São Paulo: Companhia das Letras, 2010.

SIMÕES, Cristiane Caetano. A estrutura principiológica do Código de Defesa do Consumidor. *Revista Eletrônica Thesis*, ano XIII, n. 26, p. 60-80, 1º semestre 2016. TARTUCE, Flávio. *Manual de direito civil*. Salvador: JusPodivm, 2017.

VERBICARO, Dennis; HOMCI, Janaína Vieira. O Projeto de Lei 3.514/15 e o conceito de consumidor comunidade-global. *Revista Consultor Jurídico*, 23 de novembro de 2022. Disponível em: https://www.conjur.com.br/2022-nov-23/garantias-consumo-pl-351415-conceito-consumidor-comunidade-global?imprimir=1. Acesso em: 23 nov. 2022.

VERBICARO, Dennis; VERBICARO, Loiane da Ponte Souza Prado. A indústria cultural e o caráter fictício da individualidade na definição de consumidor-comunidade global. *Revista Jurídica Cesumar*. v. 17, n. 1, p. 107-131, Maringá, jan./abr. 2017.

VERBICARO, Dennis. *Consumo e cidadania. Identificando os espaços políticos de atuação qualificada do consumidor*. Rio de Janeiro: Lumen Juris, 2019.

VERBICARO, Dennis; OLIVEIRA, Felipe Guimarães. Estado, direito e sociedade de consumo na era da hipermodernidade: da utopia à democracia participativa. *Anais do XXVI Congresso Nacional do CONPEDI*. nov. 2017.

VERBICARO, Dennis. O desencantamento com o estado na proteção dos consumidores e a repactuação dos compromissos políticos da sociedade civil através da política nacional das relações de consumo. *Provocações contemporâneas no Direito do consumidor*. Rio de Janeiro: Lumen Juris, 2018..

VERBICARO, Dennis; RODRIGUES, Lays Soares dos Santos. Reflexões sobre o consumo na hipermodernidade: o diagnóstico de uma sociedade confessional. *Revista de Direito em debate*. ano XXVI, n. 48, jul./dez. 2017.

VERBICARO, Dennis. Consumer new civil-instrumental identity based on the brazilian consumer policy. In: MARQUES, Claudia Lima, PEARSON, Gail, RAMOS, Fabiana (Ed.). *Consumer Protection: current challenges and perspectives*. Orquestra, Porto Alegre, 2017.

VINHOLIS, Marcela de Mello Brandão; TOLEDO, José Carlos de; SOUZA FILHO, Hildo Meirelles. Efeito dos mecanismos de redução da assimetria da informação e da incerteza da qualidade na estrutura de governança. *Organizações Rurais & Agroindustriais*, v. 14, n. 3, p. 312-325, Lavras, 2012.

WATZLAWICK, Paul; BEAVIN, J. Helmick; JACKSON, Don D. *Pragmática da comunicação humana, um estudo de padrões, patologias e paradoxos da interação*. Trad. Álvaro Cabral. São Paulo: Cultrix, 1996.

ZUBOFF, Shoshana. *A era do capitalismo de vigilância*: a luta por um futuro humano na nova fronteira do poder. Rio de Janeiro: intrínseca, 2020.

O COMÉRCIO ELETRÔNICO NO BRASIL ENTRE A CONFIANÇA E ASSIMETRIA INFORMACIONAL: UMA VERIFICAÇÃO À LUZ DA ECONOMIA REPUTACIONAL E GOVERNANÇA

Fabíola Meira de Almeida Breseghello

Doutorado em Direitos Difusos e Coletivos com ênfase em Relações de Consumo pela Pontifícia Universidade Católica de São Paulo (PUCSP). Presidente da Associação Brasileira das Relações Empresa Cliente (ABRAREC), Diretora do Comitê de Consumo do Instituto Brasileiro de Estudos de Concorrência, Consumo e Comércio Internacional (IBRAC). Sócia do Meira Breseghello Advogados. Reconhecida entre os Advogados e Advogadas Mais Admirados pela Revista Análise. Recomendada pelos Rankings Internacionais Lacca, Leaders League e Chambers.

Diógenes Faria de Carvalho

Pós-doutorado em Direito do Consumidor pela Universidade Federal do Rio Grande do Sul (UFRGS). Doutorado em psicologia (Economia comportamental) pela Pontifícia Universidade Católica de Goiás (PUCGO). Mestrado em Direito Econômico pela Universidade de Franca – SP (UNIFRAN). Diploma de Direito Europeu pela Universidade de Savoie Mont Blanc – Chambery/França. Advogado. Professor Associado da Universidade Federal de Goiás (UFG). Professor efetivo da Pontifícia Universidade Católica de Goiás – (PUCGO). Professor no Centro Universitário Alves Faria (UNIALFA/FADISP). Professor permanentes do Mestrado em Direito Constitucional Econômico do Centro Universitário Alves Faria (UNIALFA/FADISP). Foi presidente do BRASILCON pelo biênio de 2018/2020.

Sumário: 1. Introdução – 2. A nova ordem digital, direitos humanos e assimetria informacional – 3. Desafios regulatórios do *e-commerce* com a devida transparência e a proteção do consumidor – 4. Economia reputacional, assimetria da informação e confiança – 5. Governança no comércio eletrônico e os impactos na economia reputacional – 6. Conclusão – 7. Referências.

1. INTRODUÇÃO

O desenvolvimento da informática e das tecnologias da informação permitiram uma nova visão do mercado de consumo (mercado de consumo virtual) e as relações que se estabelecem pela internet integram um complexo fenômeno de virtualização da economia.

Em um curto espaço de tempo essas tecnologias operam profundas mudanças no modo como seres humanos se comunicam, se relacionam e praticam os atos da vida civil, especialmente em relação ao consumo que, progressivamente, se torna digital. De mero meio, a internet e suas plataformas se tornaram espaços de convivência e de estabelecimento de relações jurídicas e de exercício da cidadania, notadamente conformando o comércio eletrônico, cuja característica particular é a ausência de fronteiras territoriais e, mais atualmente, a utilização de algoritmos, inteligência artificial e *big data* – conformando uma nova ordem, a digital.

Observa-se um desenvolvimento de redes digitais interativas que favorecem todos os movimentos de virtualização independentemente do lugar geográfico e da coincidência dos tempos dentro de um ciberespaço que incentiva e acelera essa nova ordem econômica digital.

Em função disto se eleva a assimetria informacional, a qual dá causa ao reconhecimento de novas vulnerabilidades e ao agravamento das já conhecidas pelo Direito do Consumidor no *e-commerce* global, o que é piorado pela ausência de políticas públicas e de uma regulação harmonizada com o intuito de proteger este sujeito e incrementar a confiança necessária para o desenvolvimento de uma economia digital sadia no âmbito do direito internacional privado.

Haja vista a natureza internacional das redes e das tecnologias informáticas que constituem o espaço de mercado digital, é necessário abordar a proteção dos consumidores a partir de um ponto de vista global, enquanto elemento de um quadro jurídico e de políticas regulatórias transparentes e adequadas para o comércio eletrônico.

A configuração das redes mundiais coloca um desafio a cada país ou jurisdição quanto à sua capacidade de tratar convenientemente os problemas ligados à proteção dos consumidores no contexto do comércio eletrônico. Pois, políticas nacionais heterogêneas podem constituir um obstáculo à inovação e expansão do comércio eletrônico.

Neste espeque, a proteção internacional do consumidor passa a ser intrinsecamente ligada aos direitos humanos, na medida em que, para participar destes ecossistemas digitais, inegavelmente há de se estabelecer diversas relações de consumo conexas e, muitas vezes, complexas que escapam da arena regulatória de um determinado Estado.

Daí se perceber a imprescindibilidade de políticas públicas de natureza regulatória de âmbito global, levando-se em consideração a governança privada que as plataformas exercem e, assim, criando normatividade e regulação de comportamentos sem estarem necessariamente vinculadas aos direitos humanos e à proteção do consumidor.

Em relação à nova economia digital, o mercado tem percebido que, diante de tantas incertezas, sem governança adequada, não há condições de preservação da empresa.

Nesse aspecto, é possível ponderar que a governança visa garantir a conformidade de condutas à regulação e aos regramentos internos, pautados na cultura ética e estrita legalidade como mote para a busca de economia reputacional associada ao bem-estar do consumidor.

2. A NOVA ORDEM DIGITAL, DIREITOS HUMANOS E ASSIMETRIA INFORMACIONAL

A nova ordem digital possui como governantes uma pequena parcela de plataformas, consideradas como gatekeepers,[1] isto é, verdadeiras formadoras de ecossistemas digitais que oferecem serviços por si mesmas aos consumidores ou a terceiros, incluindo Estados e o Poder Público, para que estes forneçam serviços àqueles, mas por seu intermédio e sob seu controle, com claros intentos de lucros e sua otimização[2] e pouco comprometidas com os direitos humanos e a proteção do consumidor.

Controle, em termos jurídicos, se traduz na noção de governança que, segundo Floridi, trata-se da "prática de estabelecer e implementar políticas, procedimentos e padrões para o desenvolvimento, uso e gerenciamento adequados da infosfera (...) por vezes nem moral nem imoral, nem legal nem ilegal", onde se possibilita "(a) determinar e controlar processos e métodos usados por administradores de dados e guardiões de dados para melhorar a qualidade dos dados, confiabilidade, acesso, segurança e disponibilidade de seus serviços" e, complementarmente, "(b) elaborar procedimentos para a tomada de decisões e para a identificação de responsabilidades com respeito a processos relacionados a dados".[3] É uma forma de normatividade para além do Estado[4] e não atrelada, necessariamente, aos ditames humanistas do direito internacional privado[5] e a regulação atualmente existente é dispersa e assimétrica, de modo que consumi-

---

1. NOGAREDE, Justin. *Governing online gatekeepers*: taking power seriously. Bruxelas: The Foundation for European Progressive Studies (FEPS), 2021.
2. DIVER, Laurence. *Digisprudence*: the design of legitimate code. *Law, Innovation & Technology*, v. 13, n. 2, forthcoming. p. 2.
3. FLORIDI, Luciano. Soft Ethics and the Governance of the Digital. *Philosophy & Technology*, v. 31, p. 3, 2018. DOI: https://doi.org/10.1007/s13347-018-0303-9.
4. POLLICINO, Oreste; DE GREGORIO, Giovanni. Constitutional Law in the Algorithmic Society. In: MICKLITZ, Hans-W. et al. (Ed.). *Constitutional Challenges in the Algorithmic Society*. Cambridge: Cambridge University Press, 2022. p. 3-24.
5. Conforme ensina Ramos: "Há um grande risco de perda da identidade do Direito Internacional Privado, caso a interpretação e a ponderação entre os direitos em conflito na vida privada transnacional sejam feitas com base nos marcos locais (a interpretação de matriz nacional). O uso de cânones interpretativos do Estado do foro, mesmo que eivado da boa intenção de "preservar os direitos humanos", distorce os ideais de tolerância e alteridade da disciplina, desnaturando-a. Por isso, defende-se o uso da aplicação direta dos direitos humanos de matriz internacional, fazendo triunfar uma disciplina com identidade clara, universalista, voltada à promoção dos direitos de todos os envolvidos nos fatos transnacionais da vida privada". (RAMOS, André de Carvalho. Universal, tolerante e inclusivo: uma nova raciona-

dores não encontram respaldo compatível e satisfatório na formulação de leis nacionais ou mesmo em políticas públicas.[6]

Todavia, na nova ordem digital, a governança ainda carece de preceitos focados em direitos humanos e na proteção da pessoa humana, em especial do consumidor no comércio eletrônico internacional – apesar de existirem iniciativas regulatórias setoriais, o que talvez possam prejudicar o fluxo deste tipo de comércio global.

Na verdade, a ordem digital traz consigo desafios únicos que transbordam a dimensão da proteção de dados e da privacidade, envolvendo direitos humanos e o livre florescimento da personalidade. Neste sentido, a assimetria informacional que acomete tais sistemas, a concentração de poder econômico e político em plataformas e a pouca literacia digital dos consumidores parecerem ser fomentadores de uma mercantilização da vulnerabilidade[7] e, consequentemente, dos direitos humanos que lhe subjazem.

Cada vez mais, se faz necessário um diálogo entre as empresas com os Direitos Humanos, inclusive, esta foi a agenda do Grupo de Trabalho das Nações Unidas sobre Empresas e Direitos Humanos em 2021, que considerou o papel das tecnologias como um agente extrínseco à natureza humana.

Contudo, a falta de regulamentação legal para acompanhar a evolução digital tem resultado numa espécie de enfraquecimento dos direitos humanos por fenômenos como a extensão das desigualdades e a gradual suplantação da identidade dos indivíduos pelo digital.

Tradicionalmente, os direitos humanos e fundamentais referem-se, em razão de sua gênese histórica, à proteção do cidadão contra o Estado, bem como a deveres específicos do Estado, no sentido de se garantir direitos fundamentais à dignidade de seus cidadãos – como direitos sociais e culturais. Entretanto, em razão do poder, em especial da influência política que as grandes empresas adquiriram, em especial as de tecnologia, estas já vêm sendo estudadas como atores internacionais quase governamentais.

A aplicabilidade dos direitos humanos nas entidades privadas – e aqui se destaca a compreensão da proteção do direito do consumidor como um direito humano, de caráter individual, coletivo e difusos, simultaneamente – já é reconhecido, ainda que de modo limitado, por meio do instituto oriundo do direito

---

lidade para o Direito Internacional Privado na Era dos Direitos Humanos. *Cadernos do Programa de Pós-Graduação em Direito/UFRGS*, Porto Alegre, v. 15, n. 2, 2020, p. 107-137. p. 131).

6. SANTANA, Héctor Valverde. Proteção Internacional do Consumidor: necessidade de harmonização da legislação. *Revista de Direito Internacional*, v. 11, n. 1, p. 54-65. p. 63. Brasília, 2014.

7. O'NEIL, Cathy. *Algoritmos de destruição em massa*: como o big data aumenta a desigualdade e ameaça a democracia. Trad. Rafael Abraham. Santo André: Rua do Sabão, 2020. p. 115.

alemão, denominado *Drittwirkung*, e que no Brasil vem sendo chamado de "efeito horizontal" dos direitos humanos. No entanto, a normatização no plano internacional de regras de direitos humanos aos negócios – e dentre elas, como se verá, inclui-se a proteção ao consumidor com boas práticas de governança e ESG – é novidade que vem ganhando crescente aceitação, pois é uma forma de evolução na qualidade do tratamento com o consumidor.

Esclarece-se que, muito embora a regulação da atividade econômica com vistas à preservação dos direitos humanos, em especial a proteção do consumidor, aqui demonstrada para melhores práticas do mercado, venha sendo pensada e gestada no plano internacional, o objetivo é a incorporação das diretrizes às normas internas, e, inclusive, pelas próprias empresas, aplicáveis, portanto, não apenas ao comércio internacional, mas, igualmente, ao interno.

A discussão normativa no nível global sobre direitos humanos e empresas – apesar de tentativas pretéritas, em especial na década de 70, mas que geraram apenas propostas não aprovadas, diante de profundas divergências – é recente. É possível apontar três grandes marcos, com significativas aquisições evolutivas a respeito da matéria:[8] a) o Compacto Global, de 1999; b) as Normas sobre responsabilidade de corporações transnacionais e outros negócios em referência aos direitos humanos, de 2003; e os c) Princípios Guia para empresas e direitos humanos.

No ano de 1999, o Secretário Geral da ONU, Kofi Annan, anunciou o Compacto Global ao Fórum Econômico Mundial. Trata-se, atualmente, de dez princípios a respeito de direitos humanos, trabalho, meio ambiente, e, adicionado depois, sobre corrupção, endereçada à sustentabilidade corporativa. São eles, resumidamente: 1) Empresas devem apoiar e respeitar os direitos humanos internacionalmente proclamados; 2) e não devem compactuar com violações de direitos humanos; 3) Empresas devem apoiar a liberdade de associação e o efetivo reconhecimento do direito de negociação coletiva; 4) a eliminação de todas as formas de trabalho forçado ou compulsório; 5) a efetiva abolição do trabalho infantil; 6) a eliminação da discriminação no âmbito laboral; 7) Empresas devem adotar o princípio da precaução diante dos desafios ambientais; 8) adotar iniciativas para promover maior responsabilidade ambiental; 9) encorajar o desenvolvimento e difusão de tecnologias pró-ambiente; e 10) Empresas devem trabalhar contra todas as formas de corrupção, inclusive a extorsão e a propina.

O Compacto Global é uma proposta de adesão voluntária, dirigida às empresas, e conta atualmente com mais de dez mil participantes, entre empresas,

---

8. WEISSBRODT, David. Human Rights Standards Concerning Transnational Corporations and Other Business Entities, *Minnesota Journal of International Law*, 135, 2014. Disponível em: http://scholarship. law.umn.edu/faculty_articles/221. Acesso em: 1º abr. 2023.

investidores e demais *stakeholders*, de mais de 146 países.[9] Existe mecanismo de relatórios, através dos quais se pode conferir o cumprimento de obrigações, que são sumarizados e publicados na internet.

O Compacto Global foi um passo importante por inaugurar a temática de empresas e direitos humanos, mas incapaz de abarcar a complexidade da matéria no panorama atual entre os avanços tecnológicos e os digitais e os direitos humanos.

As Normas de 2003, aprovadas pelo Conselho Econômico e Social (ECO-SOCS), buscaram ser mais abrangentes e precisas quanto às obrigações das empresas para com os direitos humanos, quando comparadas com o Compacto Global, que elencou apenas princípios. Nelas, foram desdobrados os princípios do Compacto Global e outros princípios do Direito Internacional dos Direitos Humanos. Assim, o documento centrou-se especificamente na consolidação, com estrutura normativa, de obrigações sobre direitos humanos que empresas devem observar em suas práticas, em especial transnacionais. Destaca-se que, no ponto 13, foi tratado especificamente a proteção do consumidor.

Inicialmente, as Normas detalham que são os Estados, sem prejuízo da obrigação das empresas, os principais responsáveis pela implementação, respeito e efetivação de direitos humanos e fundamentais. Afirmou-se, também, a obrigação de empresas de promover, assegurar, respeitar e proteger os direitos humanos reconhecidos internamente e internacionalmente, tratando-se não de responsabilidade subsidiária, mas solidária e complementar.

A primeira seção trata de obrigações gerais (ponto 1), que, em síntese, reafirma a responsabilidade primária do Estado para promover e assegurar o respeito aos direitos humanos reconhecidos nacional ou internacionalmente, e assegurar que as empresas também o respeitem. A segunda seção (ponto 2) estabelece o dever de empresas assegurarem o direito à igual oportunidade e tratamento não discriminatórios, e busca eliminar a descriminação baseada em raça, cor, sexo, língua, religião, opinião política, dentre outras.

A terceira seção (pontos 3 e 4) tratam do direito da segurança das pessoas, devendo as corporações não se envolverem nem se beneficiarem de crimes de guerra, crimes contra a humanidade, genocídio, tortura, desaparecimento ou trabalho forçado, dentre outras violações ao direito humanitário. Na quarta seção (pontos 5 a 9), foram verificados os direitos laborais, como proibição do trabalho forçado, nos termos dos tratados internacionais e legislação local, proibição da

---

9. WEISSBRODT, David. Human Rights Standards Concerning Transnational Corporations and Other Business Entities, *Minnesota Journal of International Law*, 135, 2014. Disponível em: http://scholarship. law.umn.edu/faculty_articles/221. Acesso em: 1º abr. 202.

exploração do trabalho infantil e observância dos direitos das crianças, garantia de um ambiente de trabalho seguro e saudável, remuneração adequada.

Em seguida (quinta seção, pontos 10 a 12), a Norma especifica obrigações relativas ao respeito à soberania e direitos humanos: respeito às normas aplicáveis do direito internacional e nacional, bem como práticas administrativas, o Estado Democrático de Direito (*rule of law*), o interesse público, objetivos de desenvolvimento e políticas públicas sociais, econômicas e culturais, incluindo transparência, *accountability* e proibição de corrupção. A sétima seção tratou das obrigações ambientais, que restaram previstas no ponto 14.

A sexta seção, que nos interessa de modo especial (ponto 13), trata da proteção ao consumidor. Devem as empresas atuar de acordo com o "comércio justo e adequado" (*fair business*); práticas publicitárias e de marketing devem observar os cuidados necessários para garantir a segurança e qualidade dos bens e serviços. Aqui, pode-se pensar na importância das regulações econômicas em busca de um equilíbrio informacional entre consumidores e fornecedores, pois desempenham um papel relevante no desenvolvimento econômico e na defesa do consumidor, nos cenários em que o custo para aquisição de informações necessárias para realização de transações comerciais é elevado.

Na oitava seção (pontos 15 a 19), o documento trouxe questões relativas à sua concretização. Como passo inicial à implementação das Normas, cada corporação transnacional deve adotar, disseminar e implementar normas internas de operação de acordo com este documento. Em seguida, devem reportar periodicamente e tomar outras medidas para a total eficácia das Normas, cuidando para que os direitos humanos previstos sejam garantidos de imediato. Ainda, cada empresa transnacional deve aplicar e incorporar as Normas nos seus contratos ou outros acordos, bem como garantir a sua observância pelos contratados, subcontratados, fornecedores, licenciados, distribuidores, ou outra pessoa física ou jurídica que fizer qualquer negócio jurídico com a corporação transnacional.

Assim, as empresas transnacionais ficam sujeitas ao monitoramento periódico pelas Nações Unidas ou outro mecanismo nacional ou internacional já existente ou a ser criado, concernente à aplicação das Normas. Este mecanismo de monitoramento deve ser transparente e independente, e levar em consideração as informações de *stakeholders* (inclusive ONGs). As empresas transnacionais ficam obrigadas e realizar avaliações periódicas no que tange ao impacto de sua própria atividade sobre os direitos humanos previstos nas Normas.

Apesar de aprovadas pelo ECOSOCS, as Normas não foram aprovadas pelo Conselho de Direitos Humanos (CDH) da ONU. A solução encontrada pelo CDH, diante da sua não aprovação, foi apontar o especialista John Ruggie para conduzir um novo processo, que depois se consolidou nos Princípios Guia de 2011.

Os Princípios Guia (ou princípios orientadores) foram aprovados pelo Conselho de Direitos Humanos da ONU e foram construídos no marco das Nações Unidas para "respeitar, proteger e remediar". Os princípios foram divididos em três grandes pilares: a) "O dever dos Estados de proteger os direitos humanos"; b) "A responsabilidade das empresas de respeitar os direitos humanos"; e c) "Acesso a mecanismos de reparação". Cada um destes pilares é informado por princípios fundacionais (*fundational principles*) e princípios operacionais (*operational principles*).

Antes de analisar os princípios propriamente ditos, é importante ressaltar que três princípios gerais e organizativos, que servem de fundamento aos demais, foram estabelecidos. São eles o reconhecimento: 1) das obrigações existentes dos Estados de respeitar, proteger e implementar os direitos e liberdades fundamentais; 2) do papel das empresas como órgãos da sociedade que desempenham funções especializadas, sendo necessário a observar todas as leis aplicáveis e respeitar os direitos humanos; 3) da necessidade de direitos e obrigações estarem apropriadamente conectados a remédios efetivos, quando lesados.

É possível se fazer uma leitura dos princípios à luz do Direito do Consumidor, pois as políticas públicas de proteção ao consumo podem ser aperfeiçoadas mediante uma leitura conjunta, pois encontra-se uma forma de incentivo de boas práticas, governança e responsabilidade social corporativa, a qual, do ponto de vista da tutela jurídica do direito do consumidor, pode, a um só tempo, mitigar danos causados ao consumidor, criar maior grau de responsabilidade jurídica da empresa, ao assumir tais obrigações.

Trata-se de uma série de situações nas quais, um conjunto de princípios, propósitos e práticas a partir de uma Governança possa melhorar o mercado de consumo, em especial para conquista a confiança no mercado e gerar valor.

3. DESAFIOS REGULATÓRIOS DO *E-COMMERCE* COM A DEVIDA TRANSPARÊNCIA E A PROTEÇÃO DO CONSUMIDOR

Como tratado na seção anterior, qualquer política regulatória internacional do comércio eletrônico deve estar atinente aos direitos humanos e, concomitantemente, flexíveis para acompanhar as mudanças rápidas na nova ordem digital.

Na verdade, no contexto tecnológico contemporâneo, novos desafios se mostraram evidentes no que tange ao respeito e mesmo à promoção dos direitos humanos, especialmente considerando novas práticas de consumo que, até então, inexistiam ou eram pouco popularizadas à época do surgimento da internet e de sua mercantilização. Conforme Martinéz et al., os desafios decorrentes deste cenário são diversos, variando desde a forma de regulação das novas tecnologias e sua constante evolução até os conceitos de direitos humanos em si e sua função na era digital (limitadora ou *ultima ratio*).[10]

É claro que por intermédio de políticas públicas apropriadas, governos podem criar, projetar, implementar e comunicar marcos regulatórios atualizados que proporcionem um ambiente empresarial próspero para o *e-commerce*, bem como estimular a devida proteção ao consumidor e ao uso de dados pessoais, de modo a prover *frameworks* jurídicos que mitiguem os riscos de transação, de um lado, e estimulem a transparência e o tornem mais inclusivo, de outro.[11] Nesse sentido, políticas públicas são essenciais para garantir a proteção dos consumidores, da concorrência leal e a manutenção da integridade dos mercados digitais, os quais devem cumprir padrões éticos e de direitos humanos, conforme orientações guias da ONU, sem que isso prejudique a própria dinâmica desses mercados.

Em relação às políticas regulatórias no que tange ao comércio eletrônico, a Organização para a Cooperação e o Desenvolvimento Econômico (OCDE) tem promovido discussões e incentivos para soluções regulatórias mais eficientes a partir da sociedade civil numa espécie de ação global em cooperação, que associa os governos, as empresas, os consumidores e os seus representantes.[12]

A OCDE propõe ainda o modelo de autorregulação como uma opção para participação direta e protagonista dos agentes privados na disciplina da atividade econômica como uma forma de correção de rumos e adaptação do tema do comércio eletrônico. Autorregulação pode ser compreendida como uma resposta rápida aos reclames de autoridades e da própria sociedade, de modo que plataformas solucionam diversificadas questões por meio de instrumentos de cunho mormente contratual, bem como pela instalação de "tribunais digitais", a exemplo do *Oversight Board* do Facebook (Meta) e a institucionalização da autorregulação na temática de moderação de conteúdo, discurso de ódio e desinformação.

Tem sua origem fortemente relacionada às ideias liberais de não intervenção estatal na internet, de matriz tipicamente norte-americana que foi, após, englobada – com modificações – pela União Europeia, se mostrando eficiente nos primeiros estágios evolutivos da dimensão digital, pois possibilitou o crescimento econômico e a exploração comercial deste ambiente que, antes, era confinado a universidades e ao setor militar – o que, juridicamente, foi compreendido na noção de isenção

---

10. MARTÍNEZ, Julián Tole; CHAVARRO, Manuela Losada; SÁNCHEZ, Paula Lancheros. Challenges of United Nations Guiding Principles on Business and Human Rights in Technological Contexts: a View from the Evolution of Human Rights. *Opinión Jurídica*, v. 21, n. 46, p. 1-19, p. 15. Special Edition 2022.

11. AHI, Alan; SINKOVICS, Noemi; SINKOVICS, Rudolf. E-commerce Policy and the Global Economy: A Path to More Inclusive Development? *Management International Review*, p. 1-30. p. 5. nov. 2022.

12. ORGANIZAÇÃO PARA A COOPERAÇÃO E DESENVOLVIMENTO ECONÔMICO. *Recomendação do Conselho relativa às linhas directrizes que regem a protecção dos consumidores no contexto do comércio electrónico*. Disponível em: https://www.oecd.org/sti/consumer/34023696.pdf. Acesso em: jan. 2023.

de responsabilização de provedores por conteúdos gerados por terceiros ou responsabilização sob certas condições,[13] como se observa no bastante controverso art. 18 e seguintes do Marco Civil da Internet.

Há bastante críticas a este modelo regulatório, considerando que plataformas, atualmente, dispõem de instrumental tecnológico necessário para verificar tanto conteúdo quanto dados e perfis dos usuários, ou seja, suas atividades e comportamentos. A questão a ser discutida, nesse espeque, é até que ponto as plataformas legitimamente exerceriam auto ordenação de maneira satisfatória e sem se transformar em censura prévia ou modos de exclusão de consumidores de seus ambientes digitais. Colocado de outra forma, equivale a refletir sobre como ordenamentos privados – termos e condições de uso, políticas de privacidade, congêneres e o próprio código como produtor de normatividade – lidarão com direitos humanos e fundamentais.

Daí que vem ganhando certa notoriedade na doutrina a autorregulação regulada, que são modelos regulatórios mistos, isto é, uma combinação de autorregulação com a regulação derivada do Estado e por ele fiscalizada, um modelo misto, portanto. Maranhão e Campos entendem a autorregulação regulada como um modelo de proceduralização do direito que combina importantes fatores para o futuro incerto dos desenvolvimentos tecnológicos e o poder de grandes empresas de tecnologia com a função estatal referida no dever de proteção – aqui, em especial, os consumidores.

A proceduralização é um tema transteórico porque ele perpassa pela sociedade, economia, filosofia, política, economia, até alcançar o direito. O fundamental da proceduralização é assegurar o enfrentamento de problemas complexos com garantia constitucional e efetividade.

Para os autores, a autorregulação tem a vantagem da eficiência pela disposição do conhecimento interno e dinâmica de constante revisão de conceitos. Por outro, tem a desvantagem por não necessariamente perseguir interesses e valores públicos", ao passo que "a regulação por terceiro (*"Fremdregulierung"*) [*normalmente o Estado*] tem a vantagem de poder ser implementada por coerção em nome do interesse público e a desvantagem de, em ambientes dinâmicos, não dispor de conhecimento suficiente (...)".[14] Trata-se de uma tendência global para o desenvolvimento do movimento de políticas públicas de cunho regulatório para a governança da internet.

---

13. Veja, por todos: DE GREGÓRIO, Giovanni. *Digital Constitucionalism in Europe*. Reframing Rights and Powers in the Algorithmic Society. Cambridge: Cambridge University Press, 2022.
14. MARANHÃO, Juliano; CAMPOS, Ricardo. Fake News e autorregulação regulada das redes sociais no Brasil: fundamentos constitucionais. In: ABBOUD, Georges; NERY JR., Nelson; CAMPOS, Ricardo (Org.). *Fake news e regulação*. 3. ed. São Paulo: Thomson Reuters Brasil, 2021. RB-1.15.

Sobre esse movimento para uma nova governança global e com cooperação internacional, ou seja, tentativas para encontrar soluções regulatórias capazes de atender às questões tecnológicas atuais, verifica-se o resgate da participação privada na economia.

Como por exemplo, os mecanismos autorregulatórios dos serviços da economia criativa vêm demonstrando, inicialmente, eficazes para a proteção do consumidor em comparação àqueles criados pelo poder público, quando trabalham a confiança nos sistemas online, em especial da economia reputacional para assegurar a qualidade do atendimento e da prestação de serviços, do que as determinações legais.

4. ECONOMIA REPUTACIONAL, ASSIMETRIA DA INFORMAÇÃO E CONFIANÇA

A economia do compartilhamento demonstrou que o mercado de confiança implementado, com governos e empresas, oferece melhores práticas na sociedade. A professora Claudia Lima Marques nos aponta o paradigma da confiança:

> A confiança é elemento central da vida em sociedade e, em sentido amplo, é a base da atuação/ação organizada (*Geordneten Handelns*) do indivíduo. Segundo Niklas Luhmann, em uma sociedade hipercomplexa como a nossa, quando os mecanismos de interação pessoal ou institucional, para assegurar a confiança básica na atuação, não são mais suficientes, pode aparecer uma generalizada "crise de confiança" na efetividade do próprio Direito. Em outras palavras, o Direito encontra legitimidade justamente no proteger das expectativas legítimas e da confiança (*Vertrauen*) dos indivíduos.[15]

Para Marques a confiança é o paradigma novo necessário para realizar um "passo adiante" para adaptar o Direito do Consumidor ao comércio eletrônico e relembra Canaris, quando a confiança deve ser protegida pelo Direito justamente porque é, normalmente condição, influência decisiva ou causa de uma conduta negocial (*Kausalzusammenhang zwischen dem Vertrauen und des Disposition*) no mundo virtual, ou seja, uma "transparência" na era da informação , ou, como afirma a professora uma espécie de equidade informacional de Kloepfer (*Informationsgerechtigkeit*).[16]

E a confiança passa a ser a base do desenvolvimento e das facilidades promovidas pela tecnologia da informação aliando uma redução de custos de transação, permitindo que muitos negócios antes impensáveis pelos meios tradicionais que passaram a ser colocados em circulação a partir da confiança que se deposita

---

15. MARQUES, Claudia Lima. *A confiança no comércio eletrônico e a proteção do consumidor*: um estudo dos negócios jurídicos de consumo no comércio eletrônico. São Paulo: Ed. RT, 2004. p. 31.
16. MARQUES, Claudia Lima. *A confiança no comércio eletrônico e a proteção do consumidor*: um estudo dos negócios jurídicos de consumo no comércio eletrônico. São Paulo: Ed. RT, 2004. p. 48-49.

no online, o que permite que novas economias corrijam falhas de assimetria informacional, reduzam os problemas da seleção adversa e contribuam para o desenvolvimento econômico e proteção do consumidor, mesmo na ausência de uma regulação estatal específica.

Nesse aspecto, confiança e reputação estão nitidamente relacionadas com responsabilidade social, liderança e boas práticas oriundas de governança adequada, de forma a antever e evitar riscos legais e reputacionais.

Assimetria informacional é um fenômeno econômico caracterizado pelo fato de uma das partes de uma transação comercial possuir mais informações do que a outra, relativamente ao produto ou serviço que está sendo negociado. Essa diferença de informação gera um desequilíbrio de poder entre as partes, que pode acarretar numa falha de mercado chamada seleção adversa. A identificação desse fenômeno remonta ao célebre artigo de George Akerlof, na década de 70 sobre o "mercado dos limões".[17]

Akerlof demonstrou como produtos de melhor qualidade acabam não sendo negociados em vista da assimetria informacional existente entre fornecedores e consumidores. Assim, podemos considerar que na venda online, nos aplicativos e no comércio eletrônico em geral tenha ocorrido uma espécie de fenômeno que poderíamos denominar de digitalização da confiança.

5. GOVERNANÇA NO COMÉRCIO ELETRÔNICO E OS IMPACTOS NA ECONOMIA REPUTACIONAL

Dito isso, não se pode perder de vista que o comércio eletrônico e, atualmente a inteligência artificial reverberam na economia reputacional. Para tanto, governança e gestão de riscos demandam intensa atenção aos impactos regulatórios que permeiam a relação.

De forma a atender aos objetivos dessa obra, vale mencionarmos que o PL 281/2012 do Senado remetido à Câmara dos Deputados (PL 3514/2015[18]) que altera a Lei 8.078, de 11 de setembro de 1990 (Código de Defesa do Consumidor), para aperfeiçoar as disposições gerais do Capítulo I do Título I e dispor sobre o comércio eletrônico, e o art. 9º do Decreto Lei 4.657, de 4 de setembro de 1942 (Lei de Introdução às Normas do Direito Brasileiro), para aperfeiçoar a disciplina dos contratos internacionais comerciais e de consumo e dispor sobre as obrigações

---

17. AKERLOF, George A. The Market for "Lemons": Quality Uncertainty and the Market Mechanism. Disponível em: http://links.jstor.org/sici?sici=00335533%28197008%2984%3a3%3c488%3atmf%-22qu%3e2.0.co%3b26. Acesso em: 1º abr. 2023.
18. PROJETO DE LEI DO SENADO 281, de 2012. Disponível em: https://www25.senado.leg.br/web/atividade/materias/-/materia/106768. Acesso em: 17 maio 2023.

COMÉRCIO ELETRÔNICO NO BRASIL ENTRE CONFIANÇA E ASSIMETRIA INFORMACIONAL | **237**

extracontratuais apresenta importantes aspectos que, no tema aqui proposto, devem ser levados em conta. Vejamos.

Na perspectiva ESG, o PL traz, indubitavelmente, a preocupação socioambiental que deve permear qualquer programa de compliance. A proteção do meio ambiente passa a ser objetivo da Política Nacional das Relações de Consumo, assim como o "incentivo a padrões de produção e consumo sustentáveis" se apresenta como princípio de ações governamentais para a efetiva proteção do consumidor. Também como princípio da Política Nacional verifica-se a "promoção de padrões de produção e consumo sustentáveis, de forma a atender às necessidades das atuais gerações, permitindo melhores condições de vida e promovendo o desenvolvimento econômico e a inclusão social, sem comprometer a qualidade ambiental e o atendimento das necessidades das gerações futuras".

Não se pode perder de vista que o PL ainda inclui como direito básico do consumidor "a informação ambiental veraz e útil, observados os requisitos da Política Nacional de Resíduos Sólidos, instituída pela Lei 12.305, de 2 de agosto de 2010"[19] e, principalmente "a liberdade de escolha, em especial frente a novas tecnologias e redes de dados, vedada qualquer forma de discriminação e assédio de consumo".[20]

Destarte, nota-se a preocupação do PL com o aspecto ambiental e social o que traz impactos a governança cooperativa, sendo certo que novas tecnologias geram inúmeras preocupações e desafios para a proteção da informação veraz e séria, evitando-se, por exemplo, por meio do comércio eletrônico, a prática de *greenwashing* (marketing verde enganoso) ou *brownwashing* (marketing abusivo que visa passar a ideia de apoio à causas antirracistas, quando, na verdade, a organização não adota qualquer política efetiva), reverberando assimetria informacional.

O Projeto de lei em comento ainda traz como prática abusiva "ofertar produto ou serviço com potencial de impacto ambiental negativo sem tomar as devidas medidas preventivas e precautórias".[21] Por medidas preventivas e precautórias temos não apenas os aspectos de saúde e segurança previstos nos artigos 8º, 9º e 10 do próprio CDC, como, certamente, medidas de gestão e governança corporativa que impeçam qualquer impacto socioambiental ou, ao menos, permitam que a organização esteja preparada para adotar as medidas céleres e eficazes para mitigar qualquer dano.

A confiança no comércio eletrônico e a proteção do consumidor, tema de importantíssima obra aqui já citada da Professora Cláudia Lima Marques[22] envolve

---

19. Art. 6º, XIII.
20. Art. 6º, XII.
21. Art. 39, XIV.
22. MARQUES, Claudia Lima. *A confiança no comércio eletrônico e a proteção do consumidor*: um estudo dos negócios jurídicos de consumo no comércio eletrônico. São Paulo: Ed. RT, 2004.

a necessidade de extrema governança corporativa nos negócios jurídicos potencializando, para fins de perenidade das organizações, a economia reputacional e não mais apenas o lucro. A clareza e seriedade dos compromissos ESG e, no caso em tela, dos negócios eletrônicos entabulados de acordo com a regulação e proteção do consumidor, garantirá o capital reputacional.

Por fim, não podemos deixar de mencionar que, em dezembro de 2022, a ABNT lançou a norma ABNT PR 2030,[23] recomendação que aborda, em síntese, passos para incorporar o ESG nas organizações, além de contar com modelos de avaliação e direcionamento a serem aplicados para estabelecimento de metas empresariais e que traz, no eixo social, como critério do tema "Promoção de responsabilidade social na cadeia de valor", o relacionamento com consumidores/ clientes. Especialmente em relação ao tema desta obra, no eixo "governança", impende destacar entre as Práticas de controle de gestão: a *(i)* Gestão da segurança da informação e a *(ii)* Privacidade de dados pessoais. Referida norma é instrumento essencial para que as organizações implementem as melhores práticas e, principalmente estejam em consonância com o art. 170, V, da CF.

6. CONCLUSÃO

Diante de tantas nuances dos negócios jurídicos eletrônicos e a proteção do consumidor aliado à importância e desenvolvimento da economia reputacional para a perenidade das organizações, além de evitar assimetria informacional precisamente no aspecto socioambiental, imprescindível consolidar os pilares centrais do Programa de Compliance e boas práticas em Direito do Consumidor de acordo com a obrigação das empresas em promover, assegurar, respeitar e proteger os direitos humanos reconhecidos internamente e internacionalmente, mediante documentação e publicidade para os colaboradores, fornecedores e, principalmente frente aos órgãos de proteção e defesa do consumidor o que certamente facilita o diálogo com Judiciário, Ministério Público, Senacon e autoridades em geral mediante a apresentação de Código de Conduta, políticas e procedimentos internos acompanhados de treinamentos e comprovação de ações afirmativas.

É possível uma atuação conjunta do Sistema de Proteção e Defesa do Consumidor com o mercado para incentivo de boas práticas, governança e responsabilidade social corporativa, a qual, do ponto de vista da tutela jurídica do direito do consumidor, pode, a um só tempo, mitigar danos causados ao consumidor e criar maior grau de responsabilidade jurídica da empresa ao assumir tais obrigações.

---

23. ABNT PR 2030:2022 AMBIENTAL, SOCIAL E GOVERNANÇA (ESG) – Conceitos, diretrizes e modelo de avaliação e direcionamento para organizações. Disponível em: https://www.abntcatalogo.com.br/ pnm.aspx?Q=R1p0R3FjTDZIS2VEU1ZHNVRXSUdLL0I0TlRoNUdDd3dwZEEwU0Z5RktJUT0=. Acesso em: 14 maio 2023.

Em que pese uma nova ordem digital, a governança ainda carece de preceitos focados em direitos humanos e na proteção da pessoa humana, em especial do consumidor e no comércio eletrônico internacional, pois é imprescindível que uma organização esteja em alerta com a proteção do consumidor, aqui demonstrada para melhores práticas do mercado, pensada e gestada como missão e desenvolvida por líderes que geram resultados sustentáveis com mentalidade ESG, caso contrário se resumirá em mais um documento encomendado desprovido de resultados e apenas como mais uma manobra de marketing, assumindo um ônus reputacional exacerbado (a exemplo dos "*washings*").

Ainda, qualquer meta ESG e Programa de Compliance deve ser acompanhado e medido continuamente e só por meio de integração de áreas, inclusive SAC, ouvidoria, dados do consuidor.gov.br e de outras iniciativas (como, por exemplo Programa Amiga da Justiça do TJ/SP e empresa verificada do Procon/SP) é que se torna possível. Tais aspectos, inclusive, refletem no lançamento de novos produtos e serviços certamente mais próximos do que se espera de uma agenda e de um propósito ESG e na frequente atualização e estruturação de medidas e compromissos éticos frente a era digital (tal como pioneirismo e inovação na prevenção de fraudes eletrônicas com responsabilidade social) na medida em que reputação nunca foi tão primordial para a sobrevivência das organizações, sendo que o capital reputacional é alavancado pelo ESG estruturado.

Em relação à nova economia digital, o mercado tem percebido que, diante de tantas incertezas é possível ponderar que a governança visa garantir a conformidade de condutas à regulação e aos regramentos internos, pautados na cultura ética e estrita legalidade como mote para a busca de economia reputacional adequada, diminuição da assimetria informacional, melhores práticas sempre associadas ao melhor-estar subjetivo do consumidor.

Portanto, o principal desafio é não conflitar o lucro esperado do comércio eletrônico com a proteção do consumidor, ética digital e a confiança esperada na economia reputacional.

7. REFERÊNCIAS

ABNT PR 2030:2022 AMBIENTAL, SOCIAL E GOVERNANÇA (ESG) – Conceitos, diretrizes e modelo de avaliação e direcionamento para organizações. Disponível em: https://www.abntcatalogo.com.br/pnm.aspx?Q=R1p0R3FjTDZIS2VEU1ZHNVRXSUdLL0I0Tl RoNUdDd3dwZEEwU0Z5RktJUT0=. Acesso em: 14 maio 2023.

AHI, Alan; SINKOVICS, Noemi; SINKOVICS, Rudolf. E-commerce Policy and the Global Economy: A Path to More Inclusive Development? *Management International Review*, p. 1-30. p. 5. nov. 2022.

AKERLOF, George A. The Market for "Lemons": Quality Uncertainty and the Market Mechanism. Disponível em: http://links.jstor.org/sici?sici=00335533%28197008%29 84%3a3%3c488%3atmf%22qu%3e2.0.co%3b26.

DE GREGÓRIO, Giovanni. *Digital Constitucionalism in Europe*. Reframing Rights and Powers in the Algorithmic Society. Cambridge: Cambridge University Press, 2022

DIVER, Laurence. *Digisprudence*: the design of legitimate code. *Law, Innovation & Technology*, v. 13, n. 2, p. 2. forthcoming.

FLORIDI, Luciano. Soft Ethics and the Governance of the Digital. *Philosophy & Technology*, v. 31, p. 3, 2018. DOI: https://doi.org/10.1007/s13347-018-0303-9.

MARANHÃO, Juliano; CAMPOS, Ricardo. Fake News e autorregulação regulada das redes sociais no Brasil: fundamentos constitucionais. In: ABBOUD, Georges; NERY JR., Nelson; CAMPOS, Ricardo (Org.). *Fake news e regulação*. 3. ed. São Paulo: Thomson Reuters Brasil, 2021.

MARQUES, Claudia Lima. *A confiança no comércio eletrônico e a proteção do consumidor*: um estudo dos negócios jurídicos de consumo no comércio eletrônico. São Paulo: Ed. RT, 2004.

NOGAREDE, Justin. *Governing online gatekeepers*: taking power seriously. Bruxelas: The Foundation for European Progressive Studies (FEPS), 2021.

ORGANIZAÇÃO PARA A COOPERAÇÃO E DESENVOLVIMENTO ECONÔMICO. *Recomendação do Conselho relativa às linhas directrizes que regem a protecção dos consumidores no contexto do comércio electrónico*. Disponível em: https://www.oecd.org/sti/consumer/34023696. pdf. Acesso em: jan. 2023.

POLLICINO, Oreste; DE GREGORIO, Giovanni. Constitutional Law in the Algorithmic Society. *In:* MICKLITZ, Hans-W. et al (Ed.). *Constitutional Challenges in the Algorithmic Society*. Cambridge: Cambridge University Press, 2022.

PROJETO DE LEI DO SENADO 281, de 2012. Disponível em: https://www25.senado.leg.br/web/ atividade/materias/-/materia/106768. Acesso em: 17 maio 2023.

OLIVEIRA, Amanda Flávio de. 25 anos de regulação no Brasil. In MATTOS, César (org.). *A revolução regulatória na nova lei das agências*. São Paulo: Singular, 2021.

O'NEIL, Cathy. *Algoritmos de destruição em massa*: como o big data aumenta a desigualdade e ameaça a democracia. Trad. Rafael Abraham. Santo André: Rua do Sabão, 2020.

RAMOS, André de Carvalho. Universal, tolerante e inclusivo: uma nova racionalidade para o Direito Internacional Privado na Era dos Direitos Humanos. *Cadernos do Programa de Pós-Graduação em Direito/UFRGS*, v. 15, n. 2, p. 107-137. Porto Alegre, 2020.

SANTANA, Héctor Valverde. Proteção Internacional do Consumidor: necessidade de harmonização da legislação. *Revista de Direito Internacional*, v. 11, n. 1, p. 54-65. p. 63. Brasília, 2014.

WEISSBRODT, David. Human Rights Standards Concerning Transnational Corporations and Other Business Entities, *Minnesota Journal of International Law*, 135, 2014. Disponível em: http:// scholarship.law.umn.edu/faculty_articles/221. Acesso em: 1º abr. 2023.

A FORÇA OBRIGATÓRIA NO CONTRATO ELETRÔNICO E O DIREITO DE ARREPENDIMENTO PREVISTO NO PL 3.514/2015

Marcus da Costa Ferreira

Especialista em Direito do Consumo (Coimbra, Portugal). Professor da Faculdade de Direito da UniEVANGÉLICA. Desembargador do Tribunal de Justiça do Estado de Goiás (TJGO).

Jonas Sales Fernandes da Silva

Membro do Instituto Brasileiro de Política e Direito do Consumidor (Brasilcon). Advogado. E-mail: jonassalesfernandes@gmail.com.

Sumário: 1. Primeiras linhas: a força obrigatória nos contratos – 2. A força (nem tão) obrigatória nos contratos de consumo e nos contratos eletrônicos – 3. O direito de arrependimento no comércio eletrônico – 4. Da necessidade de aprovação do PL 3.514/2015 – 5. Referências.

1. PRIMEIRAS LINHAS: A FORÇA OBRIGATÓRIA NOS CONTRATOS

Na concepção clássica da disciplina dos contratos, tradicionalmente pavimentada na *estabilidade* e na *previsibilidade*,[1] impera a própria constituição do princípio da autonomia privada, entendida por Clóvis do Couto e Silva como a *facultas*, a possibilidade, embora não ilimitada, que possuem particulares de resolver seus conflitos de interesses, criar associações, efetuar o escambo dos bens e dinamizar, enfim, a vida em sociedade.[2]

Veja-se que sobre essa concepção o contrato idolatra a autonomia das vontades, a liberdade contratual, em suma: os interesses privados que ingressam na seara de proteção jurídica por meio de um negócio jurídico.

---

1. "A estabilidade é assegurada, na medida em que o que foi pactuado será cumprido, sem depender o arbítrio de qualquer parte do contrato ou das mudanças externas, inclusive legislativas. A previsibilidade decorre do fato de o contrato projetar-se para o futuro – futuro antecipado –, devendo suas cláusulas e condições regularem as condutas dos contratos, na presunção de que permaneceriam previsíveis. Para alguns, em matéria contratual, basta a segurança jurídica, que já conteria previsibilidade e estabilidade. " In: LÔBO, Paulo Luiz Netto. *Direito civil: contratos*. São Paulo: Saraiva, 2011, p. 63.
2. COUTO E SILVA, Clóvis. *A obrigação como processo*. São Paulo: FGV, 2011, edição do *kindle*, posição 385.

Ocorre que essa concepção, como bem se sabe, no Brasil nunca foi absoluta.[3] O "quem diz contratual, diz justo" (*quid contractual, quid juste*) não se estabelece e, como princípio jurídico que é, deve encontrar conformação dentro do ordenamento jurídico como um todo.[4] Aqui vale trazer à baila o verso do filósofo espanhol José Ortega Y Gasset: "yo soy yo y mi circunstancia".[5]

E é justamente dentro dessa perspectiva ampla que os negócios jurídicos entabulados entre partes concordes tem tomado novas colorações, nomeadamente com a ascensão da força normativa dos princípios jurídicos no Direito, os quais deixaram de ser fontes subsidiárias no processo criativo de normas jurídicas para alçarem ao centro do sistema jurídico.[6]

Claudia Lima Marques corrobora este aspecto ao assinalar que como resultado desta mudança de comportamento as leis passaram a ser mais concretas e menos conceituais. É o novo ideal, ainda de acordo com o pensamento da referida autora, da concretude das leis, que, para alcançar a solução dos novos problemas propostos pela nova realidade social, opta por soluções abertas, que deixam larga margem para atuação dos juízes e da doutrina, que pontua noções-chaves, valores básicos, princípios como os de boa-fé, equidade, equilíbrio, equivalência de prestações e outros.[7]

Também assim Paulo Lôbo, para quem o Estado social afetou exatamente os pressupostos sociais e econômicos que fundamentaram outrora a teoria clássica dos contratos. Seu clímax pode ser observado na redação do artigo 421 do Código Civil de 2002, que preceitua que a liberdade contratual será exercida nos limites da função social do contrato,[8] mas igualmente pode ser observada em princípios como o da boa-fé objetiva[9] e o da razoabilidade.

---

3. ANCONA, Teresa Lopes. Princípios contratuais. In: FERNANDES, Wanderley (Coord.). *Fundamentos e princípios dos contratos empresariais*. São Paulo: Saraiva, 2007, p. 11.

4. Assim: TOMAZETTE, Marlon. *Contratos empresariais*. São Paulo: JusPodivm, 2022, p. 84.

5. *Para todos la filosofia*. Disponível em: https://www.fronterad.com/para-todos-la-filosofia-15-yo-soy--yo-y-mi-circunstancia/. Acesso: 31 mar. 2023.

6. Assim, por todos, Luís Roberto Barroso: "Como já assinalado, os princípios jurídicos, principalmente os de natureza constitucional, viveram um vertiginoso processo de ascensão, que os levou de fonte subsidiária do Direito, nas hipóteses de lacuna legal, ao centro do sistema jurídico. No ambiente pós--positivista, de reaproximação entre o Direito e a Ética, os princípios constitucionais se transformam na porta de entrada dos valores dentro do universo jurídico. Há consenso na dogmática jurídica contemporânea de que os princípios e regras desfrutam do mesmo *status* de norma jurídica." In: BARROSO, Luís Roberto. *Curso de direito constitucional contemporâneo*: os conceitos fundamentais e a construção do novo modelo. 3. ed. São Paulo: Saraiva, 2011, p. 313.

7. MARQUES, Claudia Lima. *Contratos no Código de Defesa do Consumidor*: o novo regime das relações contratuais. 7. ed. São Paulo: Ed. RT, 2014, p. 219.

8. LÔBO, Paulo Luiz Netto. *Direito civil*: contratos. São Paulo: Saraiva, 2011, p. 22.

9. Código Civil. Art. 113. Os negócios jurídicos devem ser interpretados conforme a boa-fé e os usos do lugar de sua celebração. Art. 187. Também comete ato ilícito o titular de um direito que, ao exercê-lo, excede manifestamente os limites impostos pelo seu fim econômico ou social, pela boa-fé ou pelos bons

De maneira objetiva, nesse sentido é que o regime dos contratos evolui para colocar em equilíbrio os seguintes princípios jurídicos: (i) da autonomia privada; (ii) da força obrigatória; (iii) da relatividade dos efeitos; (iv) da função social; (v) da equivalência material; e (v) da boa-fé objetiva.[10]

O terreno mais fértil para a necessidade de conformação desses princípios, como se verá, se dá por meio da relação jurídica de consumo, mormente em ambiente digital, no dito comércio digital ou eletrônico.

2. A FORÇA (NEM TÃO) OBRIGATÓRIA NOS CONTRATOS DE CONSUMO E NOS CONTRATOS ELETRÔNICOS

Como visto, a clássica interpretação dos contratos privilegia, tanto quanto possível, o princípio da autonomia das vontades concordes. Ocorre que, e também como anotado, o movimento de *renovação contratual* destacado por Claudia Lima Marques[11] dentro da *nova teoria contratual* busca necessariamente o equilíbrio das vontades contrapostas e, mais do que isso, o equilíbrio das partes (ao fim e ao cabo) em uma relação jurídica de consumo. É a concretização da igualdade material, aristotélica, pois.[12]

A mitigação da força vinculante dos contratos tipicamente de consumo se dá exatamente em função da natureza da relação entre sujeitos díspares, posto ser o consumidor legalmente reconhecido como vulnerável (artigo 4º, I, do CDC[13]) a transacionar com o fornecedor que detém (ou ao menos deveria deter) todas as informações sobre os meios de produção, qualidade e riscos de produtos e serviços oferecidos no mercado, na maioria das vezes de forma massificada e

---

costumes. Art. 422. Os contratantes são obrigados a guardar, assim na conclusão do contrato, como em sua execução, os princípios de probidade e boa-fé.

10. A catalogação adotada aqui segue a doutrina de Paulo Luiz Netto Lôbo. In: LÔBO, Paulo Luiz Netto. *Direito civil*: contratos. São Paulo: Saraiva, 2011, p. 39-55.

11. "À procura do equilíbrio contratual, na sociedade de consumo moderna, o conceito destacará o papel da lei como limitadora e como verdadeira legitimadora da autonomia da vontade. A lei passará a proteger determinados interesses sociais, valorizando a confiança depositada no vínculo, as expectativas e a boa-fé das partes contratantes." MARQUES, Claudia Lima. *Contratos no Código de Defesa do Consumidor*: o novo regime das relações contratuais. 7. ed. São Paulo: Ed. RT, 2014, p. 214.

12. "Trata-se de uma incumbência do Estado e da sociedade em face das efetivas condições das pessoas, na concretização de "uma igualdade real e efetiva perante os bens da vida". Como leciona Jorge Miranda, a igualdade material é ligada a uma atitude crítica sobre a ordem social e económica existente e à consciência da necessidade e da possibilidade de a modificar (seja qual for a orientação política que se adote)". In: SANTOS, Welder et al. *1. Estado de Direito, Legalidade, Igualdade e Segurança Jurídica*. In: SANTOS, Welder et al. *Ação Rescisória por Violação a Precedente*. São Paulo: Ed. RT, 2021.

13. CDC. Art. 4º A Política Nacional das Relações de Consumo tem por objetivo o atendimento das necessidades dos consumidores, o respeito à sua dignidade, saúde e segurança, a proteção de seus interesses econômicos, a melhoria da sua qualidade de vida, bem como a transparência e harmonia das relações de consumo, atendidos os seguintes princípios: – reconhecimento da vulnerabilidade do consumidor no mercado de consumo.

impessoal, contando com elevadíssima estrutura de *marketing* para fazê-los circular, com precisão e eficácia tal que não raras vezes o consumidor, ao se dar conta, e em verdadeira *fadiga decisória*,[14] já fez aquisições de algo que não necessitava, pagando parceladamente com o dinheiro que não tem, acrescido de juros elevados.

Segundo Renato César Porto, é por meio do despertar das emoções que se encontram os consumidores da sociedade de sedução, mesmo porque toda vontade, quando muito estimulada, transmuta-se em desejo que, incitado, evolui para a sensação de necessidade.[15] Assim é que, sujeito passivo de um bombardeio de informações e peças publicitárias as mais variadas, e em busca de sua afirmação social e da necessidade (muitas vezes criada) de consumir, que se faz necessária a proteção do consumidor até dele próprio, quando se rende, em decisão não pensada e refletida, aos apelos de agressivo sistema de *marketing*, o qual pauta o estilo de vida pós-moderno.[16]

Muito embora a lei reconheça o consumidor como ente vulnerável, acredita-se que, ao pretender adquirir produtos ou serviços de consumo, este sujeito realiza cotações de preços, examina especificações, pesquisa melhores bases para contratar[17] e, refletidamente, procura o estabelecimento comercial a fim de adquiri-los, onde poderia visualizar o bem em sua real dimensão, tocar o objeto, receber todas as informações e esclarecer dúvidas a respeito, antes de se decidir pela aquisição, quando a venda estará perfeita e acabada, salvo os casos de evidenciarem-se vícios de qualidade ou quantidade (artigos 18 a 20 do CDC), em decorrência dos quais será ainda possível a rescisão contratual, com a devolução dos valores pagos.

Mas as modernas técnicas de *marketing* não permitem que o fornecedor permaneça estático em sua sede aguardando que eventuais interessados o procurem para adquirir seus produtos e serviços, em razão do que adotam condutas mais agressivas de ofertar ou mesmo sugerir seus produtos aos consumidores onde quer que eles estejam. Para Sérgio Cavalieri Filho, o sistema de vendas externas, mormente pela TV, *Internet* e *Telemarketing*, é altamente agressivo, atingindo o consumidor em sua casa, quando está mais vulnerável, criando-lhe necessidade

---

14. "Em parte, estamos despreparados porque, como nunca antes, a preponderância das escolhas sobrepujou nosso poder de administrá-las. Perdemos a capacidade de filtrar o que é importante e o que não é. Segundo os psicólogos, trata-se da "fadiga decisória": quanto mais escolhas somos forçados a fazer, mais a qualidade das decisões se deteriora". In: GREG, Mckeon. *Essencialismo*: a disciplina da busca por menos. Rio de Janeiro: Sextante, 2015, p. 18.
15. PORTO, Renato Cesar. *Publicidade Digital* – proteção da criança e do adolescente. São Paulo: Saraiva, 2014, p. 49.
16. BERGSTEIN, Laís. *O Tempo do Consumidor e o Menosprezo Planejado*. São Paulo: Ed. RT, 2019, p. 57.
17. NERY JUNIOR, Nelson et al. *Código Brasileiro de Defesa do Consumidor Comentado Pelos Autores do Anteprojeto*. 12. ed. Rio de Janeiro: Forense, 2018, p. 567.

artificial sobre algo que não precisa, tanto assim que não saiu de casa para procurá-lo.[18]

Dentro desse cenário de fadiga, tanto informacional quanto decisória, a importância de se permitir um verdadeiro *tempo de maturação* por parte do vulnerável da relação jurídica sobre a aquisição de bens e serviços tem importância fulcral.

E esse tempo de maturação, como se pode intuir, vai na contramão do direito contratual clássico, como já visto, mas vai ao encontro dos ditames da renovação contratual, acabando, assim, por mitigar a força obrigatória dos contratos, dos contratos de consumo e, na espécie, dos contratos de consumo por adesão, firmados no comércio eletrônico (as vulnerabilidades se somam a cada nova modalidade/complexidade).

3. O DIREITO DE ARREPENDIMENTO NO COMÉRCIO ELETRÔNICO

Dentro dessa conjuntura de não mais se preocupar tão somente com a estabilidade e a previsibilidade das relações jurídicas, nomeadamente dos negócios jurídicos, mas de se olhar para os sujeitos das relações em busca de respeito a igualdade material, surge o direito de arrependimento, expressão máxima desse *tempo de maturação*, bem assim da impossibilidade, nos contratos celebrados pela *internet*, de o consumidor verificar as qualidades da mercadoria adquirida ou as características dos serviços antes de ter decidido por sua contratação.[19]

Juridicamente falando, *direito de arrependimento* são todas as hipóteses em que a lei concede ao consumidor a faculdade de, em prazo determinado e sem contrapartida, se desvincular de um contrato por meio da declaração unilateral e desmotivada.

Assim, o artigo 49 do CDC trouxe ao direito brasileiro o prazo de reflexão, com direito de arrependimento, nos seguintes termos:

> O consumidor pode desistir do contrato, no prazo de 7 dias a contar de sua assinatura ou do ato de recebimento do produto ou serviço, sempre que a contratação de fornecimento de produtos e serviços ocorrer fora do estabelecimento comercial, especialmente por telefone ou a domicílio. Parágrafo único. Se o consumidor exercitar o direito de arrependimento previsto neste artigo, os valores eventualmente pagos, a qualquer título, durante o prazo de reflexão, serão devolvidos, de imediato, monetariamente atualizados.

Flávio Tartuce enfatiza ficar claro não se tratar de venda a contento ou "ad gustun", de que tratam os artigos 509 a 512 do vigente Código Civil, uma vez que

---

18. CAVALIERI FILHO, Sérgio. *Programa de Direito do consumidor*. Rio de Janeiro: Atlas, 2008, p. 134.
19. BARROS, João Pedro Leite. *Direito à informação. Repercussões no Direito do Consumidor*. Indaiatuba, SP, Editora Foco, 2022, p. 148.

nessa há necessidade de o comprador motivar as razões de sua não aprovação, enquanto a figura do artigo 49 acima mencionada dispensa qualquer tipo de motivação para o exercício de arrependimento, desde que dentro do prazo de reflexão.[20]

Para que o consumidor exercite o direito de arrependimento, basta que a aquisição tenha ocorrido fora do estabelecimento, e que o faça no prazo de sete dias, contados da contratação ou da efetiva entrega do produto ou prestação do serviço, sem que haja necessidade de apontar motivação para a desistência. Externada ao fornecedor a desistência dentro do prazo de reflexão, surge a obrigação de devolução de todos os valores eventualmente pagos pelo consumidor, devidamente atualizados.

O fundamento da norma é a proteção do consumidor em relação às técnicas de pressão dos fornecedores para a realização do contrato de consumo[21] que ocasionam as compras por impulso, deixando em total evidência a vulnerabilidade do consumidor, inclusive para a comprovação de condutas que passam ao largo da boa-fé por parte de vendedores externos que, não raras vezes, iludem os consumidores ao prometer propriedades que o produto ou serviço na verdade não tem, indicando condições para a aquisição que jamais seriam admitidas com um mínimo de reflexão, como, por exemplo, venda de produtos milagrosos para a cura de doenças, ou oferta de crédito a juros extorsivos ou para quem não dispõe da mínima capacidade de pagamento.

Claudia Lima Marques aponta que a grande indagação prática do direito ao arrependimento por parte do consumidor deve ser juridicamente a consideração a ser dada ao vínculo contratual durante o período de reflexão. Esclarece Claudia Lima Marques que, no regime alemão (BGB § 312 e § 312ª), nas vendas a domicílio, a oferta e aceitação inicial do consumidor não seriam eficazes antes do decurso do prazo, ficando a aceitação como que sujeita a uma condição suspensiva. Ocorrendo por escrito a revogação, o contrato nunca terá sido formado, dando-se a devolução de prestações eventualmente executadas.[22]

Prossegue a lecionar que o regime francês, consolidado no artigo 121-25 do "*Code de la Consommation* – Lei 93.949/93", admite que o cliente tem o direito de renunciar à aceitação contratual, sendo vedado qualquer tipo de execução contratual pelo fornecedor no prazo de reflexão, o que permite a conclusão de que o contrato não se conclui imediatamente, entendendo-se, portanto, que em tal período não existe contrato, o que, inclusive, coloca o consumidor em situação

---

20. TARTUCE, Flávio et al. *Manual de Direito do Consumidor*. São Paulo: Gen Editora Método, 2012, p. 134.
21. MIRAGEM, Bruno. *Curso de Direito do Consumidor*. 7. ed. São Paulo: Ed. RT, 2018, p. 432.
22. MARQUES, Claudia Lima. *Contratos no Código de Defesa do Consumidor*. 7. ed. São Paulo: Ed. RT, 2002, p. 706.

FORÇA OBRIGATÓRIA NO CONTRATO ELETRÔNICO E DIREITO DE ARREPENDIMENTO **247**

melindrosa, por poder ser considerado "depositário" do produto até sua devolução ao fornecedor.

Parece acertada a conclusão, a exemplo de outros institutos sem similares no Direito Civil (como obstar o prazo decadencial), que o Código de Defesa do Consumidor criou uma nova causa de resolução unilateral do contrato isenta de qualquer penalidade, em homenagem à vulnerabilidade do consumidor, pois que tanto no *caput* como no Parágrafo Único do artigo 49, resta evidente a ideia da existência de contrato, que será rescindido com devolução da coisa, quando possível, e restituição de valores eventualmente pagos.

Nesse sentido, igualmente, João Pedro Leite Barros, para quem "vale ressaltar que não se tratar de um direito de revogação, cuja atuação se inseriria na fase de formação do contrato, que, assim, ficaria suspensa".[23] Ao revés: o exercício do direito de arrependimento provocará a cessação da relação contratual existente, tipicamente em seus efeitos retroativos. Também nessa esteira Menezes Cordeiro, o qual registra a doutrina tem manifestado que o direito de arrependimento seria um "direito à livre resolução" e se agrega a espécie de revogação.[24]

O prazo de 7 (sete) dias é decadencial, não admitindo interrupções,[25] e deve ser contado nos moldes do disposto no artigo 132 e seus parágrafos do Código Civil, ou seja, excluindo-se o dia do começo e incluindo-se o do fim,[26] com as ressalvas de "*dies a quo*" e "*dies ad quem*" serem postergados ao primeiro dia útil seguinte, em caso de coincidência com domingos ou feriados. Dito prazo começa a fluir a partir do momento em que se firma o contrato, para os casos que não impliquem em entrega imediata de produto ou prestação de serviços, como, por exemplo, assinaturas de jornais ou revistas, contratação de serviços de TV a cabo, aquisição de planos de saúde e seguros em geral feitos fora do estabelecimento,[27] ou na data da efetiva entrega[28] do produto ou prestação do serviço, devendo a desistência ser comunicada ao fornecedor. Apesar de a lei não exigir forma

---

23. BARROS, João Pedro Leite. *Direito à informação. Repercussões no Direito do Consumidor.* Indaiatuba, SP, Editora Foco, 2022, p. 153.
24. CORDEIRO, Menezes. *Tratado de Direito Civil IX.* Parte Geral. 3. ed. Coimbra: Almedina, 2017, p. 56.
25. Idem, p. 432.
26. CARVALHO, José Carlos Maldonado de. *Direito do* consumidor: fundamentos doutrinários e visão jurisprudencial. 3. ed. São Paulo: Editora Lumen Juris, 2008.
27. NUNES, Rizatto. *Curso de Direito do Consumidor.* 13. ed. São Paulo: Saraiva, 2019.
28. "2. Não se mostra necessária a realização de perícia quando os fatos controvertidos puderem ser elucidados por meio de outros elementos de prova constantes nos autos, não sendo necessária a realização de perícia para verificar eventual defeito no aparelho (Adega 12 Garrafas), uma vez que o produto foi adquirido por meio de compra em site de internet e é garantido ao consumidor o direito de arrependimento no prazo de sete dias contados da entrega do produto, independentemente da existência de defeito (art. 49, CDC)". TJ-DF 07331597220208070016 DF 0733159-72.2020.8.07.0016, Relator: Asiel Henrique de Sousa, Data de Julgamento: 26.05.2021, Terceira Turma Recursal, Data de Publicação: Publicado no DJE: 02.06.2021.

expressa, até para facilitar eventual produção de prova, deve o consumidor se atentar em fazer tal comunicação por meio que permita fácil compreensão, como pelo envio de *e-mail*, mensagem eletrônica por celular, notificação cartorária ou correspondência de qualquer espécie.

Importante frisar que, nos casos de efetiva entrega do produto, deve o consumidor se acercar de cuidados com a preservação da coisa, sendo certo que em caso de perecimento não lhe será mais lícito o arrependimento, e, em caso de desgaste ou utilização parcial, deverá, de qualquer modo, haver algum ressarcimento ao fornecedor em relação à perda por ele experimentada pela desvalorização do produto, tendo em vista não se tratar de venda a contento, mas mero prazo de reflexão, que inclusive forçará o fornecedor a ressarcir todos os valores pagos, em observância dos princípios da boa-fé e da harmonização dos interesses dos envolvidos na relação de consumo, contidos no artigo 4º do CDC.

Há determinado consenso na doutrina no sentido de que, exercitado o direito de arrependimento, deve haver a devolução do produto ao fornecedor, correndo à custa deste eventuais despesas com o porte ou remessa da coisa, tanto por se tratar de ônus próprio ao risco de sua lucrativa atividade, como por representar a melhor interpretação que se pode dar ao Parágrafo único do artigo 49, ao determinar a devolução de valores pagos pelo consumidor "a qualquer título",[29] do que não discrepa a esmagadora jurisprudência.[30]

Com forte influência do direito Europeu vigente à época de sua edição, o Código de Defesa do Consumidor fixou o prazo de reflexão em 7 (sete) dias, acompanhando o que previa legislação Francesa, lei Alemã de 1976, bem como o previsto no artigo 11, 1 do Decreto-lei 272/87, de 3 de julho de 1987 da República de Portugal.[31] Com a louvável ação dos juristas encarregados da formulação do anteprojeto do CDC, a Lei 8.078, de 1990, buscando institutos já conhecidos no Direito mundial, os adaptou à realidade brasileira (como a criação tupiniquim da figura de consumidores pessoas jurídicas, por exemplo), simplificando e tornando-os mais acessíveis e factíveis, fazendo com que suas disposições se apliquem de forma mais abrangente, desde que constatada a relação de consumo.

Dessa forma, o direito de arrependimento ou reflexão previsto no artigo 49 do CDC se aplica a todo e qualquer tipo de aquisição de produtos ou serviços de qualquer natureza, desde que realizados fora do estabelecimento, fugindo-se

---

29. *Vide* a respeito: MIRAGEM, Bruno, idem, p. 433; NUNES, Rizatto, idem, p. 735; BESSA, Leonardo Roscoe, BENJAMIN, Antonio Herman Vasconcelos, MARQUES, Claudia Lima. *Manual de Direito do Consumidor*. 10. ed. São Paulo: Ed. RT, 2022, p. 428, NERY JUNIOR, Nelson. *Código de Defesa do Consumidor Comentados pelos Autores do Anteprojeto*. 8. ed. p. 553.
30. Assim: STJ. REsp. 1.340.604, julgado em 15.08.2013, sob a relatoria do Ministro Mauro Campbel Marques.
31. Vide PORTUGAL, Decreto Lei 272/87, de 3 de julho de 1987.

FORÇA OBRIGATÓRIA NO CONTRATO ELETRÔNICO E DIREITO DE ARREPENDIMENTO **249**

de casuísticas relativas aos diversos contratos que assim podem ser realizados. A título de comparação, basta uma vista d'olhos no Decreto-Lei 24/2014, de 14 de fevereiro de 2014[32] que transpôs para o ordenamento jurídico português a Diretiva 2011/83/UE de 25 de outubro de 2011, sobre direito de arrependimento nos contratos celebrados à distância e fora dos estabelecimentos comerciais, em cujo artigo 2º se faz ressalva de aplicação a quatorze tipos de contratos (dentre eles os financeiros, os de viagens organizadas, os de transporte de passageiros, os de saúde etc.), tendo em vista que já tratados por diversos outros diplomas legais, o que, sem dúvida dificulta, em muito, a defesa dos consumidores, envolto em enorme arcabouço legislativo.

O certo é que mencionada diretiva 2011/83/UE[33] estabelece, em seu artigo 40, que (...) "Deverá aplicar-se o mesmo prazo de retratação para todos os contratos, tanto os celebrados à distância como os celebrados fora dos estabelecimentos comerciais. No caso dos contratos de serviços, o prazo de retratação deverá expirar 14 dias a contar da celebração do contrato. No caso dos contratos de compre e venda, o prazo de retratação deverá expirar 14 dias a contar da data em que o consumidor ou um terceiro diferente do transportador e indicado pelo consumidor adquire a posse física dos bens". Ficando assim determinada a unificação dos prazos de reflexão nas nações a ela submetidas, em 14 (quatorze) dias, ou o dobro do que é previsto no Brasil.

Definida a pós-modernidade como o atual estágio de desenvolvimento das sociedades ocidentais, marcado por multiculturalismo; riscos elevados e desconhecidos; acelerado desenvolvimento tecnológico; produção e oferta massificados de bens e serviços, novos meios de comunicação e proliferação de relações contratuais, especialmente por meios eletrônicos, além da aceleração do ritmo de operações financeiras e econômicas (2), não há dúvida de que estamos a experimentar silenciosa transformação nos hábitos, procederes e da própria "normalidade", face à incorporação da tecnologia no dia a dia, de modo que em dias atuais nos tornarmos dependentes da vida em rede e conectada.

Disso não poderiam fugir as relações de consumo, posto gerar a possibilidade de aquisição de produtos e serviços os mais diversos, talvez localizados em locais remotos, e até em outros países, sem a necessidade de qualquer deslocamento, com um simples clicar de uma tecla, sendo que a tendência a adesão ao comércio eletrônico se acelerou exponencialmente durante o período pandêmico,

---

32. PORTUGAL, Decreto Lei 24/2014, de 14 de fevereiro de 2014. Disponível em: https://dre.pt/dre/legislacao-consolidada/decreto-lei/2014-73222992.

33. UNIÃO EUROPEIA – Diretiva 2011/83 do Parlamento Europeu e do Conselho, de 25 de outubro de 2011, disponível em https://eur-lex.europa.eu/LexUriServ/LexUriServ.do?uri=OJ:L:2011:304:0064:0088:P-T:PDF.

existindo informes de que um quarto da população brasileira faz compras pela *internet*, movimentando valores superiores a 110 (cento e dez) bilhões de reais ao ano.[34] Se por um lado são inegáveis os benefícios das aquisições *on-line*, por outro evidente que no terreno virtual a vulnerabilidade do consumidor resta potencializada. Deficiência de informação, *marketing* agressivo, ausência total de contato físico com o produto a ser adquirido muitas vezes sujeito a truques fotográficos, desconhecimento de sede física do vendedor e incerteza quanto a entrega do bem dentre diversos outros riscos, e, especialmente a tendência das compras por impulso nas diversas horas que se passa conectados todos os dias, deixam o consumidor em situação assaz melindrosa.

4. DA NECESSIDADE DE APROVAÇÃO DO PL 3.514/2015

Não há questionamento na doutrina pátria de que o artigo 49 do CDC e o prazo de reflexão de 7 (sete) dias nele contido se aplicam ao comércio à distância e ao comércio eletrônico,[35] muito embora a lei assim não expresse. Não se pode olvidar que quando da edição do Código em 1990 a *World Wide Web*, que permitiu a *internet* como hoje se usa, era apenas uma proposta,[36] e, certamente por isso o legislador se limitou a exemplificar vendas fora do estabelecimento "especialmente por telefone ou a domicílio" como sujeitas ao prazo de reflexão e de arrependimento.

Mas não se pode negar que as contratações eletrônicas e à distância são extremamente mais complexas que as demais modalidades de transações fora do estabelecimento, onde, no mínimo, se tem o contato físico com o fornecedor ou seu representante, potencializando a vulnerabilidade do consumidor, não sendo o arcabouço legal existente suficiente para garantir um *standard* mínimo de proteção necessário.

Exatamente por tal motivo a comissão de juristas convocada pelo Senado Federal elaborou os estudos que resultaram no Projeto de Lei 3.514, que a exemplo do 3.515 (hoje transformado na Lei 14.181/21 – Lei Claudia Lima Marques, que trata do superendividamento) se propõe a atualizar o CDC nele inserindo, dentre outras, disposições que cuidem da proteção do consumidor nas relações relativas ao comércio eletrônico.

---

34. *Compras on-line crescem e alcançam 49,8 milhões de usuários no Brasil.* Disponível em: https://www.correiobraziliense.com.br/economia/2022/09/5037748-compras-on-line-cresce-e-alcanca-498-milhoes-de-usuarios-no-brasil.html. Acesso: 31 mar. 2023.
35. MARQUES, Claudia Lima. *Confiança no Comércio Eletrônico e a Proteção do Consumidor.* São Paulo: Ed. RT, 2004, p. 278.
36. *A história da Internet:* a década de 1990. Disponível em: https://www.tecmundo.com.br/infografico/10054-a-historia-da-internet-a-decada-de-1990-infografico-.htm. Acesso: 31 mar. 2023.

Cumprindo-se, de momento, discorrer acerca do direito de arrependimento e do prazo de reflexão, é de se notar que o texto posto à apreciação do legislativo traz sensível avanço na proteção e defesa dos consumidores, em matéria de preservação do meio ambiente, ampliando a proteção administrativa, e, sobretudo regulando de forma direta e clara, o comércio eletrônico em suas fases pré, contratual, e pós-contratual, tornando mais transparentes e seguras as operações realizadas neste ambiente, ao qual é dedicado todo uma seção, a de número VII, no Capítulo relativo às práticas comercias, inserindo no CDC os artigos de "45-A" a "45-G".

A proposta legislativa mantém o prazo de reflexão em 7 (sete) dias, ou seja, período bem inferior ao concedido no Direito Português, onde tal período é, no mínimo, de 14 (quatorze) dias para o consumidor comum, elevando-se 30 (trinta) dias, quando se cuida de idoso, podendo ser alargado para 12 (doze) meses, contados do término no prazo inicial de 14 (quatorze) dias, caso não cumpra o fornecedor o dever de informação pré-contratual ou deixe de juntar formulário de desistência ao contrato.[37]

Inegável, entretanto, que se preocupa com a proteção pré-contratual quando no artigo 45-D obriga o fornecedor a disponibilizar informações necessárias ao direito de escolha, com destaque para cláusulas limitativas; manter disponível serviço adequado de comunicação que eficazmente atenda ao comprador; dever de imediata confirmação do recebimento de comunicações relevantes, como a do arrependimento e cancelamento do contrato, dentre outras obrigações. Já o artigo seguinte, impõe elenco de documentos a serem enviados ao consumidor, incluindo: previamente, o contrato em língua nacional e linguagem acessível, e, após a contratação, via do contrato em suporte duradouro; confirmação imediata do recebimento da oferta, e, em especial, formulário ou *link* para formulário facilitado e específico para que o consumidor preencha em caso de arrependimento.

Assim ficam extirpadas dúvidas e subterfúgios tantas vezes utilizados pelos fornecedores sobre o conteúdo das informações a serem prestadas, sobre a comprovação da contratação eletrônica e em relação à forma como deve se dar a manifestação de arrependimento do consumidor quanto a aquisição feita fora do estabelecimento, o que, sem dúvida, é positivo para todos os envolvidos, uma vez que passam a dispor de regra simples e de fácil atenção, fornecendo verdadeira segurança jurídica.

Também prestigiando o dever de lealdade e informação que pesa sobre o fornecedor, o parágrafo único do artigo 45-E penaliza o não envio da confirmação de aceitação ou do formulário para arrependimento, com a ampliação do prazo

---

37. FROTA, Mário. *Consultório do Consumidor*. Disponível em: https://apdc-direitoconsumo.blogspot.com/search?q=contratos+fora+de+estabelecimento. Acesso: 31 mar. 2023.

de arrependimento para "mais 14 dias", ou seja, em hipótese tal passará a ser de 21 dias. Apesar de ainda bem distante do prazo de 12 meses previsto no Direito Europeu para a deficiência de informação, parece verdadeiro ganho na defesa do consumidor o acréscimo de mencionado prazo.

Além de positivar o conceito de contratação à distância, como "aquela efetivada fora do estabelecimento ou sem a presença física simultânea do consumidor e do fornecedor, especialmente em domicílio, por telefone, por reembolso postal ou por meio eletrônico ou similar" no § 2º do artigo 49 equiparou a compra fora do estabelecimento aquela que, mesmo ali realizada, não tenha permitido ao consumidor a prévia oportunidade de conhecer o produto, por não se encontrar em exposição ou por impossibilidade ou dificuldade de acesso a seu conteúdo, como, por exemplo, na venda para entrega posterior ou com deficiência das necessárias informações.

A proposta define a contagem do prazo para arrependimento, tendo como "dies a quo" a aceitação da oferta, o recebimento ou a disponibilidade do produto ou do serviço, sempre o que ocorrer por último, tornando mais clara a regra atualmente existente, o que facilita o exercício do direito por parte do consumidor. Por outro lado, no § 4º do artigo 49, esclarece que a desistência formalizada no prazo legal implica a devolução do produto com todos os acessórios, e bem assim a nota fiscal, evitando o enriquecimento sem causa, e, mantido o texto do § 1º, permanece hígida a regra que atribuiu ao fornecedor todas as despesas efetivadas pelo consumidor, inclusive com a devolução.

O projeto, no § 5º do artigo 49, inova ao determinar solução para os chamados contratos coligados, em caso de arrependimento, ao vaticinar que (...) "são automaticamente rescindidos, devendo ser devolvido ao fornecedor do crédito o valor total financiado ou concedido que tiver sido entregue, acrescido de eventuais juros incidentes até a data da efetiva devolução, tributos e tarifas, sendo estas cobradas somente quando aplicável", inclusive para operações que envolvam retirada de recursos ou financiamento. No parágrafo seguinte, cria ao fornecedor, sem prejuízo da iniciativa do consumidor, a obrigação de comunicação do arrependimento à instituição financeira ou administradora de cartão de crédito ou similar, para evitar que a operação seja lançada na fatura do consumidor, ou, caso a fatura já tenha sido emitida no momento da comunicação, seja efetivado o estorno, ou lançado crédito em favor do consumidor, na fatura seguinte ao lançamento, em caso de pagamento total ou parcial.

No sentido de incentivar o cumprimento das normas protetivas, o sugerido § 7º do artigo 49 impõe ao fornecedor, em caso de não devolução imediata dos valores pagos a qualquer título pelo consumidor, ou de não comunicação imediata do exercício do direito de arrependimento às financeiras ou operadoras de cartões de crédito ou similares, a obrigação de devolução em dobro, a exemplo do que já ocorre no caso de cobrança indevida (artigo 42, parágrafo único).

Por derradeiro, o projeto determina a regulação diferenciada, a ser efetivada em até 180 (cento e oitenta) dias após a promulgação da lei, para a rescisão de contratos relativos a transporte aéreo, em decorrência de suas peculiaridades, o que já recebe críticas da abalizada doutrina de Antônia Klee, ao afirmar ser necessário pensar no exercício do direito de arrependimento do consumidor como um direito potestativo e irrenunciável, evitando-se assim casuísmos.[38]

Da mesma forma que inegável a necessidade de aprovação do projeto para que se tenha uma regulação mínima do comércio eletrônico, com a necessária proteção aos direitos e interesses do consumidor, não se pode esquecer que o projeto original, objeto de estudos por parte da comissão de juristas, (originalmente Projeto de Lei 281 do Senado Federal), é de 2012. Assim necessário se fará que durante as discussões perante a Câmara dos Deputados algumas disposições devem ser inseridas para atender a evolução e os problemas verificados no comércio eletrônico ao longo dos 11 anos de tramitação até o presente momento, o que, na pós-modernidade, denotam alterações significativas.

5. REFERÊNCIAS

ANCONA, Teresa Lopes. *Princípios contratuais*. In: FERNANDES, Wanderley (Coord.). *Fundamentos e princípios dos contratos empresariais*. São Paulo: Saraiva, 2007.

BARROS, João Pedro Leite. *Direito à informação. Repercussões no Direito do Consumidor*. Indaiatuba, SP, Editora Foco, 2022.

BARROSO, Luís Roberto. *Curso de direito constitucional contemporâneo: os conceitos fundamentais e a construção do novo modelo*. 3. ed. São Paulo: Saraiva, 2011.

BERGSTEIN, Laís. *O Tempo do Consumidor e o Menosprezo Planejado*. São Paulo: Ed. RT, 2019.

BESSA, Leonardo Roscoe, BENJAMIN, Antonio Herman Vasconcelos, MARQUES, Claudia Lima. *Manual de Direito do Consumidor*. 10. ed. São Paulo: Ed. RT, 2022.

CARVALHO, José Carlos Maldonado de. *Direito do Consumidor*: fundamentos doutrinários e visão jurisprudencial. 3. ed. São Paulo: Editora Lumen Juris, 2008.

CAVALIERI FILHO, Sérgio. *Programa de Direito do consumidor*. Rio de Janeiro: Atlas, 2008.

CORDEIRO, Menezes. *Tratado de Direito Civil IX*. Parte Geral. 3. ed. Coimbra: Almedina, 2017.

COUTO E SILVA, Clóvis. *A obrigação como processo*. São Paulo: FGV, 2011.

GREG, Mckeon. *Essencialismo: a disciplina da busca por menos*. Rio de Janeiro: Sextante, 2015.

KLEE, Antônia Espíndola Langoni. *Direito do Consumidor Aplicado, Garantias de Consumo*, organizado por Jonas Sales. Indaiatuba, São Paulo: Editora Foco, 2023.

---

38. KLEE, Antônia Espíndola Langoni. *Direito do Consumidor Aplicado, Garantias de Consumo*, organizado por Jonas Sales. Indaiatuba, São Paulo: Editora Foco, 2023, p. 205.

LÔBO, Paulo Luiz Netto. *Direito civil*: contratos. São Paulo: Saraiva, 2011.

MARQUES, Claudia Lima. *Confiança no comércio eletrônico e a proteção do consumidor*. São Paulo: Ed. RT, 2004.

MARQUES, Claudia Lima. *Contratos no Código de Defesa do Consumidor*: o novo regime das relações contratuais. 7. ed. São Paulo: Ed. RT, 2014.

MIRAGEM, Bruno. *Curso de Direito do Consumidor*. 7. ed. São Paulo: Ed. RT, 2018.

NERY JUNIOR, Nelson et *al. Código Brasileiro de Defesa do Consumidor Comentado Pelos Autores do Anteprojeto*. 12. ed. Rio de Janeiro: Forense, 2018.

NUNES, Rizatto. *Curso de Direito do Consumidor*. 13. ed. São Paulo: Saraiva, 2019.

PORTO, Renato Cesar. *Publicidade Digital* – proteção da criança e do adolescente. São Paulo: Saraiva, 2014.

SANTOS, Welder et al. *Ação Rescisória por Violação a Precedente*. São Paulo: Ed. RT, 2021.

TARTUCE, Flávio et al. *Manual de Direito do Consumidor*. São Paulo: Gen Editora Método, 2012.

TOMAZETTE, Marlon. *Contratos empresariais*. São Paulo: Editora JusPodivm, 2022.

A NECESSÁRIA INSERÇÃO DE UM CRITÉRIO MATERIAL DE PROTEÇÃO AO CONSUMIDOR TRANSFRONTEIRIÇO NO DIREITO INTERNACIONAL PRIVADO BRASILEIRO: AS CONTRIBUIÇÕES DO PL 3.514/2015

Luciane Klein Vieira

Doutora em Direito (área: Internacional) e Mestre em Direito Internacional Privado pela Universidade de Buenos Aires (UBA). Mestre em Direito da Integração Econômica, pela Universidad del Salvador (USAL) e Université Paris I – Panthéon – Sorbonne. Professora da Graduação e do Programa de Pós-Graduação em Direito da Universidade do Vale do Rio dos Sinos (UNISINOS). Diretora para o MERCOSUL do Instituto de Direito Brasileiro de Política e Direito do Consumidor (BRASILCON). E-mail: lucianevieira@unisinos.br

Tatiana Cardoso Squeff

Doutora em Direito Internacional pela UFRGS, com período sanduíche junto à University of Ottawa. Mestre em Direito Público pela UNISINOS, com período de estudos junto à University of Toronto, com bolsas CAPES e ELAP. Professora de Direito Internacional do Programa de Pós Graduação e da Graduação em Direito da Universidade Federal de Uberlândia. Expert brasileira apontada para a HCCH, no projeto turista-ODR. Membro da ILA, ASADIP e ABRI. Email: tatiana.squeff@ufu.br.

Sumário: 1. Introdução – 2. O estado da arte: o direito internacional privado do consumidor hoje, no Brasil – 3. Antecedentes normativos acerca do uso do critério de conexão da "lei mais favorável" ao consumidor; 3.1 Movimentos regionais: os projetos no Mercosul e na OEA; 3.2 Movimentos domésticos: as propostas brasileiras sobre o uso da lei mais favorável ao consumidor – 4. As luzes trazidas pelo PL 3.514/2015: A opção pela aplicação da lei mais favorável ao consumidor como critério material de proteção – 5. Conclusões – 6. Referências.

1. INTRODUÇÃO

O consumidor, quando atua com projeção internacional, evidentemente, necessita poder contar com proteção legal que lhe gere confiança nas transações efetuadas, sobretudo, por meios eletrônicos. Essa proteção, em contrapartida, resulta num evidente incremento das transações internacionais, sendo, portanto, também de interesse do fornecedor. Nesse sentido, levando em consideração essa assertiva, o presente artigo se propõe a responder ao seguinte problema de pesquisa: *quais são as contribuições do PL 3.514/2015 para o desenvolvimento do*

Direito Internacional Privado brasileiro em matéria de proteção ao consumidor transfronteiriço?

Para responder ao problema apresentado, divide-se o texto em três partes. Primeiramente, será apresentado o estado da arte do Direito Internacional Privado brasileiro atual em matéria de contratos internacionais de consumo, a fim de demonstrar a necessidade de reforma do sistema pátrio. Ato contínuo, as principais iniciativas regionais (pontualmente, no âmbito da Organização dos Estados Americanos e do Mercado Comum do Sul) e nacionais (no âmbito da Câmara e do Senado) de inserção do critério da lei mais favorável ao consumidor serão exploradas, para, ao cabo, abordar-se especificamente as contribuições do PL 3.514/2015, que deixam em evidência a necessidade de sua aprovação por introduzir um critério material de proteção ao consumidor transfronteiriço.

Por fim, no que diz respeito aos aspectos metodológicos deste escrito, destaca-se a realização de uma pesquisa qualitativa, de cunho exploratório, valendo-se dos métodos de trabalho normativo-descritivo e comparativo, e das técnicas de pesquisa bibliográfica e documental.

2. O ESTADO DA ARTE: O DIREITO INTERNACIONAL PRIVADO DO CONSUMIDOR HOJE, NO BRASIL

A proteção internacional do consumidor, no Direito brasileiro, é um tema pendente há muitos anos. O Código de Defesa do Consumidor (CDC), principal conquista da área, aprovado pela Lei 8.078/1990, pese a que tenha sido um marco na concessão de tutela ao sujeito vulnerável da relação de consumo, em atenção à determinação do Ato das Disposições Constitucionais Transitórias (ADCT) da Constituição Federal de 1988, não trouxe nenhum avanço em matéria de Direito Internacional Privado. Em outras palavras, não encontramos, no CDC, nenhuma disposição destinada a regular os principais objetos da disciplina referida, a saber: lei aplicável, jurisdição internacional e cooperação jurídica internacional.

Diante das evidentes lacunas legislativas, em 2015, em razão da entrada em vigência do Código de Processo Civil (CPC), Lei 13.105, de 16 de março de 2015, o consumidor brasileiro, finalmente, teve garantido o acesso à justiça, direito fundamental e humano, por meio da inserção do art. 22, inciso II no diploma em referência, conforme o qual: "Art. 22. Compete, ainda, à autoridade judiciária brasileira processar e julgar as ações: (...) II – decorrentes de relações de consumo, quando o consumidor tiver domicílio ou residência no Brasil".

A inserção do critério de conexão do domicílio ou residência do consumidor, para atrair a jurisdição do juiz brasileiro, representa uma verdadeira

CRITÉRIO MATERIAL DE PROTEÇÃO AO CONSUMIDOR TRANSFRONTEIRIÇO **257**

conquista na defesa do consumidor que atua com projeção internacional.[1] Como é sabido, nas relações de consumo (e as internacionais não fogem à esta regra), o fornecedor se vale de um contrato de adesão, que invariavelmente contempla uma cláusula de eleição de foro (escolhida pelo próprio fornecedor!), que em geral remete ao foro da sede do estabelecimento comercial deste último. Logo, se a sede for no estrangeiro, o consumidor, em tese, deveria apresentar a demanda perante o juiz estrangeiro, o que não só dificulta o acesso à jurisdição, especialmente naquelas demandas que envolvem menor quantia, como impede a própria prestação jurisdicional. Diante deste problema, tendo em vista a nova regulamentação contida no CPC [e também em razão de avanços anteriores apontados pela doutrina, pela jurisprudência, e pela atuação do Departamento de Proteção e Defesa do Consumidor (DPDC), hoje Secretaria Nacional do Consumidor (SENACON)], mesmo que haja uma cláusula de eleição de foro estrangeiro em contrato internacional, o consumidor com domicílio ou residência no Brasil tem garantido o acesso à jurisdição brasileira, inclusive, podendo se valer do Juizado Especial Cível.

Ademais, o CPC, além da referida disposição, inseriu no diploma legislativo uma série de princípios e regras em termos de cooperação jurídica internacional, antes ausentes no CPC de 1973, mas, em termos de proteção internacional do consumidor, nenhuma norma especial foi contemplada, ou seja, não se previu um regime jurídico especial para os pedidos ativos ou passivos de cooperação jurídica internacional que envolvam o consumidor transfronteiriço.

Muito embora, efetivamente, tenhamos tido motivos para celebrar, em termos de facilitação do acesso à jurisdição internacional ao consumidor, o grande problema, na atualidade, continua sendo a falta de disposições específicas para regular uma questão clássica do Direito Internacional Privado: a determinação da lei material que regulará a relação jurídica de consumo.

A Lei de Introdução às Normas do Direito Brasileiro (LINDB), antes chamada de Lei de Introdução ao Código Civil (LICC), aprovada pelo Decreto-Lei 4.657, de 4 de setembro de 1942, em matéria de contratos internacionais, continua com a regulamentação do ano de sua aprovação! Não tivemos, em que pesem os avanços tecnológicos, representados sobretudo pela expansão dos novos meios de comunicação e em especial pelo comércio eletrônico, nenhuma, gize-se, nenhuma reforma no velho texto. Nesse sentido:

---

1. Para mais detalhes, ver: VIEIRA, Luciane Klein; AMARAL JR., Alberto do. A jurisdição internacional e a proteção do consumidor transfronteiriço: um estudo comparativo entre as recentes alterações legislativas verificadas no Brasil e na Argentina. In: RAMOS, André de Carvalho (Org.). *Direito Internacional Privado*: questões controvertidas. Belo Horizonte: Arraes, 2016. p. 310-323.

A doutrina brasileira é unânime em considerar que a Lei de Introdução às Normas do Direito Brasileiro (LINDB) de 1942 – cujo nome foi apenas atualizado em 2010 e cujo texto não sofreu modificações importantes desde 1977 –, está defasada em relação à pujança da sociedade globalizada de consumo brasileira e seus riscos.[2]

Assim sendo, o texto de 1942, por meio do art. 9º, contempla uma regulação retrógrada, pensada para os contratos comerciais internacionais, ou seja, para aqueles contratos nos quais as partes se encontram em igualdade de armas. Ou seja, a solução apontada pelo art. 9º, pautada no critério da lei do lugar de celebração do contrato internacional, para determinar a legislação material que regulará o instrumento contratual, não foi pensada para os contratos internacionais com a presença de uma parte vulnerável, como o é o consumidor.

Nesse sentido, a doutrina vem apontando que o *caput* do art. 9º aplica-se para os contratos internacionais celebrados entre presentes, sendo que a disposição contemplada no parágrafo 2º do art. 9º seria aplicável aos contratos internacionais entre ausentes, ou seja, para aqueles contratos nos quais não houve simultaneidade na discussão das cláusulas contratuais e para os contratos de adesão, nos quais não há a discussão referida. Neste tocante, a solução apontada pelo dispositivo em referência, se transladada às relações internacionais de consumo, sugere como aplicável a lei da sede do fornecedor,[3] em virtude da redação que diz: "A obrigação resultante do contrato reputa-se constituída no lugar em que residir o proponente", a qual deve ser lida à luz do disposto no art. 30 do CDC, conforme o qual é sempre o fornecedor quem propõe.

A fragilidade da norma, que não foi pensada para as relações internacionais de consumo,[4] e que evidencia a grave lacuna ainda existente no Direito brasileiro, tem feito a jurisprudência e a doutrina, como fontes secundárias do Direito, inclinarem-se pela utilização da exceção de ordem pública como regra geral para tentar

---

2. MARQUES, Claudia Lima. Lei mais favorável ao consumidor e o Acordo MERCOSUL sobre direito aplicável em matéria de contratos internacionais de consumo de 2017. *Revista de Direito do Consumidor*, v. 121, p. 441. São Paulo, jan./fev. 2019.

3. Tal como adverte a doutrina: "em matéria de contratos à distância, o §2º atual do art. 9º [da LINDB] indica como aplicável a lei do lugar de residência do proponente, só que em contratos de consumo o diálogo com o CDC determina, em seu art. 30, que o proponente dos contratos de consumo internacionais é sempre o fornecedor. Nesse sentido, fica comprovada a insuficiência das regras de direito internacional privado atuais e seu diálogo com o CDC para regular o comércio eletrônico." (MARQUES, Claudia Lima. Lei mais favorável ao consumidor e o Acordo MERCOSUL sobre direito aplicável em matéria de contratos internacionais de consumo de 2017. *Revista de Direito do Consumidor*, v. 121, p. 441-442. São Paulo, jan./fev. 2019.)

4. Conforme adverte a doutrina, a norma contida no art. 9º, parágrafo 2º da LINDB já está há muito superada, sendo necessário escolher uma conexão mais favorável ao consumidor para reger os contratos internacionais de consumo. (MARQUES, Cláudia Lima. Por um direito internacional de proteção dos consumidores: sugestões para a nova Lei de Introdução ao Código Civil brasileiro no que se refere à lei aplicável a alguns contratos e acidentes de consumo. *Revista da Fac. Dir. UFRGS*, v. 24, p. 113-114. 2004).

CRITÉRIO MATERIAL DE PROTEÇÃO AO CONSUMIDOR TRANSFRONTEIRIÇO | **259**

proteger o consumidor transfronteiriço, a fim de afastar a lei material estrangeira indicada pela norma de conflito do art. 9º, parágrafo 2º da LINDB, e aplicar, em seu lugar, o Direito brasileiro, especificamente, as determinações do Código de Defesa do Consumidor. Ora, essa solução precária, sim busca proteger ao consumidor, mas desvirtua o principal problema geral do Direito Internacional Privado, qual seja, a exceção de ordem pública, concebida justamente para ser utilizada como *exceção* e não como regra geral, sempre que for necessário limitar a aplicação do direito estrangeiro por violação aos princípios fundamentais do direito do juiz do foro, na concepção de seu criador, Savigny.

Diante da evidente necessidade de reforma no sistema brasileiro, vejamos, a seguir, os principais antecedentes tanto de fonte interna como de fonte internacional, que buscaram/buscam inserir, no Direito do nosso país, uma solução mais acertada e protetiva, em matéria de determinação da lei aplicável ao contrato internacional de consumo.

3. ANTECEDENTES NORMATIVOS ACERCA DO USO DO CRITÉRIO DE CONEXÃO DA "LEI MAIS FAVORÁVEL" AO CONSUMIDOR

A fim de identificar as principais iniciativas em matéria de inserção do critério flexível de conexão relativo à aplicação da lei mais favorável ao consumidor, dividiremos este item em duas partes: a primeira, dedicada às propostas regionais em termos de Mercado Comum do Sul (MERCOSUL) e Organização de Estados Americanos (OEA), com relação aos quais o Brasil é Estado Membro; e a segunda, relativa aos projetos de lei, de fonte interna, que antecederam ao PL 3.514/2015, principal objeto deste estudo.

3.1 Movimentos regionais: os projetos no MERCOSUL e na OEA

Na medida em que "consumir de forma internacional é típico de nossa época" e que as normas de Direito Internacional Privado são "normalmente antiga[s]" haja vista a falta de atualização frente à contínua internacionalização das relações de consumo, debates atinentes à proteção do consumidor à nível regional evoluíram.[5] Há, assim, dois campos que merecem destaque: um no seio do MERCOSUL e outro através das Conferências Interamericanas de Direito Internacional Privado (CIDIPs), organizadas no âmbito da OEA.

No plano mercosulino, os debates em torno da proteção do consumidor emergiram a partir da estruturação do Comitê Técnico 7 (ou Comitê Técnico de

---

5. MARQUES, Claudia Lima. A insuficiente proteção do consumidor nas normas de direito internacional privado – da necessidade de uma convenção interamericana (CIDIP) sobre a lei aplicável a alguns contratos e relações de consumo. *Revista dos Tribunais*, v. 788, p. 11-56, São Paulo, jun. 2001.

Defesa do Consumidor – CT 7) em 1995, especialmente diante da sua missão, entre outras, de discutir propostas para a harmonização das normativas existentes nos Estados Partes sobre o tema.[6] Apesar disso, as primeiras tentativas de se estabelecer regramentos sobre a proteção do consumidor não lograram êxito no âmbito do bloco, haja vista a então discrepância normativa doméstica entre os seus membros,[7] o que demandou uma mudança no enfoque do CT 7 de produção de regras detalhadas e substanciais para diretrizes que estipulassem prescrições gerais mínimas comuns.[8]

É nesse condão que emerge a Resolução 126/1994, apontando que os Estados Partes deveriam aplicar a sua legislação doméstica para tutelar os consumidores em relação aos produtos e serviços ofertados em seus territórios,[9] em que pese, no caso de serem ofertados noutros países da região, os mesmos devessem respeitar a lei destes quanto à proteção dos vulneráveis,[10] caso este regramento, claro, não fosse discriminatório e incompatível aos padrões internacionais.[11] Essa Resolução já era considerada um avanço particularmente diante do citado descompasso normativo, apesar de estar em vias de alteração. Isso porque, "desde agosto de 2010, em função de uma proposta da delegação brasileira apresentada ao CT 7,

---

6. Edificado no âmbito da Comissão de Comércio do MERCOSUL (CCM), cuja competência é zelar pela aplicação dos instrumentos de política comercial comum acordada pelos Estados Partes, além de dar seguimento e revisão aos temas relacionados às políticas comerciais comuns dentro do bloco e com terceiros, o CT 7 destina-se a analisar a pauta consumerista, bem como a diversidade de legislações dos Estados Partes, viabilizando regras destinadas a promover a harmonização legislativa em Direito do Consumidor. (CASTRO SILVA, Ludmila de P. A internacionalização das relações de consumo e sua perspectiva na integração regional do MERCOSUL. *Horizonte Científico*, Uberlândia, v. 5, n. 2, p. 1-28, 2011, p. 16).
7. Exemplo disso é a não aprovação do "Projeto de Regulamento Comum de Defesa do Consumidor", em 1997, notadamente pelo descompasso normativo entre Brasil e Argentina frente à Paraguai e Uruguai, os quais só foram editar normas domésticas sobre o tema após a propositura do citado projeto (em 1998 no Paraguai, através da adoção da Lei 1.334 – Lei da Defesa do Consumidor e do Usuário; e em 1999 no Uruguai, por meio da Lei 17.189 – Lei De Defesa do Consumidor). (GOMES, Joséli Fiorin. Uma análise da proteção do consumidor no MERCOSUL: "La trama y el desenlace". *Anais do XXI Encontro Nacional do CONPEDI – Direito do Consumidor*. Uberlândia: UFU, pp. 2877-2907, 2012, p. 2887).
8. AMARAL JUNIOR, Alberto do; VIEIRA, Luciane Klein. International Consumer Protection in MERCOSUR. *In*: MARQUES, C. L.; WEI, D. (Ed.). *Consumer Law and Socioeconomic development*: national and international dimensions. Cham: Springer, 2017, p. 96.
9. BARCELLOS, Daniela Silva. O conceito jurídico de consumidor nos países do MERCOSUL. *Revista da Fac. Dir. UFRGS*, Porto Alegre, v. 25, p. 44, 2005.
10. VIEIRA, Luciane Klein. *Protección Internacional del Consumidor*: procesos de escasa cuantía en los litigios tranfronterizos. Buenos Aires: BdeF, 2013, p. 61.
11. Sobre esses padrões, "as normas originadas no MERCOSUL devem guiar-se pelos *standards* internacionais de qualidade, segurança e boa-fé nas relações de consumo e pelos *standards* nacionais mais rigorosos. A manutenção destes *standards* é importante fator na manutenção de uma concorrência leal entre empresários dos vários países envolvidos, tendo em vista que os fornecedores brasileiros de bens e produtos já estão adaptados a este nível de proteção ao consumidor". (MARQUES, Claudia Lima. Direitos do Consumidor no MERCOSUL: algumas sugestões frente ao impasse. *Revista de Direito do Consumidor*, São Paulo, v. 32, , p. 25, 1999).

vem sendo discutida a adoção de um (novo) acordo no MERCOSUL referente à lei aplicável aos contratos internacionais para substituir a regra de 1994".[12]

Tal documento, aprovado através da Decisão 36/2017 do Conselho Mercado Comum[13] (CMC) e cuja redação restou a cargo da Professora Claudia Lima Marques,[14] prevê o princípio da autonomia da vontade (limitada) das partes para a escolha de lei em contrato internacional de consumo celebrado pelo consumidor em seu domicílio, incluindo-se aquele concluído à distância (consumidor passivo). O documento estipula, em seu art. 4(1), a possibilidade de escolher-se entre a *lex domicilli* do consumidor ou a da sede do fornecedor, a *lex contractus* ou a *lex loci executionis*, desde que sempre prevaleça a lei mais favorável ao consumidor.[15] Ademais, a fim de evitar abusos na expressão da autonomia, determina o art. 4(2) que, na ausência de uma escolha válida, a lei do domicílio do consumidor prevalecerá, vez que presumidamente mais benéfica a ele.[16]

Outro ponto de relevo do Acordo, e quiçá um dos aspectos mais visionários, é o estabelecimento da lei aplicável aos contratos internacionais de consumo celebrados pelo consumidor turista (consumidor ativo), ou seja, aquele consumidor que sai do Estado de seu domicílio para contratar – situação geralmente ignorada pelas legislações dos Estados. O Acordo, para esta categoria de consumidor, igualmente se guia pelo critério da lei mais favorável para determinar a lei material que governará o contrato. Vejamos:

> El art. 5º del Acuerdo– que se destina a regular los contratos celebrados por el consumidor estando fuera del Estado de su domicilio (consumidor activo o turista) – establece que es posible la elección del Derecho aplicable por las partes, pudiendo estas optar por el derecho del lugar de celebración o de cumplimiento del contrato o por el derecho del domicilio del consumidor. Sin embargo, del mismo modo que en la circunstancia de que el consumidor esté actuando en el Estado de su domicilio, condiciona la validez del pacto a que el Derecho elegido sea el más favorable a este último, como medida de protección

---

12. SQUEFF, Tatiana; MUCELIN, Guilherme. Contratos Internacionais online de consumo: transformação digital desde o MERCOSUL. *RECHTD*, São Leopoldo, v. 13, p. 454, 2021.

13. Para todo um histórico sobre a aprovação do documento, ver: VIEIRA, Luciane Klein. La codificación del Derecho Internacional Privado del Consumidor en el MERCOSUR: las recientes manifestaciones en materia de ley aplicable al contrato internacional con consumidores. *Anuário Español de Derecho Internacional Privado*, v. XVIII, p. 617-636, 2018.

14. MARQUES, Claudia Lima. Lei mais favorável ao consumidor e o acordo do MERCOSUL sobre Direito Aplicável em Matéria de Contratos Internacionais de Consumo de 2017. *Revista de Direito do Consumidor*, v. 121, p. 419-457, São Paulo, jan./fev. 2019.

15. MERCOSUR. *Acuerdo del MERCOSUR sobre Derecho Aplicable en Materia de Contratos Internacionales de Consumo*. 2017. Disponível em: http://www.cartillaciudadania.mercosur.int/oldAssets/uploads/67229_DEC_036- 2017_ES_Acuerdo%20Inter%20Consumo.pdf. Acesso em: 11 jan. 2023.

16. MARQUES, Claudia Lima. Comércio eletrônico de consumo internacional: modelos de aplicação da lei mais favorável ao consumidor e do privilégio do foro. In: FONSECA, Patrícia Galindo; RAMOS, Fabiana D'Andrea; BOURGOIGNIE, Thierry. (Org.). *A proteção do consumidor no Brasil e no Quebec: diálogos de direito comparado*. Rio de Janeiro: UFF, 2013, p. 180.

que igualmente revela un cuidado con el resultado material producido por la aplicación del Derecho elegido.[17]

Este Acordo, apesar de ainda pender de aprovação doméstica pelos Estados Partes, sem sombra de dúvidas, pode ser considerado um avanço significativo no que diz respeito à proteção da parte vulnerável nas relações de consumo no MERCOSUL, particularmente por garantir a "segurança jurídica aos consumidores envolvidos".[18] Aliás, trata-se de um documento regional ímpar, notadamente por ter, de fato, "saído do papel", o que não ocorreu no plano interamericano. Neste ambiente há um debate sobre a edificação de um tratado voltado à proteção internacional do consumidor, igualmente inspirado em uma sugestão da Professora Marques, realizada ao ministrar aulas no Curso de Direito Internacional da OEA em 2000, quando concluiu pela necessidade de tutela do consumidor transfronteiriço por meio de uma Convenção Interamericana sobre a lei aplicável aos contratos de consumo.[19]

Trata-se da CIDIP VII, uma proposta convencional cujo tema fora incluído na agenda oficial da Conferência em 2001 e apresentado por *experts* ao Comitê Jurídico Internacional ainda em 2003, sendo, por fim, recomendado pela Assembleia Geral da OEA em 2005.[20] Segundo Araújo,[21] "a [s]ua realização [seria] imprescindível para se completar o sistema, que está incompleto com a Convenção do México". Isso porque, essa Convenção – mais conhecida como CIDIP V de 1994 – versa sobre contratos internacionais de natureza comercial, não tendo sido edificada para tutelar o consumidor.[22] Logo, mostrava-se necessária a adoção de um texto que previsse a lei aplicável aos contratos de consumo, com critérios que não fossem extremamente flexíveis como os da CIDIP V que aponta ao amplo uso da autonomia da vontade, como regra, seguido por regras subsidiárias atre-

---

17. VIEIRA, Luciane Klein. La codificación del Derecho Internacional Privado del Consumidor en el MERCOSUR: las recientes manifestaciones en materia de ley aplicable al contrato internacional con consumidores. *Anuário Español de Derecho Internacional Privado*, v. XVIII, p. 617-636, 2018. p. 626.
18. GOMES, Eduardo B.; FONSECA, Gabriel V. Harmonização do Direito do Consumidor no MERCOSUL. *RJBL*, v. 4, n. 6, p. 1893. Lisboa, 2018.
19. MARQUES, Claudia Lima. A insuficiente proteção do consumidor nas normas de direito internacional privado – da necessidade de uma convenção interamericana (CIDIP) sobre a lei aplicável a alguns contratos e relações de consumo. *Revista dos Tribunais*, v. 788, p. 11-56, São Paulo, jun. 2001.
20. MARQUES, Claudia Lima; DELALOYE, María Laura. La propuesta "Buenos Aires" de Brasil, Argentina y Paraguay: el más reciente avance en el marco de la CIDIP VII de protección de los consumidores. *Revista de Direito do Consumidor*, v. 73, p. 224-265, São Paulo, jan./mar. 2010.
21. ARAUJO, Nádia de. Contratos internacionais e consumidores nas Américas e no MERCOSUL: análise da proposta brasileira para uma convenção interamericana na CIDIP VII. *Revista Brasileira de Direito Internacional*, v. 2, n. 2, Curitiba, jul./dez. 2015.
22. MARQUES, Claudia Lima. A insuficiente proteção do consumidor nas normas de direito internacional privado – da necessidade de uma convenção interamericana (CIDIP) sobre a lei aplicável a alguns contratos e relações de consumo. *Revista dos Tribunais*, v. 788, p. 11-56, São Paulo, jun. 2001.

CRITÉRIO MATERIAL DE PROTEÇÃO AO CONSUMIDOR TRANSFRONTEIRIÇO

ladas à teoria dos vínculos mais estreitos quando as partes tenham optado por lei considerada ineficaz.

Nesse escopo, três propostas emergiram, cabendo aqui focarmos naquela capitaneada pelo Brasil, apoiada pela Argentina e Paraguai, também conhecida como "Proposta Buenos Aires" de 2008,[23] a qual indica a adoção da lei mais favorável ao consumidor, de modo a estimular a confiança e a segurança jurídica nas relações de consumo.[24] Especificamente, este documento, que inicialmente contava com sete artigos, em sua versão final, apresentava 23 dispositivos. Dentre eles, cabe destacar o art. 4, que versa sobre a contratação à distância, prevendo a autonomia limitada da vontade das partes, conforme a qual seria possível escolher o direito do domicílio do consumidor, do lugar de celebração, do lugar de execução ou da sede do fornecedor dos produtos ou serviços, desde que aplicada a norma mais favorável ao consumidor,[25] critério que foi acolhido pelo Acordo MERCOSUL, antes referido, para os contratos celebrados pelo consumidor passivo.

Este, aliás, sempre foi um vetor essencial do documento desde a sua primeira versão,[26] não apenas por determinar a necessidade de haver vínculo entre a lei aplicável e o contrato, senão também por apontar para a lei que oferece maior proteção ao consumidor, sem o recurso às leis de ordem pública ou a um elemento de conexão rígido (e por vezes desfavorável).[27] Por isso, não se trata da positivação de uma opção aberta de favorecimento, mas limitada a algumas possibilidades alinhadas ao novo vetor do Direito Internacional Privado,[28] as quais permitem

---

23. MARQUES, Claudia Lima; DELALOYE, María Laura. La propuesta "Buenos Aires" de Brasil, Argentina y Paraguay: el más reciente avance en el marco de la CIDIP VII de protección de los consumidores. *Revista de Direito do Consumidor*, v. 73, p. 224-265, São Paulo, jan./mar. 2010.

24. SANTANA, Héctor Valverde; VIAL, Sophia Martini. Proteção Internacional do Consumidor e Cooperação Interjurisdicional. *Revista de Direito Internacional*, Brasília, v. 13, n. 1, p. 397-418, 2016.

25. MARQUES, Claudia Lima; DELALOYE, María Laura. La propuesta "Buenos Aires" de Brasil, Argentina y Paraguay: el más reciente avance en el marco de la CIDIP VII de protección de los consumidores. *Revista de Direito do Consumidor*, v. 73, p. 224-265, São Paulo, jan./mar. 2010. Anexo.

26. Trata-se do art. 1(4) da proposta original brasileira. (ARAUJO, Nádia de. Contratos internacionais e consumidores nas Américas e no MERCOSUL: análise da proposta brasileira para uma convenção interamericana na CIDIP VII. *Revista Brasileira de Direito Internacional*, Curitiba, v. 2, n. 2, jul./dez. 2015).

27. Inclusive, é nesse sentido que a proposta de Marques, seria distinta da de Boggiano, doutrinador argentino, para quem também deveria existir uma regra de autonomia limitada, muito embora, para ele, "a escolha da lei pelas partes só prevaleceria se essa escolha fosse a melhor lei, a mais favorável para o consumidor, caso contrário seria aplicável a lei de residência do consumidor" (elemento de conexão rígido). (MARQUES, Claudia Lima. A proteção do consumidor como política global e regional: o caso do MERCOSUL. *Revista da Faculdade de Direito da UFU*, v. 49, n. 2, p. 4-26, Uberlândia, 2022).

28. Erick Jayme enaltece a centralidade da pessoa humana também no campo do Direito Internacional Privado, afirmando que a razão de ser do direito privado não estaria limitada meramente à escolha de certa lei, mas também à própria defesa dos direitos humanos, haja vista ser este o papel do Direito na contemporaneidade. (JAYME, Erik, Le droit international privé du nouveau millénaire: La protection de la personne humaine face à la globalisation. *Collected Courses of the Hague Academy of International Law*. Hague: BRILL, 2000, t. 282, p. 9-40).

considerar a vulnerabilidade do consumidor e a sua situação de desigualdade na relação de consumo internacional.

Contudo, apesar de "trazer um avanço à normatização em matéria de Direito Internacional Privado", a proposta não logrou progressos significativos, não tendo sido até o momento aprovada.[29] Outrossim, isso não quer dizer que o tema restou estancado, vez que no âmbito doméstico brasileiro, projetos no mesmo sentido também foram elaborados, como veremos na sequência, sem olvidar-nos da grande influência exercida pela Proposta Buenos Aires na regulamentação dos contratos internacionais de consumo, no MERCOSUL.

3.2 Movimentos domésticos: as propostas brasileiras sobre o uso da lei mais favorável ao consumidor

No Brasil, o Projeto de Lei (PL) 3.514/2015 não foi o primeiro documento doméstico a prever a regra da lei mais favorável ao consumidor. Outras propostas anteriores que visavam alterar a LICC (como era chamada a LINDB antes da mudança ocorrida em 2010) já debatiam a necessidade de modificar o art. 9, referente aos contratos internacionais.[30]

Destes, por exemplo, cabe citar o PL 4.905/95,[31] retirado de pauta em 1997, que propunha no seu art. 11 que as obrigações contratuais seriam regidas pela lei escolhida pelas partes de modo expresso ou tácito. O dispositivo ainda previa a possibilidade de alteração da lei a qualquer momento, desde que respeitados os direitos de terceiros. Ademais, em seus parágrafos, listava as exceções com base na teoria dos vínculos mais estreitos, utilizando-a seja para os casos em que a escolha não tenha existido ou tenha resultado ineficaz (§1º), seja para os casos em que o contrato fosse separável (§ 2º).[32] Prescrição semelhante a esta é encontrada

---

29. SANTANA, Héctor Valverde; VIAL, Sophia Martini. Proteção Internacional do Consumidor e Cooperação Interjurisdicional. *Revista de Direito Internacional*, v. 13, n. 1, p. 397-418, Brasília, 2016.

30. Marques lista uma série de PL's ainda em 2004, os quais trariam alterações importantes para a tutela do consumidor em contratos internacionais de consumo: "Veja PL 243/2002, PL 87/97, PL 4.905/95, PL 4.782/90, PL 377/89 sobre as modificações na LICC. Outro bom exemplo é que dos 80 PLs apensados ao Projeto de Lei 1825/91 de atualização do CDC, apenas três (PL 884/95, PL 2646/96 e PL 2893/97) tratam de temas de consumo internacional e isto no que se refere à informação prestada ao consumidor". (MARQUES, Claudia Lima. Por um direito internacional de proteção dos consumidores: sugestões para a nova lei de introdução ao Código Civil brasileiro no que se refere à lei aplicável a alguns contratos e acidentes de consumo. *Revista da Fac. Dir. UFRGS*, v. 24, p. 93, Porto Alegre, 2004, – nota 19).

31. BRASIL. Câmara dos Deputados. *PL 4.905/95: dispõe sobre a aplicação das normas jurídicas*. Disponível em: https://www.camara.leg.br/proposicoesWeb/fichadetramitacao?idProposicao=225255. Acesso em: 13 jan. 2023.

32. Vale salientar que a doutrina já havia apontado também para a necessidade de se utilizar a tese dos vínculos mais estreitos quanto não houver lei aplicável escolhida pelas partes ou a mesma for ineficaz. A regra, para essa proposta, seria da possibilidade de escolha da lei pelos contratantes entre as seguintes opções: "poderia ser escolha entre a lei do domicílio ou estabelecimento de qualquer das partes, a lei do

na proposta de redação do art. 12 constante no Projeto de Lei do Senado (PLS) 269/2004, também arquivado.[33]

Também no Senado, mais recentemente, verifica-se a existência de outro projeto que apresenta uma alteração em direção à autonomia da vontade das partes, que é o PLS 1.038/2020.[34] Este projeto, o qual ainda aguarda a designação de relator, propõe uma nova redação ao art. 9º da LINDB, trazendo a possibilidade de os contratantes escolherem a lei aplicável aos contratos internacionais de maneira expressa (§ 1º), seja para uma parte ou para a totalidade do documento (§ 3º), sem, inclusive, a necessidade de haver uma conexão entre a lei e as partes ou a transação (§ 4º). A tese dos vínculos mais estreitos, contida nos projetos anteriores seria apenas utilizada quando não houvesse escolha pelas partes ou se esta fosse inválida (§ 7º). Outrossim, o documento também prevê exceções à escolha das partes, tais como a previsão de aplicação da lei brasileira para as disposições revestidas de caráter imperativo (§ 8º).

Apesar disso, ciente de que os contratos internacionais de consumo teriam uma característica distinta justamente pela inexistência de equilíbrio entre as partes contratantes, o projeto aponta para a criação de outro artigo, o art. 9º-A, o qual seria voltado exclusivamente para regular os contratos internacionais de consumo. Para estes contratos, porém, o exercício da autonomia da vontade (contido no artigo anterior do Projeto) não seria pleno, mas limitado, indo ao encontro de parte das propostas brasileiras feitas junto à OEA e ao MERCOSUL. Isso porque, o projeto aponta para a possibilidade de as partes escolherem, em contratos internacionais de consumo firmados entre presentes, entre a lei do domicílio do consumidor ou a lei do lugar da celebração, aplicando-se sempre a lei que for mais favorável ao consumidor. Já para os contratos internacionais de consumo firmados à distância por consumidores domiciliados no Brasil, o PLS aponta para a aplicação da lei brasileira ou da norma estatal escolhida pelas partes em contrato, desde que seja a mais favorável ao consumidor (§ 1º).

Ademais, aponta que, para o consumidor turista que adquire/contrata bens/serviços fora do seu domicílio, mas cujo contrato será executado integralmente no estrangeiro, a escolha restaria entre a lei do lugar da celebração, a lei do lugar da execução ou a lei do domicílio do consumidor (§ 2º). Ato contínuo, para os

---

lugar da constituição do contrato, a lei da sua execução, bem como pela escolha de qualquer outra lei de um Estado conectado à relação contratual". (MARQUES, Claudia Lima; ZANCHET, Marília. Proposta de Redação de Nova Lei de Introdução ao Código Civil Brasileiro. *Cadernos do PPGDir/UFRGS*, n. 1, p. 115-168, Porto Alegre, 2013).

33.   BRASIL. Senado Federal. *PLS 269/2004: Dispõe sobre a aplicação das normas jurídicas*. Disponível em: https://www25.senado.leg.br/web/atividade/materias/-/materia/70201. Acesso em: 13 jan. 2023.

34.   BRASIL. Senado Federal. *PLS 1.038/2020: Altera o art. 9º do Decreto-Lei 4.657*. Disponível em: https://www25.senado.leg.br/web/atividade/materias/-/materia/141234. Acesso em: 13 jan. 2023.

contratos de pacotes de viagens firmados junto a empresas situadas no Brasil, a lei aplicável seria a brasileira (§ 3º). Por fim, para os contratos envolvendo atividade negocial prévia ou de *marketing*, realizada no ou dirigida ao território brasileiro, a lei aplicável seria a lei brasileira se revestida de caráter imperativo – como são as regras consumeristas segundo o Código de Defesa do Consumidor pátrio – desde que mais favoráveis à parte vulnerável (§ 4º).

Nesse escopo, pode-se notar que alguns projetos de lei já vinham buscando sanar as lacunas deixadas pela LINDB de 1942, na tentativa de adaptar a norma à realidade mundana corrente, apontando para a utilização do princípio da autonomia da vontade das partes e, em propostas mais recentes, para o uso limitado desta, em atenção à regra da lei mais favorável ao consumidor, que é o cerne do PL 3.514/2015, tal como se discutirá na sequência de maneira mais aprofundada.

4. AS LUZES TRAZIDAS PELO PL 3.514/2015: A OPÇÃO PELA APLICAÇÃO DA LEI MAIS FAVORÁVEL AO CONSUMIDOR COMO CRITÉRIO MATERIAL DE PROTEÇÃO

Em 2012, o Senador José Sarney encaminhou ao Congresso Nacional o PLS 281/2012, destinado a alterar o Código de Defesa do Consumidor, a fim de aperfeiçoar as disposições gerais do Capítulo I do Título I e dispor sobre o comércio eletrônico e a atualizar o art. 9º da Lei de Introdução às Normas do Direito Brasileiro, para aperfeiçoar a disciplina dos contratos comerciais internacionais e de consumo, além de dispor sobre as obrigações extracontratuais.

O PLS 281/2012, em 2015, foi aprovado pelo Senado Federal[35] e encaminhado, na sequência, para análise e votação na Câmara de Deputados Federais, onde recebeu o número PL 3.514/2015, permanecendo em discussão, até a presente data, nesta Casa Legislativa.

A proposição do PL 3.514/2015, sem os anexos, procura inserir no Direito Internacional Privado brasileiro, no que nos interessa, um critério de conexão para regular as relações internacionais de consumo, que até hoje carecem de regulação, como já referido.

Por meio da previsão constante no art. 9º-B do projeto, o contrato internacional de consumo passa a ser qualificado como sendo "aquele realizado entre um

---

35. Cabe destacar que o PLS 281/2012, em sua versão original, previa a possibilidade do uso da autonomia da vontade para a escolha do direito aplicável ao contrato internacional de consumo, bem como empregava como critério subsidiário de conexão o do domicílio do consumidor, para determinar a lei aplicável ao contrato internacional, questões que foram excluídas na versão finalmente aprovada pelo Senado. Para mais detalhes sobre o tema, ver: VIEIRA, Luciane Klein. *La hipervulnerabilidad del consumidor transfronterizo y la función material del Derecho Internacional Privado*. Buenos Aires: La Ley, 2017, p. 262-265.

CRITÉRIO MATERIAL DE PROTEÇÃO AO CONSUMIDOR TRANSFRONTEIRIÇO **267**

consumidor pessoa natural e um fornecedor de produtos e serviços cujo estabelecimento esteja situado em país distinto daquele de domicílio do consumidor". Em outras palavras, o PL, além de inserir uma qualificação até então inexistente no Direito brasileiro, põe em evidência que a aplicação das soluções que a seguir serão apontadas, pautadas no critério da máxima proteção ao consumidor, serão aplicadas somente àquelas relações jurídicas internacionais de consumo nas quais o consumidor, destinatário final da mercadoria ou do serviço, é pessoa física, excluindo-se, portanto, a pessoa jurídica da qualificação referida, pese a que esta possa ser igualmente considerada consumidor, nos termos do atual art. 2º do CDC. Essa escolha do legislador não é à toa. Ela se deve a que o critério da lei mais favorável ao consumidor procura proteger ao sujeito vulnerável da relação jurídica, que, por presunção absoluta, é a pessoa física.

Nesse sentido, para o PL 3.514/2015, o instrumento contratual internacional, nos termos do art. 9º-B projetado, deverá ser regido pela lei mais favorável ao consumidor, ou seja, pela melhor lei, a mais benéfica, a mais protetiva. Não obstante, pese a clara opção por um critério aberto ou flexível de conexão, a escolha da melhor lei, atribuição dada ao juiz, não é livre, senão limitada. Sendo assim, para escolher a melhor lei, o projeto determina que o julgador deverá aplicar aquela que melhor proteja aos interesses do consumidor, devendo ser ou a lei do lugar de celebração do contrato ou a lei brasileira,[36] se neste último caso, o contrato for executado ou cumprido no Brasil.

Com relação ao uso deste critério flexível de conexão, Fausto Pocar pondera que a busca da lei aplicável à relação contratual com a presença de uma parte vulnerável não pode se dar como resultado da aplicação às cegas do método conflitual, sem preocupação com o conteúdo material produzido pela aplicação da norma indicada, sendo portanto, necessário haver um paralelismo de soluções entre aquelas adotadas pelo direito material e as empregadas pelo Direito Internacional Privado.[37] Essa medida se faz imprescindível para se evitar que a parte mais forte da relação negocial se aproveite da pluralidade de sistemas jurídicos existentes, que oferecem, por sua vez, diferentes níveis de proteção, para buscar a aplicação de um direito menos protetivo.[38]

---

36. Com relação à questão de que o direito mais favorável ao consumidor é o do Estado do seu domicílio, como valor de presunção, ver: VELÁZQUEZ GARDETA, Juan Manuel. El derecho más favorable al consumidor, la mejor solución también para los contratos de consumo *online*. In: FERNÁNDEZ ARROYO, Diego P.; GONZÁLEZ MARTÍN, Nuria (Coord.). *Tendencias y Relaciones. Derecho Internacional Privado Americano Actual (Jornadas de la ASADIP 2008)*. México, DF: Porrúa, 2010. p. 43-44.

37. POCAR, Fausto. La protection de la partie faible en droit international privé. *Recueil des Cours de l'Académie de Droit International*. Hague: BRILL, 1984. t. 188, p. 355.

38. POCAR, Fausto. La protection de la partie faible en droit international privé. *Recueil des Cours de l'Académie de Droit International*. Hague: BRILL, 1984. t. 188, p. 357.

No mesmo sentido, Erik Jayme afirma que as recentes codificações em matéria de Direito Internacional Privado estão empregando regras que tem como objetivo a produção de um resultado material, com a finalidade de ajustar o direito conflitual com o princípio da proteção da parte vulnerável, buscando, para isso, a aplicação da lei mais favorável.[39]

Como medida extra de proteção, provavelmente inspirada na regulamentação europeia,[40] mas principalmente na proposta simplificada de Convenção Interamericana sobre Direito Aplicável a Alguns Contratos e Transações Internacionais de Consumo (a já citada "Proposta Buenos Aires"), apresentada pelo Brasil no âmbito da CIDIP VII, apoiada pela Argentina e pelo Paraguai,[41] o § 1º do art. 9º-B do PL 3.514/2015 determina que se houver o direcionamento da atividade do fornecedor estrangeiro para o território brasileiro, impõe-se a aplicação da legislação nacional que possuir caráter imperativo (neste caso, como outrora afirmamos, o CDC), como presunção relativa de que esta seria a lei mais favorável ao consumidor. Vejamos:

> Se a contratação for precedida de qualquer atividade negocial ou de *marketing*, por parte do fornecedor ou de seus representantes, dirigida ao território brasileiro ou nele realizada, em especial envio de publicidade, correspondência, *e-mails*, mensagens comerciais, convites, prêmios ou

---

39. JAYME, Erik. Identité culturelle et intégration: le droit international privé postmoderne: cours général de droit international privé. *Recueil des Cours de l'Académie de Droit International*. Hague: BRILL, 1995. t. 251, p. 46.

40. Ver art. 6º, 1 "b" do Regulamento 593/2008 da União Europeia, conforme o qual, para atrair a aplicação da lei da residência habitual do consumidor ao contrato internacional de consumo, basta que o fornecedor, por qualquer meio, dirija as suas atividades comerciais ou profissionais para este Estado. Portanto, inclui-se aqui, por exemplo, o envio de e-mail ou de publicidade ao consumidor. Não obstante, é importante referir que o mero fato do fornecedor possuir um *site*, que seja acessível de qualquer parte do mundo, não é um critério suficiente para determinar a aplicação da norma em referência. (Sobre o tema, ver : SINAY-CYTERMANN, Anne. "La protection de la partie faible en droit international privé. Les exemples du salarié et du consommateur». In: *Le Droit International Privé: esprit et méthodes. Mélanges en l'honneur de Paul Lagarde*. Paris: Dalloz, 2005. p. 743.)

41. A Proposta Buenos Aires trata o tema no art. 7(2), nos seguintes termos: "Art. 7.2. (Normas imperativas do Estado de domicílio do consumidor). Caso a contratação tenha sido precedida no Estado de domicílio do consumidor por qualquer negociação ou atividade de marketing por parte do fornecedor ou de seus representantes, especialmente o envio de publicidade, correspondência, e-mails, prêmios, convites à licitação e demais atividades semelhantes destinadas a comercializar produtos e serviços e a atrair clientes, se for possível serão aplicadas as normas internacionais imperativas deste Estado em favor do consumidor cumulativamente, se possível, com as do foro e do direito aplicável ao contrato de consumo." A íntegra da Proposta Buenos Aires pode ser consultada em: OEA. *Versão Simplificada da Proposta Final Brasileira "Proposta Buenos Aires"*. Disponível em: https://www.oas.org/dil/esp/ CIDIP-VII_working_doc_cp_simplified_version_final_brazilian_proposal_POR.pdf. Acesso em: 05 jan. 2023. Para mais detalhes sobre o tema, ver: MARQUES, Cláudia Lima; DELALOYE, María Laura. La propuesta "Buenos Aires". El más reciente avance en el marco de la CIDIP VII de protección de los consumidores. In: *Derecho y Democracia III*. Caracas: Universidad Metropolitana, 2011. p. 140-144; VELÁZQUEZ GARDETA, Juan M. OAS (CIDIP). In: FERNÁNDEZ ARROYO, Diego P. (Ed.) *Consumer Protection in International Private Relationships. La Protection des Consommateurs dans les Relations Privées Internationales*. Asunción: CEDEP, 2010. p. 637-656.

CRITÉRIO MATERIAL DE PROTEÇÃO AO CONSUMIDOR TRANSFRONTEIRIÇO **269**

ofertas, aplicar-se-ão as disposições da lei brasileira que possuírem caráter imperativo, sempre que mais favoráveis ao consumidor.[42]

Por fim, o § 2º do art. 9º-B projetado dispõe sobre os pacotes de viagem que envolvam grupos turísticos ou serviços de hotelaria e turismo adquiridos junto a empresas situadas no Brasil e cujo cumprimento ocorra no todo ou em parte no estrangeiro. Para estes contratos, o projeto determina a aplicação da lei brasileira, o que é visto com bons olhos, na medida em que a lei pátria é bastante protetiva ao consumidor no que toca aos "contratos de viagem turística", tal como são conhecidos no direito comparado.[43] Isso porque, o art. 14 do CDC estabelece a responsabilidade solidária entre a agência de turismo que vende determinado pacote de atividades recreativas, como excursões, museus, shows, ou mesmo o transporte (aéreo, marítimo ou terrestre) e a hospedagem, e todos aqueles que foram subcontratados por esta última para executar o serviço ora oferecido.[44] Assim sendo, havendo falha na prestação de serviço por terceiro no exterior, a agência de turismo situada no Brasil poderá ser responsabilizada consoante a legislação brasileira pelos atos de seus prepostos.[45]

5. CONCLUSÕES

A ausência de regulação específica, no Brasil, para determinar a lei aplicável aos contratos internacionais de consumo, é motivo de preocupação, na medida em que não só revela a falta de atualização das normas de conflito vigentes no país, contidas, em sua grande maioria, na LINDB, cujo texto é de 1942, mas também

---

42. É importante referir, a título de direito comparado, que o Código Civil e Comercial da Nação, vigente desde 2015, na Argentina, inseriu regras especiais para tutelar o consumidor que contrata internacionalmente. Entre elas, está a previsão constante no art. 2.655 "a" que diz que os contratos internacionais de consumo serão regidos pelo direito do Estado do domicílio do consumidor, se a conclusão do contrato tiver sido precedida de uma oferta ou de uma publicidade ou atividade realizada no Estado de domicílio do consumidor e que este último tenha cumprido neste Estado os atos necessários para a conclusão do contrato. A regulação argentina, não obstante, tem sido objeto de crítica por parte da doutrina, porque não permite que ao contrato seja aplicada uma lei mais benéfica ao consumidor do que a lei do seu domicílio. Essa solução, portanto, resulta num verdadeiro "*contraste entre la protección reforzada del derecho material interno y la limitada del DIPr. Hace resaltar aún más la evidencia de que el legislador prefirió el viejo modelo europeo al Proyecto de Convención Interamericana sobre esta materia presentado en la OEA por Argentina, Brasil y Paraguay (este último basado en la aplicación de la ley más favorable al consumidor)*" (FERNÁNDEZ ARROYO, Diego P. Contratos de consumo. In: Rivera, J. C.; Medina, G. (Dir.). *Código Civil y Comercial de la Nación Comentado*. Buenos Aires: La Ley, 2014. p. 960).
43. MARQUES, Claudia Lima. *Contratos no Código de Defesa do Consumidor*. 8. ed. São Paulo: Ed. RT, 2016, p. 516).
44. ACIOLI, Carlos André; SQUEFF, Tatiana C. A agência de turismo que comercializa pacotes de viagens responde solidariamente, nos termos do art. 14 do CDC, pelos defeitos na prestação dos serviços que integram o pacote. In: MARQUES, Claudia Lima; BESSA, Leonardo Roscoe; MIRAGEM, Bruno (Org.). *Teses Jurídicas dos Tribunais Superiores*. São Paulo: Ed. RT, 2017, v. 1, p. 373.
45. MIRAGEM, Bruno. *Curso de Direito do Consumidor*. 5. ed. São Paulo: Ed. RT, 2014, p. 478.

deixa em evidência a situação de precariedade e de falta de segurança jurídica à qual está exposto o consumidor que atua com projeção internacional. Esse problema se vê ainda mais acentuado, quando em virtude do aumento gradativo do comércio eletrônico – que possibilita que o consumidor realize suas transações por aplicativos, celulares, *tablets*, computadores etc., adquirindo produtos estrangeiros, sem sair do Estado de seu domicílio –, o Direito clama pela existência de normas que gerem confiança ao consumidor, para que ele justamente possa seguir contratando e assim movendo a economia de mercado.

No plano regional, discussões sobre a necessidade de construção normativa buscando a aplicação da lei mais favorável ao consumidor em contrato internacional de consumo são uma realidade, em que pese a sua transformação em regra vigente ainda esteja um pouco distante, especialmente na OEA. No plano nacional, são vários os projetos de lei que, ao longo dos anos, buscam trazer maior segurança jurídica e confiança ao consumidor, enquanto parte vulnerável da relação de consumo internacional, permitindo a escolha da lei aplicável e, inclusive, posicionando-se em prol da aplicação da lei que lhe for mais favorável.

Nesse sentido, o PL 3.514/2015 não é uma exceção. Ele permite que o Brasil dê um passo importante em direção à necessária proteção do consumidor transfronteiriço, atualizando as suas regras e adaptando-as à evolução e aos desafios experimentados pelo comércio eletrônico. Por isso que, se aprovado, representará um verdadeiro divisor de águas na história da proteção internacional do consumidor, no Brasil, na medida em que insertará, na nossa legislação, especificamente, na LINDB, um critério flexível de conexão, pautado na busca da lei mais favorável ao consumidor, como medida de urgência destinada a sanar as lacunas existentes na nossa legislação e a proteger o consumidor transfronteiriço. Tal medida, inclusive, permitirá que o Brasil já esteja alinhado com as mudanças que virão do MERCOSUL, quando da implementação do Acordo sobre Direito Aplicável em Matéria de Contratos Internacionais de Consumo.

6. REFERÊNCIAS

ACIOLI, Carlos André; SQUEFF, Tatiana C. A agência de turismo que comercializa pacotes de viagens responde solidariamente, nos termos do art. 14 do CDC, pelos defeitos na prestação dos serviços que integram o pacote. In: MARQUES, Claudia Lima; BESSA, Leonardo Roscoe; MIRAGEM, Bruno (Org.). *Teses Jurídicas dos Tribunais Superiores*. São Paulo: Ed. RT, 2017. v. 1.

AMARAL JUNIOR, Alberto do; VIEIRA, Luciane Klein. International Consumer Protection in Mercosur. In: MARQUES, C. L.; WEI, D. (Ed.). *Consumer Law and Socioeconomic development*: national and international dimensions. Cham: Springer, 2017.

ARAUJO, Nádia de. Contratos internacionais e consumidores nas Américas e no Mercosul: análise da proposta brasileira para uma convenção interamericana na CIDIP VII. *Revista Brasileira de Direito Internacional*, v. 2, n. 2, Curitiba, jul./dez. 2015

BARCELLOS, Daniela Silva. O conceito jurídico de consumidor nos países do Mercosul. *Revista da Fac. Dir. UFRGS*, v. 25, p. 41-58, Porto Alegre, 2005.

BRASIL. Câmara dos Deputados. *PL 4.905/95: dispõe sobre a aplicação das normas jurídicas.* Disponível em: https://www.camara.leg.br/proposicoesWeb/fichadetramitacao?idProposicao=225255. Acesso em: 13 jan. 2023.

BRASIL. Senado Federal. *PLS 269/2004: Dispõe sobre a aplicação das normas jurídicas.* Disponível em: https://www25.senado.leg.br/web/atividade/materias/-/materia/70201. Acesso em: 13 jan. 2023.

BRASIL. Senado Federal. *PLS 1.038/2020: Altera o art. 9º do Decreto-Lei 4.657.* Disponível em: https://www25.senado.leg.br/web/atividade/materias/-/materia/141234. Acesso em: 13 jan. 2023.

CASTRO SILVA, Ludmila de P. A internacionalização das relações de consumo e sua perspectiva na integração regional do Mercosul. *Horizonte Científico*, v. 5, n. 2, p. 1-28, Uberlândia, 2011.

FERNÁNDEZ ARROYO, Diego P. Contratos de consumo. In: Rivera, J. C.; Medina, G. (Dir.). *Código Civil y Comercial de la Nación Comentado.* Buenos Aires: La Ley, 2014.

GOMES, Joséli Fiorin. Uma análise da proteção do consumidor no Mercosul: La trama y el desenlace. *Anais do XXI Encontro Nacional do CONPEDI – Direito do Consumidor.* Uberlândia: UFU, 2012.

GOMES, Eudardo B.; FONSECA, Gabriel V. Harmonização do Direito do Consumidor no Mercosul. *RJBL*, v. 4, n. 6, p. 1867-1899, Lisboa, 2018.

JAYME, Erik, Le droit international privé du nouveau millénaire: La protection de la personne humaine face à la globalisation. *Collected Courses of the Hague Academy of International Law.* Hague: BRILL, 2000. t. 282.

JAYME, Erik. Identité culturelle et intégration: le droit international privé postmoderne: cours général de droit international privé. *Recueil des Cours de l'Académie de Droit International.* Hague: BRILL, 1995. t. 251.

MARQUES, Claudia Lima. Lei mais favorável ao consumidor e o Acordo MERCOSUL sobre direito aplicável em matéria de contratos internacionais de consumo de 2017. *Revista de Direito do Consumidor*, v. 121, p. 419-457, São Paulo, jan./fev. 2019.

MARQUES, Claudia Lima. *Contratos no Código de Defesa do Consumidor.* 8. ed. São Paulo: Ed. RT, 2016.

MARQUES, Claudia Lima. Comércio eletrônico de consumo internacional: modelos de aplicação da lei mais favorável ao consumidor e do privilégio do foro. In: FONSECA, Patrícia Galindo; RAMOS, Fabiana D'andrea; BOURGOIGNIE, Thierry (Org.). *A proteção do consumidor no Brasil e no Quebec:* diálogos de direito comparado. Rio de Janeiro: UFF, 2013.

MARQUES, Claudia Lima. Por um direito internacional de proteção dos consumidores: sugestões para a nova lei de introdução ao Código Civil brasileiro no que se refere à lei aplicável a alguns contratos e acidentes de consumo. *Revista da Fac. Dir. UFRGS*, v. 24, p. 113-114, 2004.

MARQUES, Claudia Lima. A insuficiente proteção do consumidor nas normas de direito internacional privado – da necessidade de uma convenção interamericana (CIDIP) sobre a lei aplicável a alguns contratos e relações de consumo. *Revista dos Tribunais*, v. 788, p. 11-56, São Paulo, jun. 2001.

MARQUES, Claudia Lima. Direitos do Consumidor no Mercosul: algumas sugestões frente ao impasse. *Revista de Direito do Consumidor*, v. 32, p. 16-44, São Paulo, 1999.

MARQUES, Claudia Lima. A proteção do consumidor como política global e regional: o caso do Mercosul. *Revista da Faculdade de Direito da UFU*, v. 49, n. 2, p. 4-26, Uberlândia, 2022.

MARQUES, Claudia Lima; ZANCHET, Marília. Proposta de Redação de Nova Lei de Introdução ao Código Civil Brasileiro. *Cadernos do PPGDir/UFRGS*, n. 1, p. 115-168, Porto Alegre, 2013.

MARQUES, Claudia Lima; DELALOYE, María Laura. La propuesta "Buenos Aires" de Brasil, Argentina y Paraguay: el más reciente avance en el marco de la CIDIP VII de protección de los consumidores. *Revista de Direito do Consumidor*, v. 73, p. 224-265, São Paulo, jan./mar. 2010.

MERCOSUR. *Acuerdo del MERCOSUR sobre Derecho Aplicable en Materia de Contratos Internacionales de Consumo*. 2017. Disponível em: http://www.cartillaciudadania.mercosur.int/oldAssets/uploads/67229_DEC_036- 2017_ES_Acuerdo%20Inter%20Consumo.pdf. Acesso em: 11 jan. 2023

MIRAGEM, Bruno. *Curso de Direito do Consumidor*. 5. ed. São Paulo: Ed. RT, 2014.

OEA. *Versão Simplificada da Proposta Final Brasileira "Proposta Buenos Aires"*. Disponível em: https://www.oas.org/dil/esp/CIDIP-VII_working_doc_cp_simplified_version_final_brazilian_proposal_POR.pdf. Acesso em: 05 jan. 2023.

POCAR, Fausto. La protection de la partie faible en droit international privé. *Recueil des Cours de l'Académie de Droit International*. Hague: BRILL, 1984. t.188.

SANTANA, Héctor Valverde; VIAL, Sophia Martini. Proteção Internacional do Consumidor e Cooperação Interjurisdicional. *Revista de Direito Internacional*, v. 13, n. 1, p. 397-418. Brasília, 2016.

SINAY-CYTERMANN, Anne. La protection de la partie faible en droit international privé. Les exemples du salarié et du consommateur. *Le Droit International Privé: esprit et méthodes. Mélanges en l'honneur de Paul Lagarde*. Paris: Dalloz, 2005.

SQUEFF, Tatiana; MUCELIN, Guilherme. Contratos Internacionais online de consumo: transformação digital desde o Mercosul. *RECHTD*, v. 13, p. 444-466, São Leopoldo, 2021.

VELÁZQUEZ GARDETA, Juan Manuel. El derecho más favorable al consumidor, la mejor solución también para los contratos de consumo *online*. In: FERNÁNDEZ ARROYO, Diego P.; GONZÁLEZ MARTÍN, Nuria (Coord.). *Tendencias y Relaciones. Derecho Internacional Privado Americano Actual (Jornadas de la ASADIP 2008)*. México, DF: Porrúa, 2010.

VIEIRA, Luciane Klein. La codificación del Derecho Internacional Privado del Consumidor en el MERCOSUR: las recientes manifestaciones en materia de ley aplicable al contrato internacional con consumidores. *Anuario Español de Derecho Internacional Privado*, v. XVIII, p. 617-636, 2018.

VIEIRA, Luciane Klein. *La hipervulnerabilidad del consumidor transfronterizo y la función material del Derecho Internacional Privado*. Buenos Aires: La Ley, 2017.

VIEIRA, Luciane Klein. *Protección Internacional del Consumidor*: procesos de escasa cuantía en los litigios tranfronterizos. Buenos Aires: BdeF, 2013.

VIEIRA, Luciane Klein; AMARAL JR., Alberto do. A jurisdição internacional e a proteção do consumidor transfronteiriço: um estudo comparativo entre as recentes alterações legislativas verificadas no Brasil e na Argentina. In: RAMOS, André de Carvalho (Org.). *Direito Internacional Privado*: questões controvertidas. Belo Horizonte: Arraes, 2016.

ATUALIZAÇÃO DO CDC FRENTE AO COMÉRCIO ELETRÔNICO E AS INOVAÇÕES NO PROCESSO ADMINISTRATIVO SANCIONADOR PELO PL 3.514/2015

Flávia do Canto

Pós-Doutora em Direito (UFRGS) e Doutora em Direito (PUCRS). Professora Adjunta da Escola de Direito da PUCRS. Advogada sócia da área de Consumidor, Product Liability do Souto Correa Advogados. flavia.docanto@soutocorrea.com.br.

Marcela Joelsons

Doutoranda em Direito do Consumidor (UFRGS). Mestre em Direito Europeu e Alemão (UFRGS/CDEA). Especialista em Direito Processual Civil (PUCRS) e Direito Civil Aplicado (UFRGS). Advogada e sócia da área de Consumidor e Product Liability do Souto Correa Advogados. marcela.joelsons@soutocorrea.com.br.

Sumário: 1. Introdução – 2. Comércio eletrônico e necessidade de atualização do CDC – 3. Tutela administrativa do consumidor e as inovações sobre as sanções administrativas trazidas pelo PL 3.514/2015 – 4. Considerações finais – 5. Referências.

1. INTRODUÇÃO

O comércio eletrônico cresce em todo o mundo, não sendo diferente a situação no Brasil, onde representa fatia considerável do faturamento de muitas empresas. Trata-se de uma modalidade extremamente vantajosa: sem custos de estrutura física e de mão de obra para atendimento presencial ao cliente, aliada ao conforto e a diversidade de produtos e serviços que podem ser ofertados online para os consumidores, que economizam tempo ao evitar trânsito e filas, diante da comodidade de receber as compras em casa.[1]

Contudo, como ensinam Claudia Lima Marques e Bruno Miragem, com o avanço da tecnologia, passamos a viver em um mundo digital de consumo, que é onipresente e envolve a vida das pessoas como uma "medusa", 24 horas conectadas, sem barreiras entre a mídia, a mídia social e o mercado de consumo. Assim, tudo

---

1. LIMBERGER, Têmis; MORAES, Carla Andreatta Sobbé. A vulnerabilidade do consumidor pela (des) informação e a responsabilidade civil dos provedores na Internet. *Revista de Direito do Consumidor*, v. 97, p. 255-270, São Paulo, jan./fev. 2015.

passa a ser consumo no meio digital, até mesmo nas mídias sociais, instrumentos de consumo, "para além do consumo",[2] havendo grandes desafios relacionados às novas tecnologias, trazendo o comércio eletrônico consigo "a questão do sistema jurídico de proteção efetiva dos consumidores".[3]

Diversas são as dificuldades enfrentadas pelo consumidor quando se fala em comércio eletrônico: as formas de oferta, devendo ser definido se o *site* é por si uma modalidade de oferta; as questões envolvendo publicidade (*metatags, spam, cybersquatting,* publicidade oculta, *cookies*); o dever de informação no ambiente virtual; o direito de arrependimento; o dever de boa-fé na utilização das tecnologias; possibilidade de fraudes; mau funcionamento nos sistemas; o documento digital eletrônico, assinatura digital e autoria, e por último, a proteção dos dados pessoais dos consumidores.[4]

Assim, a questão levantada neste estudo é debater se o Projeto de Lei 3514/2015 da Câmara dos Deputados ("PL") está em compasso com esse novo cenário que se enverga a fim de trazer uma tutela jurídica efetiva ao consumidor no mundo digital.

A fim de responder ao questionamento, o texto se divide em duas grandes partes: a primeira versando sobre o comércio eletrônico e trazendo um panorama geral sobre o PL; e a segunda trazendo uma análise das inovações sobre as sanções administrativas trazidas pelo PL. Ao final, será então assinalada a necessidade e eventual urgência (ou não) de atualização do PL para o aprimoramento e tutela jurídica efetiva do consumidor, nos termos propostos pelo legislador.

2. COMÉRCIO ELETRÔNICO E NECESSIDADE DE ATUALIZAÇÃO DO CDC

A informática provocou mudanças nos contratos e na rotina dos consumidores, tornando as relações mais dinâmicas e, por outro lado, desamparadas diante das disparidades econômica, informacional e tecnológica e relacionadas ao comércio eletrônico.[5]

---

2. MARQUES, Claudia Lima; MIRAGEM, Bruno. "Serviços simbióticos" do consumo digital e o PL 3.514/2015 de atualização do CDC. *Revista de Direito do Consumidor,* v. 132, p. 91-118, São Paulo, nov./ dez. 2020.

3. CANTO, Rodrigo Eidelvein do. Direito do consumidor e vulnerabilidade no meio digital. *Revista de Direito do Consumidor,* v. 87, p. 179-210, São Paulo, maio/jun. 2013.

4. JAYME, Erik. O direito internacional privado e cultural pós-moderno. *Cadernos do Programa de Pós-graduação em Direito da Universidade Federal do Rio Grande do Sul,* v. 1, n. 1, p. 86. Porto Alegre, mar. 2003.

5. LIMBERGER, Têmis; MORAES, Carla Andreatta Sobbé. A vulnerabilidade do consumidor pela (des) informação e a responsabilidade civil dos provedores na Internet. *Revista de Direito do Consumidor,* v. 97, p. 255-270, São Paulo, jan./fev. 2015.

ATUALIZAÇÃO DO CDC FRENTE AO COMÉRCIO ELETRÔNICO **275**

Nesse sentido, Ricardo Lorenzetti destaca que a contratação eletrônica tem ameaçado os seguintes direitos do consumidor: direito a uma proteção igual ou maior do que a existente em outras áreas do comércio; direito à informação; à proteção contra as práticas que infringem a concorrência; à segurança; à proteção contratual; à proteção contra a publicidade ilícita; ao ressarcimento; à efetiva proteção; bem como ao acesso à justiça e ao devido processo legal.[6]

O regramento protetivo do CDC, mesmo tendo reconhecida sua efetividade no campo da responsabilidade civil e da proteção dos consumidores em relação às atuações abusivas dos fornecedores no mercado de consumo, apresenta-se atualmente carente de normas acerca de temas que no período de sua elaboração ainda eram realidades desconhecidas do legislador.[7]

Isto porque a internet se consolidou de modo acelerado como meio de comunicação e contratação de massa através do comércio eletrônico somente após os anos de 1990. Nesse sentido, reconhece o Ministro Antonio Herman Benjamin que as questões relativas ao "direito do espaço virtual" e ao comércio eletrônico apresentam-se como lacunas no CDC, na medida em que representam a expressão de uma característica típica da sociedade de consumo contemporânea.[8]

Segundo Claudia Lima Marques e Bruno Miragem "A relação entre a noção tradicional do produto, que oferece toda sua utilidade ao consumidor após a tradição, pelo qual se transfere, usualmente, a propriedade e a posse, é alterada a partir deste novo paradigma tecnológico da sociedade da informação."[9]

Porém, nos últimos anos, poucas foram as modificações no microssistema de defesa do consumidor visando sua proteção neste novo mercado de consumo digital, em que pese os desafios impostos por esta realidade e suas repercussões imediatas no Direito do Consumidor.[10]

Veja que o Decreto 7.962/2013 regulamenta aspectos esparsos do comércio eletrônico, e mais recentemente um novo decreto foi promulgado (Decreto

---

6. LORENZETTI, Ricardo Luis. *Comércio Eletrônico*. São Paulo: Ed. RT, 2004. p. 274-275.
7. AZEVEDO, Fernando Costa de; KLEE, Antônia Espíndola Longoni. Considerações sobre a proteção dos consumidores no comércio eletrônico e o atual processo de atualização do Código de Defesa do Consumidor. *Revista de Direito do Consumidor*, v. 85, p. 209-260, jan./fev. 2013.
8. AZEVEDO, Fernando Costa de; KLEE, Antônia Espíndola Longoni. Considerações sobre a proteção dos consumidores no comércio eletrônico e o atual processo de atualização do Código de Defesa do Consumidor. *Revista de Direito do Consumidor*, v. 85, p. 209-260, jan./fev. 2013.
9. MARQUES, Claudia Lima; MIRAGEM, Bruno. Serviços simbióticos ou inteligentes e proteção do consumidor no novo mercado digital: homenagem aos 30 anos do Código de Defesa do Consumidor. *Revista do Advogado*, a. 40, n. 147, p. 14-29, São Paulo, set. 2020.
10. MARQUES, Claudia Lima; VIAL, Sofia Martini. Garantias do Consumo: Código de Defesa do Consumidor precisa ser atualizado urgentemente. *Consultor Jurídico*. 2017. Disponível em: https://www.conjur.com.br/2017-out-11/garantias-consumo-codigo-defesa-consumidor-atualizado-urgentemente. Acesso em: 20 fev. 2023.

10.271/2020) com disposições aplicáveis às relações envolvendo países do Mercosul. Houve a edição da lei que permite a diferenciação de preços de acordo com o meio de pagamento e prazo (Lei 13.455/2017), dentre outras com objeto mais amplos sobre as relações digitais e seus efeitos, como é o caso do Marco Civil da Internet (Lei 12.965/2014) e da Lei Geral de Proteção de Dados (Lei 13.709/2019, "LGPD"), que ainda não está em vigor, restando evidente a desatualização do sistema protetivo do consumidor no Brasil.[11]

Em que pese as facilidades do comércio eletrônico, como a comodidade de comprar bens e serviços em qualquer lugar e a qualquer hora, a facilidade de acesso a informações para comparação de preços, e a possibilidade de consultar opiniões divulgadas por outros consumidores, estas contratações também oferecem riscos e desafios para o consumidor, que está sujeito, por exemplo, à insegurança do meio eletrônico, à falta de informações essenciais para uma decisão de compra consciente, à incerteza quanto ao momento de recebimento do produto, o exercício do direito ao arrependimento e ao maior risco de violação de sua privacidade.[12]

Claudia Lima Marques destaca ainda que:

> Os problemas mais comuns são a não entrega, ou entrega em endereço errado, as taxas não especificadas de correio ou de recebimento, o retardo na entrega, a falta de sanção pelo retardo na entrega, a falta de garantia para o produto, a impossibilidade de executar o direito de arrependimento (produto aberto, software já enviado, endereço incongruente ou incompleto), a lei aplicável à jurisdição competente, por vezes até uma jurisdição arbitral virtual compulsória, a venda casada, a recusa de venda, a falha na segurança com os dados do consumidor, dados privados e dados sensíveis, como o seu número de cartão de crédito, a falha na cobrança no cartão de crédito (cobrança a mais, cobrança antes da entrega etc.), as diferenças entre as fotografias do site e os produtos recebidos, a compra involuntária ao apertar o ícone, o erro não sanável na contratação etc.[13]

Por isso, conforme defendem Azevedo e Klee, é de suma importância a atualização da legislação consumerista para que se tenha uma adequada regulação casuística que tipifique o próprio contrato eletrônico e estabeleça deveres específicos aos fornecedores (inclusive os de solidariedade passiva, nas situações que envolvem coligações contratuais, como a existente entre o

---

11. MARQUES, Claudia Lima; MIRAGEM, Bruno. Serviços simbióticos ou inteligentes e proteção do consumidor no novo mercado digital: homenagem aos 30 anos do Código de Defesa do Consumidor. *Revista do Advogado*, a. 40, n. 147, p. 14-29, São Paulo, set. 2020.
12. AZEVEDO, Fernando Costa de; KLEE, Antônia Espíndola Longoni. Considerações sobre a proteção dos consumidores no comércio eletrônico e o atual processo de atualização do Código de Defesa do Consumidor. *Revista de Direito do Consumidor*, v. 85, p. 209-260, jan./fev. 2013.
13. MARQUES, Claudia Lima. *Confiança no comércio eletrônico e a proteção do consumidor*: um estudo dos negócios jurídicos de consumo no comércio eletrônico. São Paulo: Ed. RT, 2004, p. 206-207.

comerciante/prestador de serviço, a administradora do cartão de crédito e o consumidor final).[14]

Importante referir que no ano de 2012 foi apresentado no Senado Federal o Projeto de Lei 281/2012 para atualização do CDC, justamente visando fortalecer a confiança do consumidor no comércio eletrônico e assegurar a sua efetiva tutela por meio do aperfeiçoamento das disposições gerais do Capítulo I do Título I do Código, além de disciplinar os contratos internacionais comerciais e de consumo e dispõe sobre as obrigações extracontratuais, atualizando o art. 9º da Lei de Introdução às Normas do Direito Brasileiro (Decreto 4.657/1942). O Projeto de Lei, aprovado por unanimidade no Senado Federal, hoje tramita perante a Câmara dos Deputados sob o n. 3.514/2015, apensado PL 4.906/2001 e, apesar de sua urgência, aguarda apreciação do plenário, sem perspectivas concretas para sua aprovação.[15]

Este PL propôs a inclusão de dois importantes incisos ao art. 6.º do CDC (XI e XII), que agregariam aos direitos básicos do consumidor "a privacidade e a segurança das informações e dados pessoais prestados ou coletados, por qualquer meio, inclusive o eletrônico, assim como o acesso gratuito do consumidor a estes e a suas fontes", e "a liberdade de escolha, em especial frente a novas tecnologias e redes de dados, vedada qualquer forma de discriminação e assédio de consumo".

Além disso, através da criação de uma nova "Seção VII – Do Comércio Eletrônico", que no art. 49, § 2º do PL conceitua a contratação à distância, definindo como aquela efetivada fora do estabelecimento ou sem a presença física simultânea do consumidor e do fornecedor, afetando, portanto, diversas modalidades de interações no ambiente online, como a intermediação, oferta, dentre outras, e no §3º equipara a modalidade à distância aquela que, embora realizada no estabelecimento, o consumidor não tenha tido a prévia oportunidade de conhecer o produto.

Ademais, o PL traz em seu bojo normas gerais e impôs ao fornecedor deveres como a disponibilização de informações completas sobre as ofertas, os produtos, os serviços e os dados de identificação completos do próprio fornecedor; o atendimento facilitado do consumidor, inclusive por meio eletrônico; o respeito ao direito de arrependimento do consumidor, a ser exercido em até 7 dias contados da contratação ou do recebimento do produto; bem como o dever de não assediar indevidamente o consumidor, regrando o envio de mensagens eletrônicas com publicidade.

---

14. AZEVEDO, Fernando Costa de; KLEE, Antônia Espíndola Longoni. Considerações sobre a proteção dos consumidores no comércio eletrônico e o atual processo de atualização do Código de Defesa do Consumidor. *Revista de Direito do Consumidor*, v. 85, p. 209-260, jan./fev. 2013.

15. BRASIL. *Câmara dos Deputados*. PL 3514/2015. Disponível em: https://www.camara.leg.br/proposicoesWeb/fichadetramitacao?idProposicao=2052488. Acesso em: 20 fev. 2023.

Por fim, o PL 3.514/2015 reforça os mecanismos para se exigir o cumprimento do dever jurídico de efetiva prevenção de danos trazendo importantes inclusões no rol das sanções administrativas aos fornecedores: suspensão temporária ou proibição de oferta e de comércio eletrônico e, em certos casos, suspensão, pelos prestadores de serviços financeiros e de pagamento utilizados pelo fornecedor, dos pagamentos e transferências financeiras para o fornecedor de comércio eletrônico, ou o bloqueio das suas contas bancárias, ponto que será explorado de forma mais detalhada na segunda parte deste trabalho.

Todavia, o decurso de mais de uma década desde a elaboração do Projeto de Lei traz questionamentos sobre a necessidade de renovação do PL 3.514/2015, com o fim de evitar-se a desproteção do consumidor em relação a novos produtos e serviços decorrentes da ampliação das tecnologias da informação existentes.[16]

Para Bruno Miragem, três aspectos merecem destaque no novo paradigma tecnológico sobre os direitos do consumidor no mercado de consumo digital: os denominados bens digitais, que possuem a oferta, fornecimento e sua fruição pela internet; a internet das coisas, que compreende a integração entre objetos e serviços através da conexão à internet; e por fim, a inteligência artificial, utilizada no desenvolvimento de produtos e serviços e no relacionamento entre os fornecedores e seus consumidores.[17]

Nesse sentido, apesar da passagem do tempo e carência de alguns conteúdos relativos a novas tecnologias, como as referidas por Miragem, acredita-se que a aprovação do PL 3.514/2015 a aprimorará a tutela do consumidor em temas imprescindíveis e de acordo com parâmetros e recomendações globais.

Especificamente sob a ótica da UNCTAD – *United Nations Conference on Trade and Development*, organização intergovernamental da ONU que visa apoiar países em desenvolvimento para uma melhor e mais eficiente integração na economia global, despontam quatro grandes áreas a serem reguladas no que concerne ao comércio eletrônico: as normas que cuidam das transações eletrônicas; a proteção dos dados e da privacidade; os crimes praticados no meio virtual; e a proteção do consumidor no comércio eletrônico.[18]

A OECD – *Organisation for Economic Cooperation and Development*, atualizou suas recomendações sobre a proteção ao consumidor no comércio eletrônico em 2016, passando a encorajar as seguintes medidas: publicidade comercial e práticas de marketing justas; informações claras sobre a identidade comercial

---

16. MARQUES, Claudia Lima; MIRAGEM, Bruno. Serviços simbióticos ou inteligentes e proteção do consumidor no novo mercado digital: homenagem aos 30 anos do Código de Defesa do Consumidor. *Revista do Advogado*, a. 40, n. 147, p. 14-29, São Paulo, set. 2020.

17. MIRAGEM, Bruno. Novo Paradigma Tecnológico, Mercado de Consumo Digital e o Direito do Consumidor. *Revista de Direito do Consumidor*, v. 125, p. 17-62, set./out. 2019.

18. UNCTAD. Manual on Consumer Protection. United Nations: Geneva, 2018.

on-line; informações sobre os bens ou serviços em oferta e os termos e condições da transação; processos transparentes para a confirmação das transações; mecanismos de pagamento de segurança proteção da privacidade; bem como a educação dos consumidores e das empresas.[19]

De volta ao Brasil, defende-se que uma legislação eficiente será de suma importância para o contínuo desenvolvimento do comércio eletrônico, setor essencial da economia brasileira, que tantos benefícios pode oferecer para ambas as partes da relação de consumo.

Assim, uma vez compreendida a abrangência e importância do PL 3.514/2015 para a atualização do CDC, passamos à análise das inovações sobre as sanções administrativas trazidas projeto de lei.

3. TUTELA ADMINISTRATIVA DO CONSUMIDOR E AS INOVAÇÕES SOBRE AS SANÇÕES ADMINISTRATIVAS TRAZIDAS PELO PL 3.514/2015

Antes de analisar as inovações sobre sanções administrativas propostas pelo PL, importa pontuar que a proteção administrativa do consumidor[20] se efetiva por meio dos órgãos de proteção e defesa dos consumidores[21] e é regulamentada pelo CDC e o Decreto 2.181/1997.

É de competência dos órgãos de defesa dos consumidores (Art. 105 do CDC), além dos Procons estaduais e municipais, a Secretaria Nacional do Consumidor integrantes do Sistema Nacional de Defesa do consumidor,[22] a garantia da defesa dos direitos dos consumidores.[23]

---

19. ORGANISATION FOR ECONOMIC COOPERATION AND DEVELOPMENT (OECD). *Recommendation of the Council on Consumer Protection in E-Commerce*, Paris: OECD Publishing, 2016. Disponível em: https://doi.org/10.1787/9789264255258-en. Acesso em: 20 fev. 2023.

20. Sobre o tema: PEREIRA, Flávia do Canto. *Proteção Administrativa do Consumidor*. Sistema Nacional de Defesa do Consumidor e a ausência de critérios uniformes para aplicação de multas. São Paulo: Ed. RT, 2021.

21. Sobre quais órgãos compõem o SNDC: FINK, Daniel Roberto. IN: GRINOVER, Ada Pellegrini et al. *Código Brasileiro de Defesa do Consumidor*. 7. ed. São Paulo: Forense Universitária, 2001. Entende que o sistema é aberto e admite a presença de entidades que indiretamente promovem a defesa do consumidor. MIRAGEM, Bruno. *Curso de Direito do Consumidor*. 6. ed. São Paulo: Ed. RT, 2016. Admite a presença de órgãos que fazem a defesa indireta dos consumidores. PASQUALOTTO, Adalberto. Sobre o Plano Nacional de consumo e cidadania e a vulnerabilidade política dos consumidores. *Revista de Direito do Consumidor*, v. 87, p. 249-269, maio/jun. 2013. Não fazem parte do sistema o judiciário, MP e Defensoria Pública. SODRÉ, Marcelo Gomes. *Formação do sistema nacional de defesa do consumidor*. São Paulo: Ed. RT, 2007. O autor distingue a política e execução dos mecanismos de defesa dos consumidores incluindo o fornecedor (arts. 4º e 5º CDC) e art. 105 CDC cujo foco é a defesa dos consumidores.

22. SODRÉ, Marcelo Gomes. *Formação do sistema nacional de defesa do consumidor*. São Paulo: Ed. RT, 2007: "Todas as instituições políticas ou sociais quer exercem algum papel para a consecução dos fins almejados, dentro de um campo pré-fixado (país), devem compor um todo organizado. A ideia central é que um sistema nacional deve contemplar todas as entidades sejam públicas ou privadas em todas as esferas da federação do Estado Nacional".

23. Art. 105. Integram o Sistema Nacional de Defesa do Consumidor (SNDC), os órgãos federais, estaduais, do Distrito Federal e municipais e as entidades privadas de defesa do consumidor.

Sabe-se que no mercado de consumo brasileiro inúmeras empresas lideram o ranking de reclamações e o cadastro de reclamações fundamentadas[24] por reiteradas práticas em desacordo com as normas do CDC e leis de proteção dos consumidores. Quando há o cometimento de práticas infrativas, cabe ao Estado garantir a efetividade das normas a fim de equilibrar o mercado de consumo. A intervenção na esfera do direito do consumidor dá-se de forma direta e é desenvolvido por meio dessas entidades administrativas.[25]

O Estado como agente normativo e regulador da atividade econômica exerce sua função de fiscalização capaz de promover a eficácia dos direitos fundamentais, Juarez Freitas refere que "...um dos desafios mais pungentes de nosso tempo consiste em valorizar a Administração Pública quando atua substancialmente legitimada pela condição de primeira e maior defensora da lei e do Direito".

Através da intervenção do Estado, em especial, nas relações de consumo, tem-se a segurança de controle para a justiça social. De acordo com o art. 174 da CF "como agente normativo e regulador da atividade econômica, o Estado exercerá, na forma da lei, as funções de fiscalização, incentivo e planejamento, sendo este determinante para o setor público e indicativo para o setor privado", nesse contexto, diante de qualquer prática abusiva no mercado de consumo, o Estado, através da fiscalização dos órgãos competentes, restringe, condiciona ou suprime a iniciativa privada em determinada área econômica em benefício do desenvolvimento e justiça social assegurando a harmonização das relações de consumo.[26]

No modelo econômico atual indaga-se se mesmo com a atividade de intervenção estatal, para fins de regulamentação do mercado de consumo, esta é realmente efetiva. Pois, a garantia de um equilíbrio e harmonização na relação entre consumidor e fornecedor se configura justamente na aplicação e fiscalização da legislação consumerista.

Os meios interventivos do Estado para efetividade da proteção aos direitos dos consumidores na prática, em especial, através do Procons, é regulamentado pelo Decreto 2181/1997 que dispõe sobre a organização do Sistema Nacional de Defesa do Consumidor – SNDC[27] e estabelece as normas gerais de aplicação das

---

24. Art. 44. Os órgãos públicos de defesa do consumidor manterão cadastros atualizados de reclamações fundamentadas contra fornecedores de produtos e serviços, devendo divulgá-lo pública e anualmente. A divulgação indicará se a reclamação foi atendida ou não pelo fornecedor.

O cadastro de reclamações fundamentadas se refere aos processos administrativos sancionatórios contra as empresas (fornecedor-infrator) que já tem decisão definitiva punitiva nos órgãos de defesa dos consumidores.

25. JUSTEN FILHO, Marçal. *Curso de Direito administrativo*. São Paulo: Saraiva, 2006, p. 465.

26. GASPARINI, Diógenes, *Direito Administrativo*. São Paulo: Saraiva, 1995, p. 430.

27. Sobre a função da política nacional de relação de consumo, PASQUALOTTO, Adalberto, p. 92: "Os objetivos da PRNC, enunciados no *caput* do art. 4o, em suma, é o resguardo dos direitos básicos do

sanções administrativas previstas na Lei 8078/1990 (Código de Proteção e Defesa do Consumidor). Cumpre aos Procons[28] o poder de polícia administrativo para que o Estado faça a devida intervenção administrativa.

A tutela administrativa do consumidor se expressa na atuação do poder de polícia administrativo dos órgãos de defesa dos consumidores. Salienta-se a prevenção (educação ao consumo e celebração de compromissos de ajustamento de conduta), a fiscalização (destaco ações conjuntas entre integrantes do SNDC para combater o abuso no mercado de consumo) e a punição com a estipulação das sanções previstas na legislação consumerista.

Com efeito, na prática dos órgãos de defesa dos consumidores verifica-se uma menor efetividade nas ações punitivas pecuniárias por vários fatores envolvidos, mas destaca-se a avaliação acerca dos custos envolvidos para o efetivo pagamento da multa e os custos envolvidos em caso de inadimplemento da pena pecuniária.

O Projeto de Lei 3.514/2015, inclui um capítulo sobre as sanções. Nesse capítulo há acréscimo de mais uma sanção administrativa no rol do art. 56 do CDC: "Art. 56, inciso XIII – suspensão temporária ou proibição de oferta e de comércio eletrônico. Ainda, no art. 59 do CDC incluem para os casos de descumprimento da sanção administrativa outras consequências ao fornecedor, porém em âmbito judicial, determinando que os prestadores de serviços financeiros e de pagamento utilizados pelo fornecedor, de forma alternativa ou conjunta, sob pena de pagamento de multa diária: suspendam os pagamentos e transferências financeiras para o fornecedor de comércio eletrônico e bloqueiem as contas bancárias do fornecedor.

Além das medidas administrativas do art. 56 do CDC, no projeto de lei do comércio eletrônico, há outras medidas corretivas para os fornecedores, como: I – substituição ou reparação do produto; II – devolução do que houver sido pago pelo consumidor mediante cobrança indevida; III – cumprimento da oferta pelo fornecedor, sempre que esta conste por escrito e de forma expressa; IV – devolução ou estorno, pelo fornecedor, da quantia paga pelo consumidor, quando o produto entregue ou o serviço prestado não corresponder ao que foi expressamente acordado pelas partes; V – prestação adequada das informações requeridas pelo consumidor, sempre que tal requerimento guarde relação com o produto adquirido ou o serviço contratado.[29]

---

consumidor, listados no art. 60: respeito à sua dignidade, saúde e segurança, proteção dos seus interesses econômicos, melhoria da sua qualidade de vida, transparência e harmonia das relações de consumo.

28. Sobre eventual conflito de competência entre os órgãos de defesa dos consumidores: Recurso Especial 1.087.892 – SP (2008/0206368-0).

29. Art. 60-B do PL 3514. Nos casos de descumprimento das medidas corretivas o § 1º prevê que a autoridade administrativa para a medida corretiva imposta, será imputada multa diária, nos termos do parágrafo único do art. 57.

As alterações do PL 3.514/2015 são necessárias para tipificação das condutas dos fornecedores no comércio eletrônico, porém, esbarramos na efetividade da aplicação das sanções administrativas no âmbito do SNDC, na medida que os critérios de dosimetria das multas ainda deixam espaço para discricionariedade dos gestores dos órgãos administrativos de defesa do consumidor (PROCONS).

Recentemente o Decreto 2.181/1997 foi alterado pelo Decreto 10.887/2021 e as novas regras de dosimetria das sanções administrativas replicam um antigo problema, o de ausência de critérios únicos para fins de pena base e cria mais um: fere a competência concorrente entre os integrantes do SNDC.

Em recente obra publicada,[30] Flávia do Canto ressalta a necessidade de uniformização de critérios de dosimetria das multas entre os Procons. A uniformização dos critérios é importante, pois dá mais segurança jurídica e efetividade às decisões administrativas. Hoje, o cenário nacional traz diferenças que por vezes não obedecem aos critérios do art. 57 do CDC ou seguem os critérios, porém os fatores são elevados ou brandos demais.

Assim, por exemplo, um mesmo fornecedor que possui unidades, em São Paulo e em Rondônia ao vender um produto ou prestar um serviço em São Paulo e ferir o Código de Defesa do Consumidor pode ser multado em R$ 47.744,38. Se praticar a mesma infração em Porto Velho, a multa passará dos R$ 298 mil.[31]

As diferenças de dosimetria entre os Procons Estaduais, demonstram a necessidade de mudança. Pois, em uma breve análise poderíamos afirmar que o modelo atual não garante maior proteção ao consumidor e não evita a reincidência das empresas fornecedoras infratoras, pois nos rankings de reclamações fundamentadas encontramos os mesmos fornecedores.

Ademais, a uniformização dos critérios de dosimetria deve servir para que as decisões dos Procons nos processos administrativos não sejam objeto de litígio no judiciário, assim, garantindo efetividade ao sistema e maior proteção ao consumidor.

Porém, há que se respeitar a competência concorrente entre órgãos de defesa municipais ou estaduais. A uniformização de critérios deve ser objeto de análise de impacto regulatório e discutida entre todos os membros do Sistema Nacional de Defesa do Consumidor (SNDC), o que não ocorreu antes da criação e publicação do Decreto 10.887/2021.

Na recente alteração do Decreto 2.181/1997, referida anteriormente, vislumbrasse o desrespeito a competência concorrente entre os Procons, a exemplo

---

30. PEREIRA, Flávia do Canto. *Proteção Administrativa do Consumidor*: Sistema Nacional de Defesa do Consumidor e a ausência de critérios uniformes para aplicação de multas. São Paulo: Ed. RT, 2021.

31. Análise comparativa e estudo publicado no livro Proteção Administrativa do Consumidor a partir de um caso paradigma.

ATUALIZAÇÃO DO CDC FRENTE AO COMÉRCIO ELETRÔNICO

do art. 28-B, que permite que por ato do Secretário Nacional do Consumidor do Ministério da Justiça e Segurança Pública esse possa estabelecer critérios gerais para a valoração das circunstâncias agravantes e atenuantes, de que tratam os art. 25 e art. 26; e a fixação da pena-base para a aplicação da pena de multa.

Cumpre destacar:

A organização administrativa do Brasil decorre da forma federativa e, segundo esse critério, a divisão poderá ser vertical, ou seja, quando não há hierarquia entre os níveis (Administração Pública Federal, Estadual, do Distrito Federal e a Administração Pública Municipal); ou horizontal, quando cada Administração, em razão do seu grau de complexidade, reparte-se em administração direta e administração indireta. Nesse escopo, os órgãos públicos exercem atividades importantes na sociedade e, nesse prisma, a Administração Pública cumpre um papel no mercado de consumo, impedindo que haja concentração de poder de polícia em uma única autoridade administrativa.[32]

No âmbito do Sistema Nacional de Defesa do Consumidor, o Decreto Federal 2.181/97 define, no art. 4º, que caberá ao órgão estadual, do Distrito Federal e municipal, no âmbito de sua competência, "IV – funcionar, no processo administrativo, como instância de instrução e julgamento (...)".

À vista disso, os Procons Estaduais e Municipais podem realizar abertura de processo administrativo sancionatório na operação de suas atribuições públicas. Compete a eles legislar concorrentemente acerca das normas especificadas no art. 55 do CDC no âmbito do desempenho administrativo.[33]

Além da já referida norma do art. 28-B do Dec. 2.181/1997 ser inconstitucional, os novos critérios para a pena base, ultrapassam os que estão elencados no art. 57 do CDC. Em relação a dosimetria das sanções pecuniárias aplicadas pelos Procons, o art. 57 do CDC estabelece os critérios para sua aplicação, qual seja: gravidade da infração, vantagem auferida e condição econômica do fornecedor. A multa deve ser em montante não inferior a duzentas e não superior a três milhões de vezes o valor da Unidade Fiscal de Referência (Ufir), ou índice equivalente que venha a substituí-lo.

O Decreto cria dois novos critérios, tais como: extensão do dano e proporcionalidade entre gravidade da falta e intensidade da sanção.[34] Como mensurar

---

32. PEREIRA, Flávia do Canto. *Proteção Administrativa do Consumidor*: Sistema Nacional de Defesa do Consumidor e a ausência de critérios uniformes para aplicação de multas. São Paulo: Ed. RT, 2021, p. 84.

33. PEREIRA, Flávia do Canto. *Proteção Administrativa do Consumidor*: Sistema Nacional de Defesa do Consumidor e a ausência de critérios uniformes para aplicação de multas. São Paulo: Ed. RT, 2021, p. 86.

34. "Art. 28. Observado o disposto no art. 24 pela autoridade competente e respeitados os parâmetros estabelecidos no parágrafo único do art. 57 da Lei 8.078, de 1990, a pena de multa fixada considerará: I – a gravidade da prática infrativa; II – a extensão do dano causado aos consumidores; III – a vantagem auferida com o ato infrativo; IV – a condição econômica do infrator; e V – a proporcionalidade entre a gravidade da falta e a intensidade da sanção."

a extensão do dano e principalmente a gravidade da falta com a intensidade da sanção? com o novo Decreto esbarramos no mesmo problema de ausência de critérios objetivos para fins de dosimetria. Dessa forma, caberá a cada Procon definir os critérios e não à SENACON.

As mudanças na dosimetria, previstas no Decreto 2.181/97, alterado pelo Dec. 10887/2021 abranda as multas, beneficia os fornecedores, interfere na competência concorrente entre os Procons e não resolve o problema das diferenças de fatores dos critérios atribuídos por cada Procon para fins de cálculo de multa pecuniária. Porém, apesar da insegurança jurídica, fruto do atual cenário e organização do Sistema Nacional de Defesa do Consumidor, no que concerne ao PL as inovações são positivas, pois há outras espécies de sanções que possibilitam maior efetividade.

4. CONSIDERAÇÕES FINAIS

1. A informática provocou mudanças nos contratos e na rotina dos consumidores, tornando as relações mais dinâmicas e, por outro lado, desamparadas diante das disparidades econômica, informacional e tecnológica e relacionadas ao comércio eletrônico.

2. É de suma importância a atualização da legislação consumerista para que se tenha uma adequada regulação casuística que tipifique o próprio contrato eletrônico e estabeleça deveres específicos aos fornecedores.

3. No ano de 2012 foi apresentado no Senado Federal o Projeto de Lei 281/2012 para atualização do CDC, justamente visando fortalecer a confiança do consumidor no comércio eletrônico e assegurar a sua efetiva tutela por meio do aperfeiçoamento das disposições gerais do Capítulo I do Título I do Código, além de disciplinar os contratos internacionais comerciais e de consumo e dispõe sobre as obrigações extracontratuais.

4. O Projeto de Lei, aprovado por unanimidade no Senado Federal, hoje tramita perante a Câmara dos Deputados sob o n. 3.514/2015, apensado PL 4906/2001 e, apesar de sua urgência, aguarda apreciação do plenário, sem perspectivas concretas para sua aprovação.

5. Mesmo com a passagem do tempo e carência de alguns conteúdos relativos a novas tecnologias, acredita-se que a aprovação do PL 3.514/2015 a aprimorará a tutela do consumidor em temas imprescindíveis e de acordo com parâmetros e recomendações globais.

6. A proteção administrativa do consumidor se efetiva por meio dos órgãos de proteção e defesa dos consumidores e é regulamentada pelo Código de defesa do Consumidor e o Decreto 2.181/1997.

ATUALIZAÇÃO DO CDC FRENTE AO COMÉRCIO ELETRÔNICO

7. O poder de polícia administrativo exercido pelos Procons é permanente e contínuo, mas exige organização de recursos materiais e humanos para uma efetiva prestação.

8. O projeto de lei 3.514, inclui um capítulo sobre as sanções. Além das medidas administrativas do art. 56 do CDC, no projeto de lei do comércio eletrônico, há outras medidas corretivas para os fornecedores.

9. Em recente alteração do Decreto 2.181/1997, vislumbrasse o desrespeito a competência concorrente entre os Procons, a exemplo do art. 28-B, que permite que por ato do Secretário Nacional do Consumidor do Ministério da Justiça e Segurança Pública esse possa estabelecer critérios gerais para a valoração das circunstâncias agravantes e atenuantes, de que tratam os art. 25 e art. 26; e a fixação da pena-base para a aplicação da pena de multa.

10. As alterações no que concerne a dosimetria das sanções administrativas replicam um problema, o de ausência de critérios únicos para fins de dosimetria e cria mais um: fere a competência concorrente entre os integrantes do SNDC. Fatores que encontremos dificuldades de garantia de efetividade na aplicação das sanções que visam coibir as práticas infrativas no comércio eletrônico.

11. Apesar da insegurança jurídica gerada pelo atual cenário, no que concerne ao PL 3.514, as inovações são positivas, pois acrescenta novas sanções administrativas contribuindo para efetividade do Sistema Nacional de Defesa do Consumidor e, portanto, para a tutela do consumidor no mundo digital.

5. REFERÊNCIAS

AZEVEDO, Fernando Costa de; KLEE, Antônia Espíndola Longoni. Considerações sobre a proteção dos consumidores no comércio eletrônico e o atual processo de atualização do Código de Defesa do Consumidor. *Revista de Direito do Consumidor*, v. 85, p. 209-260, jan./fev. 2013.

BRASIL. *Câmara dos Deputados*. PL 3514/2015. Disponível em: https://www.camara.leg.br/proposicoesWeb/fichadetramitacao?idProposicao=2052488. Acesso em: 20 fev. 2023.

GASPARINI, Diógenes. *Direito Administrativo*. São Paulo: Saraiva, 1995.

JAYME, Erik. O direito internacional privado e cultural pós-moderno. *Cadernos do Programa de Pós-graduação em Direito da Universidade Federal do Rio Grande do Sul*, v. 1, n. 1, Porto Alegre, mar. 2003.

JUSTEN FILHO, Marçal. *Curso de Direito administrativo*. São Paulo: Saraiva, 2006.

LIMBERGER, Têmis; MORAES, Carla Andreatta Sobbé. A vulnerabilidade do consumidor pela (des)informação e a responsabilidade civil dos provedores na Internet. *Revista de Direito do Consumidor*, v. 97, p. 255-270, São Paulo, jan./fev. 2015.

LORENZETTI, Ricardo Luis. *Comércio Eletrônico*. São Paulo: Ed. RT, 2004.

MARQUES, Claudia Lima. *Confiança no comércio eletrônico e a proteção do consumidor*: um estudo dos negócios jurídicos de consumo no comércio eletrônico. São Paulo: Ed. RT, 2004.

MARQUES, Claudia Lima; MIRAGEM, Bruno. "Serviços simbióticos" do consumo digital e o PL 3.514/2015 de atualização do CDC. *Revista de Direito do Consumidor*, v. 132, p. 91-118, São Paulo, nov./ dez. 2020.

MARQUES, Claudia Lima; MIRAGEM, Bruno. Serviços simbióticos ou inteligentes e proteção do consumidor no novo mercado digital: homenagem aos 30 anos do Código de Defesa do Consumidor. *Revista do Advogado*, a. 40, n. 147, p. 14-29, São Paulo, set. 2020.

MARQUES, Claudia Lima; VIAL, Sofia Martini. Garantias do Consumo: Código de Defesa do Consumidor precisa ser atualizado urgentemente. *Consultor Jurídico*. 2017. Disponível em: https://www.conjur.com.br/2017-out-11/garantias-consumo-codigo-defesa-consumidor-atualizado-urgentemente. Acesso em: 20 fev. 2023.

MIRAGEM, Bruno. Novo Paradigma Tecnológico, Mercado de Consumo Digital e o Direito do Consumidor. *Revista de Direito do Consumidor*, v. 125, p. 17-62, set./out. 2019.

ORGANISATION FOR ECONOMIC COOPERATION AND DEVELOPMENT (OECD). *Recommendation of the Council on Consumer Protection in E-Commerce*, Paris: OECD Publishing, 2016. Disponível em: https://doi.org/10.1787/9789264255258-en. Acesso em: 20 fev. 2023.

PASQUALOTTO, Adalberto. Sobre o Plano Nacional de consumo e cidadania e a vulnerabilidade política dos consumidores. *Revista de Direito do Consumidor*, v. 87/2013, p. 249-269, maio/ jun. 2013.

PEREIRA, Flávia do Canto. *Proteção Administrativa do Consumidor*: Sistema Nacional de Defesa do Consumidor e a ausência de critérios uniformes para aplicação de multas. São Paulo: Ed. RT, 2021.

SODRÉ, Marcelo Gomes. *Formação do sistema nacional de defesa do consumidor*. São Paulo: Ed. RT, 2007.

UNCTAD. *Manual on Consumer Protection*. United Nations: Geneva, 2018.

DARK PATTERNS E PRÁTICAS COMERCIAIS DECEPTIVAS: OS RISCOS AOS CONSUMIDORES

Laís Bergstein

Doutora em Direito do Consumidor e Concorrencial pela Universidade Federal do Rio Grande do Sul – UFRGS. Mestre em Direito Econômico e Socioambiental pela Pontifícia Universidade Católica do Paraná – PUCPR. *Alumni* do Centro de Estudos Europeus e Alemães (CDEA). Docente permanente do Programa de Mestrado Profissional em Direito, Mercado, *Compliance* e Segurança Humana da Faculdade CERS. Advogada. lais@dotti.adv.br.

Caroline Visentini Ferreira Gonçalves

Mestre pela Columbia University. Pós-graduada em direito do consumidor pela Escola Paulista da Magistratura. Diretora do Brasilcon. Coordenadora do Comitê de Relações de Consumo do Ibrac. Diretora da Columbia Alumni Association do Brasil. Advogada. carol_goncalves@hotmail.com.

Sumário: 1. Introdução – 2. *Dark patterns* e práticas comerciais deceptivas – 3. As vedações às *dark patterns* no direito brasileiro – 4. A possibilidade de enfrentamento do tema no PL 3514/2015 – 5. Considerações finais – 6. Referências.

1. INTRODUÇÃO

As *práticas de design enganosas*, também conhecidas como *dark patters*, podem ser descritas como "truques usados em sites e aplicativos que fazem você fazer coisas que você não queria fazer, como comprar ou se inscrever para algo".[1] Mathur e Kshirsagar as definem como "interfaces de usuário usadas por algumas empresas on-line para levar os consumidores a tomarem decisões que de outra forma não teriam tomado se estivessem totalmente informados e capazes de selecionar alternativas".[2]

O presente trabalho reúne algumas definições e exemplos de práticas comerciais deceptivas e analisa, sob a perspectiva do ordenamento brasileiro, quais

---

1. Deceptive Design: formerly darkpattersns.org. Design enganoso: antigamente darkpattersns.org. Disponível em: https://www.deceptive.design/. Acesso em: 6 abr. 2023.
2. OCDE. Roundtable on Dark Commercial Patterns Online. Summary of discussion. Mesa redonda sobre Padrões Comerciais Escuros Online. Resumo da discussão. Disponível em: https://www.oecd.org/officialdocuments/publicdisplaydocumentpdf/?cote=DSTI/CP(2020)23/FINAL&docLanguage=En. Acesso em: 6 abr. 2023.

os fundamentos jurídicos de tutela do consumidor contra esses tipos de práticas comerciais enganosas. Ao final, sugere-se o enfrentamento dessa problemática pelo projeto de Lei 3.514/2015.

2. *DARK PATTERNS* E PRÁTICAS COMERCIAIS DECEPTIVAS

Embora inexista um conceito único, diversas organizações têm se preocupado com os riscos aos consumidores[3] e à própria defesa da concorrência. Vários exemplos destas práticas – que não se confundem com *nudges*[4] ou técnicas de neuromarketing[5] – podem ser observados nos mercados de consumo, sobretudo no ambiente *online*.[6] E é "a combinação de falta de consciência e falta de capacidade" que torna os efeitos dos padrões escusos "particularmente perigosos para os adultos mais velhos, pois eles lutam para adaptar suas habilidades aprendidas de autoproteção a ambientes (digitais) em evolução."[7]

Há, ainda, vários exemplos de padrões de design comerciais[8] com potencial de enganar que estão relacionados à perda de tempo dos consumidores ou à necessidade dos consumidores de uma transação rápida, sob pena de perder determinado benefício.

De acordo com o relatório da UNCTAD, a presentado pelo *Working group on Consumer Protection in e-commerce*,[9] a Argentina informou que realizou recentemente uma varredura *online* para identificar padrões comerciais deceptivos utilizados pelos fornecedores que comercializam seus produtos e serviços no país. Esta pesquisa foi uma primeira abordagem a estas práticas que permitiu às auto-

---

3. Cita-se, por exemplo, o empenho da Diretoria Nacional de Proteção ao Consumidor da Argentina que, em conjunto com a Autoridade de Concorrência do Quênia do Subgrupo de Educação do Consumidor e Orientação Empresarial do Grupo de Trabalho sobre Comércio Eletrônico da UNCTAD, tem discutido o tema em diversos encontros, dentre eles o evento *"Dark Commercial Patterns: Experiences and Tools for Education and Business Guidance"*, realizado em 30 de março de 2022.
4. THALER, Richard H.; SUSTEIN, Cass R. *Nudge*: o empurrão para a escolha certa. Trad. Marcello Lino. Rio de Janeiro: Elsevier, 2009. Veja, ainda: THALER, Richard H. Nudge, not sludge. *Science* 3 Aug 2018, Vol 361, Issue 6401. p. 431. DOI: 10.1126/science.aau9241.
5. EFING, Antônio Carlos; GAZOTTO, Gustavo Martinelli Tanganelli. Os limites toleráveis do neuromarketing nas relações jurídicas de consumo. *Revista de Direito do Consumidor*, v. 135, p. 375-396, São Paulo, maio/jun. 2021.
6. Veja: The Hall of shame of *Deceptive Design*. (O Salão da vergonha do *design enganoso*). Disponível em: https://www.darkpatterns.org/hall-of-shame/all. Ou a pesquisa do UX Design disponível em: https://darkpatterns.uxp2.com/. Ambos acessados em: 20 mar. 2022.
7. BONGARD-BLANCHY, Kerstin; ROSSI, Arianna; RIVAS, Salvador; DOUBLET, Sophie; KOENIG, Vincent; LENZINI, Gabriele. 2021. "I am Definitely Manipulated, Even When I am Aware of it. It's Ridiculous!": Dark Patterns from the End-User Perspective. *Designing Interactive Systems Conference*, 2021, New York. DOI: https://doi.org/10.1145/3461778.3462086.
8. BRIGNULL, H. (2019), *Dark Patterns*, https://www.darkpatterns.org/.
9. O subgrupo foi coordenado pela Direção Nacional de Proteção ao Consumidor e Arbitragem do Consumidor (DNDCYAC) – Argentina e a Autoridade de Concorrência do Quênia (CAK).

DARK PATTERNS E PRÁTICAS COMERCIAIS DECEPTIVAS **289**

ridades identificar categorias e sua frequência, mas o relatório final ainda não foi publicado. Em 2021, a Agência Sueca do Consumidor encomendou um relatório para identificar padrões escuros e categorizá-los de acordo com seu impacto sobre os consumidores. O relatório foi baseado em uma revisão de literatura e entrevistas, o mapeamento mostrou 26 padrões escuros diferentes.[10] Por fim, a Federação das Organizações Alemãs de Consumidores (VZBV) publicou uma chamada para reclamações de consumidores em 2021 e mais de 150 casos foram relatados, mas quando da publicação pela UNCTAD esses resultados ainda não haviam sido publicados.

3. AS VEDAÇÕES ÀS *DARK PATTERNS* NO DIREITO BRASILEIRO

Os padrões de *design* deceptivos podem ser considerados ilegais sob a perspectiva legislação brasileira de consumo. Um elemento chave e particularidade do direito brasileiro deve ser considerado nesta matéria, que é o reconhecimento legal de que todos os consumidores são vulneráveis.[11] Conforme o Código Brasileiro de Defesa do Consumidor – CDC (Lei 8.078/1990), o reconhecimento da vulnerabilidade do consumidor é um princípio da Política Nacional de Relações de Consumo (Artigo 4º, I).

A vulnerabilidade básica dos consumidores é a *informacional*, verificada na ausência de dados suficientes sobre o produto ou serviço capazes de influenciar no processo decisório do consumidor. No contexto das relações de consumo, o fornecedor detém melhores condições de inferir os impactos da contração porque nele estão concentradas as informações sobre a cadeira produtiva. Ainda que o consumidor seja especialista em determinado setor, ele carece de dados específicos acerca do produto ou serviço contratado.

À vulnerabilidade informacional somam-se as vulnerabilidades *técnica*, que é presumida para o consumidor não profissional e relaciona-se à ausência de conhecimento específico acerca do produto ou serviço objeto de consumo; *jurídica*, caracterizada pela falta de conhecimento jurídico, contábil ou econômico e de seus reflexos na relação de consumo; e a vulnerabilidade *fática*, presente nas situações em que a insuficiência econômica, física ou até mesmo psicológica do consumidor o coloca em patamar de desigualdade frente ao fornecedor.[12] Enfim, a

---

10. O levantamento está disponível em: https://www.konsumentverket.se/globalassets/publikationer/produkter-och-tjanster/ovriga-omraden/underlagsrapport-2021-1-barriers-digital-market-konsumentverket.pdf.

11. Veja: MARQUES, Claudia Lima. Algumas observações sobre a pessoa no mercado e a proteção dos vulneráveis no Direito Privado *In*: GRUNDMAN, Stefan, MENDES, Gilmar, MARQUES, Claudia Lima, BALDUS, Christian e MALHEIROS, Manuel. *Direito Privado, Constituição e Fronteiras*. Encontros da Associação Luso-Alemã de Juristas no Brasil. 2. ed. São Paulo: Ed. RT, 2014. p. 287 e ss.

12. MARQUES, Claudia Lima. *Contratos no Código de Defesa do Consumidor*: o novo regime das relações contratuais. 8. ed. São Paulo: Ed. RT, 2016. p. 304 et seq.

realidade das relações contemporâneas de consumo revela que diversas situações pessoais e fáticas acentuam a vulnerabilidade do consumidor. Pode-se falar, nesse sentido, em *camadas de vulnerabilidade* que se somam e se sobrepõem. Alguns doutrinadores tratam dos conceitos de hipervulnerabilidade,[13] vulnerabilidade agravada[14] ou supervulnerabilidade,[15] associados aos consumidores que, por características pessoais, são mais suscetíveis às ações dos fornecedores.

Essa condição preterida do consumidor é resultado do grande desequilíbrio existente entre o conhecimento profissional detido pelos fornecedores e o oposto desconhecimento por parte dos consumidores, que estão sujeitos a inúmeros riscos gerados pelo desenvolvimento tecnológico e pela produção massificada.[16] Sejam pessoas físicas ou jurídicas, sempre que adquirirem ou contratarem um produto ou serviço como destinatários finais, destinatários fáticos e econômicos dos bens ou serviços,[17] os consumidores são reconhecidamente vulneráveis. Excepcionalmente, quando a contratação ocorrer para servir como insumo à atividade produtiva, a vulnerabilidade perante o fornecedor poderá ser comprovada e, com isso, ensejar a proteção legal especial.[18]

---

13. Essa concepção de hipervulnerabilidade ou vulnerabilidade exacerbada é explicada nos escritos de Claudia Lima Marques (Estudo sobre a vulnerabilidade dos analfabetos na sociedade de consumo: o caso do crédito consignado a consumidores analfabetos. *Revista de Direito do Consumidor*, v. 95, p. 145. São Paulo: Ed. RT, set.-out. 2014), Cristiano Heineck Schimitt (*Consumidores hipervulneráveis*: a proteção do idoso no mercado de consumo. São Paulo: Atlas, 2014. p. 65), Marcelo Schenk Duque (O dever fundamental do estado de proteger a pessoa da redução da função cognitiva provocada pelo superendividamento. *Revista de Direito do Consumidor*, v. 94, p. 157-179. jul.-ago. 2014), Antônio Carlos Efing (*Fundamentos do Direito das Relações de Consumo*: consumo e sustentabilidade. 3. ed. rev. e atual. Curitiba: Juruá, 2011. p. 110), Maurilio Casas Maia (O paciente hipervulnerável e o princípio da confiança informada na relação médica de consumo. *Revista de Direito do Consumidor*, ano 22. v. 86, p. 203-232. São Paulo, mar.-abr. 2013), Adolfo Mamoru Nishiyama e Roberta Densa (A proteção dos consumidores hipervulneráveis: os portadores de deficiência, os idosos, as crianças e os adolescentes. *Revista de Direito do Consumidor*, v. 76, p. 13, São Paulo, out. 2010), para citar apenas alguns pesquisadores.

14. Expressão adotada por Bruno Miragem. (*Curso de Direito do Consumidor*. 6. ed. São Paulo: Ed. RT, 2016).

15. Expressão eleita por Stefan Grundmann ao tratar dos consumidores brasileiros. (RODRIGUES JUNIOR, Otavio Luiz; NUNES-FRITZ, Karina; RODAS, Sérgio. Entrevista com Stefan Grundmann. *Revista de Direito Civil Contemporâneo*, v. 9. ano 3. p. 337-350. São Paulo: Ed. RT, out.-dez. 2016).

16. BERGSTEIN, Laís. *O tempo do consumidor e o menosprezo planejado*: o tratamento jurídico do tempo perdido e a superação de suas causas. São Paulo: Ed. RT, 2019. p. 58 et seq.

17. Segue-se, nesse ponto, a orientação da Teoria Finalista para fins de conceituação do consumidor. Veja, por todos: MARQUES, Claudia Lima. *Contratos no Código de Defesa do Consumidor*: o novo regime das relações contratuais. 8. ed. São Paulo: Ed. RT, 2016. p. 304 et seq.

18. Nesse sentido, o Informativo 0510 do Superior Tribunal de Justiça, que sintetiza e divulga as teses firmadas pela Corte Superior esclarecendo que: "Não ostenta a qualidade de consumidor a pessoa física ou jurídica que não é destinatária fática ou econômica do bem ou serviço, salvo se caracterizada a sua vulnerabilidade frente ao fornecedor. A determinação da qualidade de consumidor deve, em regra, ser feita mediante aplicação da teoria finalista, que, numa exegese restritiva do art. 2º do CDC, considera destinatário final tão somente o destinatário fático e econômico do bem ou serviço, seja ele pessoa física ou jurídica. Dessa forma, fica excluído da proteção do CDC o consumo intermediário, assim

O artigo 39 do CDC indica como práticas comerciais desleais, entre outras: *i)* recusar atender às demandas dos consumidores, na medida exata de seu estoque disponível, e também de acordo com os usos e costumes; *ii)* enviar ou entregar ao consumidor, sem solicitação prévia, qualquer produto, ou prestar qualquer serviço; *iii)* aproveitar-se da fraqueza ou ignorância do consumidor, em vista de sua idade, saúde, conhecimento ou condição social, para impor-lhe seus produtos ou serviços; *iv)* exigir do consumidor uma vantagem manifestamente excessiva; *v)* aumentar o preço dos produtos ou serviços sem justa causa. Várias destas disposições estão relacionadas a padrões de design enganosos, o que nos permite concluir que sob o quadro legal brasileiro é possível sancionar vários casos de *desenho enganoso.*

No direito do consumidor brasileiro também prevalece o princípio da *reparação integral dos danos.* O artigo 6º, VI, do CDC estabelece que devem ser reparados todos os danos causados, contemplando tanto os danos causados diretamente pelo fato, assim como aqueles que são sua consequência direta.[19] Também pode ser dito, especialmente sob as disposições do artigo 6º, VI, do CDC, que existe um verdadeiro dever legal dos fornecedores de adotar medidas preventivas e efetivas para evitar danos ao consumidor.

---

entendido como aquele cujo produto retorna para as cadeias de produção e distribuição, compondo o custo (e, portanto, o preço final) de um novo bem ou serviço. Vale dizer, só pode ser considerado consumidor, para fins de tutela pelo CDC, aquele que exaure a função econômica do bem ou serviço, excluindo-o de forma definitiva do mercado de consumo. Todavia, a jurisprudência do STJ, tomando por base o conceito de consumidor por equiparação previsto no art. 29 do CDC, tem evoluído para uma aplicação temperada da teoria finalista frente às pessoas jurídicas, num processo que a doutrina vem denominando 'finalismo aprofundado'. Assim, tem se admitido que, em determinadas hipóteses, a pessoa jurídica adquirente de um produto ou serviço possa ser equiparada à condição de consumidora, por apresentar frente ao fornecedor alguma vulnerabilidade, que constitui o princípio-motor da política nacional das relações de consumo, premissa expressamente fixada no art. 4º, I, do CDC, que legitima toda a proteção conferida ao consumidor. A doutrina tradicionalmente aponta a existência de três modalidades de vulnerabilidade: técnica (ausência de conhecimento específico acerca do produto ou serviço objeto de consumo), jurídica (falta de conhecimento jurídico, contábil ou econômico e de seus reflexos na relação de consumo) e fática (situações em que a insuficiência econômica, física ou até mesmo psicológica do consumidor o coloca em pé de desigualdade frente ao fornecedor). Mais recentemente, tem se incluído também a vulnerabilidade informacional (dados insuficientes sobre o produto ou serviço capazes de influenciar no processo decisório de compra). Além disso, a casuística poderá apresentar novas formas de vulnerabilidade aptas a atrair a incidência do CDC à relação de consumo. Numa relação interempresarial, para além das hipóteses de vulnerabilidade já consagradas pela doutrina e pela jurisprudência, a relação de dependência de uma das partes frente à outra pode, conforme o caso, caracterizar uma vulnerabilidade legitimadora da aplicação do CDC, mitigando os rigores da teoria finalista e autorizando a equiparação da pessoa jurídica compradora à condição de consumidora Precedentes citados: BRASIL. Superior Tribunal de Justiça. REsp 1.196.951-PI, DJe 09.04.2012, e BRASIL. Superior Tribunal de Justiça. REsp 1.027.165-ES, DJe 14.06.2011. REsp 1.195.642-RJ, Rel. Min. Nancy Andrighi, julgado em 13.11.2012." (BRASIL. Superior Tribunal de Justiça. Informativo de jurisprudência 0510, de 18 de dezembro de 2012. Disponível em: https://ww2.stj.jus.br/jurisprudencia/externo/informativo/?acao=pesquisarumaedicao&livre=@cod=%270510%27. Acesso em: 6 abr. 2023).

19. MIRAGEM, Bruno. *Curso de Direito do Consumidor.* 6. ed. São Paulo: Ed. RT, 2016. p. 227-228.

As *dark patterns* podem, em tese, também ser enquadradas como infrações da ordem econômica (Lei 12.529/2011, art. 36, § 3º), na medida em que prejudicam a livre concorrência, criando dificuldades ao funcionamento ou desenvolvimento dos demais fornecedores de bens ou serviços, utilizando-se de meios enganosos aos consumidores. Nos termos do art. 33 da Lei Antitruste, são solidariamente responsáveis as empresas ou entidades integrantes de grupo econômico, de fato ou de direito, quando pelo menos uma delas praticar infração à ordem econômica, sujeitando-as às penas previstas na Lei.

Práticas comerciais deceptivas podem se caracterizar também a partir do uso indevido de dados pessoais. As práticas de *geoblocking* e os diferentes preços baseados no uso de dados pessoais de localização dos consumidores[20] por exemplo, foram considerados ilegais pelo Departamento de Proteção e Defesa do Consumidor – DPDC. A *Nota Técnica* 92/2018,[21] encontrou violação aos artigos 4º, *caput*, incisos I e III; 6º, incisos II, III e IV, e 39, incisos II, IX e X do Código de Defesa do Consumidor. Neste caso, uma penalidade administrativa de multa foi aplicada à Decolar.com Ltda, empresa consolidada no setor de turismo, por utilizar os dados de localização do consumidor para "diferenciar o preço dos alojamentos e negar vagas, quando disponíveis."[22]

As técnicas de *dark patterns* são utilizadas não apenas para a concretização de negócios, mas também para a coleta e tratamento de dados pessoais que, de outra forma, não seriam fornecidos por seus detentores.[23] Muitas vezes são empregadas técnicas de *harvesting* ou coleta na internet (*web scraping*), que consistem em uma ampla busca por informações sobre uma determinada pessoa ou grupo no ambiente virtual. Para assegurar a legalidade da base de dados estruturada é necessário verificar, por exemplo, se a 'raspagem' da web atingiu dados que são públicos, se eles foram disponibilizados pelo próprio titular dos dados (*Lei Geral de Proteção de Dados Pessoais* – LGPD, Art. 7, § 4) ou se eles foram disponibilizados

---

20. Veja: MUCELIN, Guilherme; BERGSTEIN, Lais; MARTINI, Sandra Regina. Precificação discriminatória no novo paradigma tecnológico do mercado de consumo: a tutela do consumidor e a defesa da concorrência contra práticas abusivas com o uso de dados pessoais. *Revista Direito Mackenzie*, v. 14, n. 3, p. 1-20, 2020, ISSN 2317-2622. http://dx.doi.org/10.5935/2317-2622/direitomackenzie. v14n314119; FORTES, Pedro Rubim Borges; MARTINS, Guilherme Magalhães; OLIVEIRA, Pedro Farias. O consumidor contemporâneo no show de Truman: a geodiscriminação digital como prática ilícita no direito brasileiro. *Revista de Direito do Consumidor*, v. 124, p. 235-260, jul./ago. 2019.

21. BRASIL. Ministério da Justiça. Departamento de Proteção e Defesa do Consumidor – DPDC. Nota Técnica 92/2018/CSA-SENACON/CGCTSA/GAB-DPDC/DPDC/SENACON/MJ. Disponível em: http://www.mpsp.mp.br/portal/page/portal/cao_consumidor/SENACON/SENACON_NOTA_TECNICA/SENACON%20DECIS%C3%83O%20geo%20pricing%20e%20geo%20blocking%20multa.pdf.

22. BRASIL. Ministério da Justiça. Departamento de Proteção e Defesa do Consumidor – DPDC. Processo: 08012.002116/2016-21.

23. SAMPAIO, Marília de Ávila e Silva; JANDREY, Cláudio Luiz. *Dark patterns* e seu uso no mercado de consumo. *Revista de Direito do Consumidor*, v. 143, p. 231-257, set./out. 2022.

na Internet devido a um episódio anterior de vazamento. Na prática, ainda pouco se sabe sobre os dados pessoais amplamente coletados na internet e utilizados em modelos comerciais.

A percepção de que as práticas comerciais deceptivas podem caracterizar, além de práticas comerciais abusivas contra os consumidores, também potenciais infrações da ordem econômica, elucida a relevância e o interesse público no desenvolvimento de novas ferramentas e medidas de identificação, prevenção e repressão. O interesse na supressão das práticas comerciais deceptivas não é apenas do consumidor individualmente considerado, mas do próprio mercado.[24]

Nesse sentido, com um impulso mais imediato, padrões comerciais deceptivos podem ser combatidos com base na legislação brasileira de processo civil de ação coletiva. Mas um dos maiores desafios das ações coletivas no Brasil é o problema relacionado com as decisões genéricas que, na prática, correspondem a várias ações individuais somadas. Outra direção possível, a fim de oferecer aos juízes "novos padrões de atuação e, sobretudo, maior flexibilidade na adaptação de sua decisão para fazer o que exige a situação concreta",[25] é a adoção de decisões estruturais, como sugere a doutrina norte-americana.[26] As ações estruturais,[27] injunções profiláticas ou remédios institucionais constituem um instrumento importante para a obtenção de melhores resultados.

Por esse meio é possível provocar mudanças impactantes de condutas aos fornecedores determinando, por exemplo, investimentos progressivos em serviços de atendimento ao cliente, desenvolvimento de práticas de compliance interno com preventivas ou mudando alguns hábitos de serviço. A previsão legal para essas iniciativas é, dentre outras, a disposição do artigo 83 do CDC, ao estabelecer que "para defender os direitos e interesses protegidos por este Código, são permitidas todo tipo de ações capazes e executórias", complementado pelo artigo seguinte (artigo 84, CDC), que autoriza o juiz a conceder as "medidas que garantam uma solução prática para os danos causados". A intenção do legislador na elaboração

---

24. MARQUES, Claudia Lima; MENDES, Laura Schertel; BERGSTEIN, Lais. *Dark Patterns* e Padrões Comerciais Escusos. *Revista de Direito do Consumidor*, v. 145, p. 295-316, jan./fev. 2023.

25. Sérgio Cruz Arenhart. Decisões Estruturais no Direito Processual Civil Brasileiro. *Revista de Processo*, v. 225, p. 389-410, São Paulo, nov. 2013.

26. Dentre outros: Owen M. Fiss. *The civil rights injunction*. Indiana University Press, 1978.

27. A principal objeção às decisões estruturais é a alegação de que através delas o Judiciário estaria usurpando funções que originalmente pertenciam ao Executivo e ao Legislativo, violando assim o princípio da separação dos três Poderes (em outras palavras, sendo antidemocrático). No entanto, como argumenta Owen Fiss, "esta objeção esquece a natureza multidimensional da autoridade do juiz e, de fato, seu dever", uma vez que "o juiz não só deve decidir os direitos do requerente, mas também fazer deste direito uma realidade prática." (FISS, Owen. To make the constitution a living truth: four lectures on the Structural Injunction. In: ARENHART, Sérgio Cruz; JOBIM, Marco Félix (Org.). *Processos Estruturais*. Salvador: JusPodivm, 2017. p. 596).

LAÍS BERGSTEIN E CAROLINE VISENTINI FERREIRA GONÇALVES

dessas disposições era justamente estabelecer o princípio da proteção jurídica efetiva e adequada de todos os direitos consagrados no Código.[28]

4. A POSSIBILIDADE DE ENFRENTAMENTO DO TEMA NO PL 3514/2015

Desde 2008 o número de dispositivos eletrônicos conectados à internet superou o número de pessoas com acesso à rede mundial de computadores.[29] O mundo presencia uma revolução da microeletrônica que pode ser considerada a segunda revolução tecnoindustrial, na qual as capacidades intelectuais do homem são ampliadas e podem ser substituídas por autômatos em vários aspectos.[30] O Direito busca acompanhar essas mudanças, mas inevitavelmente o faz a passos mais lentos.

Desde 2012, está pendente no Congresso Nacional o Projeto de Lei 3514/2015, apresentado por Comitê de Juristas presidido por Antonio Herman Benjamin, ministro do Superior Tribunal de Justiça, e relatado por Claudia Lima Marques, professora e jurista. A proposta busca melhorar as disposições gerais do Capítulo I do Título I do Código de Defesa do Consumidor e disciplinar novas regras para o comércio eletrônico, visando "acrescentar, nunca reduzir a proteção ao consumidor no Brasil" e "respeitar a estrutura geral e de princípios do CDC", conforme declarado no relatório final da Comissão de Juristas. A passagem do tempo desde sua apresentação ao Senado Federal justifica uma nova investida neste relevante Projeto de Lei, que visa contribuir com o incremento da segurança no comércio eletrônico.

A atualização legislativa pode contribuir com o estabelecimento de critérios de transparência para o fornecimento de produtos e serviços no comércio eletrônico. Ademais, como Hans-W. Micklitz, Przemyslaw Palka e Yannis Panagis propõem, é possível automatizar parcialmente o processo de abstração e controle das cláusulas dos contratos de consumo *online*, e há um grande potencial para o uso de técnicas algorítmicas na aplicação em relação às obrigações contratuais e para facilitar a pesquisa.[31]

---

28. WATANABE, Kazuo. Comments to art. 83 of CDC. In: Ada Pellegrini Grinover; Antonio Herman Benjamin; Daniel Roberto Fink; José Geraldo Brito Filomeno; Kazuo Watanabe; Nelson Nery Júnior; Zelmo Denari. *CDC Commented by the Authors of its Draft*. 9th. Edition. Rio de Janeiro: Forense Universitária, 2007. p. 854.

29. COLL, Liz; SIMPSON, Robin. *The Internet of Things and challenges for consumer protection*. London: Consumers International, 2016. Disponível em: http://www.consumersinternational.org/media/1292/connection-and-protection-the-internet-of-things-and-challenges-for-consumer-protection.pdf. Acesso em: 6 abr. 2023.

30. SCHAFF, Adam. *A sociedade informática*: as consequências sociais da segunda revolução industrial. Trad. Carlos Eduardo Jordão Machado e Luiz Arturo Obojes. 3. ed. São Paulo: Brasiliense, 1992. p. 21-23.

31. MICKLITZ, Hans-W; PALKA, Przemyslaw; PANAGIS, Yannis. The Empire Strikes Back: Digital Control of Unfair Terms of Online Services. *Journal of Consumer Policy*, v. 40, p. 367-388, Springer, 2017. DOI 10.1007/s10603-017-9353-0.

As *Guidelines* das Nações Unidas recomendam aos Estados incentivar todas as empresas a resolver disputas com os consumidores de forma expedita, justa, transparente, barata, acessível e de maneira informal e estabelecer mecanismos voluntários, incluindo serviços de consultoria e procedimentos informais para o registro e o atendimento de reclamações, além de prestar assistência aos consumidores.[32]

O enfrentamento das práticas deceptivas deve resultar de uma união de esforços legislativos, judiciais e, principalmente, do próprio mercado. A identificação e eliminação de práticas comerciais desleais aos consumidores deve partir, em primeiro lugar, dos próprios fornecedores, a quem são impostos os deveres de efetiva prevenção de danos e de agir de boa-fé. A defesa da concorrência, assim como as entidades e associações de defesa dos consumidores também possuem um papel relevante na adoção de medidas enérgicas contra os agentes que não respeitarem os deveres de lealdade e transparência nas relações com consumidores.

5. CONSIDERAÇÕES FINAIS

O direito da contemporaneidade tem se *desenhado* sob o formato de regras de caráter mais geral, capazes de atender a uma gama significativa de hipóteses, graças à atividade interpretativa no caso concreto.[33] Quanto maior for a essencialidade da contratação,[34] quantas mais camadas de vulnerabilidade envolverem a pessoa do consumidor, quanto maiores forem a duração da contratação, a estandardização e a despersonalização do atendimento, maior deverá, também, a interferência na contratação para assegurar o equilíbrio da relação contratual – antes ou depois de instaurada uma lide. Esse contexto é um reflexo da notória frase de Tomasi di Lampedusa: "se quisermos que tudo continue como está, é preciso que tudo mude."[35]

É necessária uma consciência mais ampla dos exemplos e das consequências das práticas comerciais deceptivas. É preciso desenvolver mecanismos para identificar e relatar essas práticas e adotar as providências necessárias dentro do Sistema Brasileiro de Proteção ao Consumidor para prevenção, mitigação dos riscos e danos aos consumidores. A proteção efetiva dos cidadãos exige uma ação

---

32. ORGANIZAÇÃO DAS NAÇÕES UNIDAS. *United Nations Guidelines for Consumer Protection* (versão United Nations, New York and Geneva, 2016). United Nations Conference on Trade and Development – UNCTAD. Disponível em: http://unctad.org/en/PublicationsLibrary/ditccplpmisc2016d1_en.pdf. Acesso em: 6 abr. 2023.

33. HIRONAKA, Giselda Maria Fernandes. Principiologia contratual e a valoração ética do Código Civil Brasileiro. *Revista Civilística*, a. 3, n. 1, p. 3. jan.-jun. 2014.

34. Veja mais sobre os contratos existenciais em: TRAUTWEIN, José Roberto Della Tonia. *Os direitos fundamentais e a compensação do dano moral na responsabilidade contratual.* Dissertação de Mestrado (2016). Centro Universitário Autônomo do Brasil (Unibrasil).

35. "Se vogliamo che tutto rimanga come è, bisogna che tutto cambi." (LAMPEDUSA, Tomasi di. *Il Gattopardo*. Universale Economica Feltrinelli, 2017. p. 51.

conjunta do poder público que observe a amplitude dos princípios do sistema de proteção e defesa do consumidor e sua aplicação harmônica em um verdadeiro diálogo de fontes[36] com as disposições normativas do microssistema de defesa da concorrência.

É fundamental, igualmente, o aperfeiçoamento da prevenção corporativa com mecanismos efetivos de conformidade com a legislação.[37] Grande parte das práticas comerciais deceptivas somente serão conhecidas dentro das corporações, pelos envolvidos no seu desenvolvimento. Os programas de integridade e governança corporativa, a atuação dos *Omdbudsmen*,[38] os canais de denúncias, são ferramentas essenciais para a identificação de práticas potencialmente lesivas aos interesses de consumidores e do próprio mercado.

6. REFERÊNCIAS

ARENHART, Sérgio Cruz. Decisões Estruturais no Direito Processual Civil Brasileiro. São Paulo, *Revista de Processo*, v. 225, p. 389-410, nov. 2013.

BERGSTEIN, Laís. *O tempo do consumidor e o menosprezo planejado*: o tratamento jurídico do tempo perdido e a superação de suas causas. São Paulo: Ed. RT, 2019.

BONGARD-BLANCHY, Kerstin; ROSSI, Arianna; RIVAS, Salvador; DOUBLET, Sophie; KOENIG, Vincent; LENZINI, Gabriele. 2021. "I am Definitely Manipulated, Even When I am Aware of it. It's Ridiculous!": Dark Patterns from the End-User Perspective. *Designing Interactive Systems Conference*, 2021, New York. DOI: https://doi.org/10.1145/3461778.3462086.

BRASIL. Ministério da Justiça. Departamento de Proteção e Defesa do Consumidor – DPDC. Nota Técnica 92/2018/CSA-SENACON/CGCTSA/GAB-DPDC/DPDC/SENACON/MJ. Disponível em: http://www.mpsp.mp.br/portal/page/portal/cao_consumidor/SENACON/ SENACON_NOTA_TECNICA/SENACON%20DECIS%C3%83O%20geo%20pricing%20 e%20geo%20blocking%20multa.pdf.

BRASIL. Ministério da Justiça. Departamento de Proteção e Defesa do Consumidor – DPDC. Processo: 08012.002116/2016-21.

BRASIL. Superior Tribunal de Justiça. Informativo de jurisprudência 0510, de 18 de dezembro de 2012. Disponível em: https://ww2.stj.jus.br/jurisprudencia/externo/ informativo/?acao=pesquisarumaedicao&livre=@cod=%270510%27. Acesso em: 6 abr. 2023.

BRIGNULL, H. (2019), *Dark Patterns*, https://www.darkpatterns.org/.

---

36. JAYME, Erik. *Identité Culturelle et Intégration: Le droit international privé postmoderne. Cours général de droit international privé*. p. 9-268. In: Recueil des Cours: collected courses of the Hague Academy of International Law. Haia: Martinus Nijhoff Publishers, 1996. t. 251, p. 246-247.
37. SCANDELARI, Gustavo. *Compliance* e prevenção corporativa de ilícitos: inovações e aprimoramentos para programas de integridade. São Paulo: Almedina, 2022. p. 99-124.
38. Veja: GOMES, Manoel Eduardo A.C. A Institucionalização do Ombudsman no Brasil. *Revista de Direito Administrativo*. Rio de Janeiro, v. 167, p. 1-21, jan./mar. 1987; BERGSTEIN, Laís Gomes. *O tempo do consumidor e o menosprezo planejado*: o tratamento jurídico do tempo perdido e a superação de suas causas. São Paulo: Ed. RT, 2019. p. 215-217.

COLL, Liz; SIMPSON, Robin. *The Internet of Things and challenges for consumer protection*. London: Consumers International, 2016. Disponível em: http://www.consumersinternational.org/media/1292/connection-and-protection-the-internet-of-things-and-challenges-for-consumer-protection.pdf. Acesso em: 6 abr. 2023.

DECEPTIVE DESIGN: formerly darkpattersns.org. Design enganoso: antigamente darkpattersns. org. Disponível em: https://www.deceptive.design/. Acesso em: 6 abr. 2023.

EFING, Antônio Carlos; GAZOTTO, Gustavo Martinelli Tanganelli. Os limites toleráveis do neuromarketing nas relações jurídicas de consumo. *Revista de Direito do Consumidor*, v. 135, p. 375-396, São Paulo, maio/jun. 2021.

FISS, Owen. To make the constitution a living truth: four lectures on the Structural Injunction. In: ARENHART, Sérgio Cruz; JOBIM, Marco Félix (Org.). *Processos Estruturais*. Salvador: JusPodivm, 2017.

FORTES, Pedro Rubim Borges; MARTINS, Guilherme Magalhães; OLIVEIRA, Pedro Farias. O consumidor contemporâneo no show de Truman: a geodiscriminação digital como prática ilícita no direito brasileiro. *Revista de Direito do Consumidor*, v. 124, p. 235-260, jul./ago. 2019.

GOMES, Manoel Eduardo A.C. A Institucionalização do Ombudsman no Brasil. *Revista de Direito Administrativo*. v. 167, p. 1-21, Rio de Janeiro, jan./mar., 1987;

HIRONAKA, Giselda Maria Fernandes. Principiologia contratual e a valoração ética do Código Civil Brasileiro. *Revista Civilística*, a. 3, n. 1, p. 3. jan-jun. 2014.

JAYME, Erik. Identité Culturelle et Intégration: Le droit international privé postmoderne. Cours général de droit international privé. *Recueil des Cours: collected courses of the Hague Academy of International Law*. Haia: Martinus Nijhoff Publishers, 1996. t. 251. .

LAMPEDUSA, Tomasi di. *Il Gattopardo*. Universale Economica Feltrinelli, 2017.

MARQUES, Claudia Lima. Algumas observações sobre a pessoa no mercado e a proteção dos vulneráveis no Direito Privado In: GRUNDMAN, Stefan, MENDES, Gilmar, MARQUES, Claudia Lima, BALDUS, Christian e MALHEIROS, Manuel. *Direito Privado, Constituição e Fronteiras*. Encontros da Associação Luso-Alemã de Juristas no Brasil. 2. ed. São Paulo: Ed. RT, 2014.

MARQUES, Claudia Lima. *Contratos no Código de Defesa do Consumidor*: o novo regime das relações contratuais. 8. ed. São Paulo: Ed. RT, 2016.

MARQUES, Claudia Lima; MENDES, Laura Schertel; BERGSTEIN, Lais. *Dark Patterns* e Padrões Comerciais Escusos. *Revista de Direito do Consumidor*, v. 145, p. 295-316, jan./fev. 2023.

MICKLITZ, Hans-W; PALKA, Przemyslaw; PANAGIS, Yannis. The Empire Strikes Back: Digital Control of Unfair Terms of Online Services. *Journal of Consumer Policy*, v. 40, p. 367-388, Springer, 2017. DOI 10.1007/s10603-017-9353-0.

MIRAGEM, Bruno. *Curso de Direito do Consumidor*. 6. ed. São Paulo: Ed. RT, 2016.

MUCELIN, Guilherme; BERGSTEIN, Lais; MARTINI, Sandra Regina. Precificação discriminatória no novo paradigma tecnológico do mercado de consumo: a tutela do consumidor e a defesa da concorrência contra práticas abusivas com o uso de dados pessoais. *Revista Direito Mackenzie*, v. 14, n. 3, p. 1-20, 2020, ISSN 2317-2622. http://dx.doi.org/10.5935/2317-2622/direitomackenzie. v14n314119.

OCDE. Roundtable on Dark Commercial Patterns Online. Summary of discussion. Mesa redonda sobre Padrões Comerciais Escuros Online. Resumo da discussão. Disponível em: https://

www.oecd.org/officialdocuments/publicdisplaydocumentpdf/?cote=DSTI/CP(2020)23/FINAL&docLanguage=En. Acesso em: 6 abr. 2023.

ORGANIZAÇÃO DAS NAÇÕES UNIDAS. *United Nations Guidelines for Consumer Protection* (versão United Nations, New York and Geneva, 2016). United Nations Conference on Trade and Development – UNCTAD. Disponível em: [http://unctad.org/en/PublicationsLibrary/ditccplpmisc2016d1_en.pdf]. Acesso em: 8 abr. 2023.

RODRIGUES JUNIOR, Otavio Luiz; NUNES-FRITZ, Karina; RODAS, Sérgio. Entrevista com Stefan Grundmann. *Revista de Direito Civil Contemporâneo*, v. 9. ano 3. p. 337-350. São Paulo: Ed. RT, out.-dez. 2016.

SAMPAIO, Marília de Ávila e Silva; JANDREY, Cláudio Luiz. *Dark patterns* e seu uso no mercado de consumo. *Revista de Direito do Consumidor*, v. 143, p. 231-257, set./out. 2022.

SCANDELARI, Gustavo. *Compliance* e prevenção corporativa de ilícitos: inovações e aprimoramentos para programas de integridade. São Paulo: Almedina, 2022.

SCHAFF, Adam. *A sociedade informática*: as consequências sociais da segunda revolução industrial. Trad. Carlos Eduardo Jordão Machado e Luiz Arturo Obojes. 3. ed. São Paulo: Brasiliense, 1992.

THALER, Richard H.; SUSTEIN, Cass R. *Nudge*: o empurrão para a escolha certa. Trad. Marcello Lino. Rio de Janeiro: Elsevier, 2009.

THALER, Richard H. Nudge, not sludge. *Science*, 3 aug 2018, v. 361, Issue 6401. p. 431. DOI: 10.1126/science.aau9241.

THE HALL OF SHAME OF *DECEPTIVE DESIGN*. (O Salão da vergonha do *design enganoso*). Disponível em: https://www.darkpatterns.org/hall-of- shame/all. Ou a pesquisa do UX Design disponível em: https://darkpatterns.uxp2.com/. Ambos acessados em: 20 mar. 2022.

TRAUTWEIN, José Roberto Della Tonia. *Os direitos fundamentais e a compensação do dano moral na responsabilidade contratual*. Dissertação de Mestrado (2016). Centro Universitário Autônomo do Brasil (Unibrasil).

WATANABE, Kazuo. Comments to art. 83 of CDC. In: Ada Pellegrini Grinover; Antonio Herman Benjamin; Daniel Roberto Fink; José Geraldo Brito Filomeno; Kazuo Watanabe; Nelson Nery Júnior; Zelmo Denari. *CDC Commented by the Authors of its Draft*. 9th. Edition. Rio de Janeiro: Forense Universitária, 2007.